내레이션 최강 영화 유튜버 고몽의

유튜브
이야기

고몽(김웅현) 지음

BM (주)도서출판 성안당

유튜브에 대해 알아야 할 것들

유튜브에서 용 난다

우리사회에서 기회는 필터링을 통과한 자들에게 집중된다. 좋은 학벌을 갖게 되면 좋은 직업을 얻는데 유리해지고, 직업의 위계에 따라 삶의 판도가 달라진다. 쓸데도 없는 지식을 암기하고 그것을 겨루는 레이스에서 인정받아야 성공의 트로피가 주어지는 사회적 구조 안에서 우린 끊임없이 엘리트가 되기 위한 세뇌를 당해 왔고 '상승욕구'는 대한민국을 지배하는 노골적 기치가 되었다.

신분상승 레이스 참가자의 다수는 학교의 선후배, 군대의 계급, 회사의 직급을 겪으며 위계질서에 순종하는 사람으로 자란다. 그렇게 외모, 성별, 집안, 지역, 결혼, 육아, 인종 등의 차별을 통해 지극히 정형화된 인간을 선발하는 사회적 흐름이 우리의 고정관념을 견고하게 만든다.

대다수의 삶이 회사에 안착하는 안락함으로 인해 '이 회사를 나가면 굶어 죽을거야….' 라는 생각과 회사 밖의 세상에 두려움을 느낀다. 결국 좋아하는 일을 직업으로 삼는다는 희망사항을 마음 깊숙이 접어둔 채 살아간다. 발길이 향하는 곳으로 자유롭게 걷고 싶은데, 세상은 저만치 트랙의 목표 지점까지의 속도를 재며 뛰지 않으면 낙오자로 만들어 버리는 세상. 그게 우리 사회의 모습이라고…. 그렇게 배우고 느끼며 살아왔다. 세상은 그게 다인줄 알았다.

그러나 유튜브 크리에이터가 된 후, 쉬지 않고 달리게 만들었던 인생 레이스의 채찍질이 사라지고 있다. 돈? 학벌? 스펙? 외국어 실력? 성적? 외모? 키? 집안? 성별? 육아 여부? 건강 상태가 나의 등급을 규정짓던 그동안의 인생에 "그딴 건 중요치 않다"고 유튜브가 말을 건넸다. 오로지 내가 만들어내는 '콘텐츠'와 내 영상의 시청 데이터로 평가하는 유튜브의 세계. 어쩔 수 없이 타고난 것들로 평가하는 것이 아니라 노력과 아이디어로 만든 '결과물' 만으로 나를 판단하겠다는 것만큼 공정한 절차가 있을까? 물론 판단은 사람이 아니라 '인공지능 기반의 알고리즘'이 한다. 스스로 학습하는 인공지능 알고리즘이야말로 사회를 구성했던 엘리트주의와 힘의 법칙에 대항하는 명쾌한 해답이 될 수 있다.

유튜브가 한국사회에 쏘아올린 작은 공은 사실 누군가에겐 꽤 위협적인 공이다. 기득권층이 만들어 놓은 '기득권의 기준을 따르는 자들에게 기회를 흐르게 하는 필터'를 거치지 않아도 기회를 얻을 수 있는 완전히 새로운 무대의 역할을 하고 있기 때문이다.

전통적인 방송 매체를 예로 들어보자면 연예인이 되고 싶어 하는 인물 'C군'

은 더 이상 연예계에 입문하기 위해 겪었어야 할 기존의 관문들을 통과하지 않아도 된다. 유튜브로 자신의 매력과 가치를 즉시 세상에 드러내며 노력과 재능을 공정하게 평가 받을 수 있기 때문이다. 기존의 관문이라고 하면 우선 '소속사'의 관문을 말하고 방송에 나가기 위해선 제작진들의 눈에 들어야 하기 때문에 '방송사'의 관문도 통과해야 하며, 이외에도 인적인 추천을 받는 인맥의 관문 등 여러 절차가 존재한다. 현실은 그런 관문을 모두 통과하더라도 겨우 자신이 증명받을 수 있는 단 한 번의 방송 출연 기회를 얻을까 말까 하고 시청자들에게 호응을 얻지 못하면 기회를 박탈당하고 꿈을 접어야 한다. 하지만 유튜브 채널을 통한다면 이 관문들을 겪지 않아도 당신은 연예인급 인기를 누리는 인플루언서가 될 수도 있다. 사람들에게 반응이 없어도 또 다른 기획으로 다시 흥미로운 영상을 업로드하면서, 인지도와 팬덤을 서서히 쌓아갈 수 있다.

결국 수년 간을 노력해서 데뷔했다가 주목받지 못하는 몇몇 아이돌보다도 이제는 크리에이터가 인기가 많은 시대가 왔다. 연예계뿐만 아니다. 정치인이 되지 않아도 당신의 목소리로 세상에 영향을 끼치는 인물이 될 수 있으며, 자신이 만든 것을 광고비가 없어도 세상에 널리 알릴 수도 있다. 하고 싶은 일을 할 뿐인데 기회와 인기를 얻고 돈을 버는 기이한 경험을 하게 된다. 기존에는 회사에서 당신의 노력정도에 크게 상관없이 시간당 얼마의 수당으로 받던 근로 소득자에서 벗어나 '채널'을 보유함으로써 일종의 건물주처럼 음원을 작곡하고 받는 저작권 수익처럼 유튜브 광고를 통한 '권리수익'을 얻을 수 있게 된다. 부모에게 자본을 물려받지 못해도 좋은 환경에서 지원을 받지 못했어도 이제 당신은 유튜브 채널과 영상을 통해 새로운 운명을 개척할 수 있다. 오랜 시간 동안 명망을 쌓고 인맥을 넓히고 자신의 가치를 증명 해내지 않아도 당신의 설득력 있는 이야기에 사람들이 귀 기울이며 신드롬을 일으킬 수 있다. 하고 싶은 일이 무엇이든 그것을 직업으로 갖고서 행복한 노동을 할 수 있는 인생! 이라는 무슨 영화에 나올 법한 이야기.

개천에서 용 나던 시대는 지났고, 이젠 유튜브에서 용 나는 시대가 도래했다. 지켜만 볼 것인가? 이제 당신도 이 초월적인 대류를 타고 당신만이 꿈꾸는 유토피아로 나갈 차례이다.

당신의 삶을 '마이너'라고 생각한 적 있는가? 내 인생은 이제 더 이상 바꾸기 힘들다고 생각되는가? 당장 유튜브를 시작하라! 당신의 인생은 역동적으로 변할 것이고, 빛나는 사람이 될 것 이다. 인생을 주체적으로 사는 방법, 유튜브 크리에이터가 되는 길의 첫 발자국을 디뎌 보자.

나는 왜 유튜브를 시작했는가!

살면서 다양한 일을 해봤다. 그 중 어느 하나 고생스럽지 않는 것이 없었고, 수입은 하나같이 적었다. 하고 싶었던 일을 했을 때는 수익이 전혀 없기도 했다. 그렇다면 '몸이라도 편하고 안정적인 직장이라도 갖겠다.' 결심하고 결국 공공기관에 종사하게 되었다.

그러나 5년간 근무한 공공기관 역시 '서비스직'으로서 누군가의 '감정변기'가 되어가는 스트레스를 피할 순 없었다.

'과연 이 세상엔 내가 할 수 있는 즐겁고 돈 많이 버는 직업은 없는 것인가?'…. 아니다, 있었다. 유튜브에!

7년이 넘는 시간 동안 유튜브 채널을 운영하며 느낀 점이 있다. '유튜브만큼 노동 대비 큰 수익을 벌 수 있는 일이 없다' 는 것이다. 빈익빈 부익부 원리의 세상에서 자본을 갖지 못한 노동자가 유튜브에서만큼 예측할 수 없는 '부'를 얻을 기회는 없다. 심지어 자신이 좋아하는 일을 하면서 말이다. 물론 유튜브를 한다고 해서 누구나 그런 기회를 얻게 되는 것은 아니며, 기회를 얻었다고 해서 오랫동안 유지되는 것도 아니다. 크리에이터를 직업으로 갖는다는 것은 마치 지도 없이 오지로 모험을 떠난 것 같이 마냥 즐겁지도 편하지도 않다. 낯설고 두렵고 불안한 길에서 쉴새없이 발버둥치지 않으면 가라앉는 것은 보통의 직업만큼 치열하다.

그럼에도 내가 유튜버의 길로 가는 이유는 그 한계가 무궁무진하다는 점 때문이다. 존재하는 대부분의 직업이 고되며 노동의 과정 끝에 무엇이 얼마만큼 돌아올지에 대한 값은 정해져있다. 그러나 크리에이터라는 직업은 그것의 한계가 없다. 아무리 노력해도 수익이 0원일 수도 있지만 단 하나의 영상으로 수십 억 원의 수익을 올리며 세계적인 스타가 될 수 있는 곳이 유튜브 세계이기 때문이다. 단순히 돈을 넘어 '명성'을 얻는다는 것의 가치는 무엇에 비할 바가 없다. 내가 '인간으로서의 자긍심'을 가장 느꼈던 순간은 바로 유튜브를 시작하고부터였으며, 뭐든지 해낼 수 있다는 '자기효능감'이 높았던 시기도 유튜브를 하고 있는 바로 지금이다. 어린 시절부터 사춘기, 학창시절, 대학, 군대, 직장생활을 통틀어 인생의 어느 때보다도 가장 꿈이 많은 시기가 바로 유튜브 크리에이터를 하고 있는 지금이다. 나뿐만 아니라 동료 크리에이터들도 같은 생각을 공유하고 있다.

물론 유튜버가 된다고 해서 원하는 바가 생각만큼 쉽게 이루어지는 것은 아니다. 최저임금 조차 없는 곳이기 때문에 열정만 낭비하다 허송세월만 보내고 실패할 수도 있다. 그럼에도 어차피 뭘 하든 고생할 인생, 내가 좋아하는 것을 하면서 고생할 수 있다는 것 이상의 메리트가 있을까. 거기에 자유로운 업무 환경을 선택할 수 있는, 유튜브 크리에이터 최대의 복리후생까지 더해지니 금상첨화. 평범하고 소심했던 한 사람이, 세상을 바꾸는 영상을 만드는 '비범한 인간'으로 다시 태어날 수 있는 곳 유튜브 바로 그곳으로 가는 길을 안내하고자 한다.

나는 왜 이 책을 쓰기 시작했는가!

필자가 처음 시작할 때만 해도 유튜브 관련 정보는 생소했다. 영상을 제작하고 채널을 운영하는 과정이 일상에서 쉽게 접해본 적 없는 것이기 때문에 도무지 상식으로는 헤쳐 나갈 수 없는 것들 천지였다. 누군가의 도움 없이 스스로 해내야하고 질문하고 배울 곳이 없다는 것이 크리에이터의 가장 힘든 부분이었다. '유튜브 학원'을 다닌다고 해서 학위가 나와서 자격을 얻는 것도 아니다. 결국에는 내 스스로 콘텐츠적 가치를 창출하지 못하면 살아남을 수 없다. 필자 역시 소위 유튜브 강의를 들어봤지만 멋들어진 커리큘럼의 알맹이는 결국 유튜브의 공식이라며 근거 없는 내용을 팔아먹는 곳이었고, '유튜브 노하우 강의'에선 자신의 유튜브 채널을 키우지 못하는 사람들이 도대체 어디서 얻은 정보인지 모를 거짓 정보를 내밀었다. 간절한 수강생들은 뭐라도 도움이 될까 열심히 강의를 필기하고 질문한다. 그런데 강사조차 유튜브 채널 구독자가 400명이 되지 않았다. 도대체 누구에게 무엇을 질문하고 있는 것일까? 공급보다 수요가 월등히 많은 유튜브의 정보들, 그리고 '만점' 이란 없는 생존형 유튜브 정글에서 이러한 정체불명의 시험용 강의는 초심자에게 치명적인 독이 될 수 있다.

직접 채널을 운영 중인 크리에이터들에게 들었던 정보들은 유튜브 운영에 시의적절하고 현실적인 도움이 되었다. 유튜브라는 정글의 생존법을 온몸으로 깨달아온 진짜 크리에이터들의 생존법은 유튜브 세계가 공식이나 법칙이 통하는 '수학적'이고 '정량적인 곳'이 아니라 경험과 직감에 따라 이런저런 방향으로 각각의 상황을 최선을 다해 버티고, 생존해야 하는 야생과도 같은 곳이란 걸 배우게 해줬다.

그래서 가장 좋은 유튜브 선생은 구독자를 100만 가까이 찍은 채널과 높은 조회수의 영상들이라고 생각한다. 영어권 사용자 트래픽의 20분의 1도 안 되는 한국어 권에 100만에 달하는 구독자와 조회수를 낸다는 것은 우연이든 실력이든 그 자체가 최고의 교재인 것이다. 구글이 100만 구독자를 달성한 채널에 골드 플레이 버튼을 수여하는 것은 100만이란 숫자의 공신력을 보여준다. 유튜브 열풍이 한국보다 10년은 빨랐던 북미권에서도 100만 크리에이터는 대단한 존재인데, 이 좁은 한반도에서 한국어를 사용하는 언어권 안의 100만 구독자, 수백만 조회수를 달성하는 것에는 그 나름대로 배울 점들이 가득하다.

이 책의 초판이 나왔을 때 구독자 90만까지 오는 길에 대한 글을 썼고 가보지 못한 길을 안내할 수 없다고 썼다. 말 그대로다. 책에 쓴대로 지금까지 필자역시 꾸준히 영상을 제작해 올리고 꾸준한 구독자 덕분에 현재는 구독자 200만에 다가서고 있다. 직장에 몸담으면서 40만 명의 구독자와 퇴사 1년 후 달성한 90만 구독자를 모으는 동안의 경험, 실패, 노하우를 엮어 만든 이 책이 누군가에게는 생존길이 될 수 있고 아닐 수도 있다. 장담하는건 이 책에서 거짓과 허풍은 없었으며 직접 해보지 않은 것은 쓰지 않았다. 그리고 지금도 이 책에 써놓은 대로 실행하고 실천하고 있다.

이 책은 수첩이고 기록이다. 그중 나름 효과적이었던 전략과 그 결과물을 토대로 정리했다. 새롭게 시작하는 유튜브 크리에이터, 그리고 멈춰 있다고 보는 크리에이터들에게 이 책이 어느 정도 활로를 찾을 수 있도록 도움이 되고자한다.

저자 고몽(김웅현)

Recommendation

진짜 톱클래스 유튜버들이 인정한 바로 이 책!

"현존하는 가장 적나라한 유튜브 노하우 유출본"
– 182만 구독자 초통령 〈꾹TV(KKuk TV)〉

"나는 고몽을 보며 유튜브를 시작했고, 키웠다.
물론 지금은 내가 훨씬 크지만, 그의 유머 코드는 아직도 나에게 귀감이 된다."
– 대한민국 넘버원 3D펜 장인 340만 구독자 〈사나고〉

"고몽 형, 진짜 영업 비밀 다 유출할 거예요?"
– 마블 분야 No.1 영화 리뷰 채널 〈삐맨〉

"몽아, 제발 그 책을 출간하지 마시오."
– No.1 영화 수다쟁이 〈김시선〉

"그의 말을 들었더니 단 두 달만에 900만 뷰를 찍고,
단시간에 7만 명의 구독자를 만든 괴물 같은 스승"
– 신입 영화 유튜버 〈레몽〉

고몽이 내 경쟁 상대였던 건 '아주 잠깐'이었다.
어느 순간 내가 오르지도 못할 수준으로 커버렸다.
이 책에 그 비밀이 담겨있었다. 나는 오늘 이 책을 읽고 고몽을 앞설 것이다.
– No.1 부엉이 유튜버 〈리뷰엉이〉

노력만으로 안 된다는 걸 이 책을 보고 알았다.
가장 효율적인 성공 방법이 담긴 이 책, 나만 보고 싶다.
– 몸짱 영화 유튜버 〈상궁〉

Contents

PART 01 ▶ 유튜브학 개론　016

유튜브 크리에이터는 어엿한 미디어콘텐츠창작자!

PART 02 ▶ 유튜브의 비공식적 성장 공식　060

3년간 분석하고 업데이트한 유튜브 성장 스킬

PART 03 **유튜브의 민낯**   **192**

웬만해선 알려주지 않는 유튜브의 진실

유튜브학 개론

유튜브 크리에이터는
어엿한 미디어콘텐츠창작자!

01 | 평생직장을 뛰쳐나오다

필자는 신중한 사람이다. 특히 위험에 대한 걱정과 그에 대한 대비를 태생적으로 준비해야 멘탈이 버티는 기질을 갖고 태어났다. 초등학교 시절 동네에 유명한 깡패 형에게 돈을 뜯기지 않기 위해 그 형이 주로 등장하는 길을 지나갈 때면 겨울 옷 외투 주머니와 바지주머니 그리고 양말 양쪽과 신발까지 돈을 나눠서 넣어 위험에 대비하곤 했다. 혹시 몰라서 책 사이에도 돈을 나눠서 분배해놓고 말이다. 물론 예상이 적중해 뻥 뜯는 형한테 걸려 모든 주머니를 수색당하고 대부분의 돈을 털렸지만 노력이 가상하다고 1,000원을 돌려받았던 기억이 난다. 이렇게 태생적으로 겁이 많고, 확신이 없으면 도전하지 않는 성향으로 태어난 건 어쩔 수 없으니까 그럭저럭 어떻게든 살아왔다. 위험에 대한 두려움은 나를 착실히 공부하게 만들었고 25살 졸업을 앞두고 서둘러 취업했다. 정년 보장이 되는 공기업에 말이다. 그런데 그렇게 살아왔던 내가, 5년간 만족하며 다녔던 회사에 사직서를 내고 '유튜브 크리에이터' 되었다. 겁쟁이 청년이 인생을 통틀어서 다시없는 초스펙터클 대모험을 한 이유는 무엇이었을까?

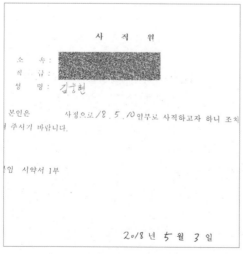

[그림 1-1] 고몽의 사직서

유튜브에 대한 열정으로 현실을 망각하고, 퇴사를 결정한 것은 아니다. 그건 모험이 아니라 위험이다. 여기저기 '도전하라!' 며 불확실한 종용을 남발하는 성공한 이들의 포장이 가득하지만 아무리 아프니까 청춘이라도 꿈을 위해 현실을 포기하는 멋을 부릴 줄은 모른다. 내가 유튜브 크리에이터가 된 것은 단지 우연히 남들 보다 빠르게 유튜브의 가능성을 깨달았고, 앞서서 움직였고 그 안에서 내 인생 전반에서 상상도 못할 기회의 광산을 발견했기 때문이다.

첫째는 운이 좋았고, 둘째도 운이 좋았다. 그러나 유튜브의 광산에 도착했다고 누구나 기회의 과실을 얻는 것은 아니었다. 이미 그 안에는 온갖 위험이 도사리고 있어서 상황을 빠르게 파악하고 생존법을 고안해내며 또 다시 버티는 것을 반복해야하는 곳이었다. 그러나 어떠한 위험에도 불구하고 유튜브는 기하급수적인 기브 앤 테이크 (Give & Take)를 선사했다. 바로 돈, 명성, 자유 말이다. 이 세 가지가 크리에이터를 성장하게 하는 유튜브의 과실이다.

돈, 명성, 자유

물론 유튜브 영상을 업로드하던 첫 달의 수익은 한국 돈으로 약 500원 정도에 불과했지만, 최소 송금 가능 액수인 100달러의 수익을 처음으로 달성하고, 실존하는 통장으로 달러를 이체받았을 때 느꼈던 환희를 맛본 이라면 유튜브가 단순히 열정 페이만 강조하는 취미형 플랫폼이 아니라 돈이라는 어른들의 사정까지 책임지는 꿈과 현실이 공존하는 플랫폼임을 깨닫게 된다. 직장 생활에서는 내가 100의 일을 하고 100의 월급을 받았지만, 유튜브에서는 내가 100의 일을 하고 어쩔 때는 10을 얻고, 또 다른 때는 1,000을 얻기도 했다.

물론 예측 불가능하고, 다변화하는 유튜브에서의 불안함을 온몸으로 견디진 않았다. 회사를 계속 다니면서 보호막 속에서 유튜브를 겪어갔다. 유튜브의 수익은 금세 직장의 연봉을 넘어서고 급기야 근로소득 이외에 상상해보지 못한 청년에게 권리수익이란 개념을 심어주었다. 채널의 영상 하나하나는 건물주의 월세, 권리수익처럼 노동을 하지 않는 시간에도 더 많은 사람들의 시간을 집중시킨 만큼의 이윤을 창출했다. 시간은 가치이고, 더 많은 시간을 모이게 하는 것이 곧 돈이구나 라는 것을 알게 되었을 때, 돈을 벌기 위해서는 직장을 다녀야 하지만, 돈을 많이 벌기 위해선 직장을 다니면 안 된다는 것을 온몸으로 깨닫게 되었다. 누구나 자유롭고 싶을 것이다. 그리고 행복하고 싶을 것이다. 돈이 많으면 행복할까? 돈이 많아진다는 것이 곧 행복한 것은 아닐 것이다. 돈? 없어 봤다. 아니 적어도 내가 살아온 동안은 항상 돈이 없었다. 그래서 잘 알고 있다. 돈이 없다는 건 불행한 게 아니라 불편한 것이란 것을. 반대로 돈이 있다는 것은 불편한 것이 없어지고, 선택의 자유를 얻는 다는 것이다. 유튜브에서 본 가능성은 60세까지 한 직장에서 정년을 채운 후에 어느 정도 경제적으로 안정된 상황의 노후가 되어 안식의 시간을 찾는 안전지향의 삶이 아니라 지금부터 바로 하고 싶은 것을 하는 직업을 가질 수 있는 '자유의 삶' 그 자체였다.

[그림 1-2] 2018년 8월부터 2019년 7월까지 유튜브 수입 인증 통장

물론 유튜브가 주는 세 가지 중 자유는, 돈이 주는 자유보다 더 포괄적인 표현이다. 유튜브라는 직업 자체가 주는 자유는 대다수의 직업을 가진 이들의 일터 개념을 완전히 부셔버린다. 유튜브를 직업으로 갖는 다는 것은 그 어떤 장소의 속박에서도 벗어난다는 것을 의미한다. 가깝게는 카페에서도 공원에서도 일할 수 있지만 그게 꼭 우리 동네와 우리나라에 존재하는 곳일 필요는 없다. 세계 어디를 돌아다

니면서도 인터넷이 되는 장소라면 카메라와 노트북 이 두 가지 만으로 내가 원할 때 원하는 장소에서 원하는 일을 하며 원하는 사람과 원하는 것을 만드는 것이 바로 유튜브 크리에이터의 삶이기 때문이다. 그게 무엇이든 시청자의 시간을 당신의 영상으로 소비하게 하였다면 유튜브는 유튜버의 삶에 자유를 부여한다.

　명성은 기본적으로 따라온다. '명예'는 아닐지라도 적어도 지금까지 살아오면서 알게 되었던 모든 사람들 보다 유튜브를 하는 3년의 시간 동안에 훨씬 많은 사람들이 나를 알게 되었다. 시청자뿐만 아니라 그 동안은 상상할 수 없었던 사업 파트너들과 창의적인 기획 작업을 하게 되고 명성이 높아진 만큼 당신은 타인의 존중을 받는 경험이 많아지게 된다. 무엇을 하던 당신이 만든 채널과 쌓아올린 구독자, 퍼져나가는 영상은 자고 있는 동안에도 당신의 가치를 더욱 널리 퍼나르게 된다. 굳이 설명하고 꾸며내고 준비하지 않아도 채널이 당신을 증명해준다. 그렇게 유튜브 채널 이름은 점점 당신의 본명을 대체하게 된다. 방송가에서 만난 한 평론가가 방송 중 나를 '고선생님' 이라는 호칭으로 불렀다. 물론 "저는 김씨입니다만" 이라고 했지만, 재차 "김고몽 선생님 죄송합니다." 라는 점입가경의 대화가 이어졌던 때가 떠오른다. 이렇듯 유튜브는 곧 당신의 정체성이 된다. 나는 고몽이지 더 이상, 89년생 김씨 청년이 아니다. 그러나 즐겁다. 내가 만든 이름, 내가 시작하는 새롭고 주체적인 삶의 이름은 당신의 채널 명이게 된다.

02 90만 구독자 유튜브 크리에이터는 얼마나 버나

추정 수익 ↓ ⚠
₩440,503,726 100.0%

[그림 1-3] 추정 수익

"저 유튜브 합니다."라고 하면 사람들이 가장 궁금해 하는 건 언제나 수익이었다. 당장은 얼마를 버는지에 대한 궁금증을 표현했건 안했건, 결국에는 수익에 대해 질문을 받게 된다. 최근 100만 구독자 이상이 되는 톱클래스 크리에이터부터 기업형 유튜브 채널 등 여러 크리에이터들의 수익이 공개되며 화제가 되고 있다. 특히 국내 최대 규모의 키즈 채널이 강남의 건물을 매입했다는 뉴스가 화제가 되면서, 'A채널에서 츄파츕스 3개를 먹으면 벤츠 마이바흐 한 대를 사고, A채널에서 짜파게티를 먹으면, 분당에 아파트를 한 채 산다.'라는 짤방이 돌아다니기도 할 정도이다. 하지만 그들이 채널 성장의 시작부터 어떤 수익을 얻었고 그 과정이 어땠는지 또 수익의 구성이 어떤 식으로 이루어져있는지는 자세히 언급하거나 알려진 정보가 부족하다. 기존에 공개한 수익마저도 모든 수익을 공개했다고 볼 수도 없다. 크리에이터로서 보기에 사실은 더 많이 벌고 있을 수도 있다는 뜻이다. 여러 가지 이유로 고소득 크리에이터들이 자신의 소득에 대해서 오픈하는 것이 쉽진 않을 것이다. 현재 90만 구독 크리에이터로서, 또 영화 카테고리 내에서의 구독자 순위로는 최상위 구독자를 보유한 유튜브 크리에이터로서 〈고몽〉 채널로 벌어들이는 수익의 규모가 얼마인지, 그리고 어떤 수입으로 시작하여 추세는 어떤지 공개하며, 여러분들이 앞으로 이 직업을 통해 세워나갈 계획을 구체화하길 바란다.

① 유튜브 수입 구조

유튜브의 가장 기본적인 수익은 구글 애드센스 광고 수익이다. 이 수익은 유튜브 영상을 재생할 때 나오는 다각화된 광고 시청을 기반으로 카운팅되는 조회수, 시청 시간, 클릭 유입 등을 기반으로 애드센스라는 구글 자회사에서 지급된다. 흥미로운 사실은 싱가포르, 또는 아일랜드 등 구글 법인이 위치한 외국으로부터 달러로 들어오는 수익이라는 점이다. 그래서 유튜브로 수익 창출을 하는 사람들은 먼저 외화통장을 만들어야 한다. 외국에서 들어오는 수익의 특별한 점은 국외 수입으로 영세율을 적용받는다. 즉 부가세가 없다는 것이다(물론 국외 수입이라도 소득에 따른 종합소득세는 나오며 MCN에 가입되어있을 경우 달러가 MCN으로 입금되고 크리에이터는 부가세를 더해 MCN으로부터 애드센스 수익의 3.3%를 제외하고 지급받기 때문에 부가세 또는 환급이 발생한다). <u>**애드센스 수익은 유튜브가 벌어들인 수익을 유튜브와 크리에이터가 45대 55 비율로 배분한 이후의 수익이다.**</u> 즉 내가 받는 달러는 창출된 수익의 55% 라는 것이다.

[그림 1-4] 애드센스

유튜브 크리에이터의 수익을 알기 전 명심해야 할 것은 절대 유튜브 수익을 월급이나 사업소득처럼 생각하지 말라는 것이다. 유튜브라는 직업군에는 임금의 평균치 따위는 존재하지 않기 때문이다. 월평균도 잡을 수 없고 연평균 수입을 추정하기도 어렵다. 오늘 내가 다른 크리에이터보다 수익이 많아도 내일은 다른 채널이 더 수익이 높을 수 있다. 분명히 내 구독자가 많았는데 내일은 다른 채널이 더 많은 것이 일상다반사. 그렇기 때문에 이 장에서 언급할 유튜브 수입은 오직 〈고몽〉 채널의 주관적인 소득이며 이것으로 다른 크리에이터들의 소득을 일반화해서는 안 된다는 것이다. 특히 '구독자 몇 명이면 소득이 얼마' 라는 계산법은 정말 말도 안 되는 계산법이다. 유튜브 수입은 조회수마다 달라지며, 같은 조회수라도 시청 시간에 따라 다를 수 있고, 같은 시청 시간이라도 시청자들이 광고를 어떻게 시청했는지에 따라 달라질 수 있다. 또한 채널마다 단가가 다르며 같은 채널이라도 영상마다 조회수 단가가 다르기 때문에 수입 예상은 의미 없는 시간낭비라고 할 수 있다. 1억 명의 구독자를 보유해도, 영상의 조회수가 1도 없다면 1원도 벌 수 없는 것이 유튜브의 수익이기 때문이다.

② <고몽> 채널의 수입

[그림 1-5] 애드센스 이달 수익

2018년 7월 기준 외주 영상 제작 수익을 제외하고도 오로지 유튜브로 창출되는 애드센스 수익만 한 달에 18,918달러(한화 약 2,100만 원)이었으며, 가장 최근인 2019년 6월 한 달 수익은 30,121달러(한화 약 3,600만 원)를 기록했다.

2019년 1월의 30일간 수익은 2만 2,213달러(한화 약 2,500만 원)이지만

이는 2016년 1년 수익보다도 크다.

2016년 1년 동안의 애드센스 수익은 1만 4,923달러(한화 약 1,700만 원)

2017년 1년 동안의 애드센스 수익은 7만 6,728달러(한화 약 8,700만 원)

2018년 1년 동안의 애드센스 수익은 16만 9,979달러(한화 약 1억 9,000만 원)

2019년 1월부터 6월까지 상반기 수익만 11만 6,314달러(한화 약 1억 3,700만 원)을 기록했다. 이렇듯 유튜브 수익은 채널의 영상이 쌓이고, 지속적으로 조회수가 증가함에 따라 증가한다.

[그림 1-6] 2016~2019년도 상반기 수익

한 달간 최저 애드센스 수익은 2016년 4월 1.16달러였다. 한 달 동안에 2,000원을 번 것이다. 물론 이 수익은 유튜브를 시작하고 첫 달의 수익이었지만, 이후에 1년 정도가 지났을 때, 월 수익이 50만 원대를 기록한 달도 있었다. 이렇듯 변동 폭이 크다.

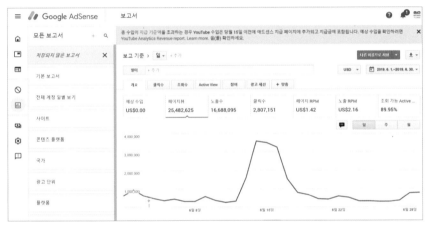

[그림 1-7] 구글 애드센스 상세 보고서

위 수익은 외주 영상 제작 및 광고 수익은 제외한 수익이다. 광고주와의 계약 사항으로 외주 광고비의 구체적인 금액은 공개할 수 없지만, 2019년도 현재는 유튜브 애드센스 수익보다 외부 수익이 크다. 대략 애드센스 수익 대비 1.5배에서 3배 사이의 추가적인 수익이 발생한다. 유튜버의 광고 비용은 구독자수에 비례하고, 채널의 브랜드파워, 평균적인 조회수, 채널의 종류에 따라 영향을 받는다. 이례적이지만, 유튜브 애드센스 수익과 외부 수익을 합하여 따졌을 때, 한 달 최고 수익은 2018년도 12월의 월 수익이 약 1억 원에 달했다. 한국 내에서 유튜브 열풍이 광풍화하면서 다양한 사업이 발생했으며, 다각적인 수입 경로가 발생했기 때문에 수익이 증가세를 보이고 있다.

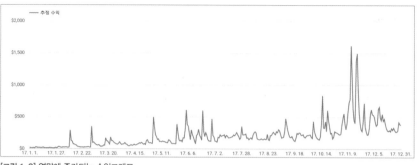

[그림 1-8] 연말에 증가되는 수익그래프

수익의 규모는 연 단위로 점진적인 상승세를 보이며, 월 단위로 보았을 때 매해 12월 최고치를 달성하고, 매해 1월 ~ 2월 최하 수익을 기록했다. 12월과 1월의 조회수 때문이 아니다. 12월과 1월의 광고단가인 'CPM'이 차이가 나기 때문이다. 간단한 이야기로 광고주가 12월에 남은 마케팅 예산을 모두 소진해버리기 때문이기도 하며, 연초인 1~2월에는 주로 앞으로 1년 간의 광고료 집행의 기획과 품의를 하는 기간이기에 광고 집행 금액이 적기 때문이다. 내 채널의 경우 영화 카테고리 채널을 운영하고 있어, 영화관의 성수기를 따라 수익의 그래프가 변동되기도 한다. 블록버스터 영화가 개봉하면 그에 따라 조회수가 많아지는 등 다양한 요인에 따라 수익의 월별 차이가 발생한다. 환경적인 요인을 제외하면 대략적으로 내 영상이 얼마 만큼의 조회수를 달성했는지가 1차적으로 중요하며 그 영상이 얼마나 광고주 친화적인지도 중요하다. 광고주에게 친화적이지 않은 영상은 광고 단가가 떨어지면서 같은 조회수의 건전한 영상보다 수익이 적으며, 정도에 따라 수익 창출이 허가 되지 않는 일명 '노란딱지'를 받게 된다. 그럴 경우 유튜브 프리미엄 수익을 제외하곤 영상의 수익을 받지 못하게 된다. 10억 조회수가 터져서 10억의 수익을 얻을 줄 알았지만 노란딱지를 받았다면 1원도 얻지 못할 수도 있다는 것이다.

즉, 광고 수익은 조회수로 추측하기 힘들지만 대략적인 범위 정도는 예측할 수 있다. 1,000만 조회수를 달성한 영상이 무조건 1,000만 원을 버는 게 아니라, 다양한 요인에 따라 단가가 달라지기 때문에 조회수만 보고 '얼마 벌었네' 하는 건 정말 의미가 없다. 단, 높은 조회수를 기록했으면서 동시에 '시청 이탈'이 적은 시청 시간이 높은 영상이라면 높은 수익을 예상할 수 있다.

추정 수익 ▲	예상 수익 창출 재생 ▲	재생 기반 CPM ▲
₩440,503,726	1.9억	₩3,991

[그림 1-9] 1.9억 조회수에 5억 정도의 수익

유튜브를 처음 시작했을 2016년도 당시 3년을 다닌 회사의 실 수령 월급이 190만 원 정도로 기억한다. 할머니와 같이 살아서 받는 가족수당에 시간외수당에 식비까지 모두 합친 금액이었는데, 유튜브를 2년째 했을 때는 더 이상 월급 통장을 확인하지 않게 되었다. 영상 1개가 월급 이상의 수익을 냈기 때문이다. 유튜브 플랫폼은 나의 노동력을 저장하고 동시에 수억 명의 사람들이 동시에 내가 만든 영상을 시공간의 제약 없이 즐길 수 있는 곳이다. 그렇기에 시간에 갇혔던 생산성의 한계가 뚫린 것이다. 3,000만 원대였던 당시의 연봉을 기준으로, 임금 상승률을 고려하더라도, 10년 이상의 시간을 들여야 얻을 수 있는 수익을 단 몇 달 만에 얻게 된 것이다. 즉 1년을 일해 10년의 시간을 벌었고, 10년의 자유를 얻게 된 것이다.

③ 월급이 아닌 월수입

유튜브 크리에이터들은 '연봉'이 아닌 '월수입'으로 수익을 계산한다. 마치 개인 사업자들의 월매출처럼 생각하면 된다. 크리에이터의 수익은 기업의 월급처럼 고정적이고 점진적인 계산법이 통하지 않는다. 당신의 유튜브 수입이 변한 건 콘텐츠가 괜찮아서일 수도, 광고 시장이 좋아서 일수도 사람들이 유독 유튜브를 많이 보는 계절이어서일 수도, 자신이 속한 카테고리의 조회수가 높은 사건이 일어나서 일 수도 있기 때문이다.

구독자가 1만 명만 되어도, 조회수와 시청 시간을 보장할 콘텐츠를 꾸준하게 생산할 수 있다면, 생업으로 유의미한 수익을 창출해낼 수 있다.

2016년 4월 마지막 주 첫 업로드를 시작하고, 두 달이 지났을 때 1,406달러를 입금받았다. 두 달 동안 9개 영상을 만들었고, 조회수와 시청 시간이 많이 나온 2개 영상에서 16년 5월 31일 기준 각각 519달러, 415달러로 수익을 이끌었다. 물론 해당 2개 영상들은 (2018년 7월11일 기준) 3,930달러, 880달러로 수익이 증가했었다. 당시 나의 구독자는 16년 5월 31일 기준으로 1만 3,521명이었다. 당시에는 광고 단가인 CPM이 1원 정도여서 1조회수당 1원 정도의 계산법이 얼추 맞았다. 그러나 지금은 국내 CPM이 꽤 상승해서 평균적으로 2원 이상은 나오고 때에 따라 3원 이상이 나오기도 한다.

이후 첫해부터 1,920달러, 1,380달러, 1,536달러, 2,279달러, 8,523달러, 2,632달러, 2,198달러, 505달러, 1,341달러, 2,843달러가 구독자가 10만 명이 되기까지의 수익 추이다. 중간에 505달러는 전 세계적으로 유튜브 수익 감소했던 시기인데, 이러한 불안정한 수익의 급감 가능성도 유의해야 하는 부분이다. 구독자가 10만 명이 넘은 이후로는 유튜브 애드센스 수익이 월 1,000만 원 이하로 내려간 적은 없다. 물론 직장생활을 하며 퇴근 후 또는 주말을 이용해서 영상을 제작했기 때문에 쉬는 시간에 영상을 제작해야하는 노고는 있었지만 그 어떤 부업보다도 효과적이면서 효율적인 수단임엔 틀림없다.

수익 상위 동영상 ▲
추정 수익 · 전체

	힘숨찐 알바를 건드...	₩17,700,247
	보스의 딸을 건드린...	₩16,633,419
	가출소녀들의 비참...	₩10,873,567
	기억을 읽는 사이코...	₩9,808,603
	가난한 천재 신입증...	₩9,668,014

[그림 1-10] 동영상 1개 최대 수익 목록

④ 구독자 10만을 넘겨라

유튜브에서 수익 창출한 채널들에 좋은 사례만 있는 것은 아니다. 주변 크리에이터 중에 다양한 실패 사례가 있다. 아무리 영상을 많이 올려도 수익이 안 나는 채널부터 '수익 창출 승인' 조차 거부당하거나, 보류되는 등의 상황을 겪고 있는 경우이다. 조회수는 매 월 수백만 이상 나오는데, 6개월간 수익 창출이 되지 않았던 채널도 있다. 그런 경우 후에 수익 창출 허가가 나도, 그동안 광고가 붙지 않았기 때문에 못 받았던 수익을 보상받을 수 없다. 심지어 몇 년간 수익 창출을 문제없이 해오던 채널이 하루아침에 '수익 창출 정지' 판정을 받은 경우도 있다. 많은 사유는 '스팸'이나 '복제'라는 사유였다. 이러한 사례들을 숱하게 지켜본 이후로, 유튜브를 전업으로 생각하고 초반 러시 & 전력 돌진하는 것은 절대 추천하지 않는다. 내가 추천하는 최소한의 직업 유튜브 크리에이터의 기준은 구독자 10만 명이다. 구글에서 괜히 10만 명에 실버 버튼을 주는 게 아니다.

[그림 1-11] 실버 버튼

물론 구독자수만 중요한 것은 아니다. 규모보다는 영상 하나하나의 편집 센스와 소재의 참신함, 트렌드를 읽고 앞서가는 통찰력, 독보적인 콘셉트를 만드는 독창성, 유머 감각, 편집과 촬영 시간을 견뎌낼 근성, 악플과 사생활 침해에 대처하는 멘탈, 상승 욕구, 명시화할 수 없는 많은 변수가 직업 유튜브의 준비물들이다.

유튜브를 수익화하고 장기적인 직업으로 삼으려면, 유튜브 플랫폼 밖에서도 사람들이 나를 인지할 정도로 구독자수를 늘려야 한다. 지나가던 사람 누구나 알아보는 연예인급 대스타가 아니더라도, 적어도 내가 꾸리는 채널의 카테고리(게임, 운동, 먹방, 뷰티, 키즈, ASMR, 영화, 독서, IT, 랭킹, 뉴스, 스포츠, 취미, 힐링 등)에 관심 있어 하는 사람이라면 나의 채널을 한 번 쯤은 들어봤을 만한 인지도를 쌓는 게 중요하다. 인지도는 곧 구독자수로 나타난다. 유튜브 내에서는 구독자수가 가장 중요하며 그것은 사회에 존재하는 많은 직급, 네임밸류, 좋은 회사 같은 수직적인 분류를 등급화한 것이라고 할 수 있다. 구독자는 쉽게 말해 유튜브라는 게임 안에서의 레벨이라고 할 수 있다. 레벨이 낮으면 가까스로 몬스터를 사냥하고, 힘겹게 퀘스트를 성공시킬 수는 있겠지만 그 과정이 힘들고 실패 확률이 높다. 레벨이 높은 사람은 안정적이고 꾸준하고도, 어렵지 않게 자신의 목표를 이룰 수 있다. 시기상 10만 구독자를 넘고부터 100만 조회수의 영상이 터지기 시작했고, 월 수익 역시 한화로 1,000만 원대를 넘기 시작했다.

계속해서 강조하는 '구독자 10만 명' 즈음 수익이 비슷한 나이대의 일반 평균적인 직장인 연봉을 넘어설 가능성이 높다. 채널의 스타일에 따라 다르겠지만, 나 이외에 다양한 유튜버들에게 다방면으로 문의 결과 구독자가 10만 명이 넘을 즈음하여 사회 일반적으로 생각하는 좋은 직업의 월급 규모를 넘어서는 수익을 낸다는 게 크리에이터들의 공통의견이었다. 물론 구독자수가 많아도 조회수나 시청률이 낮다면 수익은 100만 원도 10만 원도 될 수 있다. 이것이 바로 유튜브가 내린 냉혹한 자연의 법칙이다.

⑤ 구독자수와 조회수의 상한은 관계가 없다

다시 강조하지만 구독자와 수익은 직접적인 관계가 없다. 구독자가 많다고 그에 비례하여 조회수가 나오는 것도 아니다 간접적인 영향일 뿐이다. 실제 유튜브에 들어가서 100만 구독자를 가진 크리에이터의 조회수와 10만 명이 넘는 구독자를 가진 채널을 비교해 보라! 일정한 패턴이 없을 것이다. 구독자수와 조회수의 상한과는 관계가 없다. 100만 조회수 영상은 누구에게나 나올 수 있다.

〈레몽〉 채널

[그림 1-12] 〈레몽〉 채널

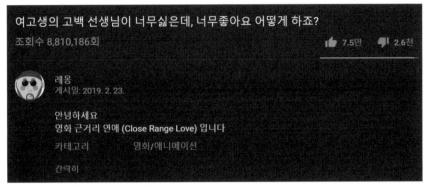

[그림 1-13] 200만 구독자에 800만 조회수

현재 고몽 편집자인 〈레몽〉이 운영하는 채널의 경우 19년 3월 구독자가 200명일 때, 876만 조회수 영상이 터져 3일 만에 구독자가 2만 8,000명이 되었고, 3개월 만에 6만 6,000명의 구독자수를 달성했다.

[그림 1-14] 〈나태〉

〈NATAE 나태〉 채널

〈고몽〉 채널의 노하우 전수를 통해 함께 성장시킨 〈NATAE 나태〉 채널의 경우 단시간에 30만 구독자를 넘기며 구독자를 상회하는 높은 조회수를 기록하고 있다. 이렇듯 구독자수는 조회수의 상한과는 관계없지만, 구독자수는 조회수의 하한과는 관계가 있다. 해당 채널을 구독하고 알람 설정까지 했다면 영상의 업로드 이후 구독자에게 알림이 간다. 그럴 경우 당연 최저 조회수는 구독자가 더 많은 쪽이 높을 것이다. 또한 크리에이터와 구독자간의 엄청난 신뢰와 충성도를 갖고 있는 채널의 경우는 구독자수가 조회수에 직접적으로 비례하기도 한다.

구독자 충성도가 높은 채널은 유튜브 추천 알고리즘에 상관없이 시청자가 직접 해당 채널을 검색해서 찾아가고, 주기적으로 방문하고, 높은 수의 알람 설정으로 무조건 시청 구독자가 많기 때문에, 높은 구독자만큼 높은 조회수와 높은 수익의 상관 관계가 성립되기도 한다.

6 너무 어렵고 불안한 유튜브로 돈 벌기

유튜브 세계에선 어떤 법칙을 깨달아도 유통기한이 오래가지 않는다. 딥러닝을 통해 진화하는 새로운 알고리즘이 당신이 깨달은 그 법칙을 갈아엎어 버리고 머신러닝을 통한 유튜브 세계의 자연법칙을 새로 내놓기에 그 안에서 생존해야하는 크리에이터는 지속적으로 변화를 파악하고 빠르게 법칙에 적응하는 과정이 필요하다.

80년생인 나와 비슷하거나 그 이상의 세대라면 누구도 유튜브를 어렸을 적 장래 희망으로 삼진 않았을 것이다. 비교적 최근에 생긴 직업군이기 때문이다. 갑자기 생긴 직업은 갑자기 사라질 수도 있고, 사회적으로 보호받을 수 있는 제도가 미비하며, 관련 법령도 참여자들에게 불리한 것 위주이다.

자신의 천직을 찾으러 사회로 향하다가 유튜브를 발견한 여러분에게 당부하고 싶은 것은 유튜브를 하기 위해 무엇인가를 포기하지 말라는 것이다. 원래 하던 것, 학업이던 사업이던 직업이던 유튜브 크리에이터란 직업이 없었던 시절부터 하려고 했던 것, 해야 했던 것을 포기하거나 미루거나 그만두지 말고 그 분야에 종사하면서 취미로 유튜브를 시작하길 권유하며 유튜브의 시작은 무조건 가성비와 안정성 두 가지를 챙기면서 하기를 간곡히 제안한다.

지인 크리에이터의 경우 그렇게 싫어하던 도서 관련의 본업을 유튜브 콘텐츠로 사용하여 도서 전문 리뷰어라는 시너지를 발휘하기도 한다. 어쩔 수 없이 해외 파견 근무로 수년 동안 타향살이를 해야 하는 직업을 갖고 있는 또 다른 크리에이터의 경우, 현재는 파견을 나간 나라를 소개하며 낮에는 직장인으로 밤에는 해당 국가 전문 크리에이터로 활동하고 있다.

그는 이제 회사를 유튜브 촬영을 위한 비자 때문에 다닌다고 한다. 전문 분야가 유튜브랑 만나고 취미와 유튜브가 엮이면 그 시너지는 독창성을 만든다. **직업적 전문성이 자발적인 생산성과 만나면 많은 사람들의 시선을 끌 수 있는 대단한 콘텐츠를 만들 수 있다.** 사람들의 관심은 곧 당신의 수익으로 이어진다. 물론 수익은 일시적일 수 있지만 구독자로 수익의 지속성을 보장받는다.

구독자수는 사람들의 신뢰이며, 유튜브라는 망망대해를 헤쳐 나갈 당신의 배이다.

구독자가 적은 상태로 유튜브에 올인 하는 것은 작은 배를 타고 먼 바다를 항해해야 하는 위험만큼 무모하다. 그렇기에 유튜브 채널을 성장시키는 동안 나의 '생활'을 보장해줄 수익수단이 따로 있어야 한다. 수익수단이 있으면 더욱더 자유롭고 창의적으로 영상을 만들 수 있는 자신감이 생긴다. 초조해하면 안 된다.

내가 즐거워야 사람들을 즐겁게 할 수 있다. 현실의 생활을 유지하면서 당신의 채널이라는 배를 탄탄하고 크게 만들어야 한다. 혹은 크지 않더라도 제트스키처럼 빠르고 스릴 있게, 만약 느리더라도 인생을 멋지게 즐길 요트처럼 만들어놓길 바란다. 어느 순간 당신이 떠있는 망망대해 그 바다 속의 황금어장이 당신의 눈앞에 펼쳐질 것이다.

⑦ 유튜브를 수익화하는 구체적인 방법들

① 유튜브 애드센스 수익

① 조회수를 통한 애드센스 수익

조회수, 시청 시간 기반 수익 유튜브 영상에는 여러 종류의 광고가 붙는다. 그리고 이 광고를 일정 시간 기준 이상으로 시청하게 되면 구글 애드센스라는 회사를 통해 달러가 외화통장으로 입금되는 유튜브 크리에이터의 가장 기본적인 수입. 환율이 오를수록 수입이 많아진다.

[그림 1-15] 애드센스

② 라이브 슈퍼채팅 후원

유튜브 라이브 기능을 이용해서 라이브 스트리밍을 할 때 시청자들이 슈퍼채팅 후원을 통해서 원하는 만큼 후원을 하는 제도. 조회수에 대한 광고 수익과 별도로 진행되며 시청자의 의지에 따라 금액이 정해지는 수익. 외국 시청자들이 있다면 해당 나라의 화폐로 지급받게 된다.

[그림 1-16] 슈퍼채팅

③ VIP 가입

채널 VIP 가입을 하면 해당 채널에 매월 5달러 정도의 금액을 정기적으로 지급하게 되는 정기후원 수익이다.

[그림 1-17] VIP 멤버십 가입

② 유튜브의 인지도를 기반으로 한 외부 수익

① 홍보 영상 제작

자신의 유튜브 채널에 해당 브랜드, 제품, 콘텐츠를 직접적으로 광고해주는 영상을 제작하고 업로드하여 제작과 업로드 비용을 합한 비용을 받는 수익. 브랜드파워, 구독자수와 비례하여 책정받는다.

② PPL

영상에 간접적으로 등장하는 노출을 통해 광고비를 받는 수익. 주로 1회성 보다는 영상 당 몇 초 등장, 월 몇 회 등장 등으로 계약한다. 모 채널의 경우 영상이 시작할 때 특정 브랜드 명을 3초간 언급한다던가 영상의 가장자리에 브랜드 로고를 노출하는 형태로 제작한다.

[그림 1-18] PPL

③ 외부 행사(강연, MC, 방송 출연, 광고 촬영)

의외로 수익이 많은 부분, 유튜브라는 전문성, 자신이 다루는 콘텐츠 분야의 융합 지식을 통해 다양한 분야에서 강연을 하며 얻는 수익 또는 인지도를 바탕으로 한 사회자 수익 또는 방송 출연 및 광고 출연 수익이 발생한다.

[그림 1-19] 강연

[그림 1-20] MBC 〈탐나는 TV〉

[그림 1-21] 극장용 공익 광고

④ 출판

유튜브에 관련된 지식 제공을 통해 얻는 출판 인세

⑤ 타플랫폼과 콜라보

방송사, 언론사, 타 인터넷 매체와 자신의 콘텐츠를 융합시켜 브랜드를 만들어 내는 수익

⑥ 업체 영상 공급

자신의 채널의 영상을 업로드하진 않으나, 자신의 캐릭터나 편집 능력을 이용하여 채널의 브랜드로 외부 매체에 영상을 공급하는 수익, 최근에는 OTT(Over-The-Top: 인터넷을 통해 볼 수 있는 TV 서비스)나 인터넷 VOD, TV에 독점 콘텐츠를 공급하며 수익을 얻는 대형 채널이 등장하고 있다.

[그림 1-22] 〈삐맨〉〈리뷰엉이〉 무비썰

[그림 1-23] 〈오늘밤엔이영화〉

③ 유튜브를 활용한 창업 수익 - 채널의 카테고리와 관련된 사업

① 학원 또는 유튜브 자체를 가르쳐주는 학원

유튜브 자체를 교육하는 사업 수익을 말한다.

② 채널 관련 쇼핑몰(유튜브에서 활용한 제품을 유통 및 판매)

자신이 다루는 콘텐츠와 관련된 쇼핑몰을 제작하여 광고와 유통을 한꺼번에 하는 수익 구조, 초대형 캐릭터 채널은 아예 브랜드를 제작하고 판매 일원화된 경우도 있다. 화장품의 경우 뷰티유튜버와의 콜라보로 제작한 제품 론칭, 애니메이션의 경우 애니메이션 제작부터 장난감 개발 판매까지 일원화되기도 한다. 드문 경우지만 게임유튜버를 위해 팬이 제작한 미니 게임을 판매하기도 한다.

조금 다른 예시로 아마존에서는 해당 유튜버의 채널에 있는 링크를 타고 물건을 구매하면 해당 유튜버에게 보너스를 주기도 한다.

[그림 1-24] 캐리와 장난감친구들 인형

[그림 1-24] 용호수몰

[그림 1-25] 이사배 브랜드 콜라보 제품

[그림 1-26] 3D펜 장인 〈사나고〉 채널의 브랜드

③ 원래 하던 업종을 주로 하며 유튜브를 통해 주력 사업을 확장

기존에 운영하던 사업과 관련된 또는 관련되지 않은 유튜브 채널 성장을 통해서 기존 사업의 인지도를 확보하고 기존의 사업을 성장시켜서 창출하는 수익이 있다. 한 곤충 유통점을 운영하던 채널은 유튜브의 성장과 함께 사업적으로도 큰 성장을 이루었다. 컴퓨터 수리점을 운영하던 채널은 높은 신뢰도와 함께 많은 단골이 찾는 샵이 되었다. 자동차 수리의 진실에 대한 영상을 만들던 채널 역시 사람들이 해당 크리에이터의 샵을 수소문해서 찾아간다. 이렇듯 업종과 관련된 채널은 마케팅에 큰 도움이 된다.

④ 유튜브 크리에이터 매니지먼트 사업

기존 MCN이외에 유튜브 영상을 제작하는데 도움을 주고, 유튜브 크리에이터를 보조하여 도움을 주는 사업 수익 등이 있다.

PLAY

03 한국에서 직업으로 인정받을 수 있을까?

① 연예인들의 유튜브 러시

유튜브 크리에이터와 연예인의 경계가 사라지고 있다. 배우 강동원, 이하늬, 신세경, 천우희 등 영화배우들의 유튜브 채널부터 슈주 규현, 소시 태연, 에이핑크 보미, 다비치 강민경, 에프엑스 루나, 엑소 백현, 아이콘 찬우, 악동뮤지션 이수현 같은 뮤지션들까지 유튜브 러시는 계속되고 있으며 가장 최근에는 백종원이 채널 개설 하루 만에 구독자 100만 명을 돌파하고 현재는 250만 명에 육박하는 구독자를 초단 시간 안에 달성하는 등 몇 년 전 까지만 해도 마이너로 취급받던 유튜브가 어느새 스타들도 달려드는 황금어장이 되어버렸다.

[그림 1-27] 〈백종원의 요리비책〉

[그림 1-28] 〈백종원의 요리비책〉 하루 구독자 증가폭

② 양지로 향하는 유튜브 크리에이터들

유튜브 크리에이터들의 방송계 진출도 빈번해졌다. 한국 뷰티 유튜버의 상징과도 같은 이사배가 MBC 〈라디오 스타〉, KBS 〈해피투게더〉에 출연해 입담을 뽐냈다. 감스트는 MBC 온라인 축구해설 채널에서 활동하였으며 〈라디오스타〉, 〈진짜사나이〉, 〈아육대〉 축구 생중계 해설까지 진행하였다. JTBC에선 〈대도서관TV〉,

〈윰댕〉, 〈밴쯔〉, 〈씬님〉, 〈꾹TV〉 등이 〈랜선라이프〉라는 프로그램의 간판얼굴로 프로그램에 출연했고, 영화 〈엑시트〉에선 대도서관, 윰댕, 슈기가 출연하기도 했다. 〈거의없다〉, 〈리드무비〉, 〈엉준〉 등 영화 유튜버들이 〈방구석 1열〉의 인서트 영상 제작과 내레이션을 한다. 이미 다양한 방송 프로그램과 매스미디어에선 유튜브 크리에이터들을 하나의 인력풀로 활용하기 시작했다.

필자의 경우도 〈고몽〉으로서 엔터테인먼트 분야에서 다양한 제안을 받고 있다. NETFLIX, OCN, tvN, JTBC, MBC, KBS, Mnet, OKSUSU 같은 방송사, OTT 사업자들과 함께 드라마, 예능 프로그램의 콜라보 리뷰를 제작하고 있다. 그 밖에도 SKT, LG, 디즈니, 쇼박스, N.E.W, 메가박스 등 다양한 기업, 영화 배급사 등과 협업 영상을 제작한다. 공공 분야와의 협업도 제안을 받는다. 행정안전부에서 주최한 리버스 영화제 기획심사위원, 영화진흥위원회화 독립영화 부응 프로젝트 〈히든픽처스〉, 독립예술영화 지원 사업인 경기도콘텐츠진흥원의 〈경기인디시네마〉 사업과 협업을 하고 있다. 이외의 MBC 〈탐나는 TV〉에 고정 패널로 출연 중이고, TBS라디오 〈고몽의 로그인〉이라는 코너를 맡기도 했다. IBK 취업박람회에서 명사로서 강의를 진행하고, 공익 광고 촬영, 상업 광고 더빙 섭외 제안이 오기도 한다.

[그림 1-29] MBC 〈리버스영화제〉

[그림 1-30] 〈고몽의 로그인〉

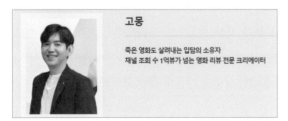

[그림 1-31] 토요일 오전 8시 10분에 방영되는 MBC 〈탐나는 TV〉 출연진으로 소개된 모습

90만 명 정도의 구독자를 보유한 〈고몽〉 채널에도 이러한 기회들이 쏟아지는데 100만을 넘어서 300만, 1,000만 구독자를 가진 메가 인플루언서들에게는 도대체 어떤 제안과 기회들이 올지 상상할 수도 없다.

③ 유튜브를 향하는 돈의 흐름

광고계는 이미 '유튜브 천하'가 되었다. 방송통신위원회가 2018년 발표한 자료에 따르면 2016년 인터넷 동영상 광고비에서 유튜브가 차지하는 비율은 40.7%에 달한다고 한다. TV 광고로 지출하던 수입의 상당량이 1인 미디어 분야로 옮겨지고 있으며 블로그 기반의 지문, 배너 광고비도 동영상을 기반으로 한 유튜브 중심으로 옮겨오고 있다. **18년 8월, 한 달 유튜브가 333억 분의 사용량을 기록했을 때, 네이버는 139억 분, 매일 항상 쓰는 것 같은 카카오톡도 199억 분을 사용했다.** 한국방송광고진흥공사가 국내 광고 시장의 경기 변동을 파악하기 위해 매월 조사하는 '광고경기 전망지수 (KAI, Korea Advertising Index)'에 따르면 TV와 신문 같은 매체의 전망은 100을 기준으로 하는 수치상 지상파 기준으로 KAI 95.6이라는 하락세를 면치 못하였지만, 온라인과 모바일만이 KAI 114.3으로 유일하게 상승세를 보였다. KAI는 쉽게 말해 광고주 중 광고비 지출이 늘어날 것이라고 응답한 숫자를 100을 기준으로 표현한 수치다. 이러한 흐름은 이미 유튜브가 자리 잡은 북미권에서 앞서 진행되던 추세였지만 한국에서도 2017년 이후 본격적으로 방송 매체의 광고비 흐름 변화로 사람들의 관심과 그에 따른 자본의 이동이 어디로 이동하고 있는지 체감할 수 있다.

④ 국가가 인정한 직업이 된 유튜브 크리에이터

크리에이터는 공식적으로 직업이 되었다. 초등학생의 장래희망 5위 안에 유튜브 크리에이터가 들었고, 고용노동부가 정식 직업으로 크리에이터를 '미디어 콘텐츠 창작자'라는 명칭으로 한국고용정보원 워크넷의 한국직업사전에 등재했다. 해당 사전에선 미디어콘텐츠창작자에 대한 설명을 다음과 같이 표현하고 있다.

'유튜브 등 광고기반 플랫폼에 개인의 영상 콘텐츠를 제작하여 올리고 이를 통해 수익을 창출한다.'

PART 01

- **수행직무**

촬영하고 싶은 영상 주제를 선정한다. 주제에 맞는 내용을 수집하고 정한다. 대사, 출연진, 촬영구도 등을 영상 촬영계획을 수립하고 제작한다. 촬영 시 도움을 받을 경우 담당 PD와 영상연출에 대해 논의한다. 촬영 후 편집하고 유튜브 등 광고기반 플랫폼에 영상을 올린다. 홍보, 광고 등을 목적으로 각종 이벤트에 참여하기도 한다.

- **부가직업정보**

- 정규교육 : 9년 초과 ~ 12년 이하(고졸 정도)
- 숙련기간 : 1년 초과 ~ 2년 이하
- 직무기능 : 자료 (수집) / 사람 (말하기·신호) / 사물 (수동조작)
- 작업강도 : 가벼운 작업
- 육체활동 : 언어력
- 작업장소 : 실내
- 작업환경 : -
- 유사명칭 : 1인크리에이터
- 관련직업 : BJ
- 자격/면허 : -
- 고용직업분류 : [4161]감독 및 기술감독
- 표준직업분류 : [2831]감독 및 기술감독

[그림 1-32] 한국직업사전의 미디어콘텐츠창작자에 대한 설명

http://bitly.kr/8nhCE
미디어콘텐츠창작자_소개

⑤ 전 연령의 시간을 지배하는 유튜브

사용자만 따져도 한 달 동안 전 인류의 6분의 1이 유튜브를 사용한다.

전 세계적으로 유튜브의 월평균 순 방문자는 약 10억 명이고 전 세계 동영상 재생시간은 23억 5,000시간에 달한다고 한다.

세계적으로 이용자가 18억 명, 2018년도 6월 한 달 우리나라의 유튜브 순 이용자는 2,500만 명 정도로 집계된다(와이즈앱 기준).

유튜브는 20~49 젊은 층들이 주로 쓴다는 것도 이미 예전 일이다. 어린아이들이 이미 TV를 대신해 유튜브를 보고 있는 광경을 심심찮게 볼 수 있다. 뿐만 아니라, 현재 한국의 50대 이상의 유튜브 사용 시간이 1년 새(2019년 1월 기준) 70% 이상 증가했다는 조사 결과가 나왔다(출처: 와이즈앱).

MCM업계의 대표 디지털 엔터테인먼트 기업 샌드박스네트워크(이하 샌드박스) 내 데이터 분석 및 기술 개발을 담당하는 콘텐츠 테크팀에서 발표한 2020 유튜브 데이터 리포트에 따르면 2020년 1월부터 2020년 12월 31일 한해를 대상으로 분석한 결과 월 평균 약 300억의 조회수 발생과 구독자수는 매월 약 6,000만 명이 증가한 것으로 나온다.

각계각층을 파고드는 데 성공한 유튜브

한국의 사회 각계각층에서도 이미 유튜브는 기본으로 하는 시대로 돌입했다. 이미 BTS의 채널인 〈ibighit〉는 2,794만 명의 구독자에 달한다. 이외에도 1,000만을 넘는 채널들이 존재하는데, 정치계도 유튜브 열풍에 참전했다. 홍준표 의원의 〈홍카콜라〉 67.2만 명, 유시민 작가가 활동하는 〈사람 사는 세상 노무현 재단〉 138만 구독자를 보유하고 있다. 이젠 청와대에도 유튜브 채널이 있을 정도이다.

더불어 각 방송사들은 앞 다투어 자신들만의 유튜브 채널을 개설하여 활동 중인데, MBC는 최근 〈5분 순삭〉이란 이름으로 예전에 히트 쳤던 〈지붕 뚫고 하이킥〉 시리즈를 업로드하며 높은 조회수를 기록 중이고 SBS는 〈스브스캐치〉에서 자사 프로그램 요약해주고, 뉴스를 요약해주는 〈스브스뉴스〉는 인기가 좋다. KBS는 구독자 1,054만 명에 달하는 〈KBS WORLD〉 채널로 국내를 제외한 외국에서만 방송 프로그램들을 오픈해 왔는데 어느 새인가 국내에서도 일부 영상들을 업로드하고 있다. 이외에도 JTBC TVN Mnet 채널A같은 종편방송국들도 이에 뒤지지 않고 유튜브 채널 성장에 열을 올리고 있다.

연예인들 역시 인기에 기댄 채널이 아니라 전문적인 형태의 유튜브 채널을 만들기 시작했다. 〈박준형의 와썹맨〉으로 등장한지 5개월 만에 100만 명, 현재는 200만 명을 돌파하며 인기몰이중이며 개그맨들부터 배우들도 마찬가지인데, 신세경은 2018년 9월 유튜브 채널을 시작하여 현재 조회수 1,000만에, 구독자 141만 명으로 성장하기도 하였고 개그맨 김준호씨는 〈얼간 김준호〉라는 채널로 39만 명의 구독자를 보유하기도 했다. 개그맨 이상훈 씨는 피규어를 전문적으로 수집하고 리뷰하는 채널로 토이 분야의 전문성을 인정받고 있다.

〈이상훈TV〉 채널

[그림 1-33] 〈이상훈TV〉 채널

전문직이 운영하는 의사 채널 〈오프라이드〉, 홍혜걸의 〈의학채널 비온뒤〉, 변호사의 브이로그를 볼 수 있는 〈킴변〉 같은 전문직의 채널을 쉽게 볼 수 있어졌고, 트럭기사가 운전하는 장면을 볼 수 있는 채널부터 자영업자들의 1인칭 브이로그를 볼 수 있는 다양한 채널들, 붕어빵 장사, 편의점 알바, 독서실 알바, 과수원 알바, 세차장 알바, 골프장 알바까지 콘텐츠로 제작하는 〈잡큐멘터리〉라는 채널까지 등장했다. 뭐든지 궁금한 걸 해소하는 〈진용진〉 채널은 급성장을 하며 사람들의 이목을 끌고 있고, 예술에 가까운 3D펜 장인 〈사나고〉는 단 한 달 만에 구독자가 70만 명 이상 증가해서 현 340만 구독자를 넘어버리는 마법을 보여주기도 했다.

〈진용진〉 채널

[그림 1-34] 〈진용진〉 채널

〈사나고〉 3D 펜으로 워크래프트에 나오는 가공의 도검 리치왕의 서리한 만들어서 오이 베기

[그림 1-35] 〈사나고〉 채널

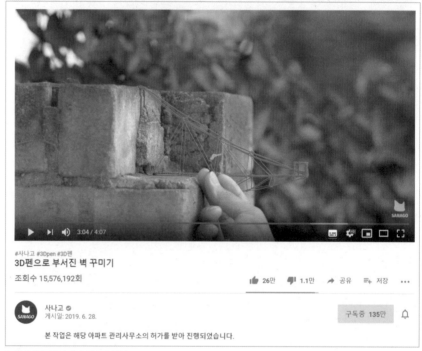

[그림 1-36] 〈사나고〉의 초대박 영상

　　이제는 남녀노소 불문하고 사회 각 분야에서 대한민국에 유튜브로 볼 수 없는 곳은 없다고 해도 과언이 아닐 정도로 대한민국은 유튜브 열풍, 대 유튜브 시대가 되어가고 있다. 이런 대세의 흐름을 등지고 "유튜브 크리에이터는 직업이 아니다."라고 말할 수 있는 사람이 있을까? 유튜브 크리에이터는 누가 뭐라해도 떳떳한 직업이다. 그것도 엄청 잘나가는!

04 유튜브, 부업으로 해볼까?

요새 들어 주변 지인들 가운데 회사를 다니면서 유튜브 채널을 운영하는 사람들이 늘었다. 필자 역시도 회사를 다니면서 부업으로 유튜브를 시작한 케이스이고, 가까운 지인 중에도 회사를 다니면서 유튜브를 30만 구독자까지 키워내며 두 가지 일을 병행하고 있다. 이제 유튜브 채널을 하나쯤 가지고 있는 건 특이한 사례가 아니다. 마치 예전에 미니홈피 하나씩 만들어놓은 것처럼 블로그, 페이스북을 운영하듯이 유튜브 채널을 가지고 있는 것이 별게 아닌 시대가 왔다. 유튜브는 힘을 빼고 자유롭게 할 때 그 발랄함이 의외의 대단한 결과를 만들어낸다. 많은 것을 포기하고 귀중한 것을 투자하지 않아도 부담 없이 시작할 수 있고, 그에 따른 보상이 있기 때문에 더 많은 이들이 부담 없이 시작할 수 있다.

유튜브 영상은 노트북만 있다면 언제 어디서든 편집할 수 있다. 스마트폰만 있다면 카메라도 필요 없다. 마이크는 더더욱 필요 없다. 심지어 스마트폰으로 편집할 수 있는 어플이 꽤 쓸 만한 수준으로 나오고 있다. MBC 임현주 아나운서가 운영하는 〈임아나〉 채널은 애플 아이패드나 아이폰에서 쓸 수 있는 '루마퓨전'이란 어플을 사용해서 언제 어디서든 영상 편집을 한다. 누워서 일할 수도 있고 출퇴근을 하며 채널을 관리할 수 있다. 심지어 잠깐 화장실에서도 제작할 수 있는 게 유튜브 영상이다.

〈임아나〉 채널

[그림 1-37] 〈임아나〉 채널

이렇게 간단하기 때문에 기존의 생활패턴을 크게 바꾸지 않고도 틈새 시간을 이용해 유튜브 크리에이터로 활동할 수 있다. 예를 들어 촬영부터 편집까지 20시간이 걸리는 영상이라면, 매일 퇴근 후에 3시간씩 일주일씩 작업하면 된다. 누가 늦게 올린다고 핀잔을 주지 않는다. 내 주기대로 내가 하고 싶은 대로 올리면 된다. 혹시 늦게 올린다고 욕을 먹는다면 당신의 채널이 그만큼 사랑받고 있는 증거이니 기뻐해도 된다.

시간이 없다는 핑계가 통하지 않는 효율 끝판왕 부업

영상 제작 시간이 너무 길다고 판단되면 퀄리티를 낮추고, 작업 환경을 효율적으로 변경하면 된다. 영상 퀄리티를 낮췄다고 해서 부정적인 영향이 크지 않기 때문이다. 실제로 영상의 질적 수준은 창작자의 욕심의 영역이며, 유튜브 시청자들이 퀄리티 변화에 민감하게 반응하진 않는다. 중요한건 콘텐츠의 기획과 연출 그리고 시청자들에게 상징적인 채널이 되는 것이다. 전적으로 내가 기획하고 결정하고 내 시간과 돈으로 만드는 창작물이기 때문에, 영상을 업로드하는 것이 의무도 해야 할 일도 아니다. 하고 싶은대로, 가고 싶은 곳으로 가서 만들면 된다. 그렇기에 당신의 현업, 학업, 사업은 유튜브를 하는 데 방해가 되지 않는다. 하루에 1시간을 써도 만들 수 있고, 더 적은 시간으로도 제작할 수 있다.

만약 하루에 1시간도 여유가 없는 사람은 어떻게 해야 할까? 고시공부를 하고 있는 사람을 예로 든다면, 고시 공부하는 영상을 찍어서 '같이 공부하는 영상'으로 대박난 〈노잼봇〉이란 채널도 있다.

[그림 1-38] 언제 어디서든 일할 수 있다.

[그림 1-39] 9시간 동안 공부하는 영상을 라이브로 진행하며 인기몰이를 한 〈노잼봇〉 채널

브이로그(V-log)
'비디오'와 '블로그'의 합
성어로 개인의 일상을 동
영상으로 촬영한 영상 콘
텐츠

심지어 이제는 회사원들이 일하는 모습을 카메라로 담는 회사원 *브이로그가 성행하고 있다. 출근하는 모습, 밥 먹는 모습, 키보드를 치는 모습이 대사 없이 담겨 있는 콘텐츠이다. 치킨집을 운영하고 있다면, 치킨을 만드는 영상을 촬영하면 된다. 배달원이 있다면, 배달원에게 액션캠을 달고 배달하는 모습을 촬영해서 편집 없이 업로드하면 된다. 치킨 튀기면서 간단한 생각이나 노하우, 장사 운영에 대한 생각을 말해도 되고, 배달하면서 느끼는 감정들을 솔직하게 표현해도 된다. 시간은 유튜브 앞에서 핑계가 되지 않는다.

[그림 1-40] 회사원 V-log 열풍

직장 다니면서 구독자 40만 명으로 키우기

필자 역시도 직장을 그만두기까지 2년 정도 부업으로 유튜브 채널을 운영했다. 퇴근 후 집에 저녁 8시쯤 도착하면 식사 후 씻고 저녁 9시부터 작업을 시작한다. 유튜브 영상을 제작하는 것은 합격과 불합격이 있는 시험을 치거나 압박이 있는 숙제가 아니기 때문에 퇴근 후에 하는 것도 육체적 정신적으로 부담스럽지 않았다. 시청자들의 댓글 피드백을 받다보면 퀄리티와 기획에 욕심이 생기는데, 기발한 기획과 특별해 보이는 편집 방법을 고민하다보면 금방 새벽이 되어 있었다. 가끔 피곤한 날은 그냥 편집 자체를 안 하고 자면 된다. 업로드를 안 해도 아무도 뭐라고 안하기 때문이다. 하지만 업로드를 오래 동안 하지 않으면, 다음에 올리는 영상 조회수가 저조했고, 경쟁 채널들이 업로드하는 것을 보다보면 또 금방 힘이 나서 자발적으로 열심히 하게 되었다. 물론 '생산효율'은 타율적 의무로 하는 업무에 비해 극도로 좋았다. 왜? '내가 하고 싶어서' 하는 일이니까. 딴짓, 딴생각하지 않게 되고 집중력 있게 편집과 촬영을 할 수 있었다. '영상 기획 – 촬영 편집 – 업로드 – 반응 피드백'이라는 작은 사이클의 반복을 계속 해내는 것, 그게 유튜브 성장 과정의 전부라고 할 수 있다. 그렇게 2년 간은 유튜브 크리에이터와 직장인의 삶을 병행할 수 있었다. 유튜브 영상을 제작하는 게 너무 즐거웠고 그 결과물을 내 맘대로 창작하며 사람들에게 내놓았을 때 반응을 보는 게 즐거웠다. 초조함은 없었다. 나에겐 안정적인 직업이 있고 주기적인 수입이 있었기 때문이다.

[그림 1-41] 사무실 전경

돈만 좇는 채널의 악순환

즐거움 없이 돈만 추구하는 유튜브는 망한다. 즐거움을 좇다 보면 돈은 자연스레 따라오게 된다. 즐거움이 먼저가 아닌 처음부터 수익을 좇는 크리에이터가 높이 성장하긴 힘들다. 크리에이터 본인이 즐겁지 않은 영상은 보는 이들에게도 티가 난다. 소위 '양산형 채널'들이 수익만 좇아 우후죽순 생겨나고 있는데, 일명 업체들이 예비 크리에이터들에게 접근해서 공장처럼 유튜브 채널과 영상을 찍어내도록 요구하고 있다. 그런 채널들의 특징은 조회수만 추구하고 빠른 수익 증대에만 관심 있다 보니, 자신의 콘텐츠에 애정이 없고, 기획에 대한 고민, 제작에 대한 헌신이 없다. 그렇기에 남들이 잘되는 콘텐츠를 빠르게 베껴내는데, 예를 들면 잘되는 썸네일 따라 하기, 제목 따라하기, 영상 따라하기, 콘텐츠 기획 따라 하기를 통해 진짜 콘텐츠들에 기생하다가 결국에는 자신만의 대체할 수 없는 매력을 만든 채널들에 밀려 어느 순간 사라진다. 그들은 진짜 자신이 원하는 것을 탐험하며 생존해야 하는 유튜브 정신을 이해하지 못한 채 사람들의 외면을 받고 자극적인 콘텐츠, 도용한 콘텐츠로 저품질, 복제라는 사유로 유튜브 시스템의 제재를 받아 사라지게 된다.

[그림 1-42] 유튜브 계정 해지 화면

본업과 병행할 때 유튜브가 더 성공할 수 있는 이유

그런 의미에서 부업으로 유튜브를 시작한다는 건, 수익적인 굴레에서 벗어나 자유롭게 유튜브를 탐험할 수 있는 모험심의 지지대가 있다는 것이다. 기본적인 수익과 직업적인 정체성이 있는 상황이라면 유튜브에 목숨걸지 않아도 된다. 목숨을 걸면 경직되고 독창성이 떨어지며 재미없는 영상을 만들게 된다. 전업으로 뛰어들어 몇 년 동안 정체되어 있는 A채널의 경우, 남들이 잘되는 것을 모두 따라 해도 구독자가 3만 명 이상으로 성장하지 못했다. 2년 넘게 말이다. 결국 자극적인 몇 개의 영상으로 커뮤니티 가이드 위반 경고를 받고 계정이 해지되었다. A채널의 크리에이터는 하던 일을 그만두고 유튜브 채널을 열었으나 유튜브를 하는 내내 수익이 없으니 너무 초초했고, 가장으로서 가족들에게 미안했다고 한다. 차라리 채널이 사라져 현업에 종사하는 지금이 후련하다고 한다. "유튜브를 왜 했냐"는 질문에는 "잘되는 유튜버들의 수익을 보고 했다"고 바로 대답한 그였지만 "유튜브를 통해 무엇을 하고 싶었나?" 라는 질문에는 대답하지 못했다.

결국 '유튜브로 얻는 것들'만 목적이 되어서는 안 된다. **유튜브는 '내가 하고 싶은 것을 한다.', '나를 보여준다.', '내가 하는 것을 보여준다.' 라는 기본적인 방향성이 없다면 하지 않는 게 낫다.** 물론 자신의 방향성 없이 '유튜브를 하고 싶다!'는 강한 열망을 지닌 사람들이 많을 것이다. 자신이 그런 마음이라면 유튜브를 소일거리, 부업으로 생각하고 시작하길 바란다. 이런 저런 시도를 해보고 내가 좋아하는 것, 사람들이 반응하는 것 사이에서 언젠가는 자신의 방향과 나아갈 길이 명확하게 보이는 순간이 찾아온다. 바로 그때가 부업이 아닌, 전업 크리에이터로 전향할 순간이다.

05 유튜브 크리에이터의 일주일

1 연예인들의 유튜브 러시

전업 유튜브 크리에이터에 대한 이상과 현실

직장을 다니면서 유튜브 영상을 제작하다보면 시간에 쫓기게 되고, '만약 퇴사를 하고 전업 크리에이터가 된다면…' 이라는 상상을 하며, 그날이 온다면 모든 것을 다 해낼 수 있을 것 같은 호기로운 각오가 선다. 퇴사를 하기 전 예상한 전업 크리에이터로서의 모습은 다음과 같다.

[그림 1-43] 모히또

[그림 1-44] 전업 유튜버 상상

'오전 10시 즈음 산뜻하게 기상해서 가볍게 세수, 활력을 불어넣기 위한 루틴으로 공복 러닝을 한 후 가까운 카페로 출근, 브런치를 먹으며 영상을 기획, 영상을 촬영 후 여유를 갖고 편집, 전략적으로 예정된 시간에 유튜브 업로드, 휴가를 가기 전에는 여유롭게 예비 영상을 만들어 놓고, 몰디브에서 모히또를 마시며 조회수가 올라가는 소리와 댓글 반응을 지켜보며 흐뭇한 미소를 짓는다. 해변에 앉아 노트북으로 다음 영상을 기획하며 하루를 마무리….'

　…라는 생각을 했었다. '전업으로 열중하는 만큼 작업량은 늘고 생산성은 압도적이겠지'라는 예상은 꿈일 뿐이었다. 하루일과가 계획적이고 효율적으로 돌아갈 줄 알았지만 전혀 그렇지 않다. 여전히 쫓기고, 계획적이지 못하고, 시간적 여유가 늘었어도 생산성은 늘지 않고 오히려 사람이 처지게 된다. 또 휴가나 휴일이 따로 없다. 주어지지 않으니 만들 여유가 오히려 생기지 않는다. 시간을 어렵게 내서 여행을 가게 되면 여행 가서 유튜브용 영상을 기획하게 된다. 결국 힘들게 여행을 가서 영상촬영만 하고 있고, 돌아와서는 제대로 써먹지 못하는 일도 여러 번 있었다. 일종의 '유튜브 중독', '제작 중독'에 빠지게 된 것이다. 퇴사 이전에는 일주일에 3개 정도의 영상을 만들었는데, 오히려 퇴사 이후에는 2개 정도로 줄었다. 결과적으로 굳이 퇴사할 필요가 있었나 싶었지만, 단순히 영상을 업로드하는 양보다는 다채로운 활동을 할 수 있는 '운신의 자유'를 얻었고, 그로 인해 '기회의 지평'을 넓혔다는 점이 큰 변화라고 할 수 있다. 시간을 유동적으로 쓸 수 있는 장점과 더 이상 직장인이 아니기 때문에 유튜브로 얼굴 공개를 할 수 있다는 자유로움은 예상하지 못한 새로운 기회들을 안겨준다.

② 퇴사 후 전업 유튜브 크리에이터가 되어 얻은 것

　퇴사 후에 MBC와 행안부가 주최하는 실패 박람회에서 리버스(RE-BIRTH)영화상의 심사위원으로 활동하게 된 적이 있었다. 이 뿐만 아니라 MBC 〈탐나는 TV〉라는 비평 프로그램에 고정 패널로 출연하게 되고, 어렸을 적 로망이었던 프로 〈출발 비디오 여행〉에서 '집으로 와' 촬영을 하기도 했다. 〈시간을 달리는 소녀〉, 〈늑대아이〉를 제작한 호소다 마모루 감독과 국내 유일 단독으로 한 시간 가량을 인터뷰한 경험은 전율이 흐르는 순간이었다. 또한 영화 개봉 전 프리미어 행사로 홍콩에 초대받거나, 넷플릭스에서 뉴욕에 초청해 촬영장 투어를 시켜주기도 하고, 라스베이거스에서 인터뷰 요청이 들어오거나, 갑자기 영국에서 영화 개봉 행사를 제안받기도 했다. 퇴사 이후에 생긴 '얼굴을 공개했다는 것'과 '전업'이라는 선택에서 시작된 인생의 새로운 물결이었다.

[그림 1-45] 호소다 마모루

[그림 1-46] 넷플릭스 뉴욕 초대장

[그림 1-47] 〈출발 비디오 여행〉 촬영중

이외에도 영화를 보는 20, 30대의 라이프 스타일을 가진 사람들의 인플루언서로 분류되어 L전자에서 프로젝터 광고 요청이 오기도 하였고, 현존 대한민국 최고 인기 번역가 황석희, 유명 아이돌 그룹 슈퍼주니어 예성과의 콜라보레이션 영상을 제작하기도 하였다.

#예성YESUNG #PinkMagic #내가사랑했던모든남자들에게
한국계 고딩이 미국 존잘남들에게 인기폭발하는 영화 [ENG SUB 슈주 예성 YESUNG Pink Magic등장]

[그림 1-48] 예성

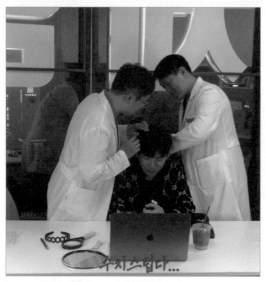

[그림 1-49] 탈모 콘텐츠

    이렇듯 퇴사 후에 얼굴을 드러내고 활동하고부터는 〈고몽〉 채널이 '나'라는 사람의 '캐릭터'가 되었다. 즉 〈고몽〉 채널의 운영자가 아니라 고몽 그 자체가 된 것이다. 대부분의 유튜브 채널 운영자들은 채널이름이 곧 자신의 정체성과 예명이 된다. 그리고 그렇게 얻은 정체성은 곧 상징으로 바뀐다. 단순한 '채널 운영자' 보다는

'캐릭터'가 될 수 있는 일들이 더욱 다양하다. 무대공포증이 심해 어디 잘 나서지 않던 집돌이로서 너무나 신기한 경험, 설레고 가슴 벅찬 경험들이 쏟아지는 이 상황의 시작은 내가 유튜브 크리에이터를 전업으로 결정했을 때 부터였다. 유튜브 크리에이터가 된다는 건 생각보다 거창한 결심이 필요 없다. 자신의 구글 계정의 유튜브로 접속해서 채널 생성 – 영상 업로드!

이 두 가지만 하면 당신도 크리에이터다. 이 두 가지만 하면 당신의 인생도 새롭게 크리에이팅할 수 있다.

❸ 디지털 노마드가 아닌… 디지털 집콕

<table>
<tr><td colspan="7" align="center">고몽의 일주일</td></tr>
<tr><th>Sun</th><th>Mon</th><th>Tue</th><th>Wed</th><th>Thu</th><th>Fri</th><th>Sat</th></tr>
<tr>
<td>✓ 영화 <레드슈즈> 기획화상회의
✓ 스크립트 작성 및 예시자료 편집자에게 전송</td>
<td>✓ <레드슈즈> 영상 제작 편집
✓ 영화 <콜노이즈 주> 시사회 2시 in 왕십리</td>
<td>✓ <레드슈즈> 1차 영상 피드백
✓ 영화진흥위원회 토론 및 인터뷰
✓ <오늘밤엔 이겨라> 콘텐츠 업로드</td>
<td>✓ MBC탐나는티비 출연 ★
✓ TBS 라디오 고몽의 로그인 출연
✓ <레드슈즈> 녹음 자막 및 효과추가</td>
<td>✓ <레드슈즈> 업로드
✓ 영화 <틴스피릿> 내부시사회 관람 기획 및 스크립트 편집자에게 전송</td>
<td>✓ <5분대기실> 로맨스 촬영 및 가편
✓ <틴스피릿> 영상 제작 및 편집
✓ 주간지라 인터뷰</td>
<td>✓ <틴스피릿> 1차 피드백 및 녹음
✓ 크리에이터 강연
✓ 걸기인디시네마 콘텐츠 기획</td>
</tr>
</table>

[그림 1-50] 고몽의 일주일 스케줄 표

유튜버가 되면 디지털 노마드(유목민)가 되어 이곳저곳을 돌아다니며 작업할 것 같지만, 생각보다 집 밖으로 나오는 일이 많지 않은 디지털 집콕으로 살게 된다. 그럼에도 장기적으로 유튜브를 운영하기 위해서는 팀이 필요하다. 방송 제작팀과 같은 무거운 팀이 아닌, 크리에이터를 보완해주면서 채널의 생산성을 향상시켜주는 빠르고 효율적인 팀 말이다. 보통은 크리에이터 1명, 편집자 1명 정도로 팀을 구성하며, 규모에 따라 편집자를 늘리고 촬영과 작가진을 구성하는 크리에이터들도 있다. 나의 경우 촬영과 편집을 동시에 보조해 줄 수 있는 편집자 3명의 정규팀이 존재한다. 물론 정규직 형태로 월급과 성과금을 제공하는 직원들이지만, 정해진 곳에 회사를 만들어 놓고 주 5일을 정시 출근하는 형태로 운영되는 팀은 아니다. 사실 유튜브 제작팀은 촬영을 제외하고는 출근할 필요가 없다. 필자의 업무 프로세스는 다음과 같다.

고몽의 업무 프로세스

❶ 영상의 기획은 구글 '행아웃'을 통해 화상회의로 진행한다.

[그림 1-51] 구글 행아웃을 이용한 편집자 회의

❷ 모아진 아이디어를 바탕으로 스크립트를 작성한다.

❸ 작성된 스크립트 파일을 편집자에게 카톡으로 발송한다.

❹ 편집자들은 스크립트를 기준으로 내레이션에 들어갈 영상의 컷 편집을 한 후 기본적인 자막을 넣는다.

❺ 1차 영상본을 제작한 후 구글 드라이브 동기화를 하면, 고몽의 컴퓨터 폴더로 해당 영상이 자동 업로드된다.

❻ 고몽은 영상의 피드백을 편집자에게 메신저로 전달한다.

❼ 편집자가 이를 바탕으로 제작한 프로젝트 파일을 고몽에게 전달한다.

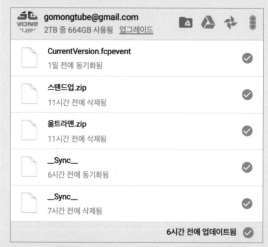

[그림 1-52] 구글 드라이브 동기화

*편집 파일은 보통 100GB에 달하기 때문에 일반적인 메일로는 주고받을 수 없으므로 구글 드라이브 동기화를 통해 전달한다.

❽ 편집 파일에 고몽이 내레이션을 하면서 자막을 수정. 싱크를 확인한다.

❾ 특수 효과, 사운드 조절, 컷 확인 등 최종 검수를 한다.

❿ 고몽이 직접 채널에 업로드하고 썸네일과 제목을 작성한다.

⓫ 업로드된 영상을 아직 공개하지 않고, 미등록 상태로 팀원들에게 링크를 발송한다. 팀원들과 크로스 체킹을 통해 영상의 오류를 확인한다.

⓬ 영상을 최종 공개한다.

⓭ 최종 영상을 피드백하면서 문제점을 파악하고 다음 영상에 반영한다.

[그림 1-53] 편집자 출석 보고

④ 진짜 유튜브 크리에이터의 진짜 솔직한 생존 수첩

유튜브의 인공지능 알고리즘은 기계 스스로 학습하며 진화하는 머신러닝으로 지금도 내일도 성장하고 있다. 패턴은 복잡해지고 영상 추천 알고리즘은 매일 난해해지고 있다. 그럼에도 변하지 않는 진리는 '영상의 선택과 시청은 인간이 한다'는 것이다. 이 간단명료한 나침반을 통해, 당장 내일 다시 유튜브의 추천 알고리즘이 변화하여 길을 잃더라도, 다시 방향을 찾고 영상과 채널을 추천해주는 유튜브 알고리즘의 맥을 짚어갈 수 있다. 필자도 여러분도 매순간 유튜브라는 정글에서 방황하는 건 마찬가지, 지름길은 모른다. 지도도 없다. 당신이 마주하는 순간순간의 대처법, 그게 바로 유튜브의 생존법칙이자 이 책의 핵심이다. 그렇다면 이제부터 구체적인 유튜브 생존법에 대해 알아보자.

PART **02**

유튜브의
비공식적 성장 공식

3년간 분석하고 업데이트한 유튜브 성장 스킬

01 | 조회수 잘 나오는 법

'동영상 제작자'와 '유튜브 크리에이터' 간에는 차이가 있다. 동영상을 완성하면 임무를 완수하는 것이 전자라면, 후자는 촬영과 제작 업로드와 채널 관리를 포함한 유튜브 채널, 영상과 관련된 전사적 작업을 해내야 한다.

당신이 '다이아몬드' 같은 영상을 제작했어도, 그 포장지가 '쓰레기'라면 누가 그 영상을 클릭해 볼까? 유튜브에선 영상 그 자체 뿐만 아니라, 영상을 둘러싼 제목, 썸네일, 채널 관리, 재생 목록, 최종 화면, 영상 구성 등 다각적인 포장 작업을 거쳐야 더 많은 시청자에게 내 영상을 전달할 수 있다. 크리에이터가 받는 가장 일차원적인 보상, '조회수' 이제 그 조회수를 많이 받기 위한 전략에 대해 이야기해보겠다.

1️⃣ 조회수를 많이 받으려면 '유튜브 제1 법칙'을 지켜라

"많은 사람이 오랫동안 유튜브에 머물게 하라."

📑 유튜브 복음 1장 1절 　유튜브의 알고리즘이 말씀하셨다.

"그러기 위해 나(유튜브)는 유튜브에 시청자가 머물도록, 최적의 영상을 찾아내서 적절한 시청 타깃에게 영상을 권할 것이고, 시청자의 반응에 따라 해당 영상은 추가적인 은혜(추천)를 받을 것이다."

"크리에이터는 내(유튜브)가 허용하는 범위 내의 가장 클릭하고 싶어지는 제목과 썸네일로 영상을 보기 좋게 꾸며놓아라. 또 오랫동안 쳐다보게 하여라. 널리 알리는 것은 내가 할 터이니, 나와 광고주가 허용하는 범위 안에서 시청자의 눈길을 오랫동안 머물게 하여라."

② 트렌드를 앞서가라

사람들은 오래된 영상, 한 번 본 영상, 이미 알고 있는 이야기를 다룬 영상을 외면한다. 관심을 갖기 위해선 신선함과 앞서가는 유행으로 승부하라!

조회수 트래픽이 잘나오는 최신 트렌드를 읽기 위한 4가지 방법이 있다.

① 실시간 인기 급상승 동영상 50위권 내 영상 트렌드 파악

유튜브에 첫 접속하면 여러 가지 탭이 존재하는데 그중에서 '인기' 탭에는 업로드 직후 가장 빠른 속도로 조회수와 시청 시간이 상승한 영상이 자동 추천된다. 인기 급상승 영상은 말 그대로 한국에서 현재 가장 핫한 영상이며, '최고 조회수' 보다는 최고 '조회수 상승 속도'가 반영된다. 즉 공을 얼마나 멀리 던졌냐보다 공이 순간적으로 얼마나 빠른 구속을 기록했는지 순간 최고 스피드를 본다는 예시로 설명할 수 있다. 상승률에 따라 1위부터 50위까지 순위가 결정되는데 이 순위는 고정된 순위가 아니라 업로드 직후 48시간 내에 등재가 되어서 순위가 계속 상승하거나 떨어진다. 떨어진 직후에는 50위 밖에서 '최근 인기 동영상' 이란 이름으로 35개의 콘텐츠의 기록에 일정 기간 동안 기록된 후 사라진다.

[그림 2-1] PC 버전에선 왼쪽의 [인기] 탭을 누르면 영상 순위대로 50위까지 인기 급상승 랭킹이 나온다.

[그림 2-2] 모바일 버전에서는 아래쪽의 [인기] 탭을 누르면 인기 급상승 영상을 볼 수 있다.

　[인기] 탭에 올라오는 영상의 패턴을 보면 다양한 구성을 보이는데, 그중에서도 뉴스에 나올 법한 사회적 이슈가 많이 등장한다. 어떤 사건이 터지면 그 사건에 관한 영상이 1/3 이상을 차지하게 되는 경우도 있고, 높은 순위에 안착되기도 한다. 인기 아이돌의 뮤직비디오나 마블의 영화 예고편 같은 세계적인 인기 영상이 업로드되었을 때에도, [인기] 탭 상단에 노출이 된다. 가끔은 트렌드와 상관없이 특이하고 독창적인 영상, 자극적이고 화려한 영상 등 지금 사람들이 가장 관심 있어 하는 콘텐츠를 유튜브 알고리즘의 비공개된 산술식으로 측정하여 선정해주기 때문이 이 실시간 인기 영상에서 어떤 영상들이 올라오는지 주의 깊게 모니터링 하다보면 현재 어떤 것이 트렌드인지 파악할 수 있어 반 박자 늦게라도 바로 흐름을 따라갈 수 있으며, 오히려 역발상으로 지금 유행이 무엇인지 파악한 후 유행한 적 없던 영상을 만드는 전략을 사용할 수도 있다. 크리에이터라면 '[1일 1인기] 탭 모니터링'은 기본적으로 해야 하는 반복 업무이다.

② 구글 트렌드 활용(월간 트렌드, 주간 트렌드)

구글 트렌드

[그림 2-3] 구글 트렌드(https://trends.google.co.kr/)

구글 검색창에 '트렌드'라고 검색하면 최상단에 노출되는 사이트다. 세계 최대의 검색 사이트 구글에서 사람들의 검색하는 빅데이터를 바탕으로 맞춤화된 트렌드를 알려주는 유용한 사이트다. 일별, 월별, 년별, 최고 인기 검색어, 인기 급상승 검색어 등을 국가별로 지역별로 연도별 카테고리별로 다양한 필터링으로 검색할 수 있으며, 이를 유튜브로 연동한 검색어로도 데이터를 수집할 수 있다. 트렌드를 파악하기에 가장 유효한 방법은 '일별 인기 급상승 검색어' 기능을 활용한다. 순위별, 검색건수별로 급상승되는 순위를 조회하면 시의성 있게 유튜브 영상 콘텐츠 주제를 선별하는데 도움이 된다. 트렌드 파악 이외에도 자료 조사를 위한 리서치 용도로 사용하는데도 효과적인 사이트이니 참고하자.

③ 네이버 실검과 DataLab

NAVER DataLab.

구글 트렌드가 세계적 트렌드와 국내 트렌드의 거시적 관점에서 쓸 만하다면 네이버 실검을 비롯한 검색자료를 통계로 제공하는 '네이버의 데이터랩'은 국내에 한정된 아주 세밀하고 구체적인 정보를 제공한다. 도시별 구분과 더 세부적인 필터링까지 조회가 가능하고, 성·연령별 시간대별, 기기별, 섹션별 구분도 가능하다. 또한 댓글까지 통계 데이터로도 정리되어 있으며, 공공 연구 데이터와도 연계되어 있어서 한국의 크리에이터들이 트렌드를 정확하게 파악해내는데 최적화되어 있는 사이트다.

[그림 2-4] 네이버 DataLab 급상승 검색어

[그림 2-5] 네이버 DataLab 댓글통계

④ 각종 커뮤니티 모니터링

각자 애용하는 커뮤니티들이 있을 것이다. 홈페이지 형태부터 네이버 다음 카페, 디씨 같은 갤러리 형태나 포럼 등 다양한 형태로 말이다. 특히 뉴스, 이슈, 코미디, 유행을 다루는 크리에이터들은 여러 곳의 커뮤니티를 상시적으로 모니터링한다. 그리고 한 곳 뿐만 아니라 여러 사이트 등을 중복 체크해야 생각이 그릇되거나 잘못된 정보를 사용하게 되는 것을 최대한 줄일 수 있다. 커뮤니티 모니터링은 위에 제시된 구글 트렌드나 네이버 실검 다음으로 빠른 트렌드 확인이 가능한 방법이다. ①번에 제시한 인기 탭을 주시하는 방법은 이미 ②번, ③번, ④번을 확인한 이후에 영상으로 제작하는 시간이 걸리기 때문에, 누군가 이미 영상을 만든 콘텐츠로 트렌드를 따라가는 것은 반 박자 늦은 감이 있다. 따라서 구글 트렌드와 네이버 실검으로 실시간으로 제공되는 빅 데이터를 확인하고, 실제로 사람들이 언급하는 감성적인 내용의 반응들은 커뮤니티의 반응으로 체크하며 영상의 주제를 정하는 게 좋다. 단순한 데이터만으로 주제를 정하다보면 사람들의 정서적인 반응과 반대 입장의 콘텐츠를 양산할 수 있고 그렇게 되면 트렌드는 빠르게 쫓아갈지언정 비호감 영상을 만들 수 있기 때문이다. ①~④번까지의 방법을 병행해서 사용한다면 트렌드를 따라가는 속도감을 챙길 수 있으면서도 주제에 대한 반응까지 엿볼 수 있는 콘텐츠를 생산할 수 있다.

최소한 트렌드를 읽고 빠르게 앞서가진 못하더라도 트렌드에 발맞춰 갈 순 있다. 이미 유행이 지난 트렌드를 혼자 들쑤셔서 아무도 보지 않는 영상이 되지 않으려면 늘 최신 경향에 민감해야 한다.

①~④ 번의 방법을 통해 유행을 앞서가는 것도 가능하다

실시간 인기 급상승 영상 체크, 커뮤니티 체크를 통해서 커뮤니티에서 언급되는 내용 중 유튜브에서는 전혀 다루지 않은 주제를 확인한다. 인기 탭 외에도 기본 홈 화면과 탐색 피드에서 유튜브 전체의 흐름을 파악하고, 구글과 네이버를 활용하여 최신 트렌드를 인지한 상황에서 지금까지 아무도 하지 않은 콘텐츠를 유통시켜라. 물론 해당 영상이 인기 영상이 될지, 누구의 관심도 받지 못할 지는 단정지을 순 없지만 해당 영상이 높은 조회수를 받게 될 경우 당신이 만든 동영상의 주제나 콘텐츠를 따라 만들며 쫓아오는 양산형 채널이 생길 것이며 당신의 영상이 유튜브 트렌드의 흐름을 만들 게 된다.

새로운 시도는 높은 조회수를 받기 힘들지만 영상의 조회수가 폭발할 경우 엄청난 구독자 상승을 경험할 수 있다. 또 유튜브는 같은 주제를 다룬 경쟁자가 나타난다고 해서 나의 파이를 빼앗기는 것이 아니라 오히려 그 경쟁자가 내가 속한 카테고리로 새로운 조회수를 끌고 옴과 동시에 나의 콘텐츠가 그 경쟁자의 영상 아래에 추천되기 때문에 같은 주제 카테고리에서 활동하는 채널은 서로 상부상조하는 경향이 있다. 그래서 내 채널을 따라하는 콘텐츠가 생겨났다고 억울해하지 말고, 오히려 다른 분야에서 이분야로 끌고 오는 트래픽이 많아졌다고 좋아해야하는 것이 크리에이터의 자세라고 말할 수 있다. 또한 사람들은 관심 없이 보여도 누군가가 이러한 콘텐츠를 처음 시작하였는지에 대해 알고 있다. 그렇기에 당신이 유행을 앞서가는 시도를 지속한다면 당신의 채널은 '유행을 선도하는 채널이다.' 라는 평을 받을 수 있다.

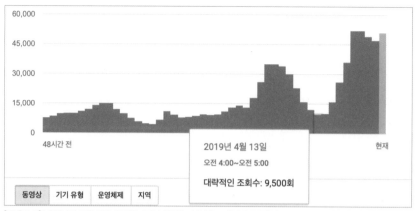

[그림 2-6] 내 채널의 주요 타깃 국가의 수면 시간에는 실시간 트래픽이 급락한다.

3 망하는 날, 요일, 시간을 피해라

　구독자 층, 영상의 주요 시청 타깃, 대중의 활동 시간, 휴일, TV의 유명 프로그램 방영 시간 등 다양한 변수를 읽고 영상의 업로드 날짜, 요일, 시간을 정해야 된다. 우선 피해야하는 요일은 월요일이다. 월요일은 정말 최악의 날이다. 같은 영상이라도 월요일에 업로드하면 트래픽이 반의 반 토막이 난다. 인간의 심리 때문일까, 월요병 때문에 영상을 볼 여유가 없어서일까, 아니면 대다수의 시청자가 월요일에 가장 바빠서 일까? 월요일은 분명 일요일 저녁까진 급상승하던 영상의 조회수가 멈추는 날이다. 자신의 속한 카테고리가 어떤 시청층이 많고 또 그 시청층들은 언제 가장 유튜브를 안볼까? 에 대한 고민을 한다면 최악의 요일을 발견할 수 있다.

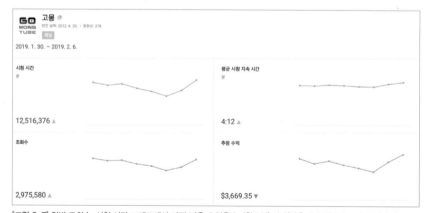

[그림 2-7] 일별 조회수, 시청 시간 그래프에서 가장 낮은 요일은 늘 '월요일' 이다(좌측 수요일부터 → 수요일까지)

기피해야 할 시간대는 수면 시간이다. 채널 시청층이 국내일 때 한국 시간 기준으로 수면 시간에 업로드하게 되면 영상이 그대로 사람들과 함께 잠들어 있음을 경험한다. 22시 이후에 업로드한 경우도 다음 날이 쉬는 날이 아니라면 사람들이 자는 시간인 자정부터 서서히 감소하다가 새벽 2시경부터 급격하게 시청자수가 감소하게 된다. 유튜브의 영상 추천 알고리즘에 있어 가장 중요한 것은 업로드 초기에 발생하는 집중적이고 급격한 클릭수 증가와 절대적인 시청 시간 증가이다.

[그림 2-8] 인간의 생활 패턴과 조회수는 함께 움직인다. 시간당 8만 조회수가 나와도, 인간이 잘 때는 그래프도 같이 잔다.

이 데이터 값을 바탕으로 '인기 급상승 영상'이 되거나 지속적인 추천 동영상 유입으로 꾸준한 조회수를 얻을 수도 있기 때문이다. 그러나 새벽에 영상을 올리게 되면 '수치'만을 중요시하는 인공지능에게 나의 영상의 초반 데이터가 그다지 매력적으로 보이지 않는다. 새벽 시간을 피하면 딱히 피해야할 시간은 없다. 일반적으로 추천하는 영상업로드 시간은 직장인들이 퇴근을 시작하는 18시, 학생들이 하교를 시작하는 16시 이후, 방학기간 등에는 아무 때나 좋다는 인식이 있는데, 물론 그 시간이 되면 전체적인 트래픽이 증가하는 건 맞다. 그러나 동시에 올린 타 채널의 영상에 비해서 내 영상이 더 좋은 수치를 기록하기에는 오히려 사람들이 올리지 않는 시간대에 업로드 하는 것도 좋다. 이 전략은 '호랑이 없는 피드에 토끼가 왕 노릇할 업로드 시간' 이라고 표현할 수 있다. 경험상 이 방법이 통하는 요일들이 있는데, 일요일 오전과 목요일 오후이다. 특히 일요일 오전의 경우 업로드를 기피하던 시절이 있었는데, 2017년도 즈음 그 시간에서 인기 동영상이 된 경험이 몇 번 있었다.

개인적으로 목 좋은 날로 치는 날은 목요일 저녁이다. 금요일 저녁에 최고 피크라고 생각했던 적도 있지만, 결국에 모두가 피크라고 생각하는 시간대에는 수많은 크리에이터들이 영상을 업로드하고 있기 때문에 나의 영상이 상대적으로 트래픽을 못 얻을 수가 있기 때문이다.

무엇보다 금요일 저녁은 집에 있기 보단 나가서 활동을 하는 날이라고 생각된다. 목요일 저녁, 일주일의 피곤함이 최고치로 쌓여있으면서 아무것도 하기 싫은 바로 그날 저녁, 그리고 이날 업로드 할 때 좋은 반응이 있으면 그 트래픽이 상승세를 유지하다가 토일 주말에 다시 한 번 치고 올라가는 경향이 있어 〈고몽〉 채널 기준으로 빠른 시간 100만 조회수를 낸 영상은 목요일에 많이 탄생했다. 〈고몽〉 채널은 인기 급상승 탭에 31회 랭크 되었고 그중에서 목요일 5회, 토요일 5회, 일요일 5회로 3개의 요일이 가장 많았다.

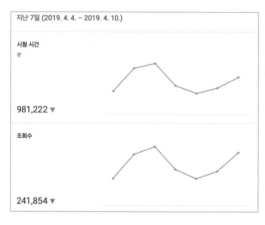

[그림 2-9] 유튜브 분석 화면, 토요일이 최고, 월요일이 최저 트래픽을 보인다(좌측 목요일부터 수요일까지의 그래프).

공식적인 유튜브 크리에이터 교육에선 정해진 날에 업로드하는 게 좋다고 한다. 어느 정도는 맞고 어느 정도는 맞지 않다. 'Case by Case' 이다. 사실 유튜브 구독자들이 업로드되는 요일을 알고 기다리는 채널은 몇 개 되지 않는다. 대부분은 유튜브 앱을 열었을 때, 유튜브가 추천해준 영상이 바로 노출되고, 그 중에서 시청할 영상을 고르게 되기 때문에 요일 업로드의 힘은 대부분 채널에는 유효하지 않다고 본다. 단, 아주 고정적인 팬 층을 지닌 채널의 경우 추천과 상관없이 그 채널을 찾아가려는 경향이 있기 때문에 정해진 요일 업로드는 케이스에 따라서 다른 결과를 만들어낸다. 결국에는 사람들이 나의 채널에 같은 날, 매일 찾아올 만큼 영향력을 갖지 않는 이상 같은 날, 같은 시간 업로드는 잘 통하지 않는다. 오히려 트래픽이 나쁘지 않는 시간대에 빈틈을 노려 업로드 하는 방법이 채널 초기에는 적합한 방법이라고 생각한다. 물론 이것은 〈고몽〉 채널을 기반으로 한 최적의 업로드 시간이며, 채널 초기에는 다양한 시간대에 업로드를 시도하고 분석메뉴에서 트래픽 관찰을 통해 자신의 채널만의 최적 업로드 시간대를 찾아가는 과정이 반드시 필요하다.

④ 대박 조회수가 터지면 쉬지 않고 노를 저어라, 멈추는 순간 버프는 끝난다.

유튜브를 하다보면 기이한 현상을 경험한다. 평상시와 다를 것 같이 적은 수의 조회수가 나올 거라고 생각한 영상이 갑자기 수만, 수십만, 수백만의 조회수를 기록하고 있는 것이다. 이 때 기존에 쌓여있던 영상들의 조회수가 함께 오르게 되고, 그동안 만들어온 영상의 가치에 따라 구독자 유입이 시작된다.

처음 대박 조회수가 터질 때 채널 성장의 당락이 결정된다. 한 번 물이 들어올 때는 쉬지 않고 영상 업로드를 꾸준히 해야 한다. 또한 콘텐츠의 감성적인 재미도 있어야 한다. 이 기조를 유지하는 동안은 올리는 영상마다 대박 행진을 이어간다. 인기 급상승 영상이 되었다면 이후에 연속으로 인기 급상승 순위 50위에 들기도 한다.

[그림 2-10] 보통 영상이 대박나면 연속적으로 올리는 영상도 계속 잘된다.

[그림 2-11] [인기 급상승] 탭에 추가되면 위와 같은 알림이 온다.

[그림 2-12] 보통 영상이 대박나면 연속적으로 올리는 영상도 계속 잘된다.

유튜브 설정을 '어두운 테마'로 설정하면 [그림 2-12]와 같이 눈의 피로감이 적게 사용가능하다.

기존의 유형과 별다를 것 없다고 생각되는 영상 스타일이지만 유튜브 알고리즘이 갑자기 내 영상을 추천하는 것은 그 영상의 썸네일과 제목 그리고 영상의 시청 지속시간이 유튜브가 정한 '기준'을 넘어서 좋은 데이터 값을 보였을 확률이 높기 때문이다. 그 기준을 넘어서고부턴 유튜브는 당신의 채널을 시청한 사람들의 데이터와 당신이 올린 유튜브 영상의 메타데이터 등을 종합적으로 분석한 후 당신의 채널과 영상이 어떤 것인지 '이해'한다. 그리고 당신의 영상을 볼 만한 소수의 정확하고, 적확한 타깃층에게 당신의 영상을 소극적으로 추천한다. 그런데 그 소수의 타깃층이 당신의 영상을 클릭하는 빈도수가 높고, 시청했을 때의 시청 지속율과 절대 시청 시간이 길거나 그 외에 댓글, 좋아요, 공유, 등 다양한 긍정적인 반응을 보여준다면, 유튜브 알고리즘은 타깃층을 조금 더 넓혀 당신의 영상을 볼 가능성이 있는 대상들에게 추천하여 같은 과정을 반복한다. 이 추천 알고리즘은 국가 규모의 추천으로 이어지고, 최종적으로는 월드 규모의 추천으로 이어지는 피라미드 단계를 거치게 된다(추천 알고리즘은 이후 자세히 언급하겠다).

영화 〈박화영〉 리뷰

[그림 2-13] 2024월 1월 1일 기준 1,295만 조회수를 기록 중인 영화 〈박화영〉 소개 영상은 단 이틀 만에 300만 조회수가 나왔다. 대부분의 100만 이상 조회수는 이처럼 추천 영상에 의한 폭발적 노출로 시작된다.

추천의 연쇄적인 단계는 채널의 영상을 모두 유튜브의 직원이 검토할 수 없다는 사실에서 시작된다. 유튜브는 세계인구의 20억 명 이상이 사용하고, 지금도 1분에 400시간의 영상이 업로드 되는 플랫폼이다. 1분에 400시간이면 1시간에

1,000일 분량의 영상이, 하루면 65년 분량의 영상이 업로드된다. 하루 종일 유튜브만 봐도 하루 동안 업로드되는 유튜브 영상의 발 끝 만큼도 다 볼 수가 없다는 것이다. 유튜브에 어떤 영상이 업로드되는지 파악하고 위험도를 줄이기 위해 추천의 단계는 통과 과정을 거쳐 점진적으로 넓어진다.

이러한 이유로 유튜브는 영상을 추천하는 활동에 모든 알고리즘의 에너지를 집중하고 있다. 위에서 **'가장 적절한 대상에게 적절한 영상을 추천해서 유튜브에 오래 머물게 만드는 것'이 유튜브의 제1법칙**이라고 언급했다. 이건 내가 지어낸 것이 아니라 유튜브 프로젝트 매니저인 토드의 언급으로도 알 수 있다. 토드는 인터뷰 영상에서 "유튜브의 알고리즘이 단지 동영상 순위를 정하기 위한 것"이라고 했다. 즉 유튜브 사이트에 접속했을 때 어떤 동영상을 표시할지 어떻게 결정할지에 대한 것이 유튜브 알고리즘의 핵심이라는 것이다. 유튜브 알고리즘은 다양한 기술로 작동한다고 한다. '영상 클릭 여부', 클릭했다면 '좋아했는지 싫어했는지'와 같은 디테일한 시청자들의 모델을 훈련시키고 사용자가 클릭을 할지 이 영상을 얼마나 오래 시청할지 더 정확히 예측해내는 방향으로 발전하고 있다. 그는 이어서 유튜브 알고리즘의 진짜 목표가 '시청자가 자신이 시청하는 동영상에 만족감을 느끼게 하는 것' 이라고 한다.

당연히 알고리즘도 실수를 한다. 내가 보기 싫은 영상이 유튜브에 노출되는 경우를 경험했다면, 바로 그런 경우이다. 물론 그런 경우 내가 이전에 보았던 영상으로 인해 탐색 피드가 오염된 경우라고 할 수 있는데, 알고리즘이 내 속마음까지 하나하나 세밀하게 분석해내는 경지에 도달하기에는 지금 당장 힘들 수 있다. 그러나 이렇게 시청자가 싫어하는 영상으로 인해 추천한 영상을 외면하는 과정 역시 또 다른 피드백으로 알고리즘을 진화시킨다고 한다. 즉 유튜브가 추천해준 영상을 시청자들이 보지 않는다면 그 추천은 잘못된 것이고 이 피드백을 바탕으로 더 정교한 추천 알고리즘이 완성되는 것이다. 그리고 그 내용을 스스로 업데이트하는 과정에서 지속적으로 크리에이터들은 혼란을 겪게 된다.

'어제는 먹혔던 방법인데, 오늘은 왜 안 되는 거야!'

이렇게 다변화되는 유튜브의 법칙을 이해하면서 당신의 영상이 갑자기 대박이 터진 상황으로 돌아와 보자. 구독자가 1만 명도 안 된 채널에 갑자기 100만 조회수가 터진 상황, 당신은 무엇을 어떻게 해야 할까?

[그림 2-14] 유튜브의 대박은 점진적이지 않다.
대부분 그래프와 같이 급진적으로 찾아온다.

당신의 100만 조회수 영상은 사람들의 인기를 끌었다. 그 이유는 당신의 데이터가 유튜브의 추천 알고리즘 맘에 들었기 때문이다. 물론 그 추천 영상을 선택해서 시청한 것은 사람이다. 인공지능이 아니다. 즉 추천을 받을 만큼 좋은 데이터, 사람들의 선택을 받을 만큼 눈길을 끌고 재미있는 영상을 만들었다면 이후에 업로드할 영상은, 지속적으로 해당 영상과 비슷한 유형의 영상을 만들면 된다. 그 인기가 식을 때까지 당신의 인기 영상을 클릭한 시청자들에게 '나는 정확히 이런 영상을 올리는 채널입니다.' 라고 각인시켜 주어야 한다. 당신의 영상에 만족했던 시청자는 채널에 있는 이전 영상을 둘러보며 당신의 채널을 평가한다.

대박 영상이 터졌을 때는 대박이 났던 영상들과 비슷한 스타일을 유지하는 것이 좋다. 대다수의 시청자는 바로 그 영상으로 당신을 알거나 구독했기 때문에 갑자기 생뚱맞은 영상이 업로드되기 시작하면 당혹감을 줄 수 있다. 이 지점에서 실수하는 두 가지 행동이 있다. 하나는 완전히 새로운 유형의 콘텐츠를 다음 영상으로 업로드해서 인공지능과 시청자에게 혼란을 유도하는 행동이다. 우선 인공지능이 혼란을 느끼게 하면 안 된다. 당신의 채널이 어떤 채널인지 명확한 정체성을 심어주어야 한다. 유튜브의 인공지능은 더 이상 바보가 아니다. 당신의 채널이 어떤 이야기를 하는지 어렴풋이 이해하고 있다. 2017년에는 5살 아이 수준 같았는데, 2019년에는 갑자기 초등학생이 되어있다는 느낌이 들 정도로 유튜브 인공지능은 빠르게 진화했다.

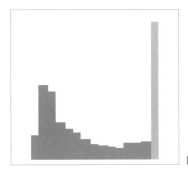

[그림 2-15] 초대박 영상의 그래프는 이러한 '급상승' 형식을 띤다.

대박이 났던 영상과 비슷한 영상을 만들었더라도 주의해야 할 것이 있다. 바로 업로드 주기이다. **업로드 주기**가 너무 오래 걸려서, 시청자가 채널을 인지하는 흐름이 끊기는 것은 이해하겠는데, 너무 빨라도 문제가 된다는 것은 또 무슨 이야기인지 궁금할 것이다. 먼저 주기가 너무 빠를 때의 문제부터 언급한다면 영상은 업로드 직후 주로 48시간 내에 대박이 날지 결정된다. 더 짧게 본다면 6시간 안에 클릭 급상승으로 결정된다. 실시간 조회수 그래프를 자주 보는 크리에이터들은 6시간 안에 볼 수 있는 크리에이터 스튜디오 분석 탭의 실시간 조회수 그래프를 봤을 때 이 영상이 터질지 안 터질지 단 번에 알아낼 수 있다. 더 짧게는 초반 2시간 그래프만 보고도 판단이 가능하다.

[그림 2-16] 초기 2시간 그래프가 급격히 우상향 해야 영상이 뜬다. 알고리즘의 추천 단계의 범위가 급격하게 넓어지기 때문에 급상승은 추천의 신호이다.

필자의 경우 업로드 후 2시간 이내의 시간당 조회수 4,000을 기준으로 그래프를 판단한다. 시간당 조회수가 4,000 이하가 되면서 4시간 안에 그래프가 한 번이라도 우하향을 그린다면 그 영상의 조회수는 망한 것이다. 그 영상은 웬만해선 뜨기 힘들다. 초기에 시간당 4,000 조회수를 찍지 않았으나 우상향하는 그래프는 '내용은 재미있는데 제목과 썸네일을 잘못 설정한 영상'이므로 꾸준히 조회수가 오를 것이고 썸네일과 제목 교체 시 폭발적으로 부활할 가능성이 높은 영상이다. 이렇게 중요한 업로드 직후 48시간이기에 그 48시간 안에 유튜브는 당신의 영상을 심도 있게 평가한다. 초기에 영상을 판단해서 시의성 있게 추천 알고리즘에 넣을지 말지 판단해야하기 때문이다.

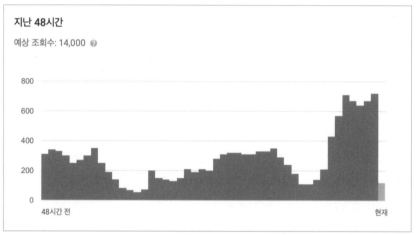

[그림 2-17] 그래프의 우상향 여부와 상관없이 시간당 4,000 이하, '급상승 흔적'이 없는 그래프는 결과적으로 높은 조회수가 나오지 않는다. 위와 같은 그래프는 장기적으로도 상승하기 힘들다.

그런데 유튜브가 내 최신 영상을 판단하기도 전에 나의 채널에서 또 다른 영상이 하루 사이에 몇 개나 올라왔다고 가정해 보자. 유튜브는 1분에 400시간의 데이터가 쏟아지기 때문에 한 채널에서 여러 개의 영상을 동시다발적으로 체크하기가 쉽지 않다. 조회수가 잘 상승하고 있던 영상도 새로운 영상 업로드 직후에 그래프가 정체되거나 하향하는 경험을 할 수 있는데, 유튜브는 채널에서 가장 최신 영상에 알고리즘을 집중한다. 인기 급상승에 내 영상이 올라간 상태에서 새롭게 올린 나의 영상이 또다시 인기 급상승으로 올라가면 기존에 인기 영상은 순위에서 사라져 버리는 현상도 같은 이치이다. 즉 영상의 상승 흐름이 좋다면, 그 흐름이 정체되기 시작하기까지는 새로운 영상을 업로드하지 않을 것을 추천한다. 잘되고 있는 영상의 실시간 조회수 그래프를 지켜보면서 무뎌질 때까지 기다리고 상승이 멈추기 시작하면 새로운 영상을 올려주는 타이밍이 최적의 업로드 주기라고 할 수 있다.

업로드 주기가 너무 길어지는 상황에선 유튜브가 내 채널로 몰아줬던 트래픽을 슬슬 닫기 시작할 때이다. 추천의 문이 닫히기 시작하면 완전히 문이 좁아지기 전에 그 문의 넓이를 유지할 영상을 공급해줘야 한다. 한 번 추천했다고 그 추천이 계속 유지되는 게 아니라서 아무리 잘 되던 영상도 그래프를 보면 어느 순간 정체되어서 거의 오르지 않는 순간이 온다. 한참 동안 정체된 상태에서 영상을 업로드하게 되면 기존에 추천을 받아서 긍정적으로 평가되던 내 채널의 트래픽 대박 시즌이 이미 끝나버리고, 새로운 영상으로 처음부터 다시 평가를 받아야 한다.

물론 이런 주기성을 적절하게 유지하더라도 새로운 영상이 너무 재미없는 영상이라서 조회수가 낮게 나오는 경우도 있다. 그런 경우에는 뒤에 업로드한 영상이 아무리 재밌어도 앞에 망한 영상과 비슷하게 조회수가 낮은 것을 경험하는데, 이 현상은 유튜브가 전의 영상을 기준으로 당신의 채널의 다음 트래픽 규모를 결정하기 때문이다. 유튜브가 채널을 평가한다는 설에 대해서는 이후에 다루도록 하겠다.

이러한 유튜브 알고리즘의 추천 흐름은 '물 들어올 때 노 저어라'는 말을 떠오르게 한다. 물이 다 빠진 후에 노를 저어봐야 소용없고, 노를 너무 빠르게 젓는 것 보다, 오히려 리드미컬하고 주기적인 노질이 배를 더 효율적으로 나아가게 한다는 것을 예로 든다면 업로드의 주기에 대해 쉽게 이해할 수 있다.

⑤ 썸네일과 제목을 조회수 터질 때까지 바꿔라

앞에서 영상 업로드 직후의 2시간이 중요하다고 했다. 경험이 많은 유튜브 크리에이터는 업로드 직후 2시간의 그래프를 해당 영상의 떡잎으로 본다. 매력적인 썸네일과 제목으로 무장한 영상은 초반 2시간 실시간 조회수 그래프가 압도적으로 높다. ④번 단락에서 시청데이터에 따라 유튜브에서는 영상을 한국 전체를 넘어 글로벌 규모로 추천하는 과정을 설명했는데, 초반 2시간 그래프는 이런 알고리즘 추천 프로세스가 진행되어 시청 시간 데이터를 평가하기 전, 순수하게 썸네일과 제목, 구독과 알람 설정 등을 바탕으로 창출되는 조회수이기 때문이다. 이 초반 2시간의 조회수가 4,000 조회수를 넘긴다면 어느 정도 썸네일과 제목에 매력도를 찾아냈다고 할 수 있고, 초기 2시간 그래프가 시간당 4,000 이하로 낮은 영상은 썸네일과 제목의 매력도가 떨어진다고 판단할 수 있다.

물론 썸네일과 제목을 지나치게 자극적으로 설정한다면 오히려 역효과가 난다. 유튜브의 알고리즘은 지속적으로 광고주 친화적인 형태로 업데이트되기 때문에 이젠 썸네일이 어떤 내용인지 유튜브 인공지능은 이해하고 있다. 인간의 눈으로만 이미지를 이해하는 것이 아니라, 드디어 인공지능도 '이 그림이 어떤 그림이구나!'하고 이해를 한다는 것이다. 더 무서운 것은 이런 과정이 영상의 프레임 단위 스캔으로 진화하고 있다는 것, 그러니까 얄팍한 수를 쓰려다간 오히려 수익 창출이 불가해지는 '노란딱지'가 붙거나, 영상의 평가지수가 낮아져, 썸네일이 영상을 죽이는 독이 될 수 있다. 대게 이런 자극적인 썸네일과 제목은 2016년부터 2017년 초에는 아주 효과적이었다. 그러나 광고주들이 자극적인 썸네일과 제목이 자신의 브랜드에 붙어 있는 것, 그리고 범죄 영상에 광고가 붙은 것을 이유로 광고 철회를 진행하자 특단의 조치로 광고주 친화적이지 않은 영상에 대한 노란딱지 시스템이 업데이트 되었고, 그로 인해 점차적으로 자극적인 썸네일과 제목의 효과는 사라지고 있다. 그러나 인공지능의 스캔을 피해가는 방법으로 그러한 제목과 썸네일을 지속하는 채널들이 있어, 2019년도 업데이트에서는 '커뮤니티 가이드 위반 경고 기본사항'를 통해 이런 문제를 해결하고 있다.

커뮤니티 가이드 위반 경고
기본사항 _QR

2017년 후반에는 호기심을 자아내는 썸네일과 제목이 유행을 했다. 뭔가 이 장면이 평범하면서도 그 안에 한 가지 포인트가 있는 궁금증을 유발하는 듯한 썸네일과 제목 말이다. 그러다가 2018년도 중반부터는 영화 채널 기준으로 영화장면을 그대로 꾸밈없이 보여주며 그 장면 아래에 자막이 입혀있는 듯한 썸네일이 유행을 했고, 또 2019년에는 마치 인스타처럼 인물이 부각되어 있으면서도 자극성이 최대한으로 배제되어있는 썸네일들이 좋은 반응을 얻어내고 있다. 이렇게 썸네일의 유행과 인공지능의 스캔에 의한 위법 사항들의 적발, 추천 기준이 지속적으로 바뀌며 썸네일의 법칙은 다변화하고 있다. 이러한 지속적인 업데이트에도 불구하고 업로드 이후에도 계속해서 썸네일과 제목을 수정할 수 있게 하는 이유 역시 썸네일과 제목이 유튜브 알고리즘 추천에서 얼마나 중요한지를 증명하는 대목이다.

결론적으로 '영상에 자신이 있고, 그 영상이 분명 좋은 반응을 이끌 것이고 스스로 판단하건대 재미가 있는 영상인데, 조회수가 잘 나오지 않는다' 라고 생각된다면 그 영상은 썸네일과 제목이 문제가 있을 확률이 높다. 그럴 경우 적절하게 눈에 잘 띄는 썸네일과 제목으로 교체하되, 영상의 내용을 속이지 않고 사람들에게 보여주는 최소한의 가이드라인을 지키며 변경을 해보자.

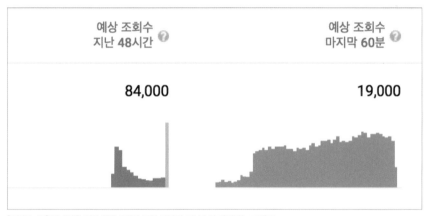

[그림 2-18] 썸네일을 바꾼 직후 2시간 내로 마법의 급상승이 일어나는 그래프.

사실 썸네일과 제목을 바꾸는 것은 여러 가지 효과가 있지만, 〈고몽〉 채널을 기준으로 초대박 난 영상들의 50% 이상이 썸네일을 바꾼 직후 그래프가 특이점에 도달할 정도로 엄청나게 비약적인 상승한 것이 많다. 썸네일을 바꾸기 전에는 시간당 많아야 2,000 조회수 정도를 유지하던 영상이 썸네일 바꾼 직후 2시간 이내로 시간당 10만 명까지 간 영상이 있다. 시간당 10만 명이다. 한 시간에 10만 명이 새로 내 영상을 본다는 것이다. 그 이외에도 이런 썸네일 변경으로 인해 조회수 그래프상으로 폭증하는 영상들은 보통 시간당 1만은 기본으로 나오게 된다. 썸네일과 제목의 중요성은 이정도면 이해했을 것이다. 그렇다면 도대체 어떤 썸네일을 하란 것인가? 나 역시 지금도 고민하는 내용이지만, 그동안 경험했던 성공 썸네일을 기준으로 정리한 몇 가지 법칙은 2부의 마지막 부분을 참고하자.

[그림 2-19] 총 1,000만 조회수에 달하는 영상은, 단 하루만에 170만 조회수가 올랐다. 수면 시간을 제외하면 시간당 10만 명이 시청한 셈.

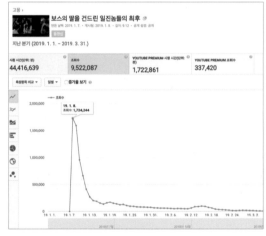

[그림 2-20] 이 영상은 자막 오타로 인해 재업로드를 하면서 초반과 썸네일을 교체해서 업로드 했고, 이전 업로드보다 월등한 조회수 급상승을 보였다.

⑥ 노란딱지, 19금 제한, 커뮤니티 가이드 위반을 피하라

① 유튜브가 주는 옐로카드, 노란딱지

[그림 2-21] 영상이 광고주 친화적이지 않다면 수익 창출가능을 뜻하는 초록색 달러 표시가 수익 창출 불가를 뜻하는 노란색으로 변해버린다.

유튜브에서 수익 창출을 하게 되면, 크리에이터만 볼 수 있는 관리 화면 해당 영상에 초록색 달러 표시가 붙는다. 그런데 소위 노란딱지가 붙으면 초록색 달러가 노란색으로 변경되고 곧 해당 영상의 수익 창출이 정지된다. 또 노란딱지가 붙거나 19금 제한 영상이 되면 해당 영상의 조회율이 급격하게 떨어진다. 정말 회복할 수 없을 만큼 시간당 조회수가 바닥에 떨어지는데, 이를 '이진법 디지털 조회수' 라고 부를 정도로 시간당 조회수가 1,0,0,1,0을 기록하는 처참한 상황에 놓일 수 있다. 노란딱지가 안 붙는 방법은 말 그대로 건전한 영상을 만들고 그 영상을 표현하는 방법 역시 건전해야 한다. 건전하다는 것이 참 모호한 표현인데, 노란딱지가 붙는 기준 역시 굉장히 모호하고 유튜브에서도 기준이 공개되면 교묘하게 규정을 피해가는 것을 막기 위해 노란딱지가 붙는 기준을 구체적으로 답해주지 않는다. 따라서 한 번 노란딱지가 붙기 시작한 크리에이터는 도대체 내 영상에 왜 자주 노란딱지가 붙는지 패닉에 빠지게 된다.

실제 처음 노란딱지 제도가 도입되었을 때는 기저귀를 입고 있는 아기 사진만 나와도 노란딱지가 걸렸고 장난감 칼을 갖고 있어도 노란딱지가 붙었다. 썸네일 사진뿐만 아니라 제목과 설명글 태그 등 메타데이터 상의 단어를 1차원적으로 인식해서 노란딱지가 붙기도 했는데, 인간이 보았을 때는 전혀 문제없는 단어임에도 맥락을 이해하지 못해 문제어로 인식해 영상 수익 창출이 불가능해지는 경우가 많았다. '아주 재미있다' 를 표현하는 '핵잼'의 핵이 무기라서 노란딱지가 붙었고, 테러 관련 성적인 소재, 아동 관련 이미지와 단어는 특히 쉽사리 노란딱지의 표적이 되었다.

다행히도 2017년부터 현재 2019년까지 많은 업데이트를 통해 노란딱지 시스템은 정교해져서 예전처럼 억울한 상황들이 많이 줄어들었다. 2018년 초에는 *ASMR과 관련된 채널들의 다수, 그리고 그들의 영상의 대다수가 노란딱지가 붙는 사태가 발생했었는데, ASMR이 소리를 내면서 시청자에게 시청각적 감각적 쾌감을 주는 콘텐츠이다 보니 이 콘텐츠를 성적으로 묘사하는 일부 크리에이터들로 인해 해당 카테고리에서 건전하게 활동하던 채널들까지 유해 콘텐츠로 지정된 경우였다. 그 당시에 해당 채널들은 노란딱지가 붙는 영상들을 모두 지우는 경우가 많은데, 노란딱지가 전염성이 있기 때문이다. 즉 채널에 노란딱지가 여럿 붙어있으면 해당 채널은 보이지 않는 패널티를 받게 된다. 이것은 공식적으로 발표된 내

ASMR(Autonomous Sensory Meridian Response): 자율 자극해 심리적인 안정을 유도하는 영상.

용은 아니나 노란딱지를 몇 번 받아본 크리에이터라면 감각적으로 알고 있는 내용이다. 즉 광고주 친화적이지 않은 영상이 몇 개 있는 채널이라면 다른 영상도 그럴 확률이 높다는 알고리즘의 판단이 다른 영상 역시 유의해서 스캔하게 되고 그럴 경우 해당 채널에 있는 다른 영상까지 영향을 주어 새로운 업로드를 하여도 영상의 조회수가 바닥을 기는 상황을 맞이할 수 있다. 궁여지책으로 노란딱지를 대거 받았던 채널들이 해당 데이터 값을 초기화하기 위해 자신의 영상들을 지운 사건을 통해, 유튜브의 알고리즘 업데이트의 예측할 수 없는 변화에 대한 불안감은 확산되었다.

[그림 2-22] 노란딱지가 붙은 이후 급격히 노출수가 떨어진 것을 볼 수 있다.

노란딱지는 인공지능이 부여한다. 그 수많은 영상을 사람이 판독할 순 없기 때문이다. 그러나 일단 노란딱지를 받게 되면 이의 제기를 할 수 있다. 그렇게 된 경우 사람이 직접 검토 한다. 공개되지 않은 유튜브 내부 규정에 부합하고, 또 인간의 눈으로 봤을 때 맥락상 허용이되고, 직관적으로 건전한 영상이라면 노란딱지는 풀릴 수 있기 때문에 시스템의 스캔이 어떻게 판독되던 스스로의 영상을 자정하려는 노력이 중요하다.

연령 제한 동영상(업로더의 요청)		알림	연령 제한 동영상(커뮤니티 가이드 기준)
		카테고리	인물/블로그

[그림 2-23] 업로더가 직접 연령 제한 영상으로 지정할 수 있다.

[그림 2-24] 커뮤니티 가이드 상 연령 제한 영상으로 등록된다.

노란딱지를 애초에 받지 않기 위해선 말 그대로 비속어, 욕설, 언어가 아닌 말 등을 어떠한 메타데이터에도 넣지 않는 것이 중요하다. 심지어 영상 내에서 등장하는 말이 자동 자막에 추가되면서 욕이 아닌 단어가 마치 욕처럼 스캔이 되고 노란딱지에 걸리는 황당한 경우도 있었다. 귀로 들으면 욕이 아닌데 유튜브 자동 자막에는 욕으로 인식되어 있던 것이다. 필자의 경우 같은 영상의 모든 건전하지 않은 부분을 최선을 다해 제거하고 수정하여 업로드했음에도 지속적으로 노란딱지가 붙던 영상이 있었는데 알고 보니 업로드했던 파일의 제목에 욕이 붙어있었던 것을 어렵사리 발견했다. 영상을 만들면서 너무 힘들어서 욕을 한마디 제목에 붙여놓고 까맣게 잊고 있었는데, 그 파일이 업로드되면서 파일의 제목이 스캔된 것이다. 영상의 원본 파일 제목은 유튜브상 어디에서도 볼 수 없기 때문에 그 노란딱지를 잡기까지는 무수한 노력이 필요했다.

2019년 들어서 최근에는 아동이 등장하는 영상에 대한 기준이 강화되었다. 심지어 미성년자가 운영하는 채널의 댓글을 달수 없도록 막히게 되는 업데이트가 진행되었다. 아동을 다룬 영상에 저질스러운 댓글이 달리는 광경에 광고주들의 이의 제기가 있었기 때문이다. 또한 유튜브가 전 세계적인 인기 직업으로 급부상하는 동안 아직 판단력이 제대로 자리 잡지 않은 아이들이 유튜브 크리에이터가 되는 경우가 증가하였고 이에 따라 아이들이 범죄에 노출될 수 있는 경우를 막기 위에 댓글을 막아놓은 것이다. 최근에는 아이들이 주인공인 채널에 노란딱지가 더 쉽게 붙을 수 있다고 한다. 한동안은 장난감, 키즈 채널에 이 노란딱지가 굉장히 심하게 붙었던 시절도 있었다. 만약 자신의 채널에 노란딱지가 간헐적이 아닌, 3개 이상으로 붙어있다면 채널의 전체적이고 대대적인 재검토가 필요하다. 노란딱지는 한 마디로 유튜브가 주는 옐로카드다. 축구에선 두 번 받으면 퇴장인데, 유튜브에서는 100번 받아도 퇴장은 아니다. 그러나 많이 받은 만큼의 보이지 않는 패널티가 붙는다고 생각하면 된다. 유튜브 크리에이터로서 조회수가 많이 나오도록 노력하기에 앞서, 조회수가 적게 나올 수밖에 없는 이유들을 제거하는 것을 우선으로 해야 한다.

미성년자 시청 제한 영상의 경우는 해결 방법이 없다. 심의를 준수하자.

[그림 2-25] 미성년자 시청 제한 영상

미성년자 시청 제한 영상이 되면 노란딱지와는 다르게 수익 창출이 가능하다. 이 역시 광고주에게 친화적이지 않은 영상의 연장선이기 때문에 해당 영상은 기존 조회수당 수익의 10분의 1도 나오지 않게 될 확률이 높다. 물론 유튜브 레드의 수익은 정산받을 수 있으나 정말 얼마 되지 않는다. 미성년자 시청자 제한 영상이 되면 영상의 조회수가 급격하게 떨어진다. 노란딱지보단 덜하지만 자극적인 영상이 만들어내는 클릭수와 알고리즘이 찍어 누르는 균형 사이의 팽팽한 줄다리기가 이어지고 간혹, 미성년자 시청 제한 영상임에도 수천만의 조회수를 보이는 외국 영상들을 볼 수 있긴 하지만, 대다수의 미성년자 시청 제한에 걸리면 조회수 상승이 급감하게 된다. 스스로 19금 동영상으로 설정을 할 수도 있다. 그렇게 된다면 애초에 미성년자들이 이 콘텐츠에 노출되는 것을 막을 수가 있고, 인공지능에 의한 징계적 의미의 19금 영상이 아니기 때문에 조회수를 찍어 누르는 듯한 억눌린 조회수 그래프가 나오진 않는다. 애초에 19세 이하 계정에는 노출되지 않기 때문에 업로드 초기부터 적은 수이지만 점진적으로 증가하는 그래프를 볼 수 있다. 타의적인 신고나 유튜브 스캔에 의해 19금 영상이 된 경우 애초에 유튜브의 가이드를 지키려는 문제 의식이 없기 때문에 영상에서 시청자를 배려하지 않게 되고 그 태도가 시청자의 불쾌감과 신고 율을 높이기 때문에 그로인해 커뮤니티 가이드 위반 경고를 받게 될 수 있다.

② 무시무시한 커뮤니티 가이드 위반 경고

이것은 유튜브가 크리에이터에게 주는 최고 수준의 엄중한 경고이다. 경고에는 저작권 위반 경고와 커뮤니티 가이드 위반 경고가 있는데, 저작권 위반 경고는 유튜브에서 크게 신경 쓰지 않는다. 저작권은 저작권자와 사용자 간의 문제이기 때문이다. 그렇기에 저작권 위반 경고를 받더라도 채널의 트래픽이 줄어든다거나 조회수가 안 나와서 더 이상 채널 운영이 안 된다던가 라이브 방송이 불과하다던가 하는 불이익이 발생할 확률은 낮다. 커뮤니티 가이드는 유튜브라는 세계의 형법이기 때문에 이것을 어기면 중벌이 내려지는데 우선 썸네일을 교체할 수 없게 되고 라이브 방송이 일정 기간 금지가 된다. 커뮤니티 가이드 위반 경고를 1개 받았을 때와 2개 받았을 때의 불이익 역시 더 심각해지며 기본적으로 채널의 조회수가 잘 안 나오는 것을 경험할 수 있다. 유튜브가 직접 판단해서 줄 수도 있고 신고 누적에 의한 직접 검토 후에 줄 수도 있다. 커뮤니티 가이드 위반 경고가 3개 누적되면 채널이 삭제된다. 즉 유튜브의 세계에서 사형을 당하는 것이다. 커뮤니티 가이드 위반 경고에 대한 정보는 다음과 같다.

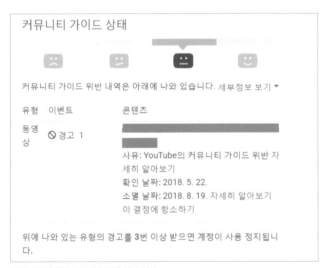

[그림 2-26] 위반 내역이 표시된 화면 상태

커뮤니티 가이드에 대해서는 구체적인 사례에 대해 언급되어있지 않고 명시적인 표현으로만 설명되어있기 때문에 인간의 통상적이고 일반적인 판단이 중요하다.

노란딱지를 받을 콘텐츠라면 사실 커뮤니티 가이드 위반 경고를 얼마든지 받을 수 있다. 또한 정당하게 본인의 설정으로 19금 영상을 업로드하고 올렸음에도 해당 영상이 신고를 누적해서 많이 받게 되면 커뮤니티 가이드 위반 경고를 받을 수 있다. 그리고 2019년 3월 발표된 1분기 업데이트에서 유튜브는 썸네일이 커뮤니티 가이드 위반을 하면 알림식의 사전 경고 후 커뮤니티 가이드 위반으로 경고를 줄 수 있다는 조항을 추가했다. 예전에는 영상 내용이 주요 사항이었지만 이제는 썸네일만으로도 경고를 받을 수 있게 된 것이다. 물론 이에 대한 항소는 가능하다. 유튜브에서 직접 주는 경고이므로 뒤집을 수 있는 가능성이 높지 않다. 정말 시스템에 의한 실수일 경우는 이의 제기 후에 제거되기도 하지만 그럴 경우는 찾아보기 힘들다.

조회수가 많이 나온다는 것은 유튜브에서 좋은 성적을 내는 것이지만 성적에 집중하다보면 선을 넘을 수도 있다. 그래서 유튜브의 조회수를 생각하기에 앞서 콘텐츠를 자정하려는 노력을 우선시해야 하며 자극성보다는 독창성으로 조회수를 내려는 시도가 필요하다.

❼ 유튜브의 추천 알고리즘 단계별 분석

유튜브의 추천 구조는 도대체 어떤 구조일까? 유튜브란 플랫폼에서 일어나는 현상을 말로 설명하면 이렇다. '영상 추천 알고리즘에 의해 시청자가 원하는 최적의 영상이 노출되고, 시청자는 추천된 영상을 시청할지, 넘길지, 보다가 종료할지에 대한 선택을 한다. 시청자의 모든 선택은 알고리즘에 또다시 반영되고 더 정교해진 추천 알고리즘은 시청자에게 더욱더 알맞은 영상을 추천해준다. 그 동안에 크리에이터가 만든 영상이 추천되고, 재생되고, 꺼짐을 반복하는 플랫폼이 바로 유튜브이다.' 라는 말로 표현할 수 있겠다. 그렇다면 추천은 도대체 어떤 형태와 구조로 일어날까? 이에 대해 막연한 추측이 난무하고, 정확한 알고리즘에 대해서 공식적인 정답은 존재하지 않는다. 그러나 유튜브의 세계에서 살아남으며 체감하며 파악한 유튜브의 추천알고리즘은 분명 단계별로 존재하며 다음과 같이 구분할 수 있다.

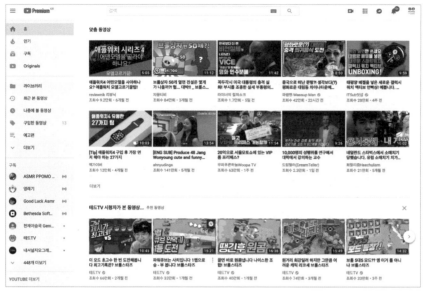

[그림 2-27] 유튜브의 첫 화면 맞춤 동영상은 정확히 유튜브 사용자의 활동을 기반으로 추천된다. 즉 유튜브에서 시청자의 모든 행동이 영상 추천에 영향을 끼친다는 뜻으로 별처럼 수많은 영상들 그 중에 이 영상을 만난 건 다 이유가 있다.

① 구독자(subscribers) 추천

내 채널을 구독한 사용자에게만 영상을 노출하는 단계이다. 구독을 했다고 해서 업로드된 모든 영상이 구독자에게 노출되는 것은 아니다. 직접 구독 탭을 눌러 확인하지 않으면, 탐색 창에는 구독한 채널의 새로운 영상이라 해도 전혀 노출이 되지 않을 수도 있다. 시청자가 구독한 수많은 채널에서 비슷한 시간대에 업로드를 하기 때문에 그중에서도 시청자의 기호가 내 채널의 특징과 맞는지를 우선 평가하며 영상이 노출된다. 또한 알람 설정 여부에 따라 알람이 뜨는 시청자들은 추천 여부와 상관없이 영상을 시청한다.

[그림 2-28] 구독자 알림 설정 비율

구독을 했어도 다음과 같이 알람 설정에 따라 최우선, 차선으로 추천이 구분된다.

① 알람 설정 구독자 최우선 추천

[그림 2-29] 구독자 중 알림 설정자

② 알람 미설정 구독자 차선으로 추천

[그림 2-30] 구독자 중 알림 미설정자

구독자 단계의 추천은 자신의 구독자수보다 같거나 적은 수에게 노출되기 때문에 가장 소극적인 규모의 영상 추천이다. 이때의 시청 정보를 통해 다음 단계로 추천의 규모가 확대될지, 추천 노출이 일어나지 않을지 결정된다. 이 단계의 가장 중요한 정보는 클릭률이다. 따라서 썸네일과 제목이 아주 중요한 초기 단계이다.

이 단계에서는 위해 요소(노란 딱지, 19세 이하 시청 제한, 커뮤니티 가이드 위반)를 체크하는데, 해당 요소가 있다면 이 단계에서 추천은 멈춘다.

[그림 2-31] 안드로이드 스마트폰으로 알람이 온 화면

② 시청 가능성이 높은(liker) 추천

[그림 2-32] 좋아요 추천

　내 유튜브 채널 영상과 관련된 것을 좋아할 확률이 높은 타깃 층이며 채널 영상과 관련된 영상을 시청하거나 검색 이력이 있는 사용자에게 추천된다. 평소 시청한 영상부터 '좋아요'를 누른 영상 등 다양한 활동 정보를 바탕으로 시청자의 기호를 파악하고 그에 적합한 영상이 추천되기 때문에 이 단계에 내 영상이 노출되는 대상들은 나의 영상을 시청할 확률이 높다. 이 단계가 가장 중요한 단계인데 시청 시간을 측정하는 단계이기 때문이다. **1단계에서 높은 클릭률로 유입된 대상들과 소극적 규모의 구독자 외로 노출이 되는 단계이며 이때 시청 시간이 높은 결과가 나오면 해당 영상은 신뢰도가 높고, 시청자에게 만족감을 주는 좋은 영상으로 평가된다.** 좋은 평가를 받은 영상은 유튜브의 알고리즘이 신뢰도 있게 더 넓은 범위로 영상을 노출할 수 있게 해준다. 시청을 해줬는데 시청자가 보지 않는 영상은 도태되고 시청자들이 공통적으로 좋은 시청 기록을 보인 영상들만 살아남은 후 다음 단계로 올라간다.

③ 시청 가능성 있는(possibler) 추천

　관련이 없지만, 시청 가능성이 있는 사람.

　내 채널과 관련된 기호는 아니지만, 영상을 노출했을 때 시청할 가능성이 존재하는 사람에 대한 추천이다. 적극적으로 영상에 대한 '싫어요' 표시, 영상 시청 중단, 신고 등 부정적인 요소가 없다면 해당 영상이 노출되어 영상이 더 널리 퍼져나갈 수 있는 단초를 마련하는 단계이다. 내 채널 영상을 좋아할 만한 높은 수준의 확률이 없음에도 추천하는 단계이므로 이 단계에서도 높은 시청 시간과 클릭률을 낸다면 이 단계 이후에는 영상의 조회수가 폭발적으로 상승하는 단계로 넘어간다.

　위 ① ~ ③ 은 구독자수에 영향 받는 조회수

　아래는 ④ ~ ⑥ 은 구독자수의 영향을 초월하는 조회수

다음 단계부터는 구독자의 수를 훨씬 상회하는 조회수가 나오는 단계이다. 주로 이 단계부터 구독자가 급증하고, 100만 조회수당 대략 5,000명 정도의 구독자 상승을 보였던 구간이다. 무작위의 영상 노출이 시작되는 구간이며 인기 급상승 영상으로 선정되었을 확률이 높은 단계이다.

④ 국내 무작위 추천(someone random)

내 채널 동영상과 전혀 관련이 없으며, 시청 가능성을 알 수 없는 국내 사용자 중 무작위 추천이 시작된다. 이 단계까지 갔다면 이미 알고리즘에게 아주 높은 등급으로 추천된 영상이므로, 여기서부턴 사람의 선택이 가장 중요해진다. 높은 시청데이터와 높은 클릭률을 가진 영상이라도 무작위로 추천을 했을 때에는 희비가 교차할 수 있다. 이 단계에서 추천이 멈추는 경우는 체감상 100만 조회수 전후를 기록했다. 구글의 크리에이터 교육 세션에선 공식적으로 이런 영상을 '히어로 콘텐츠' 라고 부른다. 슈퍼 '히어로'가 아니라 내 채널을 급성장시켜주는 '히어로'인 셈이다. 급상승하던 영상의 증가세가 급격하게 줄어드는 경우, 국내 무작위 추천에서 추천 알고리즘이 종료된 것이다.

⑤ 국가(national) 추천

영상을 올린 자가 속한 국가 또는 같은 언어권의 모든 시청자에게 영상이 추천되는 단계이다. 인기 급상승 동영상에서 상위권 내에 들었을 확률이 높다. 이 단계의 영상은 모든 시청자에게 매력적인 신뢰도 높은 동영상이기 때문에 국가 내, 같은 언어권의 시청자에게 전수로 추천되는 단계라 생각된다. 이 때의 조회수는 100만 ~ 900만 이하(한국기준) 정도를 돌파한다.

⑥ 월드(World) 추천

전 세계 유튜브 범위에서 추천이 된다. 국외 유튜브 피드에서 영상이 노출되며 간혹 외국 인기 영상으로 선정되는 경우도 있다. 이 규모의 추천이 되었다는 것은 조회수의 한계가 없어졌다는 이야기다. 댓글에 갑자기 외국어가 등장하는 것으로 눈치챌 수 있다. 갑자기 댓글에서 러시아어, 아랍어, 동남아시아권의 언어 등 낯선 댓글이 등장한다면 월드 추천 영상이 되었을 확률이 높다. 댓글의 내용을 번역해보면 이런 식이다. "내가 왜 여기 있지?, 이 영상이 왜 나에게 추천되었지?"라는 글들이 주로 등장한다. 〈고몽〉 채널의 1,800만 조회수를 기록한 영상이 있었다. 해당 영상은 한국 외 시청 국가가 60%였다. 인도 영화를 다룬 영상에는 85%가 외국에서 발생한 시청이었다. 그중 28%가 인도에서 시청을 했다. 월드 규모의 추천은 더 이상 언어나, 국가가 무의미해진다. 이 경우는 이미 국가의 규모를 넘었기 때문에 인기 급상승 영상이 아니어도 꾸준히 조회수가 증가하며 한국 외 다른 국가에서 아주 오랜 시간 뒤에 추천되는 기이한 현상이 발생되기도 한다. 죽어있던 영상이 갑자기 조회수가 급상승하면서 수천만 조회수를 돌파하기도 하는데, 한 크리에이터의 경우 이런 경우로 7,000만 조회수가 나오는 경험을 했다. 물론 그에 따른 구독자 증가도 엄청난 기세로 이뤄졌다. 현재 수천만 구독자를 보유한 메머드급 채널들은 이런 형태로 월드 추천으로 영상이 노출되기에 매 영상이 수백 수천만을 기록하며, 동시에 구독자 상승 역시 기하급수적으로 증가한다. 월드 추천을 받는 것은 유튜브에서 내리는 최고의 기적이다.

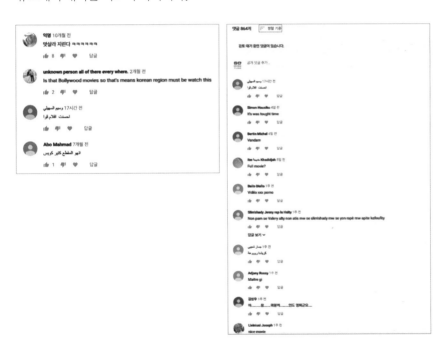

[그림 2-33] 월드 추천이 되면 〈고몽〉 채널의 영상도 다국어 댓글이 올라온다.

02 구독자 늘리는 법

① 구독자 상승 전략

유튜브란 게임에서 구독자는 레벨과 같다. 크리에이터는 최대한의 구독자를 모으는 플레이어다. 조회수는 게임에서 얻는 아이템과 같다. 많이 얻으면 좋고 아이템을 많이 얻으면 레벨 업에도 도움이 된다. 그렇지만 아이템(조회수)만 주야장천(晝夜長川) 얻고 레벨(구독자)이 오르지 않는 경우도 있다. 조회수와 구독자 둘 중에 우선순위는 언제나 구독자수이다. 그런데 많은 채널들이 막상 유튜브는 시작했는데, 도대체 구독자가 늘어나지 않아 답답함을 느낀다. 어떤 채널은 자고 일어나면 1만 명씩 늘어 있는데, 내 채널은 도대체 왜 안 느는 걸까?

[그림 2-34] 〈고몽〉의 구독자수

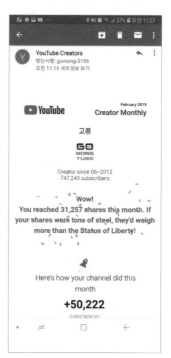

[그림 2-35] 구독자가 급증하면 유튜브에서 축하 메일이 온다.

② 구독자수가 증가하는 2가지 형태

① 영상이 폭발적으로 늘어날 때 그에 따라 유입되는 대량의 구독자

② 영상의 조회수의 점진적 증가와 함께 유입되는 신중한 구독자

　〈고몽〉 채널의 성장 패턴을 보면, 평상시에는 1일 1,000명 정도가 평균적으로 구독자로 유입이 된다. 기존에 쌓아두었던 영상이 퍼져나가면서 구독자를 모으는 것이다. 하루에 10,000명을 육박하는 구독자가 늘어나는 경우도 있는데, 그런 경우 필시 300만 조회수 이상의 메가 조회수가 터진 경우이다. 체감적으로 300만 조회수 정도의 영상이 터질 때 1만 명 정도의 구독자가 늘어났다. 영화 〈내 안의 그놈〉 900만 영상으로는 2.7만 명 정도의 영상이 늘어났다. 그런데 참 신기하게도 900만 조회수 영상이 터져도 한 번에 구독자가 100만 명씩 오르는 일은 일어나지 않는다. 구독자는 체감상 조회수 대비 1% 이하대로 늘어났다. 나의 경우 보통 조회수 대비 0.3% 정도로 구독자가 상승했지만, 영상의 종류와 내용마다 간극이 컸다. 영상이 터지지 않으면 점진적으로 모이던 구독자수는 어느 순간 상승세가 조금씩 줄어들면서 멈추게 되는데, 그 멈춤을 뚫으려면 폭발적인 조회수가 터지는 영상이 다시 업로드 되어야 한다. 물론 폭발적으로 터지는 영상이 유독 잘 만든 영상인 경우 구독자 상승률은 더 높아진다.

〈고몽〉의 〈내 안의 그놈〉

[그림 2-36] 영화 〈내 안의 그놈〉 조회수 대비 구독자 증가 그래프. 960만 조회수 대비 2.7만 구독자를 유입시켰다.

〈고몽〉의 〈소녀의 세계〉

[그림 2-37] 〈소녀의 세계〉 조회수 대비 구독자 증가 그래프. 74만 조회수 대비 3,000명의 구독자를 유입시켰다.

〈고몽〉의 구독자 수 1.3만 급증 영상

[그림 2-38] 600만 조회수 대비 1.3만 구독자가 증가하였다.

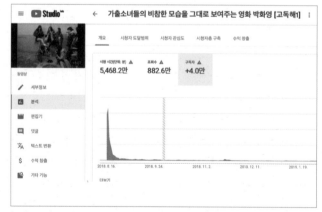

〈고몽〉의 4만 구독자 증가 영상

[그림 2-39] 880만 조회수 대비 4만 구독자가 증가하였다.

❸ 구독자가 느는 포인트 13가지

① 영상 조회수가 우선이다

최대 조회수보다 구독자가 더 많이 늘어나는 경우는 없다. 구독자는 늘 조회수 안에서 형성된다. 즉 영상의 조회수를 높일 수 있는 고민이 구독자 증대의 첫 번째 과제이다.

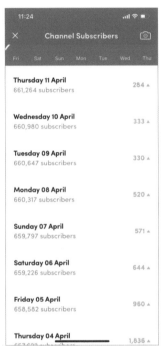

IOS 앱

안드로이드 앱

[그림 2-40] 구독자 변화, 조회수 추적에 용이한 'YTCount' 애플리케이션

② 조회수 상관없이 콘텐츠가 가치 있다면 구독자수는 조회수 대비 높은 비율로 오른다

영상이 너무 웃길 수도, 신기할 수도, 노력이 엄청 들어간 콘텐츠일 수도, 엄청난 퀄리티로 만든 엘리트 영상일 수도 있다. 시청자를 구독자로 만드는 포인트들은 다양할 수 있으나, 썸네일과 제목을 통해 억지로 걸린 조회수로 구독자는 잘 늘지 않는다. 조회수를 늘리되 그 안에 무엇을 담을지에 대한 고민이 있지 않으면 그 조회수의 휘발성은 강하며, 조회수 증가가 구독자 증가로 이어지는 비율이 낮아진다.

③ 내 채널만의 개성, 유머 코드, 참신한 시도를 담아야 한다

내 채널에서만 볼 수 있는 독창적인 소재, 스타일리시한 방식, 매력적인 출연자, 본 적 없는 유머 코드 등 기존에 방송국에서 볼 수 없었던 영상은 수많은 방송 시청자들을 유튜브로 끌어들이는 매력 포인트이었다. 물론 유튜브 안에서도 각 채널이 존재하기 때문에 더욱 유튜브다운 매력은 무엇일지 고민해야 하고 내 채널에 반영해야 한다. 오직 내 채널에서만 볼 수 있는 콘텐츠라는 '포지셔닝'을 갖춘다면 당신의 채널은 필수 구독 채널이 될 것이다. 왜? 이 집 아니면 안 파니까!

④ 단발성이 아닌 다음 영상을 기대할 수 있는 시리즈, 예고편을 만들어라

'구독'은 '즐겨찾기'와 같다. 내가 이 채널을 유용하다고 생각하고 다시 찾아올 이유를 만들어줘야 시청자가 구독할 핑계가 된다. 그런 의미에서 '시리즈 영상' 제작은 시청자가 다음 영상을 기대하고 또 이 채널로 오게 하는 가장 효과적인 방법이다. 물론 이번 영상이 품은 가치가 없었다면 구독은 이뤄지지 않을 것이다. **가치 있는 영상을 주기적으로 배치시키고 영상 내에서 다음 콘텐츠의 예고편을 시사하라.** 또한 영상 후반 최종 화면에 엔딩카드를 삽입하면 당신의 다음 영상으로 유입을 증가시키고, 당신의 영상이 당신의 또 다른 영상을 추천하는 추천 동영상 유입을 늘릴 수 있다. 이것은 알고리즘상 당신의 영상은 '어떤 영상이다' 라고 더 쉽게 규정할 수 있는 활동으로 트래픽을 내 채널에 머물게 하는데도 도움이 되며 더 나아가 다음 영상이 올라오기 전까지 구독을 하게 만드는 효과가 있다.

[그림 2-41] 종료 화면 기능을 사용하여 영상의 끝에서 지속적으로 내 채널의 영상 링크를 걸 수 있다.

⑤ 알던 모르던 갖은 방법을 다 동원한다

유튜브에선 어떤 것이 정답인지 모른다. 어제는 정답이었는데, 내일은 오답이다. 업데이트되는 유튜브 세계의 알고리즘에서 살아남고 영상을 퍼뜨리려면 뭐든지 다양하게 해봐야 한다. 어그로, 영상 퀄리티, 질적인 정보, 날것 같은 재미, 참신함을 모두 품으면서 내 채널이 부족한 점들을 채워 나가야 한다. **내 채널이 잘될 만한 건 모두 해봤다면, 안 되는 걸 제거하는 노력을 하면서 단 한 명의 구독자라도 모아야 하며 단 한 명의 구독자라도 이탈하는 것을 방지해야 한다.** 유튜브에 관한 책을 쓸 수 있을 정도까지 나는 정말 별짓을 다했다. 정말이다. 유튜브에서 구독자를 모을 수 있다면 무엇이든 했다. 내 채널은 종합적으로 영화 채널로 평가되지만 영상 내용을 보면 여행 콘텐츠부터 만화, 예능, 드라마, 제품 리뷰, 브이로그, 개그 등 다양한 영상들이 있다. 그 영상들이 쓸데없었는지도 모르겠지만 오직 그 영상을 보고 구독자가 된 유입이 존재한다. 그냥 추측이 아니라 정확한 정보이다. 크리에이터 스튜디오의 [분석] 탭에 가보면 해당 영상을 통해 구독 버튼을 누른 구독자수를 조회할 수 있기 때문이다. 어떠한 영상이라도 구독자는 늘 수 있다. 구독자가 많이 늘 수 있는 영상도 있겠지만 어떤 영상은 구독자가 적게 는다. 단 그 적게 늘었어도, 애초에 원래 하던 데로만 했을 때는 절대 구독하지 않았을 사람이 구독자로 들어오는 더 넓은 스펙트럼을 만들어주는 시도라면 그게 무엇이던 해보는 걸 추천한다.

⑥ 인기 급상승 동영상 탭에 들어가야 한다

인기 급상승 영상이 되면 구독자 유입이 조회수만 잘 나왔을 때보다 더 높은 비율로 늘어난다. 이유는 간단하다. 평상시에 내 영상이 노출되지 않던 성향의 시청자들에게도 공통적으로 보이는 탭이 바로 '인기' 탭이기 때문이다. 그래서 여기서 '#1' 자가 붙으면 구독자 1만 명은 쉽게 오른다. 물론 거기 올라가는 게 어려우니까 구독자 걱정을 하고 이 책을 읽고 있을 가능성이 높은 독자들에게 실시간 인기 급상승 영상이 되기 위한 설명은 이번 장의 다음 내용에서 설명하겠다.

⑦ 꾸준함은 기본, 센스는 필수, 참신함이 승부처다

사실 계속 똑같은 이야기를 다른 방식으로 강조하고 있다는 것을 눈치챈 독자가 있을 것이다. '꾸준함이 기본'이란 것은 구독자가 늘기 위해 당신의 채널의 업로드 주기가 일정해야 함을 말한다. 사람들이 구독을 했을 때 주기적이고 빠른 시일 내에 새로운 영상을 공급받을 수 있다고 예상되어야 구독을 할 확률이 높아지기 때문이다. 영상 1개가 엄청나게 매력적인데 그 영상은 10년 전 영상이고 더 이상 영상이 올라오지 않는 채널을 누가 구독할 것인가. 그것은 단 한 번의 소비로 끝날 채널이 되어버린다. 당신의 다음을 예상할 수 있어야 사람들이 구독의 움직임을 시작한다.

두 번째로 '센스'는 사람이 무엇을 원하는지 눈치 채는 능력을 말한다. 지금 사람들은 어떤 영상을 보고 싶어지는지에 대해서 시의성과 화제성으로 대답할 수 있다. 즉 이 시기에 어떤 영상을 만들어야 사람들이 만족하고 이 영상을 클릭할 지에 대한 고민이 없는 콘텐츠는 나 혼자서 떠드는 콘텐츠로 전락할 수 있다는 것이다. 또한 사람들은 화제가 된 것을 알고 싶어하는 특성이 있기 때문에 지금 사회적으로 화제가 된 내용을 주제로 삼는다면 구독 증가에 도움이 된다. 시의성과 화제성은 보통 같이 챙겨야 효과가 있고, 기본적으로 다음 영상도 주기적으로 신속하게 올린다면 이 세 가지의 시너지는 초기 구독자 상승에 매우 도움이 된다.

세 번째로 '참신함'은 채널을 구독할 강력한 이유가 된다. 참신함은 '소재의 참신함'과 '표현의 참신함'으로 나눌 수 있다. '소재'의 참신함은 사람들이 본 적 없는 새로운 것을 주제로 삼는 것이다. 예전에 한참 유행했던 액괴(액체괴물)을 처음 시작했다거나, 피짓토이(피젯스피너)를 가장 먼저 돌렸다거나, 쇠구슬을 달구는 영상을 먼저 올렸던 채널은 이 소재의 참신함을 가진 채널이다. 표현의 참신함은 촬영 방식과 편집방식 그리고 내레이션과 같은 내용 전달 방식으로 만들 수 있다. 소재의 참신함은 찾아내기 정말 힘들지만, 찾아냈을 때 정말 많은 조회수와 구독자를 누릴 수 있다. 표현의 참신함은 많은 조회수 보다는, 영상을 본 시청자들이 "오~ 이 영상 퀄리티가 좋다?" "이 영상 새롭다?" "크리에이터가 유니크하네." 와 같이 질적인 평가로 구독을 하게 될 확률이 높다.

⑧ 외주를 통해 성장하라

유튜브 채널을 운영하다보면 간혹 외부 광고가 들어오는 경우가 있다. 잦은 광고는 시청자들을 피로하게 하지만 가끔 광고와 참신함이 만나면 오리지널 콘텐츠보다 더 재밌는 결과물을 만드는 경우가 있다. 무엇보다 광고주와 광고회사와 일을 하기 때문에 혼자 일했을 때는 없었던 피드백을 받으며 내 영상의 기술적 문제점이

나 진행적으로 더 흥미롭게 바꿀 수 있는 부분들의 조언을 받을 수도 있다. 깐깐하고 눈 높은 광고주를 만나게 되면 요구에 부합하기 위해 평소보다 높은 에너지를 내서 영상을 만드는 채찍질 효과도 낸다. 또 유튜브 외의 방송 포맷에 업로드 일정까지 예정된 경우는 더욱더 높은 수준의 촬영과 편집 욕구를 자극할 것이다. 결과적으로 채널의 레벨을 업그레이드 하는데 외주 광고의 경험은 유용할 것이고 퀄리티를 중요시하는 성향의 구독자를 늘릴 수 있을 것이다.

⑨ 반복되는 양산형 영상 제작을 피하라

반복적인 포맷을 유지하면서 새로운 포맷을 꾸준히 시도하고, 안 되는건 버리고, 되는걸 취하는 방식으로 내 채널의 영상들을 알찬 보물단지로 만들어야 한다. 영상이 언제 한 번 크게 터질지 모르는게 유튜브이다. 주기적이지도 않고 예측도 안 되며 갑자기 찾아오는 대박 찬스. 그럴 때 당신의 영상을 통해 채널의 다른 영상들을 들러보는 시청자들이 유입되기 위해선 시선을 잡는 컨셉도 중요하지만 다채로운 볼거리도 제공해야 한다. 이 채널은 확실한 정체성이 있다. 그런데 모든 영상이 다 비슷하다면 그 채널을 구독하며 계속 봐야할 필요가 있을까? 말 그대로 채널의 방향은 유지하면서도 그 안에서 재기발랄한 시도들이 더해져서 당신의 채널에는 예측할 수 없는 다각적인 재미가 있어야 [구독] 버튼으로 다음을 기대할 수 있다.

⑩ 시청자와의 거리를 좁혀라

솔직하고 정직하고 거침없이 그러나 인성 논란이 일어나지 않도록 예의바르게 미쳐라. '미쳤지만 인성 좋은 사람', '인성 좋은 미친놈'은 사람들의 관심과 호감을 산다.

⑪ 사람들의 욕망을 건드려라. 무엇을 원하는지 알아내고 대신 하라

"절대 선을 넘지마라, 단 선을 지키면서 욕망을 건드릴 수 있는 기획을 하는 것이 무엇일지 고민해라."

⑫ 심금을 울리는 메시지를 던져라

오그라든다? 유치하다? 중2병이다 허세다?

아니다.

누군가는 당신의 멘트에 눈물을 훔치고 감동하고 있다.

PART 02

⑬ 구독자 이탈을 줄여라

유튜브 분석 메뉴를 통해 매일 구독자 체크, 구독자가 줄어든 날 해당 영상을 체크하고 문제 시 비공개 조치까지 검토, 영상을 업로드하고 시간마다 그래프 체크하여 영상 분석, 구독자 감소 요인을 찾아내서 제거하고 개선해야 한다.

이 글을 수정하는 시점의 〈고몽〉 채널 구독자는 79만 2,751명인데 증가 수는 96만 248명이었고 구독 이탈자가 16만 7,497명이었다. 16만 명이 이탈하지 않았다면 거의 100만 구독자에 도달할 수 있는 수치였다. 이 수치를 줄일 수 있는 방법이 무엇일지 내 동영상에 어떤 부분에서 시청자의 이탈이 일어났는지, 어떤 영상에서 주로 '싫어요' 비율이 높은지, 악플이 많은지 등을 분석하여 해당 영상 주제를 제거하는 방향으로 영상을 만들어야 한다.

[그림 2-42] 구독자 이탈이 없었다면 벌써 100만에 도달했을 〈고몽〉 채널의 구독자

[그림 2-43] 구독자 이탈은 구글이 정기적인 청소를 하거나 시청자 직접 이탈로 발생하기도 한다.

03 | 댓글 많이 달리는 법

댓글은 왜 많이 달려야 할까? 지상파 TV로 비유한다면 조회수는 일종의 '시청률' 이다. 물론 시청률이 높다고 해서 무조건 내 콘텐츠가 영향력을 갖고, 알고리즘의 좋은 평가를 받은 것은 아니다. 시청률과 더불어서 전통 방송매체에서 중요시하던 내용은 '언급량'이었다. 시청률이 양적인 지표라면 '언급량'은 질적인 지표이다. 방송의 경우는 양방향 매체가 아니기 때문에 방송 전후로 각종 포털사이트와 커뮤니티에서 언급량이 생기는데, 유튜브의 경우는 그 자체가 방송국과 포털, 커뮤니티의 역할을 동시에 하기 때문에 댓글에서 바로 이 언급량이 발생하며 바로 댓글로 표현된다.

댓글은 왜 중요할까? 가장 기본이 되는 클릭률, 시청 시간 외에도 다양하고 구체적으로 밝혀낼 수 없는 요인들이 채널의 평가를 좌우하는데 댓글은 그 중에서 가장 지속적으로 표출되는 시청자의 관심 데이터이다. 우선 댓글을 쓰게 되면 그 시간 동안 유튜브 플랫폼에 머무는 시간이 늘어난다. 이것은 앞에서 말한 유튜브 알고리즘의 제 1법칙이다. 물론 댓글을 쓰는 동안 재생을 하거나 안하거나에 따라 시청 시간 데이터까지 달라질 수 있지만, 이와 상관없이 근본적으로 댓글을 쓴다는 건 시청자들 눈뿐만 아니라 뭔가를 말하고 싶게 만들어 손까지 움직이게 했다는 능동적 신호이기 때문에 알고리즘 상에서도 이를 무시할 수 없다.

그렇다면 이러한 댓글을 많이 달리게 하려면 어떻게 해야 할까?

① 시청자에게 질문을 던진다

〈고몽〉 채널에서 가장 효과적이었던 방법이다. 크리에이터가 시청자에게 질문을 던지게 되면 시청자는 소통하고 있는 느낌을 받는다. 내 의견이 반영되는 채널이라는 이미지는 시청자의 참여를 이끌어낸다. 익명성이 보장되는 유튜브 아이디로 작성하는 댓글을 누군가의 눈치를 통해 보지 않고 자신의 의견을 펼칠 수가 있다. 또 시청자는 질문을 받았다는 일종의 책임을 느낀다. 그 책임에 의무는 없지만 질문지가 주어졌을 때 평소보다 다수의 댓글이 달리는 것을 보면 인간의 심리는 질문을 받으면 답변을 하도록 행동이 일어나는 것 같다. 〈고몽〉 채널의 영상에서는 이런 질문들을 던진 적이 있었다.

"심한 괴롭힘을 당하던 사람이 초능력을 얻어서 복수를 했다. 여러분이라면 어떤 결정을 하실 건가요?"

이 멘트를 마지막으로 영상을 끝냈다. 선악, 옳고 그름, 도덕, 부덕함에 대해 결론짓지 않았다. 다양성과 입장에 대해서의 정답을 열어놓고 각자의 의견을 들었다. 틀림보단 다름의 댓글을 달 수 있도록 주관식의 질문을 했고, 가끔 객관식의 질문을 할 때는, 유튜브의 카드 기능을 활용하여 여러 개의 선택지를 주었다. 신기하게도 그런 영상들은 조회수가 저조한 경우가 없었다. 또 어떤 생각에 대해서 자신과 함께하는 진영에는 해당 영상을 공유하고, 또 자신과 다른 의견을 가진 대상에게 영상을 공유하는 등 영상의 바이럴 효과가 상당했다.

[그림 2-44] 질문을 던지는 방법

질문을 던졌을 때 부가적인 효과는 옳고 그름의 책임에서 회피할 수 있다는 것이다. 유튜브에서 악플이 가장 많이 달리는 유형은 틀린 정보를 전달할 때이다. 내가 아는 것을 누군가 영상에서 틀리게 말하고 있다. 간단하게 맞춤법부터 과학적, 역사적 사실, 상식, 줄거리나 설정 등 다방면적으로 잘못된 정보를 제공하게 될 때 유튜브의 시청자들을 수많은 댓글로 이에 반론을 가한다. **근본적으로 크리에이터가 잘못된 정보를 알고 있거나 팩트 체크를 잘못했을 때 이런 일이 발생할 확률이 높지만 무엇보다 정답이 없는 '의견'을 말했을 때 그것의 옳고 그름의 여부와 상관없이 자신의 의견과 다른 생각을 지닌 주장을 하게 되면 시청자들은 반감을 갖게 된다.** 그럴 경우 높은 비율의 '싫어요'와 '신고' 그리고 '악플'이 이어지는데 그중에 갑은 악플이다. 그런데 자신의 의견에 대해서 명확한 답을 정의하는 게 아니라 "나의 생각은 이렇지만 여러분은 어떻게 생각하는지 궁금하다." 라고 열린 질문으로 마무리짓게 되면 크게 다르지 않는 논조임에도 크리에이터에 대한 공격과 비난 보다는 댓글에서의 각 시청자들의 의견 대립이 활성화되고 악플이 줄어들며 시청자 간의 토론이 펼쳐지는 장면을 볼 수 있다. '시청자에게 질문하기'는 크리에이터가 공공의 적이 되는 것을 방지하면서도 댓글을 공공의 토론장으로 만들고 채널에 오래 머물게 하여 채널 평가에 긍정적인 데이터를 가져올 수 있는 방법이다.

② 다양한 입장이 반영된 주제로 논쟁거리를 만든다

❶번에서 언급한 질문을 던지지 않아도, 이미 많은 논쟁이 오고가는 주제의 영상을 다루기만 해도 영상의 댓글은 차고 넘치게 된다. 특히 정치적 주제가 가장 민감하며 뉴스를 장식하는 사회적인 사건들이 그를 따른다. 이에 따라 댓글 수와 조회수에 긍정적인 영향을 줄 수 있는데, 이 방법은 보통 정치, 이슈, 일명 가면 유튜버들이 자주 사용하는 방법으로, 소위 '어그로를 끄는 방법'으로 사용된다. 개인적으로는 이 방법을 추천하지 않는다. 채널의 분위기가 자극적으로 변하고, 그에 따라 전투본능을 지닌 타깃 층이 채널에 많이 유입되면서 댓글이 전쟁터가 되기 때문이다. 급성장을 원한다면 사용해도 되는 방법이지만 채널을 장기적으로 건강하게 유지하고 싶다면 권하지 않는 방법이다.

③ 댓글 읽기, 댓글에 나온 내용을 다음 콘텐츠에 반영한다

개인적으로 좋아하는 영화 비평 채널인 〈엉준〉 채널에서 자주 사용하는 방법이다. 〈엉준〉 채널은 영상이 업로드 되기 전에 커뮤니티 기능과 예고 영상을 통해 사람들에게 어떤 주제를 다룰 것인지에 공지하고 이에 대한 댓글을 바탕으로 다음 영상에 아이디와 댓글을 읽어주면서 시청자와 소통한다. 댓글을 읽는 것 자체로 영상이 재미있는 느낌을 주면서도, 시청자들은 크리에이터가 시청자의 의견을 수용하는 느낌을 받는다. 또한 내 댓글이 읽어질까하는 기대감으로 댓글활동에 적극적으로 참여를 유도할 수 있으며, 댓글을 읽어준 시청자는 크리에이터가 특별한 교감을 쌓는다.

[그림 2-45] 콘텐츠로 소통하는 〈엉준〉 채널

이 방법은 굉장히 수고스러운 방법이다. 댓글을 캡처해서 영상의 기획과 함께 만들어야하기 때문이다. 번거롭지만 한 명 한 명 구독자를 넘어 팬으로 만들 수 있는 좋은 방법이기도 하다.

물론 '라이브'를 하면 편하게 채팅으로 소통할 수 있는 방법도 있기 때문에 다양한 방법을 통해 댓글을 늘리고 시청자와 소통할 수 있는 방안을 모색해 보자.

04 내 채널은 왜 망했을까?

유튜브는 시험이 아니다. 생존이다.
시험 준비하는 것처럼 유튜브하지 말라.

유튜브 세계에서 살아남으려면, 한 개의 큰 목표를 기다리고 노력하며, 커다란 목표를 이루기 위해 끊임없이 인내해야하는 시험이 아니라 매일의 성과들을 이어나가서 일 년의 매출을 만드는 장사를 하는 것처럼 채널을 운영해야 한다. 하나의 엄청난 노력과 아이디어 실험 자본 인력 장비가 투입된 영상 하나가 아니라 지속성과 가성비 좋은 영상으로 평타 이상을 꾸준히 내주는 영상을 만들어낼 수 있어야 한다. 물론 조회수가 잘나오는 영상을 내는 채널은 초대박도 잘 터트리는 것이 유튜브 세계이지만 말이다.

그런데 투입한 시간과 노력 대비 본전은 못 찾을지언정 계속해서 적자만 나는 채널들이 있다. 이 정도면 차라리 쉬는 게 나을 정도로 성과가 나지 않는 채널들 말이다. 수익은 포기하더라도 구독자라도 늘면 좋겠는데 구독자는 늘 제자리에 조회수는 기대하지 않은지 오래된 채널들이 매우 많다. 그런데 그런 채널들이 어떤 채널들인가? 라고 물으면 바로 떠오르는 채널들은 또 없다. 왜냐면 그런 채널들은 가혹하게도 유튜브에서 영상 추천을 안 해주기 때문이다. 거기에서 끝나는 게 아니라 기본적인 탐색 피드에서도 보이지 않고, 제목으로 검색을 해도 이미 조회수와 최근 업로드 된 영상들 한참 아래 페이지에서 힘겹게 발견할 수나 있다. 심지어 채널이름을 검색해도 도저히 못 찾겠는 채널도 존재한다. 왜 이렇게 된 것일까 이유가 무엇인가 명확한 답은 바로 영상이 '재미가 없어서'이다.

① 크리에이터들의 착각

망한 채널들과 낮은 조회수의 영상으로 고민이 많은 크리에이터들에게 오는 연락들은 대부분 이 결과를 '이해할 수 없다'는 것이다. '내 채널과 비슷한 정도라고 생각했던 크리에이터들도 꾸준히 영상을 올리면서 유튜브 알고리즘의 간택을 기다리다 보면 언젠간 대박이 터지는 영상이 하나 발생하고, 그동안 올려왔던 영상들이 재주목되면서 대박 나던데, 내 채널은 왜, 아직도 그대로인지' 확인을 해달라는 질문들을 여러 번 받았다. 보통 그런 질문에는 자신의 채널 링크나 영상 URL을 보내주는데, 많은 영상들이 '내가 이 영상을 왜 봐야하지?' 라는 의문이 드는 영상들이다. 편집의 퀄리티, 영상의 센스, 제목과 썸네일 등으로 평가하는 것이 아니다. 그런 것은 고치면 된다. 그런데 근본적으로 그런 잔가지들을 다 고친다고해도 영상 자체의 감성적인 재미가 없다. **채널이 망한 이유에 '무슨 탓'을 붙이는 건 시간 낭비다.** 결국 영상이 재미있었다면 망하지 않았을 것이다. 유튜브의 모든 기술력은 '발견의 기술'을 추구한다. 인공지능의 선택이지만 결국 '인간의 선택'을 극도로 정확하게 예측해서 추천해주는 기술이다. 당신의 영상이 재미있다면, 그 영상을 초기 소수의 데이터라도 유튜브 알고리즘은 이를 통해 영상의 가능성을 알아본다.

소극적인 규모이지만 점진적이고 추가적인 노출을 통해 당신의 영상을 추천했을 때 높은 확률로 시청할 만한 안전한 대상에게 당신의 영상을 지속적으로 노출하며 테스트한다. 구독자가 많고 적음이 중요한 게 아니다. 구독자가 많아도, 결국에 영상은 알고리즘에 영향을 받는다. 구독자가 없다고 해서 유튜브의 알고리즘의 채점에서 제외되는 건 아니다. 만약 크리에이터 자신 뿐만 아니라 객관적으로 입증된 재미있는 영상이 바이럴이 안 되는 경우는 그 영상의 메타데이터 상의 광고주에게 치명적인 문제가 있거나 또는 그동안 당신의 영상의 시청 데이터가 지속적이고 반복적으로 부정적인 결과를 보여줘서 당신의 채널의 '보이지 않는 등급'이 매우 저평가 되어있는 상황인 것이다. 지속적으로 좋은 결과를 보여준 채널도 한동안 시청데이터가 좋지 못한 영상을 업로드하면 구독자가 많은 채널도 영상의 조회수가 구독자에 한참 못 미치는 결과가 나온다. 하물며 구독자수가 적고, 그동안 올렸던 영상에서 시청자들에게 부정적인 결과를 만들어온 채널이라면 망조에서 벗어나기는 더욱 어렵다. 정말 쉽고 당연한 말 같지만 '재미있는' 시청데이터가 꾸준히 긍정적 결과를 보여주는 영상을 주기적으로 올려야 채널이 다시 살아날 수 있다. 이 장에서 언급할 제목이나 썸네일, 영상의 두괄식 구조, 흥미로운 주제, 편집 센스, 시청 시간을 길게 하기 위한 방법 등 다른 요소들 역시 중요하다. 하지만 가장 중요한 것은 영상 자체가 인간의 이목을 집중시키는 것, 한 순간의 클릭에서 끝나는 게 아니라, 시청이 이어지고 긍정적인 데이터인 댓글 좋아요, 공유와 같은 작용이 오고 가는 영상 말이다. 그런 영상을 만들기 위해서 지금도 모든 크리에이터는 고민 중이다.

② 재업로드로 알아보는 채널이 망한 이유

영상에 문제가 생겨 재 업로드를 하게 되면서 깨달은 것이 있다. 재미있는 영상은 다시 올려도 예전과 같은 좋은 흐름으로 조회수가 급상승하고, 재미없는 영상은 다시 올려도 똑같이 낮은 조회수가 나온다는 것이다. 그런데 재밌는 영상인데 조회수가 잘 안 나왔던 영상이라도, 거의 내용을 바꾸지 않고 약간의 수정 후 재업로드 했는데 잘되는 경우가 있다.

재차 강조하지만 이는 유튜브가 시청 데이터를 얼마나 중요시하는지에 대한 단서이다. 결국 비슷한 영상은 비슷한 시청 시간을 보이기 때문이다. 사람이 느끼는 다양성 있는 취향을 배제하고 사람들이 공통적으로 느끼는 '재미있다/없다'에 대한 감성적 판단이 존재한다. 그리고 그로 인한 시청 시간, 시청 이탈 등의 지극히 이성적인 '수치'가 바로 우리가 느끼는 '재미'를 인공지능의 알고리즘이 이해하는 방법인 것이다. 결국 이 말은 같은 영상이면 재업로드하여도 비슷한 결과 값을 보인다는 것이다. 하지만 영상을 시청한 데이터 값이 같더라도 영상을 클릭하게 하는 썸네일과 제목이 애초에 영상 시청의 시작점인 클릭을 만들어 내지 못하면 아무리 재밌는 영상이라도 조회수 상승의 시작을 이끌어내지 못한다. 영상이 재미있다면 썸네일과 조회수를 변경하면서 이 영상을 사람들에게 가장 효과적으로 전달할 수 있는 이미지와 글이 무엇일까에 대한 심도 높은 고민을 해야 한다.

물론, 영상이 재미없다면 어떤 썸네일과 제목으로도 영상의 조회수를 꾸준히 나오게 할 순 없다. 왜냐면 바로 그것이 유튜브가 가장 경계하는 클릭베이트(조회수 유도)이기 때문에, 초반에 클릭수 자체를 높일 수 있지만 영상을 전반적으로 추천하는 알고리즘에선 부정적인 데이터를 나오게 하기 때문이다. 물론 '재미가 있다, 없다'로 나눌 수 없는 인간의 다양한 감상을 이분법적으로 나누는 것은 비약이지만, '채널이 망했다'는 상황의 원인을 이해하는데 도움이 되기 위해 이처럼 예시를 들어본다.

③ 조회수 회복 전략: 망한 채널을 살려라

조회수는 자동차 용어로 많이 쓰이는 일종의 'RPM(분당 회전수)'개념과 '관성의 법칙'으로 이해가 가능하다. 높은 RPM으로 빠르게 달리던 차는 좀처럼 멈추기 힘들지만, 멈춰 있는 트럭을 움직이게 하는 건 더 어렵다. 모든 영상의 결과값(조회수, 시청시간)은 다음 영상에 영향을 주고, 채널의 관성이 된다. 즉 잘나가는 채널은 계속 잘나가지만, 못나가는 채널은 계속 못나간다.

채널의 조회수가 잘나올 때는 정말 뭘 올려도 기본 이상으로 잘되는데, 한 번 조회수가 낮은 영상을 업로드한 이후에 다음 영상을 업로드할 때는 다시 채널의 조회수가 잘 나오기가 힘들어진다.

[그림 2-46] 한번 조회수가 낮아지면 다음 영상은 그 전 영상보다 더 조회수가 잘 안나온다.

이 현상을 3년간 유튜브를 운영하면서 뼈저리게 느껴왔다. 사회적 이슈 발생같은 외적인 이유를 제외하고 이러한 현상이 발생하는 두 가지 주요 이유는 첫째, '영상 업로드 주기가 너무 길어져서' 한동안 업로드를 하지 않다가 업로드를 하는 경우였고, 둘째는 내가 평소에 하던 영상이 아닌 '새로운 유형의 시도를 한 영상'의 조회수가 망했을 경우였다. 보통 영화 유튜버의 경우 얼굴을 드러내는 영상을 시도했을 때 또는 기존 스토리 소개에서 벗어나는 참신한 리뷰를 시도했을 때 이런 일이 많이 일어난다. 첫 번째 '영상 업로드의 주기 이탈'의 경우 채널의 회전수가 떨어졌다고 볼 수 있다. 계속해서 채널이 회전할 수 있는 에너지가 되는 영상을 공급해서 유튜브의 트래픽이 내 채널로 몰려야 유튜브의 알고리즘이 영상 추천을 늘려주는데 영상 업로드를 게을리하면 '어? 너 잘하다가 감히 게을러졌어? 너 긴장 풀렸구나? 그럼 당해봐라'라며 유튜브는 내 채널에 몰린 트래픽을 회수해 가는데 이로 인해 이후에 늦게 업로드한 영상에는 추천동영상 유입 비율이 떨어지는 것이다.

이렇게 트래픽이 낮아진 경우를 회복하는 방법이 있다. 바로 **영상의 RPM을 높일 수 있는 업로드 주기를 평소보다 짧게 하는 것이다. 또한 일정 기간 빠른 업로드를 유지해서 채널의 관성을 높이는 방법이다.** 나의 경우 일주일에 2개 정도의 영상을 올렸다가 채널의 트래픽이 떨어진 경우 그 속도를 2배 이상으로 끌어올리고 나서야 트래픽 저주에서 탈출할 수 있었다. 즉 주당 2개를 올리던 채널의 트래픽이 망가졌을 때는 일주일에 4개의 영상을 올리고 7개 정도의 영상을 그 속도로 업로드한 후에는 영상의 조회수 상승이 회복되었던 패턴을 반복한 적이 있다. 사실 7개라는 숫자가 중요한 게 아니라 유튜브 알고리즘이 최근 업로드된 내 영상의 데이터를 기반으로 채널의 관성, 즉 채널의 평가를 다시 높게 해주는 과정이 필요한 것이다. 이 과정을 거치면 조회수의 저주에 빠져 마치 시스템이 나의 조회수 그래프를 거대한 중력으로 찍어 누른 듯한 그래프가 더 이상 나오지 않고, 점진적으로 유지되거나 비교적 안착하는 정상적인 조회수 그래프를 볼 수 있게 된다.

업로드 주기를 높이고, 높은 시청데이터를 보이는 영상이 지속적으로 업로드 되면, 조회수의 저주는 풀리는데 이후에 초반 폭발적인 시청데이터를 보이는 영상을 업로드하게 되어 인기 급상승에 랭킹되거나 그래프상 기하급수적 조회수 상승을 겪게 되면 다시 채널의 속도가 붙는데, 이때를 놓치지 않고 주기를 꾸준하게 유지하며, 추가적으로 시청률이 높은 영상을 업로드 해준다면 높은 수준의 조회수를 보이는 채널로 돌아올 수 있다.

④ 다양한 영상을 올려라

현재 〈고몽〉 채널은 '잘되는 영상' 뿐만 아니라 '다양한 영상'을 업로드하고 있다. 유튜브각이 나오는 화제성 높고 시청률이 높을 것 같은 영상만 제작하는 것이 아니라 사회적으로 의미 있고 비주류 분야를 주목시켜주는 영상들을 종합적으로 업로드 하고 있단 뜻이다. 이렇게 되면 채널의 관성이 떨어지게 된다는 단점이 있다. 관성이 떨어지면 영상의 높은 조회수 보장률이 떨어진다. 〈고몽〉 채널의 최대 평균 80만 조회수를 넘었던 적이 있다. 이 당시에는 50만 조회수 이하가 나오면 평균은 했다는 생각이 들었을 정도였고, 10만 조회수 이하면 망했다는 생각이 들 정도였다. 당시, 재생 시간 1분 정도의 평소 시도보다 아주 짧고 완전 새로운 방식의 영상을 올려본 적이 있는데, 1분짜리 영상으로 절대 시청 시간이 부족했던 탓인지 영상 자체가 추천이 잘 되지 않았고, 조회수 1만대로 당시 구독자 약 30만대에 비해 한참 못 미치는 조회수가 나왔다. 그런데 이상하게도 그 다음 영상부터 영상의 조회수가 5만 이하가 나왔다. '이 영상은 너무 재밌어서 분명 높은 조회수를 기록할 것이다.' 라고 확신이 드는 영상이었고 제목과 썸네일 등을 매력적으로 선정했음에도 망한 영상 이후에 몇 개의 영상은 어떤 방식으로도 기대보다 훨씬 안 좋은 결과 값을 보였다.

최근에는 이러한 패턴을 조금 더 자주 느끼고 있다. 아무래도 조회수가 안나올 만한 내용들을 올리면 역시나 조회수가 확 떨어지는데, 평균 80만 조회수이던 시절에 비하면 상대도 안 되는 10만 이하의 조회수가 나오고 있는 것이다. 영상의 평타를 높게 유지해야 한다는 것은 쉽지 않다. 매번 좋은 반응을 이끌어내는 영상을 제작한다는 것은 매우 어렵다. 예전에 그 재미있던 〈무한도전〉 조차도 가끔은 재미가 떨어지는 특집을 하기도 했었으니 말이다. 그렇다면 크리에이터가 고민해야할 것은 업로드의 주기가 최대한 늘어지지 않는 상황에서 '어느 정도'의 재미를 모아서

조회수 126,374회

조회수 646,117회

조회수 171,043회

조회수 17,317회

조회수 3,131,651회

조회수 177,932회

조회수 15,927회

조회수 6,663회

조회수 41,669회

조회수 286,754회

조회수 76,428회

영상을 만들어야 한다는 것이다. 업로드 주기는 개인 적으로 일주일 이상을 넘어가지 않는 것이 좋고, 주 2 회를 유지하는 것을 기준으로 생각한다. 이 주기를 유 지하기 위해서, 영상의 재미를 떨어뜨린다? 그렇다면 다음 영상에선 주기성이 유지되어도 조회수가 안 나 올 수 있다. 그러나 영상의 시청 매력 요소를 만들기 위해서 지나치게 시간이 많이 걸리고 그로 인해 주기 가 길어진다? 그러면 이전 영상의 조회수가 높았어도 트래픽이 높았던 관성이 깨지면서 다시 맨땅에 헤딩 해야 하는 결과가 나온다.

PART 02

[그림 2-47] 조회수는 정말 구독자수에 하등 상관없이 영상의 힘과 이전 영상의 흥행에 따라 나온다.

크리에이터를 야구 투수에 비유하면, 모든 영상의 결과가 평균 시속을 넘는 강속구를 기록해야 한다. 노력하지 않거나 노력해도 재미없거나 예측할 수 없는 이상한 데이터를 보여준다면 유튜브 알고리즘은 당신이 강속구의 힘으로 던진 영상도 그 힘을 방해하는 맞바람을 불게 해버린다. 결과적으로 안 좋은 결과를 보인 영상의 부정적인 데이터가 모이면 채널에 보이지 않는 낙인을 찍는다. 그 낙인을 찍히지 않는 게 채널이 망하지 않는 가장 중요한 방법이다.

🖥 사회적 이슈를 피해라

트래픽이 잘나오는 트렌드를 따라잡기에 앞서, 트래픽이 나와 다른 카테고리로 쏠리는 사건을 피해라(정치, 스포츠, 뉴스, 각종 핫이슈)가 사람들의 관심거리일 때는 유튜브의 트래픽 역시 그쪽으로 쏠린다. 단순히 사람들의 클릭수가 쏠리는 것에서 끝나는 게 아니다. 추천 동영상의 비율 역시 떨어지고, 이상하게 평균적인 결과보다 조회수가 잘 나오지 않는다. 내가 다루는 주제가 사회적으로 화두가 되었다면 에너지를 집중해 총공세를 해야 하고, 반대로 지나치게 화제가 된 사건이 있다면 해당 기간에 업로드 주기를 길게 해서 영상의 낭비를 막는 것을 추천한다. 만약 영상을 완성해놓고 예약중이거나 계획된 영상이 있다고 해도 해당 이슈가 잠잠해질 때까지만 영상 업로드를 잠시 미뤄두었다가 업로드하는 방법을 추천한다. 영상을 다시 올릴 타이밍은 인기 탭에 '실시간 인기 급상승 영상' 내에 자신이 속한 카테고리의 다른 채널 영상이 올라오기 시작할 때이다.

05 | 잘된 채널은 왜 잘되었을까?

이 장에서 언급하는 '된 채널'은 여러분이 아는 바로 그 채널을 말한다. 여러분이 무슨 채널을 생각했는지는 모르나 '성공한 유튜브 채널'하면 바로 떠올랐던 상징적인 그 채널들, 바로 그 채널들에는 어떤 공통점이 있을까?

채널의 시작은 소속될 카테고리를 정하는 것이고
채널의 방향은 카테고리의 상징이 되어가는 것이며
채널의 목적지는 새로운 카테고리 그 자체가 되는 것이다.

① 자신만의 정체성 있는 채널 만들기

채널 시작 초기는 유튜브 채널의 정체성을 확립하는 기간이다. 크리에이터 스스로가 자신의 채널을 정의하지 못하면 시청자는 혼란스러워하고 시청 타깃 혼란은 유튜브 알고리즘의 혼동을 줘 이 채널의 이 영상은 도대체 무슨 영상인지 분류하기 힘들어진다. 유튜브 알고리즘에서의 불확실성은 곧 신뢰도의 저하로 이어지며 이는 채널이 성장하는데 지대한 악영향을 준다. 악순환으로 알고리즘으로 추천받지 못하는 채널의 크리에이터는 자신의 영상이 사람들에게 어떤 매력을 주는지 어떤 비호감을 주는지 파악하는 경험 조차 받지 못한 채 악순환을 반복한다. 영상이 노출되지 않아 내 영상의 어떤 부분이 사람들에게 호응을 끄는지 모르다보니 하나의 통일감 있는 주제를 다루지 못하고 이 주제, 저 주제, 이번 주엔 게임, 다음 주엔 영화, 다음 주엔 브이로그, 그 다음 주엔 먹방을 주제로 영상을 만들며 소위 '일기' 채널로 변화해 간다. 잘되는 채널의 초기는 자신이 만드는 영상이 누구를 위한 영상인지, 자신의 영상은 무엇을 다룰지, 내 영상은 앞으로 어떤 식의 콘텐츠를 만들어낼지에 대해 방향을 좁혀 간다. "나는 내가 좋아하는 걸 사람들한테 보여줄 거야"와 "나는 내가 좋아하는 영화에 대해 이야기하는 채널을 만들 거야" 의 차이다.

〈띠예〉 채널

[그림 2-48] 〈띠예〉 채널은 시작한지 1년이 채 안 되었으나 시청자에게 무엇을 보여줄지 확실한 정체성을 갖고 있다.

② 채널의 자리 잡기

자신의 채널이 소속될 카테고리를 정했다면, 그 안에서 더 구체적인 포지셔닝을 해야 한다. 영화 유튜브의 예를 든다면, '영화 유튜브를 하고 싶다' 에서 멈추는 것이 아닌, 도대체 자신이 어떤 영화를 다루고 그 영화를 이야기하는 자신만의 강점과 매력이 무엇인지에 대해서 생각해 보는 것이다. 예를 들어 "나는 내가 좋아하는 영화를 다룰 거야"와 "나는 망한 영화를 다룰 거야" 사이에는 굉장한 차이가 있다는 것이다. 그리고 사람들은 누구나 다루는 영화가 아니라 '망작 전문'이라는 '이것 좀 특이한데?' 라는 생각이 드는 채널에 신선한 재미를 느낀다. 또한 그런 특이한 타이틀 만으로도 채널이 홍보되는 효과가 있다. 망한 영화를 좋아하는 사람들의 시청취향의 특성과 비슷한 사람들이 이 채널에 몰리게 되면서 유튜브 알고리즘에서도 이 채널에 대한 특징을 구분하기 쉬워지고 결국 채널의 명확성이 올라가게 되고 추천 영상에 드러날 확률이 높아진다. 무엇보다 이 채널만의 고유한 영역이 굳어지면서 사람들은 특정 키워드에 해당 채널을 즉각 떠올리게 된다.

망작 전문 채널인 〈거의없다〉 채널의 특징은 팬이 많다는 것이다. 팬과 구독자는 다르다. 구독자수와 상관없이 팬은 현실에서 나를 알아보고 나에게 다가와주는 사람들이다. 어떤 오프라인 행사를 주최하면 시간 내서 나를 찾아와주는 사람들이다. 팬은 나를 선호하고 영향을 받는 사람들이다. 〈거의없다〉 채널은 망작을 전문으로 다루며 고유의 방식으로 영화를 이야기한다. 그의 매력은 외부 행사에서 그들을 알아보고 다가와주는 팬들을 만들었다. 이렇듯 채널의 초기에는 자신이 소속된 카테고리 안에서 자신만의 고유의 매력을 만들고, 나를 좋아하는 타깃층을 구체화하고 그들을 팬으로 만드는 나만의 정체성을 만드는 시기라고 할 수 있다.

〈거의없다〉채널

[그림 2-49] 유튜브 채널의 순위를 알려주는 사이트 '래더'

　잘되는 채널의 방향은 카테고리의 상징이 되는 쪽으로 나아간다. 즉 '먹방' 하면 떠오르는 채널, '게임' 하면 떠오르는 채널, 여행, 리뷰, 게임, 뷰티, 키즈, IT, 코미디, 브이로그 등 다양한 분야의 키워드를 언급하면 이 채널이다! 라고 떠오르는 상징 말이다. 그 방법은 수많은 구독자를 보유하는 것 일수도, 엄청난 영향력을 지닌 영상을 만들어서 커다란 영향을 끼치는 것일 수도, 대체할 수 없는 내 채널만의 포지셔닝을 해서 나만 해낼 수 있는 영상을 만드는 것으로도 가능하다. 채널의 상징이 되어가는 시작점은 영상의 기획이 '내 머릿속'에서 나오는 데서 기인한다. 어디서 많이 본 소재를 가져와서 영상으로 만드는 채널들은 상징이 될 수 없다. 외국에서 잘되는 영상을 따라 해서 다시 만드는 채널도 그렇다. 유행을 따라가는 채널도 그렇다. 어디서도 본적 없는 내 카테고리 내에서의 독창적인 주제, 트렌드를 따라가는 게 아니라 앞서가는 영상을 만들어야 한다. 또 그런 시도 뿐만 아니라 결과적으로 높은 조회수, 높은 구독자를 만들어 결과적인 면에서도 사람들의 이목을 끄는 채널이 바로 카테고리의 상징적인 채널들의 특징이다.

〈영국남자〉채널

[그림 2-50] 카테고리 그 자체가 된 〈영국남자〉채널

〈보겸 TV〉 채널

[그림 2-57] 그가 뭘 하든 유행이 되는 〈보겸 TV〉. '보겸'은 하나의 카테고리가 되었다.

③ 자신만의 카테고리를 만들자

그런데 이렇게 중요한 '카테고리'를 뛰어넘어 채널 자체가 '카테고리가 된' 채널들이 있다. 도대체 이 채널을 무엇으로 분류할 것인가 판단이 서지 않는 채널들, 모호한 게 아니라 무엇이든 할 수 있는 채널 크리에이터가 하나의 주제가 되고 그 크리에이터가 하는 모든 일이 시청자에게 호감과 재미를 사는 채널 말이다. 이러한 채널의 특징은 뭘 하든 유행이 된다는 것이다. 트렌드를 따라가거나 앞서가는 게 아니라 트렌드를 만드는 유튜브 채널인 것이다.

이렇게 하나의 카테고리가 된 채널이 되면 엄청난 특혜가 주어진다. 그 채널을 따라하는 양산형 채널들과 추종 채널들이 생기는 것인데, 보통 자신을 모방하는 채널들이 생기면 그 분야의 전체적인 트래픽이 늘어나게 된다. 마치 피라미드의 꼭대기처럼 아래 칸이 늘어나면 상징적인 채널들은 양산형 채널들이 양산해내는 영상이 가져온 트래픽의 수혜를 받게 된다. 즉 가만히 있어도 이 분야의 시청층이 늘어나면서 채널이 커지고, 조회수가 잘나온다는 뜻이다. 유튜브의 비슷한 채널들은 피자를 나눠먹는 경쟁을 하는 것이 아니라 피자를 만드는 사람들을 늘리는 역할을 한다. 이 분야의 콘텐츠를 늘림으로써 다른 카테고리로부터 내가 속한 채널로 시청자들의 유입을 늘리고 연쇄적으로 비슷한 채널을 추천하게 된다. 더 나아가 피자를 더 만들어 먹는 것에서 멈추는 게 아니라 피자를 먹는 영상을 누군가 시청하고, 그것을 본 사람들에게 광고가 붙어 수익을 창출하여 윈윈(win-win)하는 새로운 먹거리를 양산하는 것이 유튜브이다. 하나의 카테고리가 되기 위한 크리에이터들의 노력은 지금도 계속되고 있다.

06 가장 쓸모없는 '외부 홍보'

1 SNS식 홍보 방식이 효과가 있을까?

모 SNS 플랫폼에는 '맞팔'이란 게 있다. 맞팔로우, 즉 서로 팔로우를 해준다는 의미이다. 맞팔은 어떻게 해서든 팔로우 수를 늘리려는 방법 중에 하나이다. 그런데 유튜브에도 맞구독을 해서라도 구독자를 늘리려는 사람들이 존재한다. 유튜브 관련 커뮤니티를 들어가서 구독자를 늘리는 방법이라며 맞구독을 소개한다. 말 그대로 구독 품앗이를 하고 있는 것이다. 이 뿐만이 아니다. 채널 아이디를 눈에 띄게 지은 다음에 사람들의 이목을 끄는 댓글을 인기 채널의 영상에 달아서 자신의 채널로 유입하게 만드는 방법을 제시하기도 한다. 또 외부 게시판에 자신의 채널에 링크를 걸어서 유튜브 채널의 조회수를 1이라도 구독자를 한 명이라도 늘리려는 몸부림을 한다. 심지어 구독자를 늘리는 프로그램이라며 구독자 증가를 돈을 주고 파는 사이트도 존재한다. 조회수를 늘려준다는 프로그램도 있고, 심지어 채널을 파는 사람도 존재한다.

여기 소개되지 않은 모든 방법을 동원하여 유튜브의 구독자를 늘리기 위해 유튜브 밖에서 행하는 모든 방법은 헛짓거리다. 심지어 지상파 방송에 나와서 유튜브 채널을 홍보해도 구독자 증대에 도움이 되지 않는다고 자신하고 또 확신한다. 구독자를 늘리기 위해선 오로지 유튜브 내에서 유튜브 시스템을 이용하여 유튜브 시청자들의 선택을 받아야 한다. 세계 최대의 트래픽을 가진 플랫폼을 놔두고 하루 이용량이 많아야 몇만 명 되는 커뮤니티와 게시판을 찾아다니며 하는 수고는 시간 낭비를 넘어 어리석은 행동일 뿐이다. 전 세계에서 20억 사용자가 넘고 일일 사용량이 최고수준에 달하는 플랫폼인 유튜브를 놔두고 도대체 무슨 짓일까?

② 인맥을 이용한 홍보 전략은?

국내 최대의 인맥을 갖고 있는 사람이 있다고 쳐보자, 아는 사람만 100만 명이 넘는다고 예를 들어보자, 그 사람들에게 모두 구독을 해달라고 연락을 돌린들 그 중에서 몇 명이나 눌러줄 것 같은가, 또한 100만 명이 모두 구독을 눌렀다 한들, 영상을 올렸을 때 유효한 시청이 발생하지 않은 채널이 도대체 무슨 필요가 있을까, 100만 구독자를 가져도 100% 허위인 그런 채널에는 어떤 영상을 올려도 유효시청이 발생하지 않고, 그로 인해 발생하는 수익도 미비하다. 더욱이 유튜브는 정기적으로 비활동 허위 구독자를 청소한다. 그래서 계정 유지 여부를 확인하면 어느 날 구독자가 일제히 줄어드는 날도 있다.

구독자를 늘리려면 알고리즘의 '축복'을 받아야 한다. 죽어라 외부 홍보해서 조회수 1,000을 얻고 1,000원 벌고, 구독자 10명이 증가하면 그래 딱 거기까지다. 외부 홍보 아무리 해봐야 구독자 1만 명을 만드는 게 유튜브 밖에서의 활동으로 얼마나 높은 곳에 있는지 체감하게 된다. 〈고몽〉 채널의 편집자인 '레몽'의 경우 영상 8개까지는 30명의 구독자였는데 9번째 올린 영상의 조회수가 600만 조회수가 나와 구독자가 3일 안에 3만 3,000명이 되었다. 3만 3,000명을 외부 게시판에서 모으려면 정말 까마득하다. 가족도 잘 안 해주는 게 구독이다.

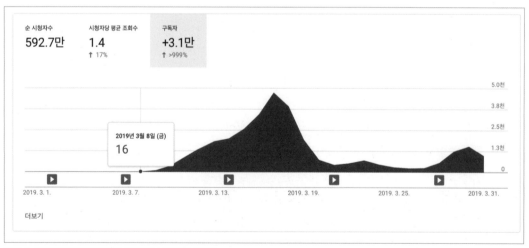

[그림 2-52] 단 3일 만에 구독자가 무려 3만 1,000명이 늘었다.

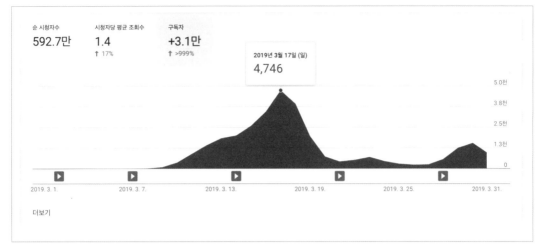

순 시청자수
592.7만
↑ 17%

시청자당 평균 조회수
1.4
↑ >999%

구독자
+3.1만
↑ >999%

2019년 3월 17일 (일)
4,746

5.0천
3.8천
2.5천
1.3천
0

2019. 3. 1.　　2019. 3. 7.　　2019. 3. 13.　　2019. 3. 19.　　2019. 3. 25.　　2019. 3. 31.

더보기

[그림 2–53] 영상 1개로 구독자 16명에서 3일 만에 3만 명을 넘은 레몽

3 외부에서 에너지 낭비를 하지 말라

어떤 노력을 해도 같은 노력으로 영상을 만들어 올리는 것에 비해 1,000분의 일, 1만 분의 일의 결과도 불러오기 힘들다. 당신이 홍보해야 하는 곳은 사람들이 많이 몰리는 그 어떤 공간도 아니고, 바로 유튜브 썸네일과 제목이다. 그것이 당신의 채널이 해야 할 유일한 홍보이자 최고의 홍보이다. 잘 만든 썸네일과 제목 하나가 같은 영상의 조회수를 10배 이상 뻥튀기 해준다.

수많은 조회수에는 수많은 구독자가 붙는다. 아무리해도 구독자가 안 늘어서 외부에서 홍보하는 것은 핑계이다. 아무리 했어도, 제대로 안했기 때문에 구독자가 늘지 않았던 것이다. 조회수가 나올 만한 재미있는 영상을 만들지 못했기 때문에 사람들이 봐주지 않은 것이다. 사람들이 봐주지 않으니 유튜브 알고리즘이 추천해주지 않은 것이다. 그런 영상을 외부에 아무리 홍보한들 추가적인 구독과 조회수는 늘어나지 않는다. 거짓된 숫자에 집착하지 말자. 당신의 콘텐츠와 유튜브 관리 그것만 하면 된다. 시스템을 이용하고 시청자의 선택을 받아야 한다. 오로지 그것뿐이다.

07 인기 급상승 동영상에 랭크되는 법

인기 급상승 동영상 랭킹 50위에 드는 것은 매우 중요하다. 그것은 당신의 영상이 유튜브 알고리즘 상으로 국내에서 50위에 드는 우수한 결과를 보여줬다는 것이고, 당신의 영상은 곧 알고리즘이 내리는 조회수의 축배를 마시게 될 것이기 때문이다. 물론 인기 급상승 동영상에 랭크되었다고 급격하게 조회수가 올라가는 것은 아니다. '인기' 탭을 누르면 나오는 영상 중에서도 높은 조회수를 기록하지 않은 영상도 있다. 도대체 어떤 조건으로 인기 급상승 영상이 될 수 있을까?

1 인기 급상승 동영상은?

〈고몽〉 채널은 인기 급상승 순위에 33회 랭크되었었다. 인기 급상승은 사후에 조회할 수 있는 기록이 남지 않아 그때그때 스크린 샷을 찍어놓지 않으면 자료를 찾을 수 없다.

인기 급상승 동영상 #1 [그림 2-54] 인기 급상승 동영상 #1 스크린샷

다행히도 현재 증빙 자료를 보관하고 있는 인기 급상승 동영상 기록은 27개이다. 물론 영상 중에는 갖은 이유로 미공개 처리하거나 삭제한 영상도 있지만 말이다. 어쨌든 유튜브 채널 운영 3년 중 후반 2년 기간 동안 집중적으로 인기 급상승에 올라갈 수 있었던 노하우를 알아보자.

[그림 2-55] 인기 탭 알림 화면 10위권 내

당신의 조회수가 짧은 시간 내에 사람들의 클릭을 많이 받아야하고, 그에 따른 시청 시간이 급증해야 선정될 수 있다. 즉 업로드 초반 시간당 클릭률과 시간당 시청 시간이 중요하다. 인기 영상은 업로드 직후 24시간 내에 결정된다. 조회수의 급상승이 6시간 내로 집중되면 급상승 순위는 더욱 높게 랭크된다. 개인적인 경험으로 업로드가 일주일이 넘는 영상이 인기 급상승 동영상에 랭크되는 경우는 〈고몽〉 채널 기준으로 단 한 차례도 없었다. 그러나 인기 영상에 순위권이 되지 않아도 수백만을 넘는 조회수가 나오는 경우도 있다. 주로 꾸준히 조회수 그래프가 유지되어 온 영상의 경우인데, 인기 영상이 되었던 영상보다도 인기 영상에 들지 못하고 꾸준히 상승한 영상이 더 높은 조회수를 기록하기도 한다. 즉 인기 영상은 최고 기록으로 선정되는 것이 아니라 순간 최고 기록으로 선정되는 것이다. 한 달 동안 조회수가 1,000만이 된 영상과 최종 조회수는 100만이지만 하루만에 100만 조회수가 된 영상이 있다면. 순간 상승 속도가 훨씬 높았던 후자의 경우가 인기 탭에 추천된다는 것이다.

〈사이코메트리 그녀석〉 리뷰 영상

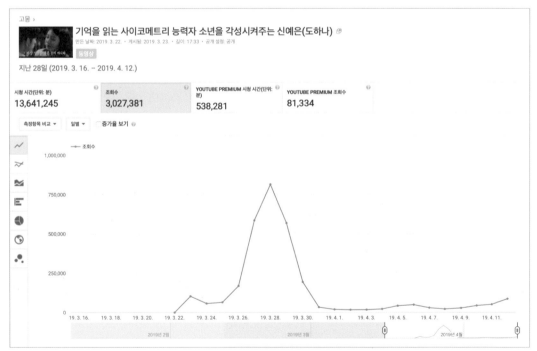

[그림 2-56] 이 영상은 300만 조회수를 기록했으나 업로드 후 4일 뒤에 급상승하여 인기 탭에 랭크되지 못했다.

한국계 미국인 배우
스티븐 연

[그림 2-57] 이 영상은 인기 탭에 선정되었으나 총 조회수가 30만 대에 불과하다.

실시간 인기 영상의 순위는 계속해서 변한다. 보통 초반에는 상승하고, 유지한 후 하강한다.

높은 조회수와 인기 탭에 랭크되는 것에 선후 관계는 정확히 구분할 수 없다. 마치 '계란이 먼저냐, 닭이 먼저냐' 처럼 좋은 급상승 그래프를 보여주면 인기 탭에 들어가지만 인기 탭에 들어감으로써 완전 새로운 타깃에게 영상이 노출되기 때문에 어찌되었든 선순환이 시작된 것은 분명하다.

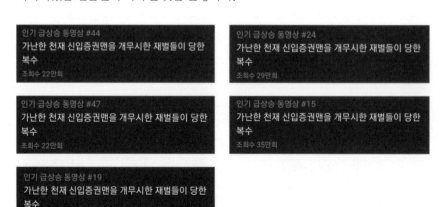

[그림 2-58] 인기 탭에 들어가면 실시간으로 #순위가 변한다.

인기 급상승 동영상은 유튜브 모바일 기준으로 두 번째 탭에 배치되어 있다. 마치 네이버 실검이 궁금한 것처럼 음악 차트 1위는 어떤 곡이고 사람들이 지금 어떤 곳에 관심이 있는지 궁금한 것처럼 실시간 인기 급상승 탭에 랭크되어있는 영상들은 기존에 내 영상을 구독하지 않은 사람, 내 영상의 카테고리와 전혀 관련 없던 사람, 내 영상과 기호가 전혀 맞지 않는 사람까지 한 번씩 내 영상의 썸네일을 노출하게 만든다. 여기서 단순 조회수 상승을 넘어 의외의 구독자 상승이 발생한다. 기존에는 내 채널 영상과는 시청 기호가 달라 영상이 도달을 못해서 구독을 안했던 '쉽게 구독하는' 시청자가 나의 영상을 인기 탭에서 처음 '발견'하고 구독하게 되는 경우가 발생하는 것이다.

유튜브는 '발견의 예술'이다. 발견되지 못하면 내 영상은 애초에 없는 영상이다. 그러나 인기 급상승에 등재된다는 것은 최소한 한국에 있는 모든 사람들에게 내 영상과 내 채널이 발견될 가능성을 급격하게 높이는 최고의 방법이며 유튜브가 주는 최고의 기회이기도 하다.

❷ 인기 급상승 동영상의 힘에도 등급이 있다

해당기간에 유튜브를 사용하는 트래픽에 따라서, 요일에 따라서, 인기 탭에서 영상 등재가 유지되는 시간에 따라서 그 힘이 다르다. 요일도 금·토·일 같이 유튜브를 많이 보는 시간대인지, 평일 중 유튜브를 잘 보지 않는 시간대인지에 따라 트래픽 파워는 천양지차(天壤之差)이다. 인기 탭에 드는 것도 눈치 게임이다. 이것을 역으로 노려 트래픽이 적은 월·화요일에 기습 업로드를 해서 인기 동영상에 등재될 확률을 높일 수도 있다. 최고라고 자신하는 영상이 있다면 사람들이 가장 업로드를 하지 않는 시간을 노려 도전해볼 만하다.

금·토·일 급인기 동영상의 경우 금요일보다 토요일 오전11시, 일요일 오전 10시가 의외의 초대박이 날 수 있는 구간이었다. 금요일의 경우 오후 4시가 최적의 업로드 타임이다. 유튜브 시청자가 많은 금·토·일 중에서 오전 업로드는 다른 평일에 저녁 업로드보다 조회수 폭발가능성이 높다. 가장 빠른 시간에 가장 큰 조회수를 경험했던 〈나를 기억해〉 리뷰 영상의 경우 조회수가 안 나오기 쉬운 제작사 요청 영상이었음에도 불구하고 이런 공식을 노려 금요일 4시 업로드 이후 단 하루만에 100만 조회수, 주말 간 400만 조회수를 돌파했다. 단 이틀만이다. 현재는 500만 조회수를 기록했다. 당시 5일 동안 인기 급상승 동영상에 들어가 있었고, 순위는 1위, 그 영향으로 네이버 실검 1위까지 기록했다.

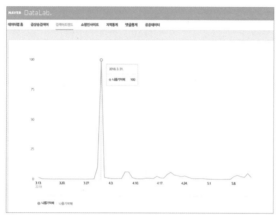

[그림 2-59] 유튜브에서 인기 급상승 1위를 하자 네이버 검색어 그래프가 급상승했다.

HOME > 연예 > 영화

청소년·사이버 성범죄 다룬 '나를 기억해' 유튜브 韓트렌드 1위

에디터 용원중 승인 2018.04.02 17:01 댓글 0

연기파 여배우 이유영 주연의 미스터리 범죄 스릴러 '나를 기억해'(감독 이한욱)가 개봉 전 뜨거운 열기를 지피고 있다.

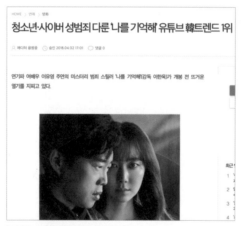

[그림 2-60] 인기 급상승 후 보도자료

오는 19일 개봉하는 <나를 기억해>는 의문의 연쇄 범죄에 휘말린 여교사 서린(이유영)과 전직 형사 국철(김희원)이 사건의 실체와 정체불명의 범인인 마스터를 추적하는 내용을 다룬다.

지난달 30일 스토리텔링 리뷰를 통해 영화, 애니메이션, 드라마 추천을 하는 유튜브 채널<고몽>에서 소개한 영상은 공개 직후 유튜브 한국 트렌드 1위에 오르고, 불과 이틀 만에 200만 뷰를 돌파했다.

[그림 2-61] 인기 급상승 후 보도자료

실시간 인기 급상승 랭크되는 것은 일종의 '기차 칸'이라고 생각하면 된다. 모든 동영상이 산발적으로 평가받는 시스템이 아니라, 업로드를 기준으로 정해진 시간 내에 순간 상승 시청 데이터 속도가 높은 영상들을 동시에 평가하는 것이다. 업로드 시간이 얼추 비슷하다면 해당 영상들은 한 클록 단위의 영상 묶음으로 평가받는

시스템으로 사료된다. 인기 영상을 주시했을 때 일부 오래 유지되는 특별한 영상들을 제외하면, 비슷하게 등재된 영상들이 약 2~3일 간격으로 물갈이가 되는 것을 볼 수 있다. 즉 내 영상과 업로드 시간이 같은 '기차 칸'이라고 볼 수 있는 시간대 내에서 나의 영상 데이터가 상대적으로 폭증하면 실시간 인기 급상승을 노려볼 수 있다는 것이다. 같은 기차 칸에 영상이 별로 없으면 상대적으로 내 영상이 돋보이기 쉽다는 것이다. 만약 당신의 영상이 조회수가 급상승될 만한 '시의성'과 '화제성'에 '독창성'까지 갖추었다면 금토일 시간대를 노려보길 추천하며, 예외성을 노려 월화수목의 시간대를 노려보는 것을 추천한다.

🖥 어떤 영상을 만들어야 인기 탭에 가나? 욕망을 대신 해소해주는 것이 유튜브의 본질

인기 탭에 올라가는 기준은 알겠는데, 그렇다면 어떤 영상을 만들어야 인기 탭에 갈 만한 반응을 얻을 수 있을까? 인기 탭에 들어가기 위해선 더욱더 집중 시간대에 밀도 있는 조회수 상승이 필요하다. 조회수가 폭발적으로 나오는 방법은 명확하다. 인간이 가진 '욕망의 본질'을 영상에 투영하는 것이다. 내가 하고 싶은데 못하는 것, 하고 싶다는 말 조차 현실에선 입 밖으로 꺼내기 민망한 욕망의 본질적인 호기심을 대신해주고, 이야기하는 콘텐츠라면 유튜브에서 성공할 수밖에 없다. 근본적으로 인간이 즐겼던 소설, 연극, 오페라, 뮤지컬, 드라마, 영화, 예능 같은 모든 이야기에는 인간이 할 수 없는 것들의 간접 경험과 욕망을 해소해주는 카타르시스가 담겨 있다.

최근 지상파 방송사들은 유튜브 등 모바일 미디어 영역으로 시청자와 광고를 빼앗기고 있다. 사람들의 의식과 기호는 쉽사리 변한다. 그것도 아주 빠르고 드라마틱하게 말이다. 영상 콘텐츠를 만들어내는 방송국은 쉽게 변하지 않았다. 무엇보다 TV 방송은 사회적인 구속 장치가 너무 많았다. 너무 많은 참견, 너무 많은 법률, 너무 많은 기관들이 그들을 감시하고 정해진 규칙대로 하지 않으면 무거운 징계가 주어진다. 방송은 엘리트화되고 사람들이 방송에서 보길 원하는 본질에서 점점 더 두터운 거리가 생긴다.

이때 아프리카TV를 시작으로 유튜브까지 이어지는 욕망의 플랫폼이 등장한다. 사람들은 기존의 TV에서는 볼 수 없었던 거리감 없는 채팅과 댓글이라는 교감을 하고, 그것을 기반으로 자신의 욕망을 투영한다. "이런 것도 도전해 줘.", "이런 것을 알려줘.", "조금 더 솔직하게 말해봐.", "그냥 네 속마음을 말해봐." 그렇게 영상 콘텐츠는 점점 더 군더더기가 없어졌다.

매스미디어(mass media)라면 당연하게 보여줄 배경화면이 깔린 화려한 오프닝은 유튜브에서 사라졌다. 초반 시청률 그래프에서 오프닝에 이탈자가 많이 발생한다는 그래프를 접한 유튜버들은 과감히 본론부터 이야기한다. 논술 시간에 주로 배웠던 '두괄식'으로 재밌는 이야기부터 바로 한다. 기승전결은 중요하지 않다. 그건 국어책에나 나오는 이야기이니까, 초반 5초를 잡지 못하면 사람들은 '뭐야 노잼 이잖아?' 하고 나가버린다. 그대로 내 시청률 그래프는 5초부터 추락하고 시스템은 '이 영상은 클릭베이트(Clickbait, 조회수 낚시용 허위 과장 썸네일과 제목을 가진 불량 콘텐츠) 성격을 가진 불량 콘텐츠이며 신뢰도를 낮춘다.'고 평가해 버린다. 그러면 영상은 조회수 없이 망해버린다.

모바일 기반 시청자가 많은 유튜브 시청자들의 그래프는 사람들이 더 이상 거실 TV 앞에 앉아 오랫동안 충성 시청을 해주는 시청 패턴에서 멀어지고 있음을 시사한다.

유튜브의 대부분 영상이 '콘텐츠화' 된 것은 사람들의 이런 기호를 따라간 것이다. 콘텐츠화라고 하면 10분 내외 또는 5분 이하의 짧고 굵직하고 집중력 있는 형식의 영상을 말한다. 또한 제목과 썸네일로 보여주는 영상의 일면으로 영상 전체가 설명되도록 간결한 주제를 다룰수록 좋다. 사람들은 한 편의 드라마를 원하는 게 아니라, 짤막한 자극을 원한다.

아프리카 BJ에서 유튜브로 넘어오는 또는 아프리카나 트위치(Twitch TV) 등의 생방송 플랫폼에서 유튜브로 넘어온 BJ들이 아프리카TV에서의 엄청난 인기와 명성에 비해 유튜브에서는 낮은 조회수가 낮은 구독자를 보여준 사례들이 있는데 그런 경우 유튜브의 '콘텐츠' 플랫폼화를 시키지 못했기 때문이다. 1시간이 넘는 긴 방송 분량을 그대로 업로드하는 경우 메이저급 BJ가 아니고서야 바이럴이 잘 되지 않았다. 그런데 어느 순간부터 콘텐츠화가 이루어지고, 유튜브 편집자들과 만난 BJ들의 영상이 10분 내외로 짧아지고 같은 영상을 여러 개로 나눠 사건별로 올리기 시작하면서 조회수와 구독자 급증으로 이어지고 있다.

이렇듯 사람들의 기호를 생각하면서 유튜브의 시스템에 맞는 형태로 영상을 변경하는 것만으로도 드라마틱한 전달력으로 발전할 수 있다. TV 방송이 쫓아오지 못하는 인간의 욕망을 담아내고 번져 나가는 욕망을 빠르게 담아낼 수 있는 게 1인 미디어의 기동성이다.

앞서 유튜브는 욕망콘텐츠라고 했는데, '욕망'이란 단어의 사용을 부정적으로도 편파적으로도 사용하지 않았음을 밝힌다. 내가 생각한 유튜브의 욕망이란 '진정으로 바라는 가식 없는 건더기' 라고 생각한다. 유튜브의 성공 여부는 사람들이 바라는 것을 누가 가장 빠르고, 간단하고, 정확하고, 생생하게, 제대로, 예상 못한 즐거움을 섞어 전달하느냐에 달려 있다고 생각한다. 예술도 그렇지 않은가? 예술은 고고하지만 소재는 자극적이다. 만고불변(萬古不變)의 진리인 자극적인 소재가 먹히게 되어 있는 것과 같다.

그래서 유튜브에선 3S가 아닌 5S가 통한다. 기존 3S, 즉 SEX, SCREEN, SPORTS에 SOCIAL(이슈)과 SEE(남들이 대신 해주는 걸 지켜보는 것)이다. 조회수가 많이 나오게 하려면 확실히 이 다섯 가지를 염두에 두어야 한다. 물론 그것이 자극적인 것만을 추구하는 쓰레기 콘텐츠가 된다면 일회성 조회수로 끝날 것이고, 그 자극이 사람들의 감성을 자극하는 '양질의' 자극이라면 당신의 채널을 급성장으로 이끌 것이다.

정리하자면 인기 탭에 들어가기 위해선 시청 시간을 급속도로 늘려야 한다. <u>**시청 시간을 늘리기 위한 방법은 아래와 같다.**</u>

❶ **두괄식 구성으로 중요한 내용부터 치고 들어간다.** 영상 초반 10초 내 씬스틸 장면을 삽입하여 끝까지 시청을 유도한다. 오프닝을 과감히 생략하여 초반 대거 이탈을 막는다.

❷ **직접 촬영해 아까운 장면이라도, 조금이라도 지루한 부분은 과감히 편집, 삭제하여 빠른 호흡을 유지한다.** 잠시라도 늘어지면 바로 시청자는 이탈한다.

❸ **시리즈식 구성으로 다음 조회 수를 잡고 [구독] 버튼으로 손이 가게 한다.** [시청자 참여 유도] - [질문]을 던져서 댓글을 다는 시간도 시청 시간으로 확보하고 [클릭] 버튼으로 설문조사를 유도한다. 이벤트 참여와 때로는 시청자 간의 의견 대립 조차 시청률 상승 견인에 도움이 된다.

08 콜라보레이션은 효과가 있을까?

콜라보는 성장에 도움을 주는가?

콜라보레이션(collaboration), 즉 협업, 일명 '빨대 꽂기'는 다른 채널의 크리에이터들이 서로에 영상에 출연하거나 연관된 콘텐츠를 함께 작업하거나 서로의 영상으로 유입을 도와주는 활동을 말한다. 〈고몽〉 채널 역시 다양한 종류의 콜라보를 한 적이 있다.

 B Man 삐맨 ✓
게시일: 2018. 2. 2.

여러분 안녕하세요 삐맨입니다.

오늘 소개해 드릴 영화는 '애정결핍이 두 남자에게 미치는 영향' 입니다. 인기 유튜버 고몽님과 리뷰엉이님과 함께 진행한 '고삐엉 어른 컨텐츠' 입니다! 두분의 영상도 함께 시청해 보시면 더욱 재밌는 주말 보내실 수 있습니다:)

고몽 님의 '가루지기'
https://youtu.be/32LGjKS6J4Q

리뷰엉이 님의 '아메리칸 뷰티'
https://youtu.be/84ECUDM3NXM

〈B Man 삐맨〉

[그림 2-60] 〈삐맨〉과 콜라보

그중 최근 〈플레이리스트〉와 진행했던 에이틴(A-TEEN) 콜라보는 특히 효과적이었다. 〈플레이리스트〉에 올라가는 영상을 내가 직접 제작하고 나레이션했던 영상인데, 해당 영상을 업로드한 이후 인기 영상에 올라가자 〈고몽〉 채널로 구독자가 유입되면서 구독자 증가에 도움이 된 것이다. 전혀 다른 채널과의 콜라보는 이렇듯 구독자의 다양성을 증가시키는 결과를 가져온다.

 플레이리스트 ✓
게시일: 2019. 4. 4.

에이틴2 보기 전에 꼭 봐야 하는 영상.avi
10분동안 지금까지 나온 모든 떡밥 총정리해줌😉
5:20 헐 이정민 정체 이미 밝혀짐?

본 영상은 유튜버 '고몽'님과 함께합니다😊 🖤

〈플레이리스트〉

[그림 2-61] 〈플레이리스트〉와 콜라보

[그림 2-62] 〈플레이리스트〉와 콜라보

  같은 분야의 콜라보는 조회수를 높이는데, 〈고몽〉, 〈삐맨〉, 〈리뷰엉이〉의 '고삐엉' 콘텐츠는 같은 주제로 다른 영화를 선정해 리뷰를 하고 서로의 영상 끝에서 추천해주는 방식이었는데 해당 시리즈는 1,000만 조회수에 달하는 높은 결과를 가져왔다.

〈리뷰엉이〉

 리뷰엉이: Owl's Review
게시일: 2018. 2. 2.

고몽 삐맨 리뷰엉이의 '고삐엉 어른들의 컨텐츠 콜라보' 입니다. 고몽 님과 삐맨 님의 영상도 확인해 보시기 바랍니다!
고몽 님의 '가루지기' https://youtu.be/32LGjKS6J4Q
삐맨 님의 '애정결핍이 두 남자에게 미치는 영향' https://youtu.be/8F3k_aO87NI
리뷰엉이 구독하기 https://goo.gl/CuJFLJ

샘 멘데스 감독의 영화 아메리칸 뷰티 소개 영상입니다.
이번 영상은 어른들의 콘텐츠를 주제로 영화 유튜버 고몽, 삐맨님과 함께 했습니다. 고몽 채널에 가시면 영화 '가루지기' 삐맨 채널에 가시면 영화 애정결핍이 두 남자에게 미치는 영향을 소개해줍니다.

[그림 2-63] 〈리뷰엉이〉의 고삐엉 어른들의 콘텐츠 콜라보

즉, 정리하자면 다음과 같다.

같은 카테고리에서 트래픽 좋은 채널들과의 콜라보는 조회수를 늘리고
다른 카테고리에서 구독자 많은 채널들과의 콜라보는 구독자를 늘린다.

물론 효과가 없는 콜라보레이션도 존재한다. 필자 역시 많은 콜라보레이션에서
효과가 없던 적이 존재했다. 결과적으로 콜라보의 시너지는 예측하기 힘들다. 이를
보완하기 위해선 잘 짜인 기획으로 시청자의 허를 찌르는 자세가 필요할 것으로 보
인다.

[그림 2-64] 〈플레이리스트〉와 콜라보 전후. 영상 업로드가 없음에도 구독자가 1,000명 이상 증가했다.

09 구독자 이벤트는 과연?

유튜브를 하다 보면 구독자를 늘리기 위한 구독자 경품 이벤트, 문화상품권 행사 등을 하는 유튜브 영상을 본 적이 있을 것이다. 채널 성장 초기에, 그리고 채널의 구독자 상승이 더뎌졌을 때 한번쯤 떠올려보는 전략이다. 때론 순수하게 구독자를 위한 감사인사일 수도 있겠지만 목적에 상관없이 어떤 채널에선 이 행사로 인해 구독자가 오르고, 또 어떤 채널에선 전혀 효과가 없이 끝나는 결과를 맞이한다. 이런 차이는 왜 발생하고, 구독자 이벤트는 과연 효과가 있을까?

> **구독자 이벤트를 하면 효과가 있을지 확인하기 위한 3가지 사항**
>
> ❶ 구독자 시청 시간에서 '구독 안함'과 '구독 중'의 비율
> ❷ 주요 시청자의 연령
> ❸ 채널의 카테고리와 특성

구독자 이벤트가 성공했던 유튜브 채널들과의 인터뷰를 통해 알게 된 사실은 구독자 이벤트가 의외로 효과가 있었단 것이다. 100만 구독자가 넘는 한 채널은 구독자 이벤트를 통해 5만 명 이상의 구독자 상승 효과를 얻었다고 한다. 평소 나왔던 조회수 보다 높지 않았음에도, 구독자 이벤트를 통해 구독을 하지 않고 영상만 보던 눈팅족이 구독을 하게 된 것이다. 구독을 안 하고 눈팅만 하는 시청자가 얼마나 되는지 확인하기 위해서는 크리에이터 스튜디오의 분석에 들어가서 '구독자 시청 시간'을 확인하면 된다. 이중 '구독 안함'과 '구독 중'의 비율을 분석해보면 되는데, 〈고몽〉 채널은 '구독 안함'이 88%, '구독 중'이 11%이므로, 영상을 보는 사람들 중 구독자가 11% 밖에 안 된다는 것이다. 적어 보이기도 하겠지만 장단점이 있는데, 구독자에 비해 많은 조회수를 얻을 수 있다는 점이 있고, '구독 중'의 비율이 높으면 구독자수와 비슷한 조회수가 꾸준히 터진다는 장점이 있다. 대체로 30% 이상 '구독

중'이면 아주 높은 수치라고 한다. 이 수치로 확인했을 때 '구독 안함' 수치가 높으면 구독자 이벤트를 해보는 것도 좋은 방법이다. 이벤트를 했을 때 어쨌든 영상을 시청하는 계층 중 구독 안한 비율이 높기 때문에, 이벤트의 가성비가 높다. 구독 중의 비율이 높다라면 이벤트 진행에 대해서 추천하지 않는다. 어차피 영상을 보는 대다수의 시청자가 구독자이기 때문에 이런 채널에 대해선 영상 다각화나 새로운 시청 타깃에게 영상이 널리 추천되고 노출될 수 있는 방안을 연구해야 한다.

[그림 2-65] 시청자 중 구독자 비율

🅰 이벤트의 중요성은 채널 연령층

이벤트를 진행할 때 고민해야 할 또 다른 중요한 조건은 내 채널 주요 시청 연령층이다. 이벤트를 하는 채널들이 내건 상품들을 유심히 보면, 상품의 구성이 컴퓨터나, 그래픽카드 등 게임 관련부터 문화상품권 같은 것이 많았는데, 이 구성의 대상은 명확히 10대층임을 알 수 있다. 그 외는 장난감이나 캐릭터 상품도 많이 볼 수 있는 이유는 바로 저연령대의 시청자들이 경품에 쉽게 움직이기 때문이다. 이를 유튜브는 저연령층이 많기 때문이라고 해석해선 안 된다. 이미 유튜브에는 전 연령층이 고루 포진되어 있다. 2019년 기준 최근 1년간 이미 20~49대 뿐만 아니라 50대 이상의 유튜브 사용도가 78% 급증했다는 와이즈앱의 조사결과가 있다. 50대 이상의 유튜브 사용자 수는 18년 12월 기준 943만 명이다. 더 이상 젊은이들의 전 유물이 아니다. 이렇게 전 연령층이 다각적으로 사용하는 유튜브임에도 10~20대 들을 대상으로 한 채널들 이를테면 키즈, 장난감, 게임, 코미디 등에서 두드러지게 구독자 이벤트를 많이 하고 있는 실정이다. **채널의 연령층을 확인하고 싶다면 크리에이터의 스튜디오의 분석 메뉴에서 잠재 고객을 확인하면 된다.** 13~17세/18~24세 층의 비율이 높다면 10~20대 비율이 높은 채널이다. 〈고몽〉 채널의 경우 25~34세가 30.3%로 가장 많은 계층이 20~30대인데, 구독자 이벤트가 전혀 효과가 없었던 경험이 있다.

연령과 시청자중 구독 비율에 따라 이벤트가 효과가 있다고 예상되는 채널이라면 어떤 경품을 걸어야 할지 고민이 될 것이다. 내용물에 상관없이 가치가 낮은 상품을 여러 명에게 주는 것 보다 가치가 높은 상품을 소수에게 주는 것이 파급 효과가 크다. 자잘한 선물의 경우 이벤트에 당첨되기 위해 '구독'과 '좋아요'를 누르게 하는 유인력이 부족하다. 또 희소성이 떨어져서 누구나 받을 수 있다는 생각이 들면, 너도나도 지원하는 게 아니라 '가치가 없다' 판단하여 유인력이 떨어진다. 인간의 욕심은 희소성에서 발동한다. 또 다수로 이벤트를 진행하게 되면 예측하지 못한 사고가 발생하게 된다. 주로 우편 사고나 상품 배송 누락, 주소 오류, 상품 이상 등과 관련된 이슈인데 이벤트 한 번 진행했다가 아주 긴 시간을 박스 포장만 하고 있을 수도 있다. 또 주소를 일일이 써서 우편물을 붙이는 것도 일이다. 해본 사람만 안다. 무엇보다 실수나 사고로 상품이 누락되었을 때 이벤트를 진행해서 얻은 것보다 훨씬 엄청난 것들을 잃을 수가 있다. 상품 누락 사건이 발생해서 수많은 비판과 함께 구독자가 30만 명 이상이 줄어든 채널이 있을 정도로 구독자 이벤트는 민감한 사안이다. 같은 비용을 지불한다면 상품의 가치를 높이고 최대한 내 손으로 관리할 수 있는 숫자의 적은 상품을 내거는 방법을 추천한다. 좋은 의미로 시작한 일이 당신의 채널을 망가뜨릴 수도 있기 때문이다. 최근에는 문화상품권이 이벤트 상품으로 흔하게 사용되고 있다. 문화상품권은 일정 부분 현금의 성격을 지녔다. 또 저연령층들이 이를 통해 게임머니부터 물건 구입도 할 수 있고 교환을 해주는 곳이 있어 현금 성격을 지녔다. 사행적 의미의 오해를 낳을 수 있어 문화상품권 이벤트는 개인적으로 추천하지 않는다.

[그림 2-66] 시청자 연령 분석 화면

② 채널의 카테고리도 중요하다

카테고리를 잘 분석해보면 그 안에서 연령별 구성 차이가 있고, 시청 대비 비율에 차이가 있기 때문이다. 내가 소속된 영화 카테고리에서 본다면 대부분이 크리에이터 자체가 아닌 영화 콘텐츠를 보러온 사람들이기 때문에 시청 대비 구독의 비율이 떨어진다. 그렇기에 이벤트를 한다면 효과가 있을까? 싶다가도 주변 영화 크리에이터들의 경험담을 종합해보면 거의 효과가 없었다. 영화 콘텐츠들의 대다수는 25~34층이 높다. 채널에 따라 35~44세 시청층이 높은 채널도 존재하기 때문에 영화 쪽에서의 구독자 이벤트는 별다른 효과를 못 보는 듯하다. 채널이 어떤 카테고리에 속하냐에 따라 전혀 다른 시청층을 가졌기 때문에 전혀 다른 결과를 보일 것으로 예측된다.

채널이 '캐릭터 중심'이냐 '콘텐츠 중심'이냐도 중요하다. 채널에서 크리에이터의 얼굴이나 캐릭터가 등장하는 채널과 얼굴이 나오지 않고 목소리나 자막, 손만 나오는 채널 같이 정체성이 떨어지는 채널들의 구독자 이벤트 결과의 차이가 있다는 것이다. 시청자와 눈을 맞추고 '사람'의 정체성으로 말을 거는 채널과 영상에서 목소리조차 나오지 않고 자막만 나오는 채널의 시청자들은 신뢰도의 차이가 있다. 사람은 인간의 언어, 인간의 얼굴에 더 신경을 집중한다. 크리에이터가 직접 구독자에 대한 이벤트 진행 멘트를 읊는 것에 비해 목소리나 자막으로 진행하는 것은 상대적으로 효과가 떨어진다. 이처럼 자신이 다루는 콘텐츠의 형태에 따라 구독자 이벤트의 여부를 결정하는 것이 필요하다.

하지만 이 모든 것들에서 *구독자 이벤트를 해야 하는 채널로 판단이 되어도 구독자가 너무 작고 채널의 정체성과 방향이 모호한 상태에서 이벤트를 진행하는 것은 추천하지 않는다. 상품만 수령하고 다시 구독을 해제하는 체리피커들에게 당신의 이벤트 진행 비용만 날릴 수 있다. 간혹 구독과 좋아요 댓글 알림 설정을 모두 해야 상품을 준다는 이벤트들이 있는데, 구독과 댓글은 확인 가능할지라도, '좋아요'와 알림 설정은 확인 불가능하다. 구독자 이벤트의 선정은 주로 댓글을 기준으로 하고, 구독 확인을 거치는 것도 채널마다 다르기 때문에 결국 시청자들에게 이벤트를 진행함으로써 얻는 효과는 영구적이지 않고, 또 그 효과가 완벽하게 입증되었다고는 말할 수 없는 부수적인 것들이기에 구독자 이벤트는 구독자를 늘리는 '효과적인 방법'으로서가 아니라 채널에 구독자를 늘리는 '하나의 방편' 정도로 생각하면 좋을 듯하다.

〈고몽〉 채널의 구독자 성향은 주로 '마블' 컨텐츠 같은 영화나 히어로물을 좋아하면서 연령대가 20~30대층이므로, 이 타깃층에 유효한 이벤트 제품을 탐색하여 마블 관련 제품으로 이벤트를 하였다. 보통 100만 조회수당 3,000명 정도의 0.3% 구독자 증가율이 내 채널 평균 구독자 증가율인데, 이 영상은 160만 조회수에 2만 2,000명의 구독자가 증가했다. 즉, 1.3% 정도의 비율로 구독자가 증가했다. 조회수 대비 구독자 증가율이 평균보다 4.5배 이상 효과가 있었다. 비슷한 금액으로 20만원 상당의 영화표 20장의 경우 오히려 평균 조회수보다 구독자 증가율이 낮은 결과를 보였는데, 이는 채널의 주요 구독자가 어떤 성향을 갖고, 어떤 이벤트 상품이 이들을 움직일 수 있는 지가 민감하게 작용하는 것을 알 수 있다. 영화를 좋아하는 성향의 구독자라도 막상 영화표를 주었을 때보다, 영화와 관련되면서도 실생활에 도움이 되는 가치 있는 상품에 반응한 것이다.

10 채널 홈 화면과 재생 목록 인테리어를 디자인하라

유튜브 채널의 메인 화면은 채널 성장에 중요한 요소는 아니지만 전략적이고 깔끔하게 구성했을 때 부가적인 조회수와 구독자 상승을 노릴 수 있게 해준다. 잘 구성된 채널 홈 화면은 잘 꾸며진 옷가게에 비유할 수 있다. 옷가게에 가면 가장 잘 팔리는 옷이 가장 잘 보이는 곳에 진열되어 있고 그 뒤로 눈이 따라가는 동선에 맞춰 신상들이 진열되어 있다. 그리고 섹션별로 콘셉트와 종류별로 상의, 하의, 외투 등을 구분해 놓는다. 같이 입기 좋은 구성이 코디되어있어 함께 구매를 유도하기도 한다. 다시 채널의 홈 화면으로 돌아와서 이런 옷가게의 진열 방식을 유튜브 채널과 재생 목록 구성에도 도입하면 채널에 들어온 시청자들의 눈길을 조금이라도 오래 머무르게 할 수 있다.

① 인기 영상 재생 목록을 최상단에 배치

유튜브의 사용자의 대부분은 탐색피드, 인기 탭, 추천 동영상에서 영상을 선택한다. 직접 채널을 검색해서 채널의 홈에서 영상을 보는 경우는 상대적으로 적다. 이런 경우는 주로 낯선 채널의 동영상에 만족을 느꼈거나 추가적인 관심이 가는 경우 해당 채널을 적극적으로 탐색하는 시청자에게서 일어나는데, 그럴 때 채널 방문자의 관심을 붙잡고 구독으로 이어지게 하면서 내 채널의 다른 영상으로까지 이어지게 만드는 힘은 바로 인기 동영상 재생 목록으로 가능하다. 일단 채널에 처음 방문했을 때 높은 조회수의 동영상이 있다면 사람들은 호기심을 느낀다. '이 영상은 왜 조회수가 높을까?', '사람들이 많이 봤다는 건 이유가 있겠지?'와 같은 관심이 생긴다. 조회수가 지나치게 낮은 영상을 배치해 놓았을 때 보다 분명 클릭을 유도할 수 있는 효과가 있다. 부가적으로 이런 경우도 생긴다. 당신의 채널에 매력을 느낀 광고주들은 채널을 탐색할 때 주로 대표적인 영상을 찾아본다. 유튜브 검색창에 검색한 후 채널에 들어오지 않고 뜨는 검색 목록의 몇 개 영상만을 볼 수도 있지만 채널에 직접 들어와 채널 홈을 탐색하기도 한다. 그럴 때 높은 조회수가 먼저 눈에 띈다면 수치를 중요시 여기는 광고주들에게 당신의 채널이 매력적으로 보일 수 있다. 높은 조회수의 영상은 자석처럼 시청자를 끌어당기고 시간이 지남에 따라서 추세가 낮아지더라도 조회수가 계속 늘어나는 현상을 보인다. 점점 늘어나는 최고 조회수를 기록한 인기 영상을 채널의 쇼윈도에 배치하자.

〈고몽〉 채널의 홈 화면

[그림 2-67] 〈고몽〉 채널의 홈 화면

② 최근 업로드 재생 목록을 차상단에 놓고 내 채널에서 현재 가장 트래픽이 좋은 영상 끝에 최종 화면 카드로 최신 영상을 추천하라

채널의 첫인상은 인기 동영상 재생 목록이 결정하지만 구독자들과 지속적인 방문자들에게는 새로운 영상을 어필해야한다. 꾸준하게 내 채널에 와야 하는 이유가 바로 최근 업로드한 영상이기 때문이다. 유튜브에서 이 채널이 현재 운영 중인지 확인하는 방법으로 가장 최근에 올렸던 영상이 언제 업로드되어 있는지도 확인한다. 수개월 이상 업로드가 이루어지지 않은 채널을 구독해주는 유튜브 사용자는 없을 것이다. 추가적인 팁으로 최근 올라온 최근 48시간 기준으로 트래픽이 가장 높은 영상의 최종 화면에 링크로 설정해 두면 해당 영상과 새로운 영상의 알고리즘 추천 로직이 연결되어서 추천 동영상의 비중이 높아진다.

③ 채널의 얼굴은 가장 자신 있는 영상으로 설정

채널에 첫 방문하면 바로 보이는 대표 영상은 채널 맞춤 설정의 재방문 구독자용, 신규 방문자용을 따로 설정할 수 있는데, 이곳에는 스스로의 판단으로 내 채널의 영상 중 사람들이 가장 매력을 느낄 수 있는 최고의 영상을 올려두는 것이 좋다. 조회수가 높은 기준이 아닌 구독률이 올라갈 수 있는 콘텐츠 말이다.

[그림 2-68] 〈고몽〉 채널의 대표 영상

가끔 조회수가 높지 않아도 이 콘텐츠는 언젠가 분명히 대박날 것이라고 자신하는 영상들이 생긴다. 그런 영상을 대표 영상으로 설정해놓으면 내 채널에 방문했을 때 해당 트래픽이 해당 영상으로 자동 재생되기 때문에 조회수 상승에 도움이 된다. 또 채널에 방문한 사람들은 기본적으로 내 채널에 관심이 있는 시청자들이기 때문에 구독을 유발할 수 있는 베스트 영상을 설정해 주는 것이 효과적이다.

11 업로드 속도 vs 내용의 정확도

업로드 속도는 조회수를 부른다. 이건 분명하다. 예를 들어 마블 영화가 개봉했을 때, 해당 영상에 대해서 가장 빨리 올린 영상은 대중의 관심을 모두 흡수해서 초반 조회수가 아주 높게 나온다. 인기 급상승 동영상이 될 확률도 올라간다. 그런데 속도를 중요시 하다 보면 팩트 체크가 부실해지는 순간들이 온다. 또 업로드 직전에 검토를 해야 하는 과정이 생략 돼 잦은 오타부터 편집의 실수까지 늘어나게 된다. 그 뿐만 아니라 댓글에는 잘못된 정보에 대해서 비난하는 악플이 늘어나게 되는데 문제는 여기서 끝나는 게 아니라 각종 외부 커뮤니티로 이 실수가 퍼져 나가게 된다는 점이다.

유튜브의 파급력은 어떤 매체보다 크다. 당신이 만드는 영상의 조회수가 1만 명이 안 나와서 적어보일 때가 있을 것이다. 그런데 1만 명을 눈앞에 세워놓으면 큰 규모의 대학교 재학생 인원 만큼 많다. 군대로 보면 한 사단의 전체 병사 규모가 2만 명이라는 숫자인데, 유튜브에서는 조회수 1만 명이 엄청 작게 느껴진다. 왜냐면 영상을 올리는 초반에도 그 정도의 조회수는 나오니까, 한 10만 명 쯤 되어야 슬슬 조회수가 나왔나 싶다. 그런데 잘 생각해보면 10만 명은 정말 어마어마한 숫자이고 그런 조회수를 기반으로 한 영상의 파급력은 상식을 뛰어넘는다. 조회수가 많이 나오면 수익이 많아진다. 해당 영상의 길이, 시청 시간, 광고 시청에 따라 조회수는 곧 돈이다. 화제성 있는 영상을 빠르게 올리면 조회수도 올라가고 구독자수도 올라갈 수 있다. 그러나 그만큼 큰 파급력을 지닌 영상에 정확한 정보를 제공하지 않으면 말 그대로 가짜뉴스가 되어버린다. 소위 믿고 거르는 채널이 되어버리며 채널의 신뢰도는 바닥으로 떨어지게 된다. 거기서 끝나는 게 아니라 당신의 채널을 혐오하는 안티 팬들이 대거 형성될 수도 있다. 내 영상이 뜨면 불쾌감을 느끼는 적극적인 혐오자들 말이다. 조회수를 얻기 위해 영상을 부실하게 만든 대가로 안티를 얻는 것을 반복하면 채널의 영상을 올리는 족족 '싫어요' 테러를 당하고, 악플로 도배되며,

내 영상을 보지도 않고 신고하는 수가 늘어난다. 결과적으로 단기적으로 이익이 되었던 빠른 업로드가 장기적으로 내 채널의 수명을 깎아 먹는 일이 되어버린다.

[그림 2-69] 소셜 블레이드에서 비교한 〈삐맨〉과 〈고몽〉 채널의 구독자 경쟁 용호상박 그래프

이 이야기는 〈고몽〉 채널이 초반에 〈삐맨〉 채널과 경쟁하며 겪은 일이다. 2016년 당시 〈고몽〉 채널은 마블 영화와 코믹스를 소개하고 리뷰 하는 영상으로 시작했다. 지금은 가장 친한 사이가 된 〈삐맨〉 채널이지만 당시 선의의 경쟁을 하던 〈삐맨〉 채널과의 속도 싸움은 긍정적으로는 채널의 지치지 않는 활기를 불어넣어 줬지만 부정적으로는 〈삐맨〉 보다 한 시간이라도 더 빨리 올리려는 경쟁심을 만들게 했다. 물론 〈고몽〉 채널이 대부분 〈삐맨〉 채널 보다 빨랐다.

삐맨보다 빠른 어벤져스 인피니티워 공식 예고편 타임라인 분석
고몽 ✔ 조회수 14만회 · 1년 전
오늘 공개된 어벤져스 인피니티워의 공식 트레일러의 뒤죽박죽 섞여있는 장면들을 인피니티 스톤과 인과관계를 기준으로 시간순서 ...

[그림 2-70] 〈삐맨〉 채널보다 '빠름' 만을 강조했던 속도 경쟁을 잘 보여주는 제목

〈삐맨〉과 〈고몽〉 속도 경쟁
에 따른 조회수

[그림 2-71] 〈삐맨〉 채널과 속도 경쟁은 몇 분 차이에 따라 큰 조회수 차이를 가져왔다.

　미국과 우리나라는 시차가 13시간이나 있기 때문에 미국에서 새벽에 영화 예고편이 공개되면 해당 예고편을 분석하기 위해 새벽 내내 자료를 찾고 분석과 예측 영상을 편집해서 올린다. 이 과정은 거의 4시간 이내로 이루어졌는데, 직장을 다니던 와중에 새벽에 잠을 포기하고 출근 전까지 영상을 만들고 업로드 하고 나면 조회수가 상당했다. 왜냐면 당시에 마블을 다루던 채널 중 이렇게 속도감 있는 건 〈삐맨〉 채널과 〈고몽〉 채널뿐이었기 때문이다. 재밌는 건 마지막으로 올린 그런 속도전 영상의 제목이 '삐맨 보다 한 시간 빠른 마블 영상' 이런 식이었다. 그러나 지나친 속도감으로 인해 제대로 된 정보 조사가 되지 않은 적이 있었는데, 그런 경우 위에 언급한 것과 같이 상당한 비난을 받게 되었다. 결국 외부 커뮤니티에서까지 〈고몽〉 채널의 마블 영상을 비판하는 일들이 생겼고 나는 더 이상 속도 경쟁을 하지 않기로 결심했다.

　이후에는 시의성이 중요하지 않는 영상들을 다루게 되었고, 내가 좋아하는 일본 만화 분석부터 영화를 전문적이면서도 특유의 말재주로 소개하는 영상을 시작했고 더 이상 속도전과 그에 따른 부정적인 댓글을 찾아볼 수 없게 되었다. 내가 잘하는 것을 찾고 그 분야로 채널의 방향을 옮겨가는 것이 중요하면서도 속도 보단 정확도가 장기적인 채널 성장에 도움이 된다는 것을 다시 한 번 강조한다. 〈뼈맨〉 채널은 2016년 후반 당시부터 〈고몽〉 보다는 조금 늦더라도 철저한 자료조사와 일명 '뇌피셜'을 하지 않는 정보 위주의 마블 영상 정리로 2024년 구독자 119만 명의 독보적인 마블 전문 채널이 되었다. 속도보단 정확도가 중요하다. 그렇지만 속도감이 전혀 없는 영상은 정확도를 아무리 갖춘들 유튜브 사용자들의 외면을 받을 수밖에 없다. 화제에 뒤쳐지지 않는 주제를 속도감 있게 잡아내면서도 그 내용을 정확하게 구성하고, 시청자들에게 감성적인 재미까지 준다는 것을 모두 해내야 유튜브 세계에서 살아남는 크리에이터가 될 수 있다.

12 외국어여도 통하는 글로벌 채널로 키운다

한국의 유튜브 채널의 구독자 최상위에는 음악과 관련된 채널들이 다수이다. 그 외에는 방송국 채널들과 키즈 채널들이고 이를 제외한 먹방 채널과 뷰티 채널이 다수 포진되어 있다. 300만 구독자를 기점으로 그 이상의 구독자를 지닌 유튜브 채널들은 공통적으로 언어의 한계를 넘어서는 주제를 다뤘다는 특징이 있다. 오랜 기간 탑 크리에이터로서 명성을 이어오던 크리에이터들도 이 300만 구독자의 라인을 넘기 힘들다. 300만의 한계는 현재로서는 한국어권 채널의 한계로 보인다. 유튜브 채널을 크게 나누면 성별과 나이에 따른 시청층, 국가에 따른 시청층, 채널 소재인 카테고리로 분류되는 시청층으로 나뉜다. 그 중에서도 국가별 분류는 언어권에 대한 분류와 일맥상통하기 때문에 어떤 국가에서 어떤 언어를 쓰느냐는 유튜브 구독자의 한계를 규정짓는데 중요한 요소가 된다. 특히 세계에서 한국어권 유튜브의 사용량이 2%에 불과하다는 조사 결과는 한국에서 300만에 도달한 유튜버들이 얼마나 많은 수의 구독자를 보유한 것인지 체감하게 한다. 그럼에도 한국 최상위 구독자를 보유한 유튜브 채널이 300만을 넘어섰다는 것은 이 '언어의 장벽'을 뛰어넘었기 때문이다.

2,000만 조회수에 육박하는 상위 구독자 채널들은 전부 음악 채널이다. 아이돌 채널, 아이돌 소속사 채널, 댄스 관련 채널 음악 관련 방송사 등이다. 언어권에 상관없이 음악과 아이돌이란 콘텐츠로 세계의 벽을 넘나드는 콘텐츠이기 때문에 이 채널들은 한국 내의 300만 구독자의 벽을 넘을 수 있었다. 이외에 어린이 채널의 경우 언어의 요소가 중요하지 않은 유아들이 볼 수 있는 영상이기 때문에 전 세계의 어린이들이라면 누구나 시각적인 요소로 감상할 수 있다는 특징이 있다. 먹방과 뷰티도 마찬가지이다. 먹방은 먹는 걸 보면 된다. 이해할 필요도 없다. 먹는 것을 신기하고 맛있게 시청하면 된다. 언어의 한계가 적용되지 않는다. 지구인이라면 누

구나 먹을 줄 안다. 수백만을 뛰어넘는 국내 뷰티 크리에이터들의 영상에는 한국어 설명과 함께 영어 자막이 달린다. 영어권만 잡아도 유튜브 사용자의 65%가 구독자로 유입될 수 있는 통로가 열리기 때문이다. 이외에 동물 채널, 애니메이션 채널 등 언어의 한계가 적용되지 않는 채널이 한국 구독자 상위를 차지하고 있다. 대다수의 한국어를 알아야 영상을 이해할 수 있는 콘텐츠들은 300만 구독자라는 보이지 않는 벽에 가로 막혀 있다. 자신의 콘텐츠가 언어적인 한계를 뛰어넘을 수 있는 카테고리라면 시작부터 영어권의 자막을 넣는 것으로 수백만 구독자를 달성할 수 있는 가능성의 시작된다. 반면 한계는 명확하지만 콘텐츠의 신뢰도를 쌓고 국내 구독자를 설득하기 위해서는 반드시 언어가 필요한 콘텐츠들도 존재하기 때문에 언어를 버리면 세계를 얻지만, 자칫 아무것도 얻지 못하는 결과가 늘 함께 있다는 것을 명심하길 바란다.

[그림 2-72] 1,000만 가까이 된 한 영상의 인구 통계, 대한민국은 순위에도 없다.

언어의 한계는 조회수에도 적용된다

영화 유튜브에서는 가끔 1,000만 조회수를 넘는 영상들이 나오는데 이러한 영상들은 영어권의 영화 또는 외국 영화인 경우이다. 이 영상을 어떤 나라에서 봤는지 분석 화면에서 인구 통계를 확인하면 인도권, 동남아권, 아랍권 등 다양한 국가에서 영상을 시청한 것을 확인할 수 있다. 이런 현상 역시 영화 자체의 언어가 영어 또는 외국어이기 때문에 해당 언어권의 사람들이 해당 영상을 주로 시청한 결과이며 그에 따라 수천만을 넘는 영상의 조회수가 나오는 것이 가능한 것이다. 그렇지만 한국어를 사용하지 않으면 이해가 불가능한 비평, 리뷰, 또 한국 영화 소개 영상은 수천만 조회수가 나온 것을 본 적이 없다.

2017년 후반까지 한국 영화를 다뤘을 때의 최대 조회수는 체감으로 400만 조회수로 추정되었다. 그런데 한국 내에서도 유튜브 사용자가 크게 늘어난 2018년 중반부터는 그 한계가 900만에 도달하고 있다.

〈고몽〉 채널의 영상 중에도 한국 영화인 〈박화영〉 영상이나 〈내안의 그놈〉을 다룬 영상이 900만 조회수를 넘은 상태다. 체감 상 이렇게 짧은 기간에 조회수의 한계가 2배나 높아진 것이다. 언어를 버리면 수천만에 도달할 수 있지만, 한국 내에서의 파급력 있는 콘텐츠를 만들면 그래도 900만 조회수, 300만 구독자를 모을 수 있다. 아주 극소수이지만 말이다. 〈퓨디파이(PewDiePie)〉의 구독자가 5,000만 명에서 1억 명을 돌파하였다. 한국의 유튜브 사용자도 그 한계를 넘어서고 있다. 앞으로 한국 내에서 유튜브가 차지할 비중의 끝은 어디까지일지, 한국 내에서의 맥시멈 조회수는 어디까지 높아질지 기대되는 대목이다.

13 최초의 유튜브 영상으로 본 초보 크리에이터의 실수

초보 크리에이터의 최대 실수는 완전한 촬영, 편집 기술을 체득하려 하는 것이다. 내가 필요한 기술을 하루만 익혀도 크리에이터가 될 수 있다. 웬만한 동영상이라면 긴 시간을 고생해야 만들 수 있는 것도 아니다. 최초의 유튜브 동영상이 무엇인지 아는가? 유튜브의 창립자 세 명중 한 명인 조드 카림(Jawed Karim)이 올린 〈Me at the zoo〉이다. 2005년 4월 23일 업로드한 겨우 18초 짜리 조악한 영상에선 별다를 게 없는 남자가 동물원 코끼리 앞에서 몇 마디를 한 영상일 뿐인데 조회수는 6,500만, 구독자는 48만 명이다. 이 채널의 영상은 단 1개뿐이다. 최초의 영상이 이렇다. 2019년의 유튜브에선 이해할 수 없지만 최초 유튜브의 시작은 기록용이었고, 목격 비디오가 대다수였다.

최초의 유튜브 동영상

[그림 2-73] 최초의 유튜브 동영상 〈Me at the zoo〉

지금까지도 세상의 경이적인 것들을 담아내고 사람들에게 공유하는 역할에 유튜브는 빠지지 않는다. 그런 역사적 영상들은 편집도 없고, 촬영 수준도 형편없었다. 크리에이터들이 해야 하는 편집과 촬영은 수단이지 본질이 아니다. 거기에 시간과 에너지를 과도하게 집중할 필요가 없다. 중요한 것은 '무엇을 보여줄 것인가' 이지 '어떻게 보여줄 지'가 아니다. 그것은 매우 후순위다. 유튜브를 시작한다면 지금 당장 필요한 기술만 익히길 바란다. 당신은 편집자가 아니라 크리에이터다. 크리에이터의 삶은 가성비 싸움의 연속이다. 필요한 기술만 신속하게 배우고, 필요한 장비만 겨우 갖추고 좁은 범위에서 기술을 심화시키는 것이 중요하다. 가장 효율적이고 가성비를 갖춘 형태로 말이다. 쓰지도 않은 기술과 장비들을 이것저것 배울 시간이 있다면 그냥 그 모습을 찍어놔서 업로드하는 것이 차라리 유튜브를 더 빨리 성장시킬 수 있는 방법이다.

[그림 2-74] 최초의 유튜브 동영상 채널엔 영상이 단 한 개뿐이다.

14 | 가성비는 유튜브 크리에이터의 수명과 비례한다

가성비가 없는 채널은 오래가지 못한다. 2016년에도 다양한 채널들이 만들어졌다. 구글 미팅에선 그런 채널 크리에이터들을 만날 수 있는 기회를 마련해주기도 하는데 그중에선 기업의 후원 또는 회사의 소속으로 만들어져 많은 예산과 전문가들로 운영되는 기업형 채널들이 많았다. 그곳에 등장하는 출연자조차 크리에이터가 아니라 유명인이나 전문가를 고용했다. 2019년이 된 지금, 아니 사실 한 2017년 말 즈음 그때 그런 채널의 제작자들을 만나기는 힘들었다. 다수가 유튜브 활동을 중단했기 때문이다.

2018년에는 기업형 채널들이 망원동이 겪었던 골목상권을 대기업이 장악한 젠트리피케이션(gentrification) 같이 유튜브 1인 미디어 시장을 장악한다!는 공포의 기조를 느꼈던 시기가 있었다. 연예인 채널부터 방송국에서 만든 채널, 기업에서 수많은 예산을 투입해서 만들 채널 등 그런 채널 중에는 어느덧 수백만 구독자로 성장한 대형 채널도 있지만, 그 많은 예산과 인력과 영향력을 투입하고도 사라진 채널들도 존재한다. 1인 미디어는 방송국과 다르게 자체 방송사를 갖고 있는 게 아니다. 구글이라는 회사에서 만든 유튜브라는 플랫폼에 영상을 업로드하는 작은 채널을 갖고 있는 것이다. **구글은 애드센스를 통해 들어온 광고 수익을 조회수로 분배하는 방식으로 영상에 수익을 지불한다.** 방송국과 다르게 시청률과 연령대뿐만 아니라 시청 대상에 대한 훨씬 구체적인 정보가 제공된다. 그 정보는 너무 자세해서 제작된 영상이 얻어낸 효과를 구체적으로 증명할 수 있다. 대다수의 기업들은 이런 광고 친화적인 유튜브의 장점을 파악하는 동시에, 쉽게 추산할 수 없는 다각적 측면의 이익을 예상하고 접근했다. 그러나 방송과는 다르게 유튜브의 수익이란 조회수를 기본으로 한 광고수익이 중심이 되어야 한다는 점을 파악하지 못했다. 외부 광고를 지나치게 많이 하게 되면 시청자들은 피로도를 느끼고 그로 인한 시청 이탈은 조회수 저하를 부르며 이를 통해 채널의 트래픽은 줄고 수익 저하가 이어진다. 1인, 소수가 운영하는 채널이라면 이런 위기에 기민한 대응을 할 수 있고, 적은 수익으로도 채널 유지가 가능하다. 그러나 거대 자본이 투입된 채널은 그렇지 않다. 투자금이 컸던 만큼 '적자'라는 개념이 생기기 때문에, 채널이 잠깐만 주춤거려도 불안감을 느끼며 그로 인한 재정적 피해가 눈덩이처럼 불어나기 때문에 차라리 영상 제작을 중단하고 채널의 운영을 멈추는 결과를 불러오는 것이다. 유튜브를 하게 되면 체감으로 3개월에 한 번 쯤은 '내 영상의 조회수가 왜 이러지? 수익은 왜 이러지 구독자는 왜 안 늘지?' 같은 고민과 슬럼프에 빠지기 마련이라 투자를 많이 할수록 유튜브의 생존력이 떨어질 수밖에 없는 것이 유튜브의 생태이다.

가성비가 떨어지는 것은 유튜브에서 치명적이다. 이러한 현상은 1인이 운영하는 채널에서도 발생한다. 영상을 제작하는 환경에 지나치게 많은 편집과 인력을 투입하게 되는 것이 그 예이다. 유튜브에서는 퀄리티의 차이가 조회수의 차이를 만들지 않는다. 영상 자체가 가진 알맹이가 시청 시간을 만들고, 썸네일과 제목이 시청자를 주목하게 한다. 이런 돈 안 들고, 시간 안 드는 것들로 유튜브의 시청자들을 매료시킬 수 있는데, 지나치게 편집에 집착하여 제작 시간이 오래 걸리고, 그에 비해 얻는 것들은 만족스럽지 못하면 결국 크리에이터는 지쳐버린다. 엄청난 고퀄리티의 영상을 뽑아내는 수준 높은 크리에이터들이 채널을 얼마간 유지한 후 정체되어 있다. 업로드가 중단되는 사태를 본 적이 많다. 유튜브에서 가성비는 에너지의 완급조절이다.

빨리 올라가는 것도 중요하지만, 오래 꾸준히 가는 것도 중요하다. 가성비는 유튜브 크리에이터가 명심해야 할 생활신조이다.

이 책을 쓰기 시작한 순간부터 책이 출판되는 순간까지도 이미 많은 알고리즘이 변화를 거듭했다. 그 변화를 따라가기 위해서는 책이 아닌 유튜브 영상으로 매번 새로운 알고리즘의 변화를 알려야 할지도 모른다. 유튜브의 인공지능 알고리즘은 기계 스스로 학습하며 진화하는 '머신러닝'으로 지금도 내일도 성장하고 있다. 패턴은 복잡해지고 성공 공식은 난해해진다. 그렇지만 변하지 않는 유일한 것은 '영상의 선택과 시청은 인간이 한다는 것'이다. 그렇기에 내일 또 유튜브의 추천 알고리즘이 변화하더라도 몇 개의 영상을 다양하게 시도하여 얻은 결과 값을 통해 영상과 채널을 추천해주는 알고리즘의 '맥'을 찾아갈 수 있다. 필자도 여러분도 매순간 유튜브의 정글에서 방황하는 건 마찬가지 길은 모른다. 지도도 없다. 당신이 마주하는 순간순간의 생존법, 그것이 바로 유튜브의 생존법이자 이 책의 핵심이다.

special 01

썸네일의 법칙

👍 01 외국인도 누를 썸네일을 골라라 👍 02 나만의 썸네일 공식을 개발하라

👍 01 외국인도 누를 썸네일을 골라라

유튜브는 한 국가에서만 보는 것이 아니다. 대부분은 같은 언어권에서 시청하지만 가끔 댓글에 외국어가 등장하면서 조회수가 500만 1,000만이 넘도록 올라가는 경우도 있다. 이런 영상들을 관찰해보면 썸네일이 외국인도 누를 정도로 인간 보편적으로 관심을 갖게 하는 것들인 경우가 많다. 즉 썸네일에 글은 쓰여 있지 않고, 누구나 쉽게 이해 가능하면서도 한눈에 들어오는 직관적인 이미지, 그러면서 호기심을 자아내는 한컷을 찾아내는 것이 중요하다. 예를 들어 한국어 언어권에서만 볼 수 있는 큼지막한 한글 자막과 누가 봐도 한국 사람만 이해할 문화에 대해서 썸네일을 설정하게 되면 한국 내에서의 바이럴에는 도움이 될 수 있으나 초대박 조회수 영상이 되긴 힘들다. 정보 제공과 흥미 제공. 이 두 가지 카테고리로 나눌 수 있을 때 자신의 영상이 흥미 제공이라면 썸네일에 언어를 배치하지 않고 문화적인 코드를 지운다면 세계적인 추천을 받을 수 있는 가능성이 열린다.

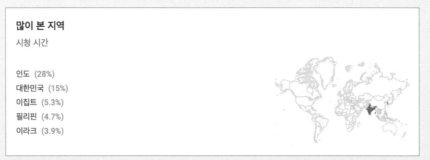

[그림 2-75] 유튜브 영상은 세계 어디에서든 재생될 수 있다. 간혹 어떤 영상은 외국에서 더 많이 재생되기도 한다.

📑02 나만의 썸네일 공식을 개발하라

썸네일의 성공 법칙은 카테고리마다 주제마다 다르다. 브이로그는 썸네일에 얼굴이 나오고, 나와 같은 영화 채널은 당연히 영화장면을 쓸 것이다. 게임채널은 게임장면과 게이머의 리액션, 리뷰 유튜버는 리뷰제품의 이미지나 사용 장면을 주로 쓸 것이다. 그리고 자신의 채널을 보는 사람들의 특성에 따라 시청자들이 원하는 썸네일의 방향은 다르다. 영화 채널들은 현재 높은 조회수를 기록하는 영상들이 많다. 초기에는 그러지 않았다. 화면을 가득 차는 큼지막한 글씨, 영화장면은 거의 보이지 않고는 포스터 같은 뻔한 썸네일로 가득 찼던 시기에는 유튜브의 영화 카테고리의 조회수가 높지 않았다. 하지만 썸네일의 공식을 발견하고, 시청자들이 좋아할 만한 내용진행으로 변경하고부터 100만 영상들이 터지기 시작했는데, 그중에서 내가 발견한 영화 유튜브의 썸네일 공식은 '한 개의 사물, 한 개의 궁금증 전략'이다.

❶ 한 개의 사물, 한 개의 궁금증 전략

'One Point, One Curiosity'라고 거창하게 이름 지어봤는데 내용은 단순하다. 인공지능이 이미지를 판독하는 수준은 당시인 2017년도에는 5살짜리 아이의 인식 수준이었다. 물론 하루하루가 지날수록 사람처럼 발달하고 있지만, 성인 수준의 정확한 이미지 판독은 이른 시기였다. 이 시기에는 심지어 제목에 핵잼의 '핵'을 핵폭탄의 '핵'으로 인식해서 노란딱지를 주던 시기였으니까 말 다했다. 당시엔 5살짜리 아이가 인식할 수 있는 만큼 단순하고 큰 형태의 이미지를 선택하는 것이 유리했다. 인공지능이 이미지를 판독하는 수준은 우선 '인식할 수 있다, 없다'로 시작된다. 썸네일 이미지가 무엇인지 이해했을 때, 즉 인식했을 때는 광고주에게 친화적인 또는 친화적이지 않은 콘텐츠로 나뉜다. 특히 잘 인식되는 건 여성의 나체에 가까운 이미지, 총 같은 무기 이미지, 피 같은 잔인한 신체 훼손 이미지 등의 인식을 잘하기 때문에 자극적으로 조회수를 벌고자 이런 썸네일을 선택하게 되면 자칫 노란딱지가 붙어 수익 창출금지에 조회수 추천 알고리즘까지 망가지게 된다. 잘 만들어놓은 영상을 썸네일 욕심 부렸다가 망치는 길은 가지말자.

인공지능에게 우선 내 영상은 잘못된 게 없다는 것을 인정받아야 한다. 그렇기에 우선 썸네일의 선택 기준 첫 번째로 인공지능이 잘 인식할 수 있는 단순명료하고 큰 이미지를 선택하는 것이 좋다. 이를 '인식 완료 단계'라고 설명하겠다. 일단 이게 뭔지 알아야 알고리즘이 이 영상의 노출을 허가해주는데 이 이미지가 뭔지 판단 자체가 안 되면 영상을 추천할 수가 없다. 그래서 우선은 너무 복잡한 이미지는 추천하지 않는다. 복잡한 이미지는 사람이 봤을 때도 눈에 띄지 않기 때문에 더욱 추천하지 않는다. 인공지능에게 인식이 가능한 이미지라고 판단되었다면 광고주에게 친화적이고 도덕적으로 허용되는 이미지를 선택하라(허용 단계)! 여기까지만 잘 통과한다면 사람에게 노출되기 전에 유튜브의 자연법칙을 책임지는 '유튜브 알고리즘'에게 최소한 '거부' 당할 일은 없어진다. 하지만 유튜브의 조회수 최종 선택은 사람의 손으로 한다. 아직 끝난 게 아니다.

앞의 두 과정은 인공지능에 사랑받는 첫 번째 관문 'One Point' 단계이다. 명확하고 이해 가능한 1개의 이미지를 썸네일에 선정하는 것이라는 의미에서 원포인트라고 명명했다. 이 부분은 주로 유튜브 인공지능에게 이미지의 신뢰도 구축하는 기본 관문이라고 할 수 있다.

❷ 한 개의 궁금증으로 이미지 선택 받기

두 번째 관문 'One Curiosity'는 사람에게 선택받는 이미지이다. 즉 인간의 호기심을 유발하고, 다음을 궁금하게 하고, 그 자체로 사람의 눈을 끄는 이미지를 선택하는 것이다. 이미지는 사람들에게 친숙할수록 눈이 가고, 이미지가 명료하고 클수록 눈이 가고, 이미지 자체로 메시지를 품을수록, 다음 이미지를 상상하게 할수록 시선이 간다. 무엇보다 인간의 욕망을 대신 해소해주는 이미지는 근원적으로 사람의 이목을 끌기 마련이다. '인간은 어떤 욕망에 반응할까?'라는 질문을 던지고 스스로 고민해보는 과정이 필요하다.

[그림 2-76] 인간의 호기심을 유발하고 궁금하게 하여 시선을 끄는 영상들

[그림 2-77] 사람의 눈을 슬며시 만화 캐릭터로 바꾸어 합성해도 조회수가 높았다.

앞에서 언급한 썸네일 법칙 'One Point'는 일종의 통과의례이다. 이를 거치고 나서 'One Curiosity' 공식을 적용해야 하는데, 이는 사람의 호기심을 이끌어 내는 매력적인 대상을 선정하는 것이다. 이 방법은 〈고몽〉 채널에서 썸네일을 업로드할 때, 사람의 눈을 슬며시 만화 캐릭터의 눈알로 바꾸어 합성한 영상들이 유독 100만 조회수가 잘 나온다는 걸 보고 깨달은 방법이다. 같은 이미지였음에도 만화 캐릭터의 눈으로 주인공의 눈을 합성하자 트래픽이 급증했다.

[그림 2-78] 유튜브 영상은 세계 어디에서든 재생될 수 있다. 간혹 어떤 영상은 외국에서 더 많이 재생되기도 한다.

1,800만 조회수를 기록한 영상의 썸네일을 보면 해골이 수술대 위에 누워있는 모습이었다. 인간의 호기심을 극도로 자아내는 썸네일을 지닌 영상은 사람들로 하여금 너도 나도 클릭을 하게 만든다. 또 다른 영화리뷰의 경우 썸네일을 여러 번 바꾸었음에도 조회수가 5만을 넘지 못한 영상이었는데, 마지막 썸네일로 바꾸자 트

래픽이 폭증하기 시작했다. 말 그대로 폭발, 하루만에 100만 조회수를 넘었다. 분명히 죽어있는 영상이라 생각했는데, 썸네일에 멋진 몸과 닌자의 강함을 보여주었을 때는 아무 효과가 없었는데, 제목을 '닌자가 한국 사람일 때 일어나는 일'로 바꾸고 송곳판 위에서 물구나무를 서는 썸네일로 바꾸자 폭증하기 시작했다. '닌자가 한국 사람이면 도대체 무슨 일이 일어나 길래!'라는 궁금증을 자아내는 호기심이 있었고 사람이 단순명료하게 송곳 위에 물구나무 서있는 그림이었기 때문에 인공지능과 사람이 동시에 이해하기 쉽고, 직관성이 있었기 때문으로 판단한다.

[그림 2-79] 좌측은 썸네일 변경 전, 우측은 썸네일 변경 후, 같은 영상인데 조회수가 100배 이상 차이난다.

이처럼 썸네일은 해당 영상의 트래픽이 죽었을 때, 계속해서 바꿔 주어야 한다. 내 영상이 명품이라도 그것을 단 한 장의 썸네일로 표현하기 위해서는 다양한 시도와 도전이 필요하다. 단 한 번 정한 썸네일이 마치 이 영상의 운명인양 내버려두고 영상을 차게 식게 만드는 것은 당신이 만든 소중한 영상을 방치하는 일이다. 상자 안에 무엇이 들었던지 포장지가 그것을 잘 표현해주지 않는다면, 사람들은 그걸 그저 버려진 박스라고 생각할 수도 있다. 전혀 기대감 없이 지나치는 그저 그런 영상이라고 생각할 수도 있다. 이미 영상을 완성한 당신이 할 수 있는 최선은 인공지능과 사람 두 마리 토끼를 모두 잡는 것이다.

유튜브가 이미 업로드된 동영상을 교체할 수 없는 이유는 여러 가지이지만 영상 바꿔치기로 광고판이 되는 스팸 영상을 현상을 막는 용도도 있다. 그러나 썸네일 이미지만은 무제한으로 원하는 사진으로 변경이 가능하게 내버려 둔 것은 썸네일 변경을 통해 당신의 영상을 마케팅하란 유튜브의 뜻이다.

2018년에는 유튜브 크리에이터 스튜디오 정식으로 업데이트 되면서 크리에이터 아카데미가 표시되는데, 이곳에선 새로운 측정항목인 *CTR(Click Through rate)의 중요성을 강조한다. 이는 홈, 추천동영상이나 구독, 알림, 인기 피드에 뜬 내 영상을 사람들이 얼마나 클릭하는지 썸네일의 매력도를 나타내는 지표라고 할 수 있다. 이러한 지표를 크리에이터 스튜디오에서 제공한다는 것 자체가 유튜브에서 썸네일의 중요도를 얼마나 높게 치고 있는지 알 수 있다.

CTR과 함께 봐야 하는 지수는 평균 조회율인데 노출클릭률과 평균 조회율이 함께 높아야 영상의 노출이 늘어나고, 조회수가 높아지기 때문이다. 평균 조회 율은 말 그대로 시청 시간을 %로 나타낸 시청률 수치인데, 아무리 CTR이 높아도 평균 조회율이 낮다면 그건 클릭베이트(클릭을 유도하기 위한 거짓, 과대 포장 제목과 썸네일) 영상일 확률이 높기 때문이다.

사람들의 클릭을 많이 받아도 막상 알맹이가 없고 썸네일과 제목으로 클릭해 들어온 사람들이 기대했던 영상과 다른 영상이 재생되는 경우 또는 영상이 실망스러운 경우 사람들은 그대로 영상에서 이탈하게 되는데, 이럴 경우 아무리 높은 CTR 수치를 보여도, 알고리즘은 이 결과 값을 클릭베이트로 판단해 신뢰도가 낮은 영상으로 판단한다. 결국 영상의 평가는 낮아지게 된다. 그렇기 때문에 소위 썸네일로 '어그로를 끈다'는 것은 실제 내 동영상에 있는 이미지를 기반으로 이루어져야 하고, 영상에도 없는 사진과 장면을 끌어다가 거짓 제목으로 시청자를 유도하는 행동은 완전하게 잘못된 문제행위라는 것을 인식해야 한다. 또한 선을 넘는 자극적인 장면들로 선정성과 잔혹성 혐오성을 노출하는 썸네일로 불특정 다수가 보고 있는 유튜브에 썸네일로 놓게 되면 즉각적으로는 노란딱지로 수익 창출 불가는 물론, 커뮤니티 경고를 통해 채널에 패널티를 받을 수 있기 때문에 절대적으로 지양해야 하는 행동이다. 쉽게 말해, 나를 매력적으로 보이게 꾸미는 게 썸네일의 목적이지, 자극적인 가면을 쓰고 완전 다른 사람인척 속여서 낚시질하는 게 썸네일의 용도는 아니란 것이다.

노출 클릭률(CTR)은 유튜브 노출에서 조회수로 전환되는 비율을 보여준다. 등록된 노출이 표시된 후 시청자가 동영상을 시청한 빈도를 측정한다.

CTR은 클릭수를 노출수로 나눈 후 100을 곱하는 수치. 즉 내 영상이 노출되었을 때 사람들이 얼마나 누르는지 썸네일과 제목의 매력도를 알 수 있다.

[그림 2-80] 노출수 및 노출수가 시청 시간에 미치는 영향도

유튜브는 쓸데없는 기능, 악용되는 기능, 낭비되는 기능을 가차 없이 없애버리고 있다.

[그림 2-81] 특수효과 편집기 지원 중단에 따른 내용

[그림 2-82] 썸네일 이미지 변경 기능

그렇게 함으로써 더 직관적인 플랫폼을 구축하고 사용자 경험을 향상시키려 하기 때문이다. 그런데 새로운 크리에이터 스튜디오에서 CTR의 중요성이 부각되고, 지속적으로 썸네일의 변경 기능이 유지되는 것은 당신의 '영상'이라는 제품을 '마케팅'하는 유일한 수단이 썸네일과 제목이며, 이들만이 진정으로 당신의 영상을 사람들에게 어필 할 수 있는 도구이기 때문이다. 어쩌면 유튜브는, 지속적으로 신호를 주고 있는지도 모른다. '썸네일이 가장 먼저야!' 라고….

유튜브의 썸네일은 지속적으로 변경이 가능하다.

[그림 2-83] 유튜브 스튜디오 베타 버전에서 강조되는 노출 클릭률(우측 하단).

개요	시청자 도달범위	시청자 관심도	시청자층 구축	수익 창출		2019. 3. 15 ~ 2019. 4. 11. 지난 28일	
노출수 **1.3억**	노출 클릭률 **5.6%**	조회수 **1,217.3만** ↑ 23%	순 시청자수 **687.7만**			2019. 4. 11. 16:00에 업데이트됨

[그림 2-84] 스튜디오 베타에서는 시청자 도달 범위에선 내 영상이 몇 번 노출되었고 그 중에 몇 퍼센트가 클릭을 하였는지 노출 클릭률 비율이 나온다(보통 1~10%대라고 하며, 10%가 넘는다면 아주 매력적인 썸네일과 제목을 설정한 것으로 평가할 수 있다).

유튜브의 세계에서 많은 조회수를 얻기 위해 '영상' 자체를 제외하고 가장 중요한 요소는 썸네일이다. 썸네일은 유튜브의 키(Key)다. 하루에 업데이트 되는 수만 가지의 영상 중에 단 몇 개의 추천된 영상이 유튜브 사용자가 유튜브를 첫 방문했을 때 보인다. 시청자는 빠르게 스크롤을 내리면서 직관적으로 볼만한 영상을 탐색한다. 그때 시청자의 눈을 사로잡는 영상은, 본능이 직관적으로 눈을 잠깐이라도 머물게 한 그 찰나를 놓치지 않고 단 하나의 사진에 결정적인 메시지를 담은 썸네일이 만들어 낸다. 일단 사용자가 클릭을 해야 조회수도 발생하고, 추가적인 시청 시간이 누적되면서 영상의 데이터를 만들어내고 초반에 발생한 시청데이터의 분석을 통해 알고리즘이 이 영상을 더욱 넓게 노출할지 아주 강력한 규모의 추천을 해줄지, 아니면 불량영상으로 규정하고 스팸처리 할지 그 시작은 바로 썸네일의 몫이다. 그렇지만 썸네일은 인간의 본능과 알고리즘의 건전성 평가 그리고 썸네일에 담긴 정보가 종합적으로 평가되기 때문에 단 한마디의 정답으로 "이런 썸네일을 해라!" 라고 단정지을 순 없다.

단, 1차적으로 유튜브 알고리즘의 스캔에서 '건전하며, 광고주에게 친화적인 이미지이다.' 라고 커트라인을 통과한 썸네일이라면, 그 다음 단계부터는 오로지 '인간의 선택'에 결정되는 것이기 때문에 '인간은 과연 어떤 형태의 이미지에 눈이 갈까?'에 대한 직관적인 방향에 대해 고민함으로써 우리는 '썸네일이 성공하는 방향'으로 나아갈 수 있다. 이번 단원에서는 3년간 다양한 썸네일을 시도해보고, 같은 영상이라도 다른 썸네일로 바꿨을 때 어떤 식의 이미지가 좋은 트래픽을 가져왔는지에 대한 경험과 심리학적으로 인간이 어떤 이미지에 눈이 가는지, 그리고 결과적으로 이미지 대조 설문 방식의 표본조사를 통해 비슷한 사진에서 어떤 방식이 더 많은 선택을 받았는지를 종합적으로 비교하면서 성공적인 썸네일이 나아가야 할 방향을 제시해 본다.

01 어떤 사진이 더 선택받나

❶ 배경과 등장인물의 수

　배경만 있는 사진(①)보다는 배경에 인물이 있는 사진에 눈이 간다. 반면 사람이 많아질수록 인물에 대한 관심이 분산된다. 1인 사진(②)보다는 2인 사진(③)이 상황과 스토리가 담겨있어서 가장 집중이 된다.

❷ 등장인물의 상호 작용

같은 2인 이미지라도 앞의 서있는 사진보다 조금 더 근거리에서 찍어서 인물 간의 상황이나 감정이 드러나는 사진이다. 두 사람 간에 어떤 감정적인 기류가 느껴지는 왼쪽 사진(①)이 서로에게 무관심한 모습을 보이는 오른쪽 사진(②)보다 우선순위가 높다.

❸ 이성, 동성

이성 2인과 동성 2인의 특별한 우선순위는 없다. 이럴 경우 제목이나 썸네일에 멘트를 적어 스토리를 만들어주면 좌우 사진의 차별점이 발생한다.

❹ 구도

　같은 2인 사진이라도 흰색 옷을 입은 남성이 뭔가 고민을 하고 있는 표정이 더 크게 나오고 구도가 흰색 옷의 남성의 감정을 부각시키는 오른쪽 사진(②)이 더 좋은 썸네일이다. 왼쪽 사진(①)은 시선이 흰 속옷, 보라색 옷 두 남성에게 분산되지만 오른쪽 사진(②)은 사진의 주인공이 흰옷 남성임이 직관적으로 드러난다.

❺ 성별

　성별은 여성(②)이 우선순위가 높다. 길을 걸을 때 맞은편에서 남녀가 함께 걸어올 때, 남성은 여성을 쳐다보고, 여성도 여성을 쳐다보는 것과 같은 심리적 이유이다.

앞선 정면 사진과 다른 측면 구도에서 남녀 사진을 비교해보자. 비슷한 표정이라면 왼쪽 사진(①)에 시선이 머물 확률이 높다.

그러나 남성이 만약 감정이 표현되도록 웃고 있고(①) 여성이 정색하고 있다면(②) 메시지가 담긴 남성의 사진(①)에 더 시선이 간다.

부모나 여성의 입장이라면 어린아이(①)와 어른(②) 중에서는 아이의 모습(①)이 선호도가 높아 보일 수 있다. 모성애적 보호 본능이 본능적으로 아이에게 시선이 가기 때문이다.

어린아이의 사진(②)도 귀여운 동물(①) 보다는 우선순위가 떨어진다. 유튜브에는 아주 많은 동물 썸네일을 가진 영상들이 있고, 아주 높은 조회수를 기록하고 있다. 동물 사진은 아기 사진이 만드는 보호본능에 인간 이외에 생물이라는 호기심이 더해져 더욱 클릭률이 높다.

물론 우선순위가 절대적인 것은 아니다. 동물의 사진이 인기가 있지만, 메시지와 스토리가 담겨있어서 궁금함을 유발하는 사진이라면 우선순위는 언제든 뒤바뀐다. 오른쪽 사진의 아이(②)가 식물 뒤에 숨은 이유는 무엇일까? 라는 궁금증이 유발되어 오른쪽 사진에 시선이 머물게 된다.

하지만 어른(②)과 동물(①)은 게임이 되지 않는다. 평범한 성인남성과 비슷한 구도의 귀여운 동물 사진은 어떤 식으로든 동물 사진에 비교우위가 있다.

❻ 식물과 사물 사람의 우선순위

왼쪽 식물 사진(①)과 오른쪽 식물을 흐린 배경으로 서 있는 아이의 사진(②)이 있다. 오른쪽 아이의 사진(②)은 구도를 잘못 잡아 아이의 몸이 애매하게 나와 있음에도 왼쪽의 식물 사진보다 시선이 먼저 가게 된다. 인간은 숲과 나무 꽃과 같은 식물에 편안함을 느낀다. 인간이 진화하며 식물은 인간에게 주의와 긴장감보다는 안정감과 익숙함을 느끼게 되었다. 그렇기에 식물을 피사체로 한 이미지는 썸네일에서 가장 비효율적인 선택이라고 할 수 있다. 왼쪽의 식물 사진(①)은 눈을 편하게 할지언정 시선을 전혀 끌지 못한다. 오히려 잘못 찍은 오른쪽 사진의 아이(②)가 등장함으로써 아이를 쳐다보기 위해 시선이 오른쪽으로 향한다.

❼ 식물은 피사체를 주목시켜주는 배경으로도 쓰인다

　오른쪽 사진(②)처럼 배경이 텅 빈 사진에서의 인물보다 왼쪽 사진에서 꽃밭 앞에 있는 아이(①)에게 더 주목된다. 왼쪽 사진에 있는 주황색 식물들이 화사하게 시선을 끌면서도, 인물에게서 주의를 뺏지 않아 인물이 더욱 부각된다. 오른쪽 사진은 텅 비어 있는 길바닥을 비추고 있는데 딱히 시선이 가지 않으며 인물에게 가야할 주의가 넓은 공간으로 분산되어 비효율적인 썸네일이라고 할 수 있다.

❽ 사물과 인물

　왼쪽 사진(①)에 분수가 더 크고 명확하게 나와 있음에도 불구하고, 오른쪽의 어린이가 손가락으로 가리키고 있는 사진(②)의 분수에 더 집중이 된다. 왼쪽 사진이 '배경' 같은 인상을 준다면 오른쪽 사진은 '아이가 손짓하는 분수'라는 조금 더 피사체 같은 인상을 주기 때문이다. 따라서 사물을 강조하기 위해 사람의 손이나 표정, 눈동자 등을 활용하는 방법은 효과적으로 피사체에 시선을 유도한다.

　더욱이 동물의 재기발랄한 장면을 썸네일로 삼는다면 비록 화질이 떨어지는 사진이라도 높은 클릭률을 유도할 수 있다. 왼쪽 사진(①)은 화면 톤에 파랑색이 너무 강하고, 화질도 떨어진다. 오른쪽 사진(②)도 명확하지 않고 화질이 떨어진다. 그러나 왼쪽 사진(①)은 강아지가 앞발을 올리고 자는 귀여운 사진이고, 오른쪽 사진(②)은 강아지의 포동포동한 뒷모습으로 시선을 끌 수 있는 사진이다. 화질이 떨어지고, 사진의 퀄리티가 조악한 것은 오히려 자연스러운 현장감을 주기도 한다.

❾ 비교를 통한 희소성 강조

　동물이 반드시 귀엽지 않아도, 눈길을 끌 수 있다. 다음은 좀처럼 보기 힘든 흰색 비둘기 사진이다.

보통 동물이라면 피사체가 크고 명확하게 촬영된 왼쪽 이미지가 더 높은 클릭률을 보일 테지만, 오른쪽 사진(②)에서는 흔한 회색 비둘기가 동시에 등장해서 '희귀한 동물'이라는 점을 강조해주므로 비교가 되는 사진이기에 오른쪽 사진의 클릭률이 높다. 이런 이미지의 경우 제목과 이미지의 표식을 통해 '희소성'을 강조할 수 있는 장치를 더해주면 더욱 클릭률을 높일 수 있다.

⑩ 피사체의 크기와 화면에서의 비중

같은 인물, 상황, 배경, 구도, 화질인 상태로 1인이 등장한다면, 피사체가 크게 나온 것이 인식률이 높고, 더 눈길을 끌 수 있다. 실눈을 뜨고 위의 이미지들을 쳐다보면 ④번, ⑤번 사진 만이 피사체를 구분할 수 있는데, 순간적으로 눈길을 잡기 위해선 실눈, 곁눈으로도 확연하게 인식되는 명확하고, 크고, 또렷하며, 밝은 사진이 좋다.

⑪ 명암

썸네일에서 사진의 밝기는 매우 중요하다. 최악의 썸네일은 어두운 썸네일이고, 차악의 썸네일은 밤이 배경인 썸네일이다. 왼쪽 사진(①)은 오히려 너무 밝아서 하이라이트가 살짝 날아간 사진임에도 오른쪽의 어두워서 인식이 잘 안 되는 사진(②)보다는 차라리 너무 밝은 게 낫다. 썸네일을 여러 개 중 선택해야 할 상황이 생긴다면 최우선적으로 어두운 사진부터 배제하면 된다. 실제로 어두운 썸네일을 선택했을 때 영상에 잠재력에 비해 조회수가 잘나오는 영상은 없었다.

⑫ 명암을 이용한 강조

배경이 어두워도 피사체가 밝으면 오히려 강조가 되어 시인성이 올라간다. 왼쪽 사진(①)의 경우 그늘부분 때문에 빛을 받고 있는 모델의 공간이 부각된다. 이럴 경우 모델이 주인공임을 직관적으로 전달할 수 있고, 화면에서 어두운 공간에 주의가 분산되는 것을 막을 수 있으므로, 어둠을 이용한 썸네일이라고 할 수 있다. 또 어두운 공간이 단순화됨으로써 필요한 멘트를 넣기에 깔끔한 배경으로 쓸 수 있다. 오른쪽 사진(②)의 경우 모델이 그늘에 있어서 인식률이 떨어지고 시선이 오른쪽의 빛이 있는 곳으로 분산되기 때문에 '유튜브가 내린 찰나의 기회를 낭비하는' 이미지라고 할 수 있다.

⑬ 배경의 복잡성과 단순성

왼쪽의 복잡한 배경에 있는 모델(①)보다 오른쪽의 단순한 배경에 있는 모델(②)이 더 부각된다. 즉 주인공이나 피사체를 강조하기 위해서는 배경 같은 주변의 것들로 시선이 분산되는 것을 막는 조치가 필요하다. 어둡게 하거나 단순하게 또는 아웃포커싱 같은 방식으로 흐리게 말이다.

오른쪽 사진(②)은 그저 평범한 잔디 사진으로 보인다. 또한 어떤 강조도 없어, 시선을 집중시키지 못하는 사진이다. 주의 깊게 보아도 이 '사진에선 무엇을 봐야 하지?' 라는 의문이 든다. 왼쪽 사진(①)은 배경과 아랫 부분이 아웃포커싱으로 흐리게 처리되어 있어 가운데 부분의 잔디가 강조되어 있다. 무슨 의미인지는 모르겠으나, 뭔가 있어 보이는 효과를 가져 온다. '저 가운데 잔디 부분에 뭔가 있나?' 하는 호기심을 만들어내는 스포트라이트 효과를 준다. 강조하기 위해선 감추어야 한다. 강조하고 싶지 않은 부분을 흐리게 하고 어둡게 하고 시선을 끌지 않게 함으로써 썸네일에서 가장 중요한 부분의 힘을 강조할 수 있다.

왼쪽 사진(①)이 오른쪽 사진(②)보다 인물에게 집중되고 시선이 더 머무는 것은 뒤쪽에 배경이 아웃포커싱으로 뿌옇게 처리됨으로써 앞쪽에 모델에게 시선이 명료하게 집중되기 때문이다. 오른쪽 사진은 복잡한 놀이터 배경에 인물이 서 있어 시

선에 갈피를 잡지못하게 만든다. 또 명확하게 어떤 곳을 바라보아야 할지 제시하지 않음으로 일종의 피로감을 느끼게 한다.

⑮ 군집과 집중

'강조'의 힘은 '절제'에서 나온다. 같은 꽃이 수 없이 나와 있는 오른쪽 사진(②)보다 단 한 송이가 확대되어 나온 왼쪽 사진(①)에 눈이 가는 것은 우리의 시야가 품을 수 있는 이미지는 한정적이고 그 안에서 어디에 에너지를 집중할 것이냐 자동적으로 뇌가 선택하기 때문이다. 100의 에너지를 100의 꽃에 나누는 것보다 한 개의 꽃에 집중하는 것이 꽃을 더 명확하게 인식할 수 있는 방법이다. 쓸데없는 것을 없애자.

⑯ 감정의 격앙

감정의 형태가 어떻듯, 그 강도가 높은 것이 눈을 끈다. 상대적으로 평온한 왼쪽 사진(①)에 비해 격앙되어 있는 오른쪽 사진(②)에 눈이 간다. 감정은 공감을 일으키고, 공감은 이야기를 상상을 하게 한다. 스토리가 있는 사진만큼 강한 매력을 가진 이미지는 없다.

⑰ 평범함 + 원포인트

전혀 관심이 가지 않던 왼쪽 사진(①)에서, 두 남자가 눈동자만 기이하게 바꾸니(②) 궁금함이 생긴다. 또 한 번 시선을 잡은 이후에는 신기해서 더 자세히 보게 된다. 실제 영상이었다면 필자는 궁금해서 클릭까지 했을 것이다. 평범한 이미지를 사용할 수밖에 없다면 포토샵 같은 프로그램을 사용해서 이미지에 아주 작은 변형을 주는 게 시선을 잡는다. 큰 변형을 주면 이질감이 들고, 현실성이 없어져 오히려 신뢰도가 떨어지기 때문에 아주 약간의 변화를 통해 호기심을 자아내는 정도가 이미지 변형에 좋다.

⑱ 시선의 방향

모델의 시선은 왼쪽의 정면을 바라보는 사진(①)이 더 주목된다. 사람을 자신을 쳐다보는 눈동자를 의식하기 때문에 직관적으로 눈을 마주치는 사진에 눈이 가는 것이다. 그러나 만약 모델이 바라보는 것에 또 다른 피사체가 존재했고, 그 둘 사이에 상호작용이 존재한다면 오른쪽 사진처럼 어딘가를 쳐다보는 것도 효과적으로 사용할 수 있다. 다음 사진의 예를 보자.

아래 두 사진이 같은 한 장의 사진이라고 가정해보자, 오른쪽에 있는 여성(②)이 왼쪽에서 벌어지는 두 남성의 싸움을 목격하고 있는 장면(①)으로 판단된다. 또 심각한 싸움에도 여성은 웃고 있기 때문에 미스터리함을 느끼게 한다. 동시에 '이 이미지는 어떤 스토리가 있을까?' 라는 궁금증을 유발한다. 또한 여성의 시선이 두 남성의 사건을 강조하는 효과를 지녀 시선을 오래 머물게 하는 효과를 내고 있다. 즉 시선은 단독으로는 정면을 주시하는 게 효과적이지만 강조나 다른 피사체를 주목시키기 위한 방향성을 강조하는 장치로 사용할 수 있다.

⑲ 답답함과 통쾌함

감정과 스토리가 들어가 있는 썸네일은 클릭을 부른다. 동시에 통쾌함까지 지녔다면 해당 썸네일은 영상을 인기 급상승시켜 주는 마법을 일으킨다. 왼쪽 사진(①)은 일방적으로 괴롭힘을 당하고 있는 상황이고, 오른쪽 사진은 유튜브에서 가장 많은 스타일의 썸네일과 제목중 하나인 '일진을 참교육 하는 왕따' 콘셉트의 사진(②)이다. 시청자들은 답답함이나 슬픔, 동정심에서 멈추는 게 아니라 해당 영상을 통해 카타르시스를 느끼길 원한다. 누군가가 괴롭힘을 당한 것에서 멈추는 게 아니라 더 나아가 불의를 저지른 대상에게 통쾌한 복수를 하는 것을 원한다. 그것이 현실에서 불가능한 '자력구제'라도 영화적 상상, 유튜브라는 가상의 공간에서는 그러한 본능적인 감정의 분출을 원한다는 것이다. 오른쪽의 사진은 뒷목을 잡히고 괴롭힘당하던 남성이 폭행을 가한 남자의 낭심을 가격함으로써 '강자를 무릎 꿇린 약자'라는 성경에도 나오는 '다윗과 골리앗'의 서사성을 지녔다. 즉 '이 영상을 클릭하면 통쾌함을 느낄 것' 이라는 강력하고 효과적인 메시지를 시청자에게 전달하는 이미지인 것이다. 요새 유행하는 *밈(meme)은 인터넷상에서 재미난 말을 적어 넣어 다시 포스팅한 그림이나 사진을 말한다.

밈(meme)은 인터넷상에서 재미난 말을 적어 넣어 다시 포스팅 한 그림이나 사진을 말한다.

밈(meme)중 하나인 '힘숨찐'이라는 밈이기도 한데, '힘을 숨긴 찐따'라는 인터넷 신조어처럼, 각박한 삶을 헤쳐 나가는 현대인들의 마음 속에는 스파이더맨의 피터파커처럼 여기저기 당하고 겉으로 보기엔 나약해 보여도 사실은 강력한 힘으로 나를 괴롭히는 이들을 벌주고 싶은 마음을 가득하다. 마음의 갈증을 해소할 갈망을 찾는 것 최고의 썸네일을 선택하게 해주는 최고의 방법이다.

⑳ 직관적인 상황 이해도

왼쪽(①)의 남성모델이 의도한 포즈는 발이 걸려 넘어지는 포즈이다. 영상으로 보면 자세의 의도가 확연하게 드러나지만, 사진 한 장으로는 정확히 어떤 상황인지 모호하다. 무엇인가를 주우려는 것처럼 보이기도하고, 그 가만히 '무궁화 꽃이 피었습니다' 놀이를 하고 있는 것처럼 정지 자세로도 보인다. 오른쪽 사진(②)은 비슷한 자세임에도 발을 걸고 있는 남성이 등장함으로써 흰색 옷을 입은 남성의 자세를 명확하게 해준다. 오른쪽 썸네일을 성연령 무관 무작위 표본에게 보여준 결과 25명 중 24명이 '발에 걸려 넘어지는 것'이라고 이해했다. 썸네일에서 호기심을 유발하는 것은 중요하다. 그러나 '호기심'과 '난해함'을 혼동해선 안 된다. 호기심이 생기는 썸네일은 이미지의 상황이 명확히 이해되면서도 다음 장면이 궁금해지는 것을 말하고, 난해한 썸네일은 도대체 이 사진이 무슨 사진인지 확실하게 이해되지 않고, 썸네일을 선택한 의도를 알 수 없어 시청자의 클릭을 받지 못하는 이미지를 말한다.

㉑ 독립성과 상호 작용

　왼쪽 사진(①)에서 인물들은 상호 간에 독립적이다. 그렇기에 '벤치에 남녀 세 명이 앉아 있다'는 정보 외에는 관심이 가질 않는다. 오른쪽 사진(②)은 '한 커플이 애정 표현을 하며 앉아 있고 가장 왼쪽의 남자가 그 커플과 너무 가까이 붙어 있다' 라는 많은 정보를 준다. 등장하는 피사체는 완전히 똑같지만 피사체 사이의 상호 작용을 함으로써 우리의 눈과 정신이 더 오래 집중해야 하는 정보 값을 만들어 낸 것이다. 하지만 위의 이미지는 썸네일 연구소에서 추천하는 베스트 썸네일이 아니다. 여기에 조금 더 스토리를 더하면 다음과 같다.

㉒ 반전 있는 스토리텔링

　왼쪽 사진(①)은 '누가 봐도 평범한 연인과 너무 가까이 앉아있는 한 남성의 정면' 이라는 알쏭달쏭함을 선사한다. 그러나 거기서 끝이다. 더 이상의 정보는 주지 않는다. 예리한 사람은 왼쪽 사진의 여성의 오른손과 보라색옷 남성의 왼손이 안 보인다는 것을 눈치 챘을 것이다. 하지만 그 정도로 썸네일을 뚫어져라 쳐다보고 있는 유튜브 시청자는 많지 않다. 또 요새는 모바일의 경우 유튜브 썸네일을 1초 이상 고정하면, 미리보기로 내용이 재생되어 버리기 때문에 썸네일을 자세히 보고 싶어도 보지 못하는 경우도 있다. 그래서 필자는 오른쪽 사진(②)과 같은 반전 있는 내용을 전면에 내세우는 썸네일을 추천한다. 뒷모습이지만 누가 봐도 왼쪽의 흰옷을 입은 남녀가 공식 커플이다. 그런데 누가 봐도 그 상황에서 몰래 보라색 티의 남성과 손을 잡고 있는 반전이 직관적으로 전달된다. 또 가운데 남성은 아무것도 모른다는 듯 집중하고 있는 뒷모습이며, 딴청을 피우는 보라색 옷 남성의 뒷모습이 흥미를 불러일으킨다. 그들에겐 어떤 이야기가 있을까? 또 바람피우는 상황에 대한 분개심, 또는 그 상황을 제3자로서 바라보는 스릴감 등 사진 한 장이 품은 스토리는 반전에 감정까지 불러일으키는 다양한 정보가 포함되어 있다.

이렇듯 그 의도는 간단명료하고 직관적이면서도 쉽게 이해가 되는 이미지에 스토리가 포함되어 있으며, 그 스토리가 보는 이로 하여금 어떠한 감정을 일으키게 하고, 그 다음에 대한 호기심과 화룡정점으로 반전 코드까지 포함되어있다면 그 썸네일은 100점 만점에 90점짜리 썸네일이며 수많은 클릭을 만들 효자 썸네일이라고 할 수 있다. 하지만 여기서 반전은 끝이 아니다. 아직 90점이다. 100점을 위해 다음 사진을 참조하자.

㉓ 반전의 반전의 반전

앞 페이지이에서 왼쪽의 사진(①)이 위에서 언급한 90점짜리 썸네일이었다. 풍부한 스토리에 반전까지 포함된 한 컷의 이미지, 그러나 오른쪽 사진(②)은 거기에 반전을 한 번 더 포함시켜주는 99점짜리 썸네일이다. 우리가 가진 선입견을 뒤흔드는 사진으로 의연하게 본인들의 정면을 바라보는 두 남성이 손을 잡고 있다. 왼쪽 사진과 오른쪽 사진의 차이는 왼쪽 사진이 우리가 더 많이 접하는 경우라는 것이다. '친구의 친구를 사랑했다' 라는 흔한 치정 스토리가 왼쪽 사진이라면, 오른쪽 사진은 '친구를 사랑했다'라는 쉽게 보기 힘든 스토리이다. 명작 영화인 〈브로크백 마운틴〉에서 히스레저와 제이크 질렌할이 보여준 담담한 사랑이야기가 담겨있을 것 같은 느낌을 주는 썸네일이다. 왼쪽 사진에서 흰색 옷의 남성이 바람을 피는 나쁜 남자로 보인다면 오른쪽의 흰색 남성은 세상의 이목을 피해 친구를 사랑하는 슬픈 남자로 보인다. 썸네일에 반전을 표현할 때는 이렇듯 쉽게 예상가능한 반전보다 더 예측하기 힘든 상황을 담아내는 것이 클릭률에 도움이 된다. 우리의 눈을 잡는 건 쉽지만 우리의 생각을 잡는 건 어렵다. 생각을 잡으면 몸이 움직인다. 99점짜리 썸네일은 눈과 생각과 손가락을 동시에 움직이게 하는 힘을 지닌 썸네일이다.

앞에 제시한 여러 가지 요소를 응용하면 오른쪽 사진과 같은 결론이 나온다.

왼쪽 사진(①)은 반전을 제외하고 피사체의 상호작용만 있는 사진이다. 그런데 여기에 반전과 집중을 넣어주면 오른쪽 사진(②)과 같다. 오른쪽 사진에서 앞에 남녀 커플을 약하게 블러(흐림 효과) 처리를 하고 초점을 뒤편에 있는 검정색, 보라색 티셔츠를 입은 커플에게 시선을 집중한다. 앞에 있는 커플이 암막처럼 시선을 뒤쪽 커플에게 몰아주는 역할을 하고, 뒤에 커플이 시선을 잡는 반전적인 요소를 가지고 있다. 뒤에 있는 두 커플은 뭔가를 응시하고 비장한 뒷모습으로 두 손을 꽉 잡고 있다. 그들이 어떤 이야기를 갖고 있을지 호기심과 스토리텔링에 대한 기대감을 만들게 한다. 또 앞에 있는 흰색 옷 커플과 뒤쪽 커플이 대조되면서 눈의 회로를 넘어 생각의 회로를 돌리게 해서 시선을 썸네일에 오래 머물게 한다.

㉔ 결론부터 보여주는 두괄식 썸네일

앞선 사진들이 행위의 과정을 보여줬다면, 위 사진은 결과부터 두괄식으로 썸네일을 통해 제시한다. 즉 결과가 어떻게 되었는지 썸네일을 통해 보여주고 그 과정의 서사를 궁금하게 만드는 썸네일이다. 가운데 남성은 무엇인가를 해명하고 있고, 여성은 화가 나있다. 보라색 티셔츠를 입은 사람은 흰색티 남성을 말리고 있다. 이들에겐 어떤 일이 있었을까? 라는 심플한 궁금증을 유발하는 결과식 썸네일이다.

㉕ 결과가 궁금해지는 썸네일

앞쪽의 두 썸네일은 '잠든 남자의 지갑을 훔치는 도둑'을 표현한다. 그러나 왼쪽 사진(*①*)은 행위의 의도가 모호하다. 지갑을 훔치는지, 옷깃을 만지는지, 어깨를 마 사지해주는지 알 수 없다. 대게 썸네일은 큰 이미지가 아니라 책에서 제시된 크기 의 경우처럼 작게 보인다. 썸네일(Thumbnail)은 한국어로 '엄지손톱'을 뜻하는 영어 이다. 즉 엄지손톱만 한 대표 이미지를 뜻하는 썸네일에서는 피사체가 크게 명확하 게 나와야 하며 거기에 호기심을 느끼게 하는 건 필수다.

02 썸네일을 고르는 과정

❶ 썸네일을 고르는 과정 1

네 가지의 사진 중 어떤 사진을 썸네일로 선택해야 할까? 썸네일이 고민되는 많 은 상황에서 추천하는 방법은 눈이 안가는 사진부터 제외시키는 것이다. 사진에서 표현하고자 하는 바는 시냇물을 관찰하는 것 같은 어린아이와 고민에 빠진 것 같은 느낌이다. 그런데 왼쪽 상단의 사진(①)은 인물이 너무 작게 나와서 정확히 의도가 표현되지 않는다. 오른쪽 상단 사진(②)도 마찬가지이다. 인물이 작게 나오고, 표정 도 알 수 없어서 궁금증을 느끼는 소녀의 감정을 표현할 수 없다.

또 소녀가 바라보는 배경이 나옴으로써 '저 배경에 뭐가 있나?' 라는 생각이 들며 시선을 분산시킨다. 그래서 상단의 두 사진(①, ②)은 썸네일 추천 순위에서 배제된다. 그렇다면 아래 두 사진(③, ④) 중에는 어떤 썸네일이 더 좋은 썸네일일까? 하단의 오른쪽 사진(④)은 인물이 명확하게 표현되어 있다. 어떤 표정인지 알 수도 있고, 인물에게 확연하게 집중된다. 그런데 이 썸네일의 의도는 '시냇물을 관찰하는 아이의 고민'이다. 따라서 인물에 대해서는 직관적이나 썸네일의 의도를 알 수 없는 사진이므로 하단의 오른쪽 사진도 우선순위에서 제외된다. 따라서 왼쪽 하단의 사진이(③) 썸네일로 추천된다.

썸네일 사진을 영상에서 찾다보면, '썸네일로 쓸 만한 장면이 없다'를 가장 많이 고민하게 된다. 유튜브각이 제대로 잡히는 대박 장면은 그렇게 쉽게 찾을 수 없다. 대다수의 유튜브 크리에이터들이 썸네일 장면에 엄청난 고민과 시간을 쏟는다. 그때 가장 현실적인 방법은 최악부터 거슬러 차악의 썸네일들을 하나씩 배제시켜가는 방법이다. 따라서 여러분도 위에 제시된 기준과 자신만의 기준을 세워 피해야할 썸네일에 대한 매뉴얼을 만들어볼 것을 추천한다. 본인이 속한 유튜브 카테고리에 따라 썸네일에서 지향해야할 그리고 지양해야할 조건들이 생긴다. 다양한 썸네일을 시도해보고 그 결과를 피드백 한다면 여러분도 자신만의 썸네일 연구소를 세울 수 있다.

❷ 썸네일을 고르는 과정 2

'새로 개장한 공원의 매력'을 강조하고 '즐겁게 노는 아이의 모습'을 부각하는 영상이면서 앞의 4개의 사진 중 어떤 것을 선택해야할까? 우선 역동적인 느낌의 왼쪽 페이지의 상단 ①번 사진은 카메라 렌즈를 발로 차려는 아이의 모습이 재치 있게 나왔다. '촬영하다 맞았습니다' 같은 재미있는 제목이 더해진다면 분명 매력적인 썸네일이 될 것이다. 다만 영상의 의도인 '새로 개장한 공원의 매력'을 어필하기에는 평범한 그네와 모레 밖에 나오지 않는다. 오른쪽 상단 사진 역시 미끄럼틀을 뒤로 타고 내려가는 아이의 모습에서 호기심을 자아내지만 평범한 통 미끄럼틀이라 별다른 호기심을 끌지 않는다.

하단의 두 사진(③, ④)에는 모두 좀처럼 보기 힘든 조형물이 등장한다. 하단 왼쪽의 빨간 조형물 위에 오르는 아이의 모습에서 시선을 사로잡으면서도, '아이가 저기서 무엇을 하려는 거지?'라는 궁금증이 들기도 한다. 하지만 전체 조형물의 비율에 비해 아이가 너무 구석에 낮은 비율로 나와 있어 시인성이 떨어지고, 정확히 무엇을 의도하는지 이미지가 쉽게 메시지를 표출하지 않는다. 반면 왼쪽 하단의 ④번 사진에선 낯선 자전거 형태의 놀이기구라는 호기심을 끄는 물체가 등장하고, 그것을 사용하는 아이가 즐겁게 웃고 있어 순간적으로 시선을 끄는 힘이 있다. 또한 '새로 개장한 공원의 매력'과 '즐겁게 노는 아이의 모습' 이라는 영상의 의도가 간결하고 직관적으로 표현된다. 즉 사진의 메시지가 강한 사진으로 앞서 네 사진 중 가장 우수한 썸네일로 선정할 수 있다.

❸ 어그로란 무엇인가?

　'어그로(Aggro)'란 게임 내에서 몬스터를 도발해 주의를 끄는 행위에서 파생된 용어이다. 주로 "어그로를 끌다"로 쓰이며 주의를 강력하게 집중시킬 때 쓰는 말이다. 썸네일에서 어그로를 끈다는 것은 나쁘게 말해, 자극적으로 낚았다는 뜻이고, 좋게 말해 시선을 확 집중시키는 매력적인 썸네일이라는 뜻이다. 어그로도 일정한 선을 지킨다면 일종의 유머코드로 사용되기도 하는데, 예를 들어 위의 사진을 '하늘을 나는 능력을 가진 아이'라는 제목과 함께 한다면 많은 사람들의 이목을 집중시킬 것이다. 만약 영화 같은 가상의 이야기라면 신기한 주제에 관심을 끌 것이고, 현실의 이야기라면 현실에서 하늘을 나는 것은 불가능하다는 전제 하에 일종의 과장된 표현 정도라면 시청자들도 이를 용인한다. 거짓과 날조, 선동을 위한 어그로가 아니라 강조하기 위한 의미에서의 '과장된 표현'으로 어그로를 쓰는 것은 굉장히 효과적이다.

　위의 사진들 중 최고의 어그로를 끄는 사진은 왼쪽 상단 ①, ②번 사진이다. 나머지 사진이 최고가 아닌 이유부터 설명하겠다. 먼저 오른쪽 하단의 ④번 사진은 하늘을 나는 소녀의 모습이 가장 진짜처럼 자연스레 표현되었으나 주변에 아이들이 놀고 있는 점, 바로 오른쪽에 소년도 똑같은 높이로 공중에 떠있는 모습으로 인해 소녀가 특별한 힘을 지닌 것이 아니라, 그저 놀이기구인 '방방이'를 타고 있다는 것이 드러난다. 왼쪽 하단 사진의 경우 소녀의 다리가 구부러져있어 소녀가 점프한 것임이 드러난다. 오른쪽 상단의 사진(②)의 경우 역시 다리가 구부러져 있어 비행 능력처럼 보이지 않는다. 왼쪽 상단의 사진(①)은 다리가 곧게 펴져 있어 점프한 것 같지 않고, 소녀의 점프력이라고 보기엔 지나치게 높이 떠있다. 또 주변에 '소녀의 비행처럼 보이는 모습'을 방해하는 요인이 없기 때문에 '비행능력을 지닌 소녀'의 썸네일로 가장 인상적인 사진이라고 할 수 있다.

❹ 수정을 거친 어그로

위의 설명에서 왼쪽 사진(①)은 공중에 함께 떠 있는 소년 때문에 소녀의 비행 능력이 부각되어 보이지 않았기에 추천할 수 없는 사진이었다. 그러나 오른쪽 사진(②)처럼 소년의 모습을 잘라내면 소녀의 비행 능력을 부각시킬 수 있다.

❺ 레터링의 위치와 크기

썸네일에 적절한 글귀가 들어가 있으면 사진의 이해도를 급상승시켜 주기 때문에 위와 같이 소녀가 하늘을 난다는 것을 강조하는 레터링을 적어놓으면 좋다. 단 레터링의 위치가 왼쪽 상단 같은 곳에 있으면, 땅과 소녀의 발 사이의 공간을 가려서

소녀가 하늘을 날고 있다는 높이를 느낄 수 없게 한다. 오른쪽 상단(②)은 너무 중앙에 글자가 배치되어 사진 전체의 시선을 잡아먹고 소녀가 하늘을 날고 있는 신기한 느낌을 가린다. 하단의 두 사진에선 우열을 가리기 힘들다. 기본적으로 왼쪽 하단의 사진(③)은 글자가 작아서 직관적으로 내용이 들어오진 않지만 오히려 그렇기에 사진의 집중력을 높이고 영화나 다큐멘터리의 자막 같은 효과를 주어서 리얼리티를 강조하는 측면이 있다. 즉 어그로를 강하게 높여주는 방식이다. 영화 관련 유튜브에서는 왼쪽 하단 사진과 같은 위치에 레터링을 배치하는 게 인기다. 오른쪽 하단(④) 같은 경우는 정석적으로 가장 훌륭한 위치에 글자를 배치하였다. 텅빈 하늘에 글자를 배치함으로써 글자의 시인성도 높고 글자에 가려지는 이미지가 없기 때문이다. 또한 글자의 크기도 이미지를 감상하는데 방해가 되지 않을 크기여서 단박에 글자와 사진이 이해되는 직관성이 있다.

❻ 배경을 제거한 이미지

일명 '누끼따기'는 선택하는 피사체와 배경을 원하는 부분만 분리해낼 수 있는 기능이다. 포토샵을 활용하거나 KO.CLIPPINGMACIG.COM 같은 사이트에 이미지를 업로드하면 간단하게 배경을 제거할 수 있다. 이럴 경우 PNG 파일로 위에서 인물 부분만 따로 분리가 되고 뒤에 배경인 흰색 부분은 투명하게 뚫리게 된다. 즉 사진을 여러 장 겹쳐서도 사용할 수 있는데 그 예시는 다음과 같다.

　왼쪽 사진(①)처럼 겹쳐서 사용할 수도 있고, 오른쪽 사진(②)처럼 복사해서 사용할 수도 있다. PNG 파일 하나하나의 크기, 방향, 채도 등을 변경하여 사용할 입체적으로 사용할 수 있다. 또 완전히 다른 배경에 사진을 합성해서 새로운 썸네일을 만들어낼 수도 있다.

　즉 오른쪽 사진(②)에서 배경을 없애서 분리해낸 남자의 모습을 왼쪽 사진(①)에 올려다 놓으면 다음 사진과 같이 사진 찍는 소녀의 앞에서 빠르게 지나가는 남자의 이미지로 합성할 수 있다.

아주 간단한 원리인데, 바닥에 사진을 놓고 그 위에 사진에서 사람만 오려낸 그림을 얹은 것이라고 생각하면 된다. 이러한 '배경 지우기'를 통해 원하는 피사체들을 한 장면에 모아 놓으면 효과적으로 썸네일을 구성할 수 있다.

위 사진처럼 위의 성인 여성모델의 배경을 지우고 가져오면 전혀 다른 공간에 있던 세 사람이 한 공간에 모일 수도 있다(①). 소녀 혼자 있던 사진보다 역동적인 이미지를 구성할 수 있으면서도 한 화각에 담기지 않은 피사체들을 구도 안에 끌어놓을 수 있어서 썸네일의 표현력을 높일 수 있는 방법이다.

이외에도 몇 가지 우선순위를 제시한다면 다음과 같다.

- 현재 화제성이 있는 것 〉 유행이 한참 지나서 그리운 레트로(복고) 〉 유행이 지난 것
- 알고 보니 유명인인데 정체를 숨기다가 공개하는 사진 〉 유명인 사진 〉 평범한 사람 사진
- 기존에 익숙하던 이미지인데 사실 숨겨진 의미가 있는 사진
- 믿기지 않는 사진 〉 별것 아닌 사진
- 위험한 사진 〉 안전한 사진
- 맛있는 음식 사진 〉 신기한 음식 사진 〉 혐오스러운 음식 사진
- 많은 양, 또는 아주 극소량의 음식 사진 〉 정량의 음식 사진
- 충격 뉴스 형식의 멘트가 써진 사진 〉 뉴스 형식의 평범한 글귀 사진 〉 단순 글귀 사진
- 실제 상황을 보여주는 것 같은 사진 〉 연출된 상황인 것 같은 사진
- 외국 〉 국내
- 한국인 〉 외국인
- 외국에 있는 한국인 〉 외국에 있는 외국인 = 한국에 있는 한국인

- 애국심을 느낄 수 있는 장면(한국인이 외국에서 높게 평가 받는 내용)

- 한국 것을 외국인이 평가하는 장면

- BTS(방탄소년단) 〉〉〉〉 이외 모든 것

- 마블(아이언맨, 스파이더맨 등) 사진 〉 DC(슈퍼맨, 배트맨 등) 사진

- 영화속 그대로 장면 〉 자르고 오려서 포토샵으로 편집한 것 같은 영화 장면

- 화면을 분할하여 두가지 이상을 비교하는 장면 〉 한 가지만 나온 장면

- 유행인 것에 자신 만의 기획을 섞어 새롭게 시도 해보는 사진

- 유명인이 뱉은 망언 〉 유명인이 뱉은 명언

- 생소한 세계를 보여주는 사진 〉 익숙한 사진

- 비밀 노하우를 공개하는 사진

- 새롭고 신기한 제품 사진

03 절대 하지 말아야 할 최악의 썸네일들

❶ 레터링이 너무 많아서 산만한 썸네일

썸네일에 글이 많이 들어갈수록 최악에 가까워진다. 유튜브에서 발견할 수 있는 각종 싸구려 썸네일들의 특징은 지저분한 도트 무늬가 드러난 알록달록 폰트를 사용한 썸네일이다. 그리고 썸네일 이미지의 대부분을 형용사나 감탄사로 도배하고 너무 많은 단어들을 나열한 썸네일이다. 일단 썸네일에는 글이 짧을수록 좋고 최대

한 깔끔해야 하는데, 무슨 내용을 말하려는지 혼란스럽게 만드는 썸네일은 최악 중의 최악이라고 할 수 있다. 썸네일의 글씨는 한 줄 이내로 정리하자. 글을 아예 안 넣는 것도 좋다. "충격!!!" 같은 단어는 시청자가 이미지만 보고 느끼게끔 하고, 제발 글로는 적어 넣지 말자. 느낌표도 넣지 말자. 보는 이의 마음으로 느끼게 하자.

❷ 누더기 같은 썸네일

위의 사진은 도대체 무엇을 의도한 것일까? 일단 이해하기가 힘들다. 직관성이 떨어지는 이미지는 보는 이에게 피로감을 준다. 또 도대체 무슨 메시지를 전달하기 위함인지 오랫동안 보아도 모호하고 궁금해지지도 않는다. 특히 이런 지저분한 썸네일만 봐도 유튜브의 시청자들은 영상의 퀄리티를 짐작할 수 있기 때문에 클릭을 더욱 하지 않게 된다. 보통 이런 썸네일을 누르면 영상도 아니고 파워포인트로 만든 것 같은 PPT 이미지 자료에, 전자보이스로 기계가 읽는 목소리, 거기에 난잡한 폰트의 자막으로 이루어진 찌라시 영상이 펼쳐지게 마련이다. 썸네일은 복잡보다는 단순에 가까울수록 밀도 있는 힘을 지니게 된다. 나만 아는 이미지와 나만 아는 단어들로 만든 썸네일은 내 방의 쓰레기통일 뿐이다.

❸ 광고주 친화적이지 않은 사진의 썸네일
광고주 친화적이지 않은 썸네일이란, 한마디로 눈살이 찌푸려지는 썸네일이다.

유튜브 아카데미에 명시된 광고주에게 친화적이지 않은 내용은 다음과 같다.

- 논쟁의 여지가 있는 문제와 민감한 사건

- 마약 및 위험한 제품 또는 물질

- 유해하거나 위험한 행위

- 증오성 있는 콘텐츠

- 부적절한 언어

- 가족 · 오락 · 인물의 부적절한 사용

- 방화범 및 비열함

- 성(性)적 제안 콘텐츠

- 폭력

위의 9개 카테고리 만으로도 어떤 사진도 문제 사항으로 적발될 수 있으며, 명시되지 않았어도 수많은 신고를 받거나 그로 인해 구글에 검열을 당해서 수동적으로 적발이 될 수도 있다. 또 이제는 유튜브 알고리즘이 자체적으로 썸네일 이미지를 스캔하여 '이 사진은 무엇이다'라고 판독하는 수준의 기술력에 도달했기 때문에 1차적으로 '이 썸네일은 좀 위험한데….' 싶으면 절대 하지 않는 게 좋다. 애매하다 싶으면 하지마라. 기계에게 애매하면 사람에게 적발된다. 법적으로 문제가 되지 않는 썸네일이라도, 도덕적으로 묵시적 합의로, 일반 대중의 감정으로 판단하여 누군가에게 불쾌감을 유발할 수 있는 그 어떤 썸네일이더라도 당신의 영상을 망가뜨릴 수 있다. 자극적인 게 유튜브에서 높은 조회수를 가져다주는 시대는 끝났다. 자극적인 것 오래가야 3개월인 시대도 지났다. 이젠 자극적인 채널은 8일 간다. 경고 3개 받고 7일간 채널 삭제 기다린 후 8일째 삭제된다. 절대 선을 넘는 썸네일을 하지 말자.

❹ 내용과 무관한 썸네일

과장하는 정도가 아니라 아예 영상 내용에 전혀 있지 않은 이미지를 썸네일로 설정하여 클릭을 유도하게 되면 1차적으로 시청자들이 대거 이탈하기 때문에 시청 시간에 엄청난 부정적인 데이터를 만들게 된다. 시청 시간이 짧고 초기 이탈율이 높으면 유튜브 알고리즘이 해당 영상의 신뢰도를 떨어뜨리고 영상이 노출되지 않게 된다. 따라서 썸네일이 아무리 중요해도 거짓된 썸네일은 결국 제 발목을 잡기 마련이다. 2차적으로 거짓 썸네일은 '현혹'이나 '스팸' 판정을 받게 된다. 즉 유튜브에서 커뮤니티 가이드 위반 경고를 줄 수도 있는 중대한 위반이 될 수 있다는 것이다. 2019년도의 업데이트 이후 유튜브는 썸네일에도 커뮤니티 가이드 위반 경고를 줄 수 있게 정책을 변경하였다. 따라서 썸네일 하나로 채널에 치명적인 타격을 줄 수 있는 상황을 불러올 수도 있다는 것이다. 썸네일은 동영상에 존재하는 이미지 안에서 '최적'의 이미지를 찾아 '최고'로 꾸미는 작업이지 사람들의 시간을 속여서 훔치는 '사기'가 되어선 안 된다.

PART **03**

유튜브의 민낯

웬만해선 알려주지 않는 유튜브의 진실

01 유튜브 알고리즘의 목적과 인공지능

유튜브 알고리즘의 목적은 무엇일까? 인간이 관여할 수 없는 수준의 1분당 400시간 분량의 업로드 양, 전 세계 인터넷 사용자의 3분의 1, 매월 25억에 육박하는 시청자가 지켜보는 신세계의 아수라장을 관리하기 위해 구글은 인공지능의 한 분야인 '머신러닝(Machine Learning)'을 통한 알고리즘을 개발했다. 알파고가 구글의 것이라지만 유튜브는 정말 엄청난 '빅 차일드'를 낳았다.

머신러닝(Machine Learning)은 인공지능의 부분집합인 연구 분야로 인간의 학습 능력과 같은 기능을 컴퓨터에서 실현하고자 하는 기술 및 기법이다.

❶ 유튜브 알고리즘

세계 최대의 동영상 플랫폼인 유튜브의 알고리즘은 2017년 6월 등장하였다. 인간 모니터 요원(human reviewer)이라는 일종의 보모들과 동영상 검열의 일종으로 테러리즘, 인종차별, 선정성 등 광고주에게 친화적이지 않은 콘텐츠에 수익 창출 불가 동영상 판정을 내리는 '노란딱지' 시스템을 도입했는데, 유튜브의 최고경영자(CEO) 수잔 보이치키는 알고리즘 도입 6개월 만에 15만 개의 폭력적이고 극단주의적인 동영상을 삭제했고, 그 중 98%가 머신러닝 알고리즘으로 걸러진 것이라고 하였다. 해당 스캔 기능은 어설펐던 도입 초기와 다르게 점점 예리해지고 높은 정확도를 보이며 초기에 제기되었던 크리에이터들의 수많은 불만을 잠재우고 있다. 유튜브의 알고리즘은 이젠 '빅 브라더'를 향해 성장 중이다. 많은 크리에이터들은 이러한 성장세라면 향후 몇 년 안에 유튜브의 동영상을 관리하는 유튜브 알고리즘은 완전무결한 수준에 이를 것으로 예측한다. 이러한 유튜브의 알고리즘의 목적에 대하여 현직 유튜브 프로젝트 매니저 토드(Todd)는 "알고리즘은 단지 동영상 순위를 정하기 위한 것(http://bitly.kr/QKYKSM)"이라고 하였다.

그는 'YouTube Creators'라는 유튜브 공식 계정의 콘텐츠인 〈동영상 실적에 대

동영상 실적에 대한 불안

한 불안(엘르 밀르 출연))에 출연해서 다음과 같이 말했다. "유튜브에는 1분당 400시간의 영상이 업로드된다. 홈페이지를 열 때 어떤 동영상을 어떻게 표시할지 결정하는 것이 알고리즘의 핵심이다. 알고리즘은 동영상을 선택하는 다양한 기술로 작동한다. 클릭 여부와 클릭했다면 좋아 했는지, 싫어했는지에 관련된 데이터로 시청자들의 취향을 파악하여 사용자가 클릭을 할지 그리고 얼마나 오래 시청할지, 좋아할지 예측하는 것"이라고 했다.

결국 그를 통한 알고리즘의 궁극적인 목표는 '시청자가 자신이 시청하는 동영상에 만족감을 느끼게 하는 것'이라고 한다.

'알고리즘의 실수는 없을까?' 라는 질문에 토드는

"데이터를 통해서 알고리즘이 언제 적중했고 언제 실수했는지 공부하게 하여 스스로 업데이트한다. 시청자가 시청하지 않거나, 짧은 시간만 시청하거나 또는 '싫어요'를 누른다면 수십억 개의 사례를 통해 알고리즘이 스스로 실수를 발견해 낸다. 이는 자동으로 업데이트 되고 꾸준히 발전하고 있다."라고 하였다.

'크리에이터는 어떤 도움을 받을 수 있나?' 라는 질문에는

"시청자에게 알맞은 영상을 추천해주기 때문에 시청자가 유튜브 내에 머무는 시간이 길어지고, 그것이 크리에이터에게 더 많은 기회를 제공하는 것이다"라고 전했다.

유튜브의 퇴사자가 밝힌 유튜브 알고리즘의 목적은?

전 유튜브 추천시스템 담당자가 《가디언》에 추천 알고리즘 방식에 대한 의혹을 폭로했다. 기욤 샤스로 전 유튜브 엔지니어 팀 직원은 구글에서 3년간 근무했으며 2013년에 해고당했다. 그는 유튜브의 추천 시스템이 결코 민주주의적이고, 진실에 가까우며 균형적인 최적화된 형태로 작동하지 않는다고 주장했다. 가장 우선순위는 시청 시간이다. 그는 자신이 일했던 엔지니어 팀에서 사람들이 유튜브 내에서 동영상 시청 시간을 연장해 광고 수입을 늘리도록 하는 시스템을 계속해서 실험했다고 밝혔다(권도연 kwondydy@bloter.net).

❷ 유튜브 알고리즘의 목적 = 유튜브의 목적

[그림 3-1] 유튜브 〈박막례 할머니〉 채널에서 인터뷰 중인 유튜브의 CEO 수잔 보이치키.

유튜브의 어머니로 통하는 수잔 보이치키(Susan Wojcick)는 인텔에 근무하던 중 구글의 개발자인 래리 페이지와 세르게이 브린에게 자신의 차고를 내주고, 매달 1,700달러의 투자금을 빌려줬던 인물이다.

이후 그 청년들이 만든 회사인 구글에 입사하여 지금의 크리에이터들이 수익을 낼 수 있는 구조인 '애드센스'의 아이디어를 냈다. 또한 모두의 비웃음과 만류에도 불구하고 2006년, 구글이 유튜브를 16억 5,000만 달러에 인수하도록 이끌었는데, 현재 유튜브의 가치를 모건스탠리에서 1,600억 달러로 평가했다. 인수 금액의 100배 가치가 된 것이다. 구글의 유튜브 인수는 가장 성공적인 선택 중 하나라고 평가된다. 세계 최고의 동영상 플랫폼과 세계 최대의 영상 사용자 빅 데이터를 보유하게 되고,《포브스》에서 선정한 '세계에서 가장 영향력 있는 여성 6위'에 오른 그녀는 2019년 5월 업로드된 〈박막례 할머니〉 채널에 등장하여 유튜브에 대한 자신의 비전을 언급했다. 그녀는 "수잔은 꿈이 뭐에요? 유튜브하는 비전이 무엇이세요?" 라는 박막례 할머니의 질문에 "사람들이 자신의 이야기를 할 수 있는 기회를 만들어 주는 것", "유튜브에 수백만 개의 채널을 갖는 것이며 그를 통해 꿈을 실현하고, 전 세계 많은 이들에게 영감을 주는 콘텐츠를 만드는 것" 이라고 전했다.

앞의 유튜브 프로젝트 매니저인 토드와 CEO인 수잔의 두 인터뷰에서 공통적인 지향점이 보인다. 토드는 "시청자가 자신이 시청하는 동영상에 만족감을 느끼게 하는 것"이라며 유튜브 시청자가 최적의 영상을 추천받아 긴 시간 동안 유튜브 플랫폼에 머무르게 하는 것을 강조했고, 수잔은 "사람들이 자신의 이야기를 할 수 있는 공간을 마련하는 것. 그럼으로써 크리에이터라는 사람들이 꿈을 실현하고 그걸 보는 시청자가 만족하는 공간을 마련하는 것"을 유튜브와 자신의 목적이라고 했다. 사실 토드와 수잔의 이야기는 같은 이야기다. 결국 유튜브라는 플랫폼에 시청자를 오래 머물게 하기 위해 크리에이터는 좋은 콘텐츠를 생산하고, 알고리즘은 불량 콘텐츠를 검열해내는 기능을 강화하고 동시에 양질의 콘텐츠를 추천하는 기능을 더욱 최적화시키는 것을 목표로 삼는 것이다. 결국 이러한 알고리즘의 목적은 곧 구글의 비전인 '오래 머물게 하기'를 위한 도구임을 유념하자.

③ 유튜브와 넷플릭스

필자가 생각하기에 유튜브와 함께 장기적으로 시장을 양분할 기업은 넷플릭스(Netflix)다. 유튜브처럼 사용자들이 자체적으로 콘텐츠를 생산해내는 공간을 플랫폼이라고 한다면, 전문적인 제작자들이 콘텐츠를 일방적으로 제공하는 넷플릭스 같은 기업은 플랫폼이 아니라 '서비스'이다. 무료 시청 플랫폼인 유튜브와 유료 서비스인 넷플릭스 모두 결국 시청자가 더 오래 머물 수 있는 공간을 만들기 위한 '알고리즘 전쟁' 중이다. 그들이 되려는 것은 시간의 블랙홀이다. 넷플릭스의 CEO인 리드 헤이스팅스는 "넷플릭스는 기업과 경쟁하지 않는다. 넷플릭스는 '시간과의 경쟁'을 하고 있다."고 말했다. 사람들이 자발적으로 꿈을 이루는 공간으로써 오랫동안 만족하는 플랫폼을 만드는 유튜브, 그리고 시간과 경쟁하는 기업 넷플릭스라는 두 기업이 상용화하여 사용 중인 인공지능과 알고리즘은 어떤 모습으로 진화할까?

그들이 만들어 낼 AI는 머신러닝 그리고 더 세부적인 분야인 딥러닝을 지나 지금은 예측할 수도 없는 새로운 알고리즘을 통해 끊임없이 진화할 것이고, 결국 그 안에서 우리 크리에이터들은 장기적으로 어떤 콘텐츠를 만들어야 하는지에 대한 방향을 지금부터 잘 세워 놓아야 한다. 나는 여러분이 어떤 콘텐츠를 만드는 크리에이터가 될지에 대해 왈가왈부할 수는 없으나 적어도 그 방향이 우리가 활동할 유튜브라는 세계를 이끌어가는 수잔 같은 사람들이 추구하는 비전과 반대 방향이 되면 안 된다는 것을 이야기하고 싶었다.

이 책을 쓰는 시점은 유튜브를 한지 딱 3년이 되어가는 시기이다. 3년의 시간 동안 유튜브를 통해 얻은 것은 단순히 '무엇이든지 이야기 할 수 있는 나만의 공간'을 얻은 것을 넘어 그 이야기를 들어주는 수십만 명의 구독자와 구독하지는 않았더라도 내 이야기를 시청할 수 있는 사람들이 머물 수 있는 잠재적인 공간에서 활동할 기회를 얻었다는 것이다. 많은 사람들에게 영향력을 가진다는 것은 예전에는 정치인 또는 연예인이거나 위대한 업적을 남기거나 사람들에게 사랑받는 책을 써야만 가능했다. 하지만 현재의 유튜브는 평범한 사람에게도 초월적인 기회를 선사하는 마법의 시대를 불러왔다. 나는 적어도 여러분이 유튜브를 '돈'을 위해서 시작하지 않았으면 한다. '인기', '관심'을 위해서라면 차라리 낫다. 내가 생각하는 유튜브를 하는 이상적인 이유는 거창하게 세상에 좋은 영향을 끼치는 것보다는 영상을 제작하여 업로드하고 사람들의 반응을 지켜보며 소통하는 것이 적어도 나 자신에게 '즐거움'을 가져다주는 것이라고 생각한다. 자신의 영상이 즐겁다면 부가적인 것들은 자연스레 당신에게 다가오게 만들어 주는 곳이 유튜브다.

유튜브의 시스템은 이상론자가 꿈꾸는 정의를 위해 만들어지지 않았다. 인간이 바라는 이상을 위해 인간의 본성을 가장 잘 반영한 플랫폼이다. 따라서 당신이 이상을 향해 채널의 콘텐츠를 채워나가다 보면 유튜브가 원하는 바처럼 사람들이 당신의 채널에 더욱 오랫동안 머물게 되면서 당신이 바라는 것들은 자연스럽게 다가올 것이고, 당신은 꿈을 이루어가는 크리에이터가 될 수 있을 것이다. 단, 유튜브가 자신에게 '즐거움'을 주지 않는다면 그때부터 문제가 발생한다. 오로지 수익만을 생각하고 급한 마음으로 만들어낸 콘텐츠는 공익성과 건전성을 포기한 자극적인 스팸 영상을 만들 뿐이며, 유튜브는 그런 '불량 채널'을 유튜브 세계에서 밀어내기 위해 세계 최고의 인공지능으로 찾아낼 것이다.

당신의 유튜브가 나아가고 있는 방향은 당신의 즐거움이 향하는 곳인가?

02 유튜브는 당신의 채널을 채점하고 있다

유튜브는 마라톤이 아니다. 그렇다고 단거리 육상도 아니다. 유튜브는 '전력 질주 마라톤'이다. 온 힘을 다해 만든 매 영상마다 좋은 결과를 내어야 그 반동으로 더 앞으로 나아갈 수 있어 단거리 같으면서도 오래 버텨야 채널이 크게 성장하는 점에선 마라톤 같기도 하다. 거기에 규칙은 엄격해서 부정행위가 발각되면 선수 자격을 박탈하는 엄격한 경기, 그게 바로 유튜브다.

> **유튜브 채널 채점의 3요소**
>
> ❶ 건전성(광고주를 위해)
> ❷ 업로드 주기(크리에이터의 성장을 위해)
> ❸ 시청자의 반응(시청자를 유튜브에 오래 머물게 하기 위해)

❶ AI(인공지능)

유튜브는 공식적으로 알고리즘의 세부적인 사항을 공개하지 않는다. 하지만 구글의 기술력이 보여준 알파고 신화와 수많은 인공지능 관련 기업들을 인수 합병한 맨해튼 프로젝트, 그리고 머신러닝으로 표현되는 유튜브 알고리즘으로 이어지는 표면적인 이야기들로써 크리에이터들은 이미 유튜브 안에 가득한 인공지능을 느끼고 있다.

테슬라의 엘론 머스크 최고경영자(CEO)는 "북핵보다 AI 경쟁으로 3차 대전이 일어날 가능성이 더 크다."라고 거듭 주장했고, 세계적 물리학자인 스티븐 호킹 박사도 "AI 기술은 인류 문명사에서 최악의 사건이 될 수 있다"고 심각한 경고를 내놓은 바 있다. 마이크로소프트(MS)의 창업주인 빌 게이츠는 "인공지능(AI)은 인간의 친구가 될 수 있다", "AI는 그저 적은 노동력으로 더 많은 생산과 서비스를 가능하게 하는 최신 기술일 뿐이고, 수백 년간 그런 신기술들이 우리에게 발전을 가져다 줬다"고 말했다. 이렇듯 인공지능이 가져올 미래에 대한 긍정적/부정적인 시각들이 양분된 가운데서도 결국 인공지능이 도래할 미래라는 것은 부정할 수 없는 공통적인 의견이다.

1989년생인 내가 살면서 인공지능을 가장 많이 접한 것이 바로 유튜브를 시작하고 부터이다. 사실 그전에 인공지능은, 20년 전쯤 강풍·약풍을 번갈아 틀어주던 자칭 AI 선풍기 이후로는 겪어본 적이 없던 듯하다. 그런데 유튜브 크리에이터가 되고서는 동료 크리에이터들과 '알고리즘' 이나 '머신러닝', '딥러닝' 같은 용어들을 쉽게 쓰고 듣는다. 인공지능이란 것이 스티븐 스필버그의 영화 〈AI〉에서 나오는 아득히 먼 이야기라고 생각했었는데, 유튜브 크리에이터가 되면서 매일 겪어야 하는 생활상이 되어버린 것이다. 그렇다면 유튜브 크리에이터들은 도대체 어떤 부분에서 인공지능과 살을 맞대고 있는 것인가?

② 조회수 관성의 법칙

유튜브 채널을 운영하다 보면 느끼는 것이 있다. '분명 누군가 내 채널을 평가하고 내 성장을 관리하고 있다'는 것이다. 무슨 말인가 하면 유튜브 영상을 올리면 조회수나 구독자 상승의 패턴을 느낀다. 정확한 자료를 근거로 제시할 수는 없지만 크리에이터로서의 경험이 있다면 공통적으로 느끼는 것인데, 채널 조회수에 일종의 패턴이 있다는 것이다. 간단히 말해서 조회수가 잘 나온 영상을 올리다보면 계속 조회수가 잘 나온다. 전에 나왔던 조회수에 비슷한 크기의 조회수가 나올 확률이 높다. 한 번 크게 조회수가 떨어지고 나면 희한하게도 다음 영상은 그 전에 조회수가 안 나왔던 상태로 멈춰버리는 것이다. 그 조회수를 그래프로 볼 수 있는데, 보기에 너무 비슷하게 멈춰서 누군가 의도적으로 내 채널의 영상을 더 이상 노출시키지 않는 저주를 퍼부었나 싶은 생각이 들 정도다. 나는 이 현상을 '조회수 관성의 법칙'이라고 부르고 있다. 유튜브에서 조회수를 기반으로 해당 채널의 다음 영상을 평가한다는 공식적인 의견은 없었으나, 3부 1장 초반(195쪽)에 언급했던 유튜브의 매니저 토드의 인터뷰에서 간략하게나마 비슷한 의견을 청취할 수 있었다.

실적이 아주 좋은 동영상을 게시할 경우 그로 인해 다른 동영상도 표시하나? 라는 질문에 토드는

"모든 것은 시청자의 관점이다. 동영상 하나로 채널이 끝나진 않는다. 유튜브는 시청자가 원하는 바에 귀 기울인다. 매번 100만 조회수를 기대하지만, 그보다 안 좋은 경우가 있다. 최근 추천동영상이 더 나아졌다. 새로운 크리에이터를 추천하는 방향으로 간다."라고 대답했다. 인터뷰에서는 희망적인 의견으로 대답을 몰아가지만 결국 반대로 말해 실적이 안 좋은 영상을 올리면 다음 영상(Next up)에선 다른 영상을 추천하지 않는다는 것이다.

유튜브의 알고리즘은 다양한 기능을 하지만 그중에서도 채널의 동영상 채점을 한다는 것은 동영상 기반 플랫폼인 유튜브에서 가장 기본적인 전제가 된다고 생각한다. 하지만 시청자의 반응을 기점으로 평가하는 것에서 멈추는 게 아니라 유튜브의 알고리즘이 영상을 판단해서 애초에 검열하는 것에서 많은 크리에이터들은 위축되고 있다. 또 그 검열 과정에서 광고주에게 친화적이지 않은 영상으로 평가받는다면 해당 영상은 더 이상 추천되지 않고 조회수가 바닥을 치게 된다. 2017년 정도까지는 자극적인 영상이 조회수가 잘 나왔다. 그런데 2018년 들어 그런 영상들의 조회수가 극단적으로 낮아지고 있다. 2019년 현재에 들어서는 제목과 썸네일은 기본이고 이젠 동영상을 프레임 단위로 분석하는지 영상에 폭력적, 선정적인 내용이 포함된 것만으로도 영상의 노출이 되지 않는 경우도 있다.

③ 채널의 건전성

유튜브는 크리에이터와 시청자만 있는 '2자 대면' 공간이 아니다. 크리에이터와 시청자, 유튜브라는 기업과 광고주가 있는 '4자 대면' 공간이다. 이 4자 모두 팽팽한 균형으로 중요한 존재들이지만 그 중에서도 유튜브, 크리에이터를 모두 먹여 살리는 '광고주'는 아무리 그 의미를 축소시키려 해도 중요하게 고려해야할 VVIP이다.

비용을 지불한 광고주를 만족시키기 위해 1차적으로 광고가 붙을 영상을 '정의'하여 이 영상을 '평가'하는 작업은 유튜브가 초거대 플랫폼으로 성장하는 자본력을 가져오는데 가장 중요한 원리였지 않았나 싶다. 그리고 그 평가 요소에 있어 '건전성'은 광고주의 브랜드 가치가 손상되는 것에서 보호할 제1의 덕목일 것이다. 그렇기에 당신의 영상이 건전하지 않다면 당신의 채널도 당신이라는 크리에이터도 유튜브라는 세계에서 성장할 수 없다. 건전하지 못한 자극적인 영상은 동영상 검색 엔진인 VSEO(Video Search Engine Optimization) 방식이 아닌 화제성을 타고 단순 검색어 유입으로 일시적으로 주목받을 수는 있으나, 결국 건전성이 유튜브에 좋은 점수 받기에 가장 중요한 요소임을 알 수 있다.

크리에이터 스튜디오상 동영상 조회수 유입을 확인해보면 대부분 영상의 80~90%가 탐색 기능(검색어 탐색이 아니라 추천에 의해 자동으로 제시되는 추천 영상), 추천 동영상(영상 재생 시 우측 또는 하단에 추천되는 영상)으로 유입된다는 것을 알 수 있다. 따라서 '가산점'이라기보다는 생존하려면 꼭 통과해야하는 '커트라인'의 개념이 바로 이 '건전성'이라고 할 수 있다.

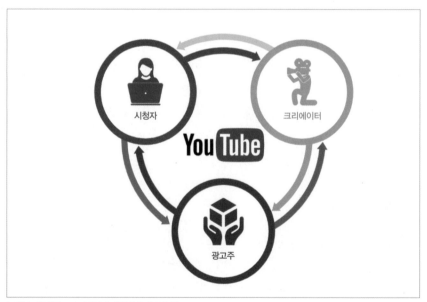

[그림 3-2] 유튜브 크리에이터 아카데미 채널_출처

④ 1만 시간의 법칙

채널 평가에서 동영상 업로드 주기도 중요하다. 꾸준한 업로드 그리고 효과적인 업로드 간격은 채널을 꾸준하게 성장하는데 큰 도움이 된다. 국내에서 1세대 유튜버로 불리는 크리에이터들은 '1일 1업로드 정책'을 펼쳤다. 주말도 없이 하루에 하나의 영상을 업로드했던 것이다. 179만 채널 〈The World of Dave〉 채널을 운영 중인 데이브나 182만 〈꾹TV〉 채널을 운영 중인 꾹도 비가 오나 눈이 오나 1일 1영상을 업로드를 했었다. 100만 구독자가 넘는 엄청난 구독자를 지닌 이들의 피나는 노력과 주기적인 업로드는 빠른 성장과 더불어 영상이 아주 큰 규모의 추천을 받았을 때, 동시에 기존에 업로드 되었던 수많은 영상이 커다란 트래픽 유입을 만들어 채널의 구독자를 폭발적으로 성장시켜준다.

이것은 유튜브를 꾸준하게 열심히 해왔고, 수십만 이상의 구독자를 보유한 크리에이터들의 공통적인 의견이다. 일반화해선 안 되지만 적어도 내 주변 지인 크리에이터들 중 구독자를 20만 명 이상 모은 크리에이터들은 '적어도 일주일에 1회 이상, 1년간' 업로드했다. 매년 유의미한 높이로 성장한 크리에이터들을 보면, 장기간 쉬지 않고 꾸준하게 업로드를 해온 사람들이다. 심리학자 말콤 글래드웰의 『아웃라이어』라는 책에는 '1만 시간의 법칙'이 등장한다. 1만 시간에 달하는 연습을 하게 되면 그 분야의 뛰어난 전문가인 '아웃라이어'가 될 수 있다는 것이다. 하루 3시간 씩 10년간 훈련할 경우의 예시를 든 '1만 시간의 법칙'은 유튜브에서는 조금 더 빠른 시간으로 적용된다. 유튜브의 알고리즘은 빠르게는 2달 만에 크게 변한다. 즉, 업데이트가 된다는 것이다.

2016년에는 동시다발적인 '구독자수 감소' 논란, 2017년에는 '노란딱지 논란', 2018년에는 '저작권 스캔 강화'로 인한 저작권 경고로 '채널 삭제' 논란과 신규 크리에이터들의 애드센스 파트너 가입이 거부되는 '수익 창출 승인 거부' 논란이 있었다. 2019년에는 기존에 수익 창출을 하며 수익을 내던 채널에 갑자기 수익 창출 승인이 취소되는 '수익 창출 취소' 논란까지…. 유튜브에는 정책 변경과 해당 시스템 업데이트에 따른 '대격변'이 주기적으로 존재해왔다. 이런 큰 변화의 주기는 보통 1년 단위였고, 그 사이의 세세한 업데이트는 대략 3~6개월 만에 이루어졌다.

속된말로 10년이면 강산이 변한다 하는데, 유튜브는 머신러닝을 통해 지속적으로 발전하고 전 세계의 접속자가 폭증함에 따라 현실보다 훨씬 빠르게 흘러간다. 말콤 글래드웰의 '1만 시간의 법칙'은 하루 3시간씩 10년이라고 했지만, 나는 적어도 유튜브에서 만큼은 이 1만 시간의 법칙이 하루 24시간 동안 1년 정도의 시간을 지냈을 때 이뤄진다고 생각한다. 유튜브는 내가 일단 영상을 올려놓으면 나의 영상에 대한 시청자의 반응 데이터 결과 값을 토대로 나의 채널을 평가한다. 업로드된 영상은 내가 잠든 동안에도 평가되고 있고, 나오는 수치들은 나의 성적이 된다.

① 크리에이터 스튜디오 앱

마블의 영화 〈닥터 스트레인지〉의 닥터 스트레인지가 최고의 마법사가 된 방법은 유체이탈을 통해 잠에 들지 않고 24시간 동안, 남들보다 더 천천히 가는 시간 속에서 수련한 덕분이었던 것처럼, 크리에이터의 시계는 빠르게 가고 현실에선 짧은 기간이 유튜브에선 엄청나게 긴 시간이다. 이 뿐만 아니라 유튜브를 하게 되면 내 채널의 모든 정보를 관리하는 '크리에이터 스튜디오 앱'을 사용하게 되는데 일단 이 어플을 설치하게 되면 거의 매 시간, 사실 거의 매 분 중독에 가깝게 영상과 채널의 수치를 확인하게 된다. 그래프를 보거나 구독자수 변화를 확인하거나 최근 28일 동안의 수익을 체크한다. 또한 새로 올라오는 댓글의 반응을 살피고 그에 대응한다. '좋아요' 수나 '싫어요' 숫자를 놓고 질을 평가하기도 하고, 시청 시간 그래프를 통해 내 영상의 몰입이 강한지, 어떤 장면에서 대규모 시청자 이탈이 일어났는지 살피며 다음 영상에 반영하게 된다.

때로는 '인기 동영상 TOP 50'으로 선정되어 항시 스튜디오 앱을 틀어놓고 내 영상의 기하급수적으로 폭증하는 그래프를 흐뭇하게 바라보고 그에 따른 구독자수에 놀라기도 하고, 때로는 정성을 들였던 최애작 동영상이 사람들에게 관심을 받지 못해 낙심하며 제목이나 썸네일을 수정하기도 한다. 그 외에 시간에는 영상에 대한 아이디어를 떠올리거나 영상을 제작한다. 또는 영상 제작에 관한 정보를 수집한다. 주변 사람과의 대화는 유튜브에 대한 대화로 바뀌고 자기 전에도 다른 채널들이 얼마나 다양한 아이디어와 기획, 퀄리티로 영상을 제작하고 있는지 감상하며 공부한다. 심지어 꿈에서도 유튜브 꿈을 꾸게 되고, 새벽에 실눈을 뜨고 구독자수를 보기도 한다. 당구를 치는 사람이면 누웠을 때 천장에 당구대가 떠오르는 것과 같고, 비트코인을 하는 사람이라면 지금 갖고 있는 코인의 시세를 확인하던 때를 떠올리면 된다. 이런 유튜브의 생태계에서 24시간 약 1년의 시간이면 '1만 시간'이 채워진다. 그렇기에 당신이 온통 유튜브에 퐁당 빠져서 유튜브를 한다면, 자신의 채널이 직업이 될 수 있는 궤도에 올라 있음을 볼 수 있을 것이다.

② 영상 업로드에 미치는 기간

유튜브의 알고리즘이 의도적으로 당신이 업로드하는 꾸준한 간격의 영상을 평가지표로 활용하는지는 확인할 수 없다. 그러나 분명한 것은 '영상 업로드에 미치는 기간'을 보낸 뒤에는 유튜브에서 산전수전 다 겪으며 이미 한 가지는 분명히 알고 있게 된다는 것이다. 바로 '업로드는 꾸준하게' 하라는 것이다. 대부분의 인기 유튜버들이 아무리 휴가를 가거나 바쁜 일이 생겨도 미리 영상을 제작하고 예약한 후에 가는 것도 같은 이치이다. 필자는 얼마 전 스페인으로 15일 간의 휴가를 떠났는데 15일 간의 공백을 메우기 위해 미리 7개의 영상을 제작한 후에 떠났다. 그 덕에 여행 중에 영화 〈나의 특별한 형제〉 리뷰 영상이 인기 급상승 동영상 2위에 200만 조회수를 기록하게 되었다. 또 이 책에 기재된 이벤트에 대한 실험을 하고자 80만 구독자 기념으로 진행한 경품이벤트 영상이 100만 조회수와 함께 엄청난 구독자 상승세를 가져와서 해당 영상 업로드 직후에 3만 명의 구독자 상승을 볼 수 있었다. 이 두 개의 잘 터진 영상 뒤에 배치된 영상들은 예상치보다 높은 결과를 보여주며 흐뭇한 여행을 보낼 수 있었다. 난 분명히 15일간 쉬었는데 채널이 성장했던 것이다. 의도치 않게 15일 가까이 업로드를 못했던 2016년 12월 겨울 즈음에 참담했던 조회수와 역대 최악의 수익률, 그리고 정체된 구독자수를 떠올리면 크리에이터라는 직업이 나를 참 독종으로 성장시켰구나! 라는 감회가 든다.

⑤ 시청자의 평가 요소

그렇다면 당신의 채널을 평가하는 마지막은 무엇인가? 처음 유튜브의 네 가지 요소를 '유튜브-크리에이터-광고주-시청자' 라고 했다. 건전성이 광고주를 위한 평가 요소라면 주기성은 크리에이터의 성장을 위한 채찍질이었다. 그렇다면 '시청자'

들을 위한 평가 요소가 남아있을 것이다. 바로 영상의 매력도이다. 쉽게 말해 영상이 재미있느냐 없느냐, 유익하냐 불량하냐 정도로 생각하면 된다. 필자는 유튜브 영상의 가치를 판단할 때 네 가지로 분류한다.

'재미, 위로, 대리만족, 정보' 이 네 가지 중 하나라도 담긴다면 그 영상은 시청자에게 시간을 내준 가치에 보답한다. 재미라는 것은 말초적인 자극이다. 슬픔이던 웃음이던 놀람이던 그 모든 것들은 재미이다. 또한 재미가 없더라도 영상이 우리를 위로해줄 때 우리는 그 영상에 감동하게 된다. 또 어떤 콘텐츠들은 그저 시간을 때우는 시각적 몰입을 주거나 내가 하지 못하는 것들을 대신해주는 대리만족을 선사한다. 그러나 이 앞에 모든 요소가 없더라도 시청자에게 유익한 정보를 주는 영상이라면 그 가치를 증명해냈다고 할 수 있다. 이러한 네 가지 요소를 통해 시청자들은 영상을 지속적으로 시청하게 된다.

그런데 시청자, 즉 인간은 컴퓨터가 아니다. 정확히 이런 내용들을 정량적으로 평가하고 기계적인 채점으로 영상을 평가하지 않는다. 마찬가지로 시청자가 영상을 판단하는 '느낌'은 쉽게 단정지을 수 없을 고도로 복잡한 영역이다. 결과적으로 해당 영상의 시청을 짧게 하고 시청자가 이탈해 버린다면? 해당 영상은 시청자에게 가치 없는 영상이다. 해당 영상을 시청하는 사용자들이 유독 유튜브를 종료하는 일이 많다면? 시청자는 불쾌함까지 느낀 것이다. 유튜브의 생존을 위협하는 영상인 것이다. 거기에 능동적인 의사표현으로 '싫어요'를 클릭하고 더 적극적인 표현으로 타임스탬프를 찍어 '신고'를 한다. 특이한 소수의 사용자가 아니라 다수의 시청자가 이 영상의 부정적인 반응을 보였다면? 유튜브는 그 영상, 그리고 그 영상을 올린 채널을 부정적으로 평가할 것이다. 당연히 한 개의 영상으로 채널의 모든 미래를 결정하진 않을 것이다. 하지만 반복적이고 연속적으로 '사용자의 부정적 반응'을 유발하는 채널이라면? 당신의 채널은 그 때 망하는 것이다. 망한 채널들은 이렇게 다수의 사용자의 부정적인 사용 패턴을 만든 채널들이다. 부정적인 사용 패턴이란 쉽게 말해 유튜브의 체류 시간을 떨어뜨리는 사용패턴을 말한다.

① 1년을 평가하라

처음 1년이 가장 중요하다. 내 영상이 건전하면서도 시청자들에게 가치를 주는 콘텐츠가 되기 위한 채널의 정체성과 방향을 발견하고 지지대를 견고히 하는 기간이면서 동시에 크리에이터가 성장하기 위한 최대의 가치 업로드를 꾸준히 하는 '노력'을 시험하는 기간이기 때문이다. 그래서 나는 주변에 유튜브를 시작하는 사람들에게 원래 직업을 버리지 않고, 1년 간의 유예 기간을 거쳐 스스로가 유튜브 채널을 운영할 '재능'과 '근성' 이 두 가지를 끈덕지게 테스트해 본 후, 전업을 결정하길 권하고 있다.

당신의 채널이 유의미한 크기로 성장할 수 있는 1년의 시간 동안 건전하면서도 시청자에게 재미, 위로, 대리만족, 정보를 주는 가치 있는 콘텐츠를 제작하고, 주기적으로 꾸준하게 업로드 하는 것이 유튜브에서 최고의 평가 점수를 받기 위한 모든 것이다.

② 크리에이터로서의 길로 가려면

필자의 경우 굉장히 소심한 성격이라 유튜브 1년차 구독자 10만이 되었지만, 불안한 마음이 들어 회사를 1년 더 다닌 후에, 유튜브의 한 달 수입이 다니던 회사의 연봉 이상으로 꾸준히 나온 시점에서야 퇴사를 결정했다. 최소 1년 동안은 학업이나 본업에 최선을 다하고 일이 끝난 후 여유시간에 유튜브 채널 운영에 도전해 보고, 결과를 보며 유튜브 크리에이터로서의 길을 판단하길 바란다. 내 인생은 내가 결정하는 거니까 답은 자신에게 있다. 어쩌면 퇴사를 하지 않기 위한 핑계가 채널 성장에 도움이 되기도 한다. 나의 경우 다니던 회사가 공기업이었고 복지가 좋아 그만두기 아까운 회사였기에 매번 퇴사의 기준을 더 높게 야금야금 올렸는데, 처음에는 '구독자 10만'이 되면 그만두려다가 10만이 되자 '구독자 20만', 은근슬쩍 '구독자 30만', 그걸 이루자 구독자는 상관없고 회사에서 다녔으면 벌었을 '연봉의 10년치'를 번다면 그만두겠다는 기준을 만들었다. 사실 회사를 그만둘 용기가 없어서 스스로 기준을 높이고 결정에서 도망쳐왔던 것 같다. 그렇지만 결과적으로 영상 제작에 나태해질 때마다 나를 벌떡 일으켜 왔던 자극들이었고, 전업으로 유튜브를 했던 크리에이터들보다 빨리 성장할 수 있었던 비결이기도 했다.

유튜브에 인생을 거는 것은 당신의 생계를 위험하게 만들 수도 있다. '사회적 안전장치'가 전혀 없는 유튜브 크리에이터를 직업으로 삼는데 있어서 신중하란 말은

100번, 1,000번도 아깝지 않다. 유튜버는 '채널'이란 '매장' 하나만 믿고 사는 소상공인과 같은 것인데, 손님(시청자)이 없어 채널이 불운하게 사라져버릴 가능성도 높다. 나의 잘못으로 또는 타인의 공격과 실수로 업로드를 더 이상 하지 못하고, 하기 싫게 되는 경우도 있다. 그렇기 때문에 당신이 무언가를 그만두고 유튜브 크리에이터를 전업으로 하려면 최소한 1년간 자신을 평가하고, 자신이 세운 기준을 스스로 통과할 수 있는 지 지켜보길 바라며 이후에도 최소한 다시 채널을 키울 수 있을 때까지 나를 지탱해줄 단단한 지지대를 마련한 후 본업으로 삼길 강력하게 권유한다.

유튜브는 하이리스크 하이리턴이다. 안전 장치는 제로, 수익의 상한도 제로다. 영상 하나가 전 세계적으로 터지면 몇 분짜리 영상 하나 업로드에 수십억을 가져다 주는 곳이다. 영상에 얼굴까지 등장했다면 당신도 스타가 될 수 있는 곳이 바로 이곳이다. 이상의 실현이 불가능한 우리의 현실과는 다르게 적게라도 가능성이 존재하는 곳 '유튜브!' 당신이 만약 나의 소중한 사람이라도 나는 똑같이 말할 것이다. '본업만 그만두지 않는다면' 되던 안 되던 무조건 도전하길 바란다.

03 | 공포의 업데이트

유튜브 크리에이터로 살아가면서 가장 두려운 일중 하나는 업데이트이다. 2017년 이후 업데이트는 기능 업데이트 보다는 검열 업데이트가 많았다. 업데이트 직후에 겪는 증상은 조회수가 안 나오고 영상의 추천유입 % 확인 시 추천 동영상 비율이 1% 이하로 떨어지거나, 최근 28일 기준 수익이 평균치보다 급격하게 떨어진다. 또 인기 급상승 탭을 확인해 보면 카테고리가 한쪽에 치우치는 경향이 생긴다. 내가 속하는 카테고리, 예를 들면 영화 쪽에 몰리는 경우가 아니라면 대부분 다양한 분야의 크리에이터들은 영상이 인기 탭에 들어가지 못하는 현상을 경험한다. 결과적으로 업데이트 직후에는 삐걱된다는 느낌이 체감적으로 다가온다. 물론 안정화는 되지만 보통 안정화까지 최소 15일에서 한 달 이상은 걸리는 느낌이다. 노란딱지 시스템이나 저작권 검출과 같은 대 격변 업데이트가 아니라 평상시에도 자잘한 업데이트가 존재한다. 그럴 경우에는 특별한 공지가 나오진 않지만 평소와 비슷한 콘텐츠인데 이상하게 조회수가 급격하게 저하되는 데서 낌새를 눈치채고 크리에이터 스튜디오를 확인해보면 수익란에 '2일 수익 지연', '지난 1일 수익 지연'과 같이 최근 28일 수익이 보이는 란에 이상기류가 감지된다. 업데이트가 되는 것은 늘 두려운 일이다. '구관이 명관이다' 라는 말을 누가 만들었는지, 우리 조상님 중 한 분이 만드신 거 같은데 참 옳은 말이다. 시스템이 바뀌는 것은 크리에이터에게 좋을 게 없다. 심지어 검열 업데이트가 아닌 기능 업데이트에 속하는 유튜브 스튜디오 베타(크리에이터가 사용하는 유튜브 관리 화면의 최신 버전) 조차도 기능의 부족한 점이 많아 사용하지 않게 되고, 구버전을 사용하고 있다. 이처럼 반갑지 않은 업데이트에서 우리는 어떻게 대응해야 조금이라도 생존력을 높일 수 있을까?

필자가 추천하는 방법은 조금이라도 업데이트의 기류가 느껴지면 잠시 업로드를 멈추라는 것이다. 비는 피해가야 한다. 그리고 전산 시스템이 변경이나 추가적인 기능이 도입되는 초기에는 필연적인 디버깅(오류 수정) 작업이 요구된다. 최첨단을 달리는 데이터 마이닝 작업에도 의외의 단점이 있다. 보통의 알고리즘은 일종의 수학공식을 넣어준다고 보면 된다. 'X + 1 = ?'이라는 공식이 있다고 가정해보자. X에 1을 투입했을 때 +1이라는 계산이 더해져 2가 된다. 어떤 상수를 대입해도 1을 더해서 나오는 결과는 정확하고 알고리즘 오류(Algorithmic Error) 따위는 일어나지 않는다. 그런데 유튜브의 시스템은 머신러닝을 필두로 한 다양한 추천 알고리즘을 시작으로 크리에이터와 시청자 광고주 유튜브 사를 모두 만족시켜주기 위한 프로그램들이 얽히고 설켜 있기 때문에 도입 초기부터 안정화된 업데이트를 하긴 쉽지 않을 것이다. 특히 머신러닝은 X에 A라는 사진을 넣고 이것은 강아지이다. "이게 왜 강아지인지 파악하는 건 네가 알아서 해라. 자료는 엄청 많이 줄게." 라는 방식이기 때문에 컴퓨터가 강아지를 파악하는 특징들이 인간과는 전혀 다른 방식으로 이해를 하게 되고, 그 과정에서 구글의 엔지니어도 유튜브의 알고리즘을 완전무결하게 이해하기는 힘들다고 한다. 이는 유튜브에 근무하는 엔지니어들과 어떤 에러 현상에 대해서 도움을 구할 때 알게 된 내용이다.

유튜브의 엔지니어들은 뛰어나고 높은 수준의 공학자들이지만 전문적이고 깊은 영역인 유튜브 전체의 알고리즘이 유기적이고 전사적으로 도대체 무슨 일이 일어나는지 이해하는 건 신이 아니면 불가능할 것이다. 그렇기에 뛰어난 각 분야의 엔지니어들과 팀이 협력하여 업데이트된 내용을 안정화하고 크리에이터와 유튜브 사용자들의 피드백을 받아 디버깅을 거치는 동안 크리에이터들은 자신의 소중한 영상이 혹시라도 업데이트의 바람 속에서 추천을 받지 못하고 조용히 잠들어 버릴 수 있다는 가정을 해야 한다. 업데이트 안정 기간은 단정지을 수 없고 유튜브에서도 따로 발표하지 않는다.

나의 경우 보통은 업로드가 유독 느리게 되면 일단 우리집의 인터넷 속도부터 측정한다. 인터넷 속도가 평상시와 다름없는데 업데이트가 느리다면 당장 업로드를 중단하고 해당 영상을 일주일 뒤 정도에 올린다. 그것만으로도 많은 비를 피해갔다. 뭔가 시스템이 불안정한데 "에라 모르겠다. 상관없어." 하고 올렸다가 처참한 조회수가 나온 영상들에 오타나 수정 사항이 생겨 한참 기간이 지나 재업로드를 했을 때 같은 영상을 예전에 업로드 했을 때보다 훨씬 조회수가 잘나온 것을 수차례 겪은 이후로는 업데이트를 감지했을 때 업로드 미루기 전략을 사용한다. 미루는 것도 길어야 1~2주이기 때문에 업로드 계획보다 3일 정도 늦추고부터는 동료 크리에이터나 유튜브 크리에이터들이 글을 쓰는 커뮤니티에 분위기를 살핀다. 불만 글이 많거나 동료들도 같은 증상을 겪고 있다면 최대한 미루고, 이후 그런 증상을 못 느낀다는 반응을 체크한 후 업로드를 재개하면 된다.

04 | 당신의 채널에는 가격표가 붙어 있다

① CPM 이란 무엇인가?

유튜브 크리에이터 스튜디오에서 수익 메뉴를 확인하게 되면 노출당비용(CPM)이란 키워드를 마주하게 된다. 광고 분야 종사자라면 업무적 용어로 들어봤을 법하고, 그렇지 않은 경우 생소한 단어일 것이다. CPM은 'Cost Per Mille(1,000 impression)'의 약자이며 1,000회 노출당 비용을 말한다. 광고주의 입장에서 CPM은 써야 하는 돈을 말하며, 크리에이터의 입장에선 받는 돈을 말한다. 물론 유튜브와 크리에이터는 45대 55의 비율로 광고수익을 분배하기 때문에 CPM이 높을수록 크리에이터도 무조건적으로 유리하다.

재생 기반 CPM ⓘ
₩4,835
↑ 21%

[그림 3-3] CPM 표시 화면 예

흔히 영상이 시작되기 전에 시작하는 광고를 30초 이상 봐야 크리에이터에게 수익이 돌아간다는 이야기를 들어본 적 있을 것이다. 이때 적용받는 CPM은 재생 기반 CPM이라고 할 수 있다.

① CPM 광고단가

수익을 계산하는 법과 그에 따른 CPC(클릭당 비용), EMP(예상 수익 창출 재생) 등 다양한 개념을 이해해야 한다. 그렇다고 지금 그 개념을 공부해보자는 얘기는 아니다. 취업할 때 그렇게 영어점수로 평가하면서 막상 회사에 들어가니까 영어 단어 하나 안 쓰던 회사생활이 떠오른다. 크리에이터는 가성비, 쓸데없는 건 쳐다보지 말라! 시간낭비다. 크리에이터 3년을 보내면서 느낀 건 영어단어는 딱 하나만 알면 된다.

'CPM' 그 의미도 쉽게 생각하자. CPM은 광고 단가라고 할 수 있고, 내 채널에서 노출되는 광고의 가격이라고 생각하면 된다. 시청률이 높으면 더 많은 광고가 게재 되고 그로 인해 수익이 올라가는 것이다. 조회수를 기반으로 CPM을 곱해서 계산 이 된다는 것은 오해다. 또한 보통 30초 동안 광고를 보지 않으면 수익을 못 받는 것으로 오해하는 경우가 있는데 이는 옳지 않다. 광고 수익 구조는 매우 다각화 되 어 있기 때문이다. 30초 이상을 봐야 수익이 들어온다면 대부분의 사용자가 광고를 뛰어넘기 때문에 크리에이터들이 조회수가 많을수록, 그리고 시청 시간이 길수록 높은 수익을 얻게 되는 비례성이 성립되지 않는다.

② 인스트림 광고

30초 건너뛰기, 5초 건너뛰기 같은 광고를 인스트림 광고라고 하는데 이를 통해 시청자에게 선택권을 줄 수 있고 광고의 신뢰도를 올리기 위한 최적화 전략을 구사 하기 위함이다. 광고에는 이처럼 다양한 유형이 존재한다. 구글 영업팀에서 직접 판매한다고 알려진 '예약 광고', '건너뛸 수 있는 광고', '건너뛸 수 없는 광고'는 동영 상 전후에 삽입되는데 대표적인 고가의 CPM을 내는 광고다. 이외에도 범퍼, 디스 플레이, 중간 광고 등이 존재한다. 디스플레이 광고는 리치 미디어(광고에 마우스만 올려 도 상호작용하며 또 다른 이미지가 노출되거나 영상이 재생되는 광고) 형태부터 TrueView(광고를 시청 해야만 광고비를 지불할 수 있도록 시청자에게 선택권을 주는 광고), 동영상 하단의 오버레이, 300× 250 배너까지 매우 다양하다. 이렇듯 다양한 광고의 조합이 수익으로 정산된다.

③ 광고비 계산

광고별로 가격 단가는 차이가 난다. 보통은 가장 단가가 비싼 30초 이상 보아야 하는 2분짜리 광고처럼 재생 기반으로 계산되기도 하며 광고를 클릭해서 해당 사 이트로 넘어가는 클릭당 광고비를 계산하는 경우도 있기 때문에 크리에이터가 광 고비를 계산해내는 것은 불가능에 가깝다. 결국 확률적으로 조회수가 많으면 높은 광고수익을 거두기 때문에 조회수가 많이 나오면 광고료도 많은 편이다.

자세히 살펴보자면, CPM이 1달러라 치면 1조회수에 1원 정도의 수익이 얼추 맞다. 아무래도 1달러가 1,000원이다 보니 1,000조회수당 1,000원인 계산이 맞아 한국 크리에이터들은 이 계산법을 쓴다. 이런 '대충 계산법'에 따르면 CPM이

2달러면 1조회수당 2원이라는 계산이 된다. 채널의 콘텐츠마다 그 채널을 주로 시청하는 광고 타깃층 마다의 CPM에도 차이가 있으므로 CPM을 계산해보려는 시도는 시간 낭비를 넘어 편집증에 가까운 스트레스를 동반할 것이므로 추천하지 않는다.

[그림 3-4] 수익 광고 유형별

4 국가별 CPM

국가별로 CPM의 큰 차이가 있으며 2019년 5월 20일 기준으로 오스트레일리아가 6달러에 육박하고, 미국, 뉴질랜드, 네덜란드 같은 국가가 최상위권에 위치한다. 베트남은 1달러가 되지 않는 CPM을 갖고 있다. CPM 상위권 국가 기준으로 크리에이터 스튜디오에서 바로 조회할 수 있는 내용이기 때문에 보이지 않는 하위권 국가들의 CPM의 편차는 더욱 크다. 대한민국은 2016년에는 1달러 규모였는데, 2019년 5월 기준으로 3달러 가까이 상승했다. 아마도 유튜브 열풍 현상으로 광고 시장에 자본이 집중되고 있고, 방송광고비가 모바일 광고계로 쏠리는 경제 현상으로 인해 CPM이 상승하는 것으로 보인다. CPM은 국가의 경제 상황과도 연관이 있다고 유튜브 크리에이터 아카데미 도움말에서 직접 밝히고 있다. 국가별로 CPM이 다르다는 것은, 내 영상을 다양한 나라의 시청자가 감상할 경우 같은 영상에 여러 가지 CPM을 적용받아 광고비가 책정되고 있다는 뜻이다. 또 광고의 종류별로 가격도 다르고 어떤 국가의 시청자가 어떤 광고를 어떤 형태로 시청할지에 달려 있다. 유튜브를 한국어로 만들어도 희한하게 대다수가 외국에서 재생한 경우도 생긴다. 그럴 경우는 해당 국가의 CPM이 수익의 대다수를 차지할 것이다. 이런 경우는 재미있는 가정이 생긴다. 만약 내 영상이 유독 인도에서 재생이 많이 되면 차라리 인도 채널로 만드는 게 낫지 않을까? 라는 가정이다.

예를 들어 한국의 CPM을 3달러로 가정하고, 인도의 CPM은 1달러로 가정해 보자. CPM만 봐서는 한국인을 위한 한국 언어의 채널을 만드는 것이 더 높은 수익을 낼 수 있는 전략으로 보인다. 그런데 재생 기반으로 발생하는 CPM을 계산했을 때 인도에서 발생하는 시청률이 한국에서 발생하는 시청률의 10배라고 가정한다면 CPM은 한국이 3배 높지만 결과적으로 재생되는 광고는 인도가 한국에 10배가 많은 것이다. 그렇다면 인도를 타깃팅한 채널을 만드는 것이 한국을 타깃팅한 채널을 만드는 것보다 3.333…배 수익적으로 유리하다는 결론이 나온다. 물론 현실적으로 가장 가성비가 좋은 방법은 언어적인 제약이 있다는 것을 전제로 한국에서 편하게 한국적인 콘텐츠를 만든 후에 유튜브 번역 전문업체에 의뢰해서 자막을 제작해서 유튜브 자막으로 추후 업로드를 하면 인도쪽에서 발생하는 광고 재생 역시 추가로 유입할 수 있는 방법이 있으니 한국 채널을 할지, 인도 채널을 할지, 오스트레일리아 채널을 할지 고민하다 잠 못 드는 김칫국 드링킹은 하지 말자.

광고 유형을 개별 설정할 수 있다면 어떤 형태로 설정이 가장 수익이 좋을까

[그림 3-5] 〈고몽〉에서 소개한 영혼 체인지 드라마 〈어비스〉 소개 영상

⑤ 광고 버튼은 ON

결론부터 말하면 모든 광고 버튼을 ON으로 해놓는 것이 좋다. 왜냐하면 구글은 모든 광고를 모든 시청자에게 다 보여주는 것이 아니라 가장 효율적이고 최적의 형태로 광고의 효과를 극대화하기 때문이다. 앞서 유튜브가 지향하는 가장 상위의 비전은 '시청자를 유튜브에 오래 머물게 하기' 라고 했다. 광고와 그로 인한 수익은 유튜브라는 거대한 플랫폼을 움직이는 혈액과도 같다. 광고가 바로 유튜브의 생명력이라는 뜻이다. 그러나 아무리 돈이 많이 흘러도 결국 시청자가 없다면 크리에이터도 광고주도 유튜브를 떠날 수밖에 없다. 결국 그것은 유튜브가 모든 것을 잃게 된다는 것을 의미한다.

매스미디어는 이미 광고로 도배되었고, 어떤 TV프로그램을 시청하기 위해선 필연적으로 방송 앞뒤의 광고를 봐야한다. 요새는 심지어 중간 광고까지 만들어서 예전 1시간짜리 드라마를 30분씩 나눠서 방영하기까지 한다. 거실에서 텔레비전을 가족끼리 함께 보고 시청자들의 선택의 폭이 다른 방송채널 밖에 없었던 시절에는 그랬다. 그러나 2019년의 시청 패턴은 그러한 광고로 도배된 플랫폼에 대해 경계심을 갖는다. 유튜브도 그것을 누구보다 잘 알고 있다. 유튜브의 알고리즘은 시청자에게 영상을 추천하기 위해서 광고주에게 친화적이지 않은 불량 영상을 잡아내기 위해서만 존재하지 않는다. 바로 시청자에게 적절한 광고를 매칭해서 광고주의 비용에 대한 수익을 극대화하고 시청자가 광고로 인한 부정적인 인상으로 유튜브를 떠나거나 장기적으로 유튜브를 불신하게 되는 일을 막기 위해 한 번 광고를 시청한 시청자에게 일정시간 이하로는 다시 광고가 노출되지 않게 하는 전략을 구사한다.

구글의 크리에이터 교육에서는 이 시간을 7분으로 발표했는데, 7분에 한 번 광고를 보게 하는 게 수익률과 시청자가 오래 머물게 하는 최적의 시간이라는 유튜브의 결론이 또 어떤 방향으로 변화할지 예측하긴 어렵다. 그러나 적어도 수익 창출이 가능한 크리에이터들의 수익을 극대화하기 위해서 어떤 광고를 선택해야 하는지에 대한 고민은 하지 않았으면 좋겠다. 이런 저런 유형의 광고를 모두 선택해 봤었지만, 경험상 모든 광고 설정을 켜놓고 유튜브에서 시청자의 감상 패턴과 영상의 파형을 읽고 배치하는 광고 형태가 있다는 것은 그것이 세계 최대의 시청 데이터로 결론지은 구글의 답이다. 크리에이터가 고민해야할 광고에 대한 선택은 단 한 가지다.

⑥ 중간 광고 설정

스스로 삽입할 수 있는 '중간 광고'에 대한 타이밍 설정은 본인이 직접 시간과 횟수를 지정할 수 있는 중간 광고를 위한 영상 내에서의 멘트를 만든 다음 그 타이밍에 광고를 넣으면 시청자들이 광고를 하나의 재미로 느낄 수 있다. 필자의 경우 영화를 소개하며 중요한 부분에서 그냥 멘트 없이 광고를 삽입하는 것이 아니라, "여기서 광고 한 편 보고 가실게요. 뿅" 이라는 안내를 해줌으로써 시청자들에게 잠시 광고 시청 후에 영상을 볼 수 있는 안내와 재미를 주었다. 이와 같이 멘트 안내 이후에 광고를 넣으면, 광고 시간을 지정할 수 있다는 것을 모르는 시청자들이 "우와 진짜 광고가 나왔어! 신기해!" 같은 댓글 반응을 보인다. 또 유튜브에서 이미 많은 인기 크리에이터들이 유튜브 광고를 시청해주는 것이 크리에이터들에게 수익이 되고더 좋은 콘텐츠를 생산할 수 있는 밑거름이 된다는 신뢰를 쌓아 놓은 덕에 유튜브 광고에 대한 공개적으로 부정적인 반응은 보기 어렵다.

유튜브 크리에이터 아카데미에서는 광고를 설정했을 때 아래와 같은 내용을 체크하여 수익에 반영한다고 한다.

✔ 동영상 또는 정책을 '수익 창출'로 설정했나요?

✔ 모든 광고 형식을 사용할 수 있나요?

✔ 수익 창출이 가능한 국가에서 조회수가 발생하나요?

✔ 광고주 친화적인 동영상인가요?

✔ 시청자에게 광고를 게재하기에 적절한 시기인가요?

✔ 시청자의 최근 광고 시청 시기와 빈도를 고려하세요.

✔ 시청 기기에서 지원하는 광고인가요?

✔ 일부 광고는 모바일에서 제공되지 않습니다.

✔ 모든 광고 카테고리가 허용되나요?

✔ 시청자가 광고 없이 시청하는 유튜브 프리미엄(YouTube Premium) 구독자인가요?

✔ 동영상 길이가 30초 이상으로 인스트림 광고가 게재될 수 있나요?

✔ 입찰 또는 예약 인벤토리에 사용할 수 있는 광고가 있나요?

즉, 위와 같은 내용들이 CPM과 수익에 영향을 준다는 것이다. 유튜브가 공식적으로 공개한 정보들은 크리에이터 아카데미에서 찾아볼 수 있다.

크리에이터 아카데미

크리에이터 아카데미(https://creatoracademy.youtube.com/) 사이트에서 원하는 키워드를 검색하면 하이퍼 링크 형태로 상세한 내용을 확인할 수 있으며 각종 설명과 추가 퀴즈 형태로 크리에이터가 필요한 사항을 공부할 수 있다. 이 책에서 사용한 공식적인 개념과 수치는 주로 크리에이터 아카데미를 참조했음을 밝힌다.

② 대부분의 광고주에게 적합하지 않은 콘텐츠란?

CPM이고 수익이고 대부분 광고주에게 적합하지 않은 콘텐츠가 되면 일차적으로 노란딱지가 붙어서 수익 창출이 불가능하거나, 노란딱지가 붙기 직전까지의 아슬아슬한 경계로 평가된 영상들은 비록 수익 창출은 가능하나 CPM이 현저하게 낮게 측정되어 수익이 낮은 결과를 가져온다. 그렇다면 광고주들에게 적합하지 않은 콘텐츠는 무엇이고 이를 피하기 위해선 어떻게 해야 하는지 논해보자.

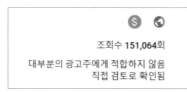
[그림 3-6] 노란딱지가 붙은 모습

[그림 3-7] 크리에이터에게 유용한 교육을 제공하는 크리에이터 아카데미(Creators Academy) 사이트

광고주는 유튜브에서 광고를 게재할 위치를 선택할 수 있다. 즉 광고주가 원하지 않는 채널에 대해서는 광고의 게재를 거부할 수 있다. 광고주에게 친화적이지 않다는 뜻은 쉽게 말해 기재된 가이드라인 외에도 광고주의 판단만으로 이유를 막론하고 광고를 게재하지 않을 수 있다는 뜻이다.

유튜브의 목표는 많은 사람들이 이야기할 공간을 만들어 주는 것이다. 그러기 위해서 다수가 아닌 소수자의 이야기에도 공평한 공간을 제공하는 곳이 유튜브이다. 게재를 허가하는 것과 그것에 광고비를 지불하는 것에는 차이가 있다. 광고주는 광고 효과를 얻기 위해 유튜브에 광고비를 지불한다. 광고주는 유튜브에 크리에이터의 영상이 옳고 그름의 문제를 떠나 광고주의 브랜드 이미지에 해가 될 수 있다면 광고비 집행 중단 요청을 할 수 있는 것이다. 그렇기에 우리가 생각했을 때는 정당한 개인의 정치적 신념, 성적 솔직함, 자유로운 발언, 파격적인 행동 등에 노란딱지가 붙고 광고주 친화적이지 않은 영상으로 판독되어 수익창출에 제한을 받게 되는 것은 안타깝지만 받아들일 수밖에 없는 시장경제의 원리일 뿐이다.

라이브 채팅으로 큰 팬덤을 거느리던 구독자 100만 규모의 채널들 세 곳이 연이어 모든 영상이 노란딱지로 변하는 제재를 받았던 적이 있다. 해당 크리에이터는 2,000개가 넘는 영상이 모두 노란딱지로 변했다는 주장을 했다. 이번에 모든 영상에 노란딱지를 받은 크리에이터들은 평소 자극적인 영상을 만든다는 이미지를 갖고 있었고, 유튜브에서 인기 상단을 주로 차지하는 구설수에 휘말리는 등의 사건을 겪은 채널들이다. 예전에는 노란딱지를 받지 않았던 영상들도 해당 크리에이터 자체가 광고주들에게 부정적인 이미지를 심어주게 된다면 이젠 그 이름만으로도 노란딱지를 받는 상황이 벌어지고 있는 것이다. 이렇듯 유튜브에서는 정확히 규정할 수 없는 '감각적으로 지켜야할 선'이 존재한다. 이 선 밖에 노란딱지가 기다리고 있다. 선을 넘는다고 반드시 노란딱지에 걸리는 것은 아니다. 그러나 선을 넘었을 때 당신이 소중이 키워온 채널을 잃을 수도 있는 것은 분명한 사실이다.

1단계 : YouTube 파트너 프로그램 약관을 읽고 동의한다. YouTube 계정에서 채널의 수익 창출을 사용 설정하고 화면의 안내에 따라 YouTube 파트너 프로그램 약관에 동의한다. YouTube 파트너 프로그램(2023년 11월 기준)을 신청하려는 채널은 구독자수 500명 및 지난 90일간 공개 동영상의 유효 업로드 3회, 지난 1년간 공개 동영상의 유효 시청 시간 3,000시간 또는 지난 90일간 공개 Short 동영상의 유효 조회수 3,000만 회 기준을 충족하면 신청서를 검토해 채널 활동이 YouTube 파트너 프로그램 정책, YouTube 서비스 약관, 커뮤니티 가이드를 준수하는지 확인한다. 심사가 완료되면 즉시 알려준다.

[그림 3-8] 수익 창출 허가 메일

2단계 : 애드센스에 가입하여 동영상으로 창출한 수익을 지급받는 새 애드센스 계정을 만들거나 채널에 기존 계정을 연결할 수 있다.

3단계 : 수익 창출 환경을 설정한다. 수익 창출이 가능한 동영상의 기준과 각종 광고 형식을 검토한다. 그런 다음 동영상에 게재할 광고 유형을 설정하고 모든 기존 동영상 및 이후에 업로드할 동영상에서 수익 창출을 자동으로 사용 설정한다.

[그림 3-9] 왼쪽 이미지는 합성이 아니라, 업데이트 중 에러가 발생했는데 〈고몽〉 채널의 최근 28일간 수익이 '490만 달러'가 잡혀있었다. 만약 실제로 저 수익이 지급되었다면 한화로 '58억 원'쯤 되는 돈이다. 제2의 강남스타일이 탄생했나…. 내 채널 조회수를 둘러봤으나, 이내 추정 수익의 오류는 수정되었다.

05 키워드에 집착하라는 헛소리를 믿지 말라

키워드에 집착하라는 헛소리를 믿지 말라. 만약 주변에 유튜브 조회수 잘 나오는 비법이라며 '검색어 상위노출' 이라던가 '빅데이터 어쩌구', '메타데이터를 기반으로 한 전략이….'를 반복적으로 언급하는 사람이 있다면 당장 귀를 틀어 막자.

① 유튜브에서 검색어란?

유튜브에서는 검색어 따위는 중요하지 않다. 검색어가 중요한 건 텍스트 기반의 검색포털에서나 해당되는 이야기이다. 유튜브는 사용자 중심의 추천 알고리즘을 보유한 플랫폼이다. 내가 검색해서 찾는 게 아니라 나에게 추천해주는 영상을 보는 플랫폼이란 것이다. 그 중에서는 내가 원하는 콘텐츠가 있고 검색을 통해 영상을 찾았거나 정보의 키워드가 핵심인 시청도 있다. 하지만 필자가 겪어본 유튜브는 그런 것에 목멜 필요가 없다. 유튜브 스튜디오 분석 앱에서는 해당 영상이 어떤 유입으로 들어왔는지 검색통계와 세부항목인 트래픽 소스 유형을 확인할 수 있다.

2019년 5월에 업로드한 tvN과 콜라보레이션한 드라마 〈어비스〉 리뷰 영상의 트래픽 소스 유형을 보면 탐색 기능이 76%이고, 추천 동영상이 18.9%이며 유튜브 검색은 불과 1.6% 밖에 해당되지 않는다. 참고로 탐색기능은 '검색'이 아니라 홈페이지, 홈 화면, 구독 피드, 기타 탐색 기능에서 유튜브의 영상 추천으로 발생한 트래픽이다. 이 한 영상을 기준으로 일반화 해본다면, 한 영상의 조회수를 구성하는 95%가 유튜브의 추천으로 발생하며 단 1.6%만이 유튜브 내의 검색창을 통해 영상을 직접 검색해서 찾아보며, 그 것을 제외한 단 몇 프로도 안 되는 외부 유입이 존재하는데, 그 중에서도 66%는 구글 검색을 통해 영상을 찾은 경우였다.

이것은 비단 한 영상의 예일까? 3년간 250개 이상 업로드한 〈고몽〉 채널 전체의 통계로 확인해보겠다.

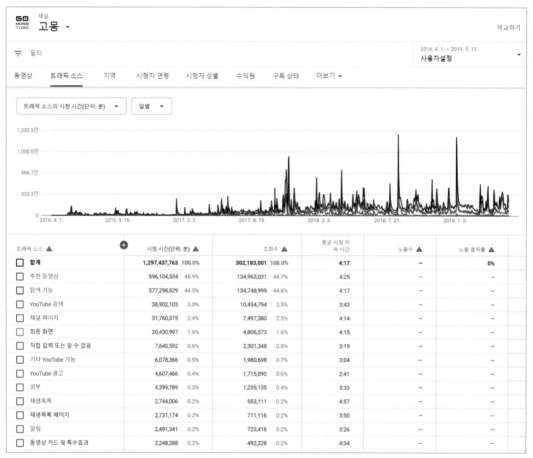

[그림 3-10] 트래픽 소스의 시청 시간

2016년 4월부터 2019년 5월까지 트래픽 소스 전체에서 추천 동영상의 비율은 45.9%, 탐색 기능은 44.5%이다. 총 90.4%이며 직접 검색을 통해 영상을 찾은 비율은 3%에 불과했다. 또 유튜브 외부에서 유입된 비율은 0.3%에 불과했다. 즉 유튜브에서 쓸데없는 두 가지는 검색어 유입을 노리고 시간을 낭비하는 행위와 유튜브 외부 커뮤니티에서 홍보하는 행위라는 것이다.

나에게 맞는 것을 유튜브가 찾아주고 시청자에게 맞는 영상을 이어주는 알고리즘의 추구, 그것이 끝이다.

제목에 검색어 유입이 많은 키워드만을 노린다거나 태그, 설명에 전략을 세우는 것은 에너지의 낭비라는 것이다. 제목은 검색어 유입이 많은 단어를 선정하는 게 아니라 내 영상을 빛내줄 수 있는 제목을 지어야하고, 내가 만든 영상을 정확히 표현하는 설명글과 제목을 통해서 '검색어를 통해 유입되는 시청자'가 아닌 '유튜브 알고리즘'에게 내 영상을 이해시키고, 최적화된 시청 타깃에게 내 영상을 적절하게 추천할 수 있도록 배려하는 것이 영상의 조회수가 높아지는데 중요하다. 내 영상이 품고 있는 메타데이터로 낚시하여 시청자가 유입되는 것은 유튜브 알고리즘에 악영향만 끼칠 뿐이다. 유튜브의 측정 항목에서 가장 중요한 것은 시청 시간이기 때문에, 수백 개의 키워드로 검색어 유입을 조금 늘렸다고 하더라도 적절한 영상 타깃이 아닌 이유로 검색으로 제시된 영상을 그냥 지나칠 사용자들에 의해 우선 노출 클릭률이 하락하게 되어 영상의 매력도가 저하되며 유입되어 직접 시청을 하더라도 자신에게 최적화되지 않은 영상이므로 시청 시간이 낮아 영상의 추천이 잘 되지 않을 가능성이 높다.

즉 검색어에 연연하는 것은 하등 쓸모가 없다. '메타데이터'가 중요하다 말하는 것은 확실하게 잘못된 정보이며 오히려 제목, 태그, 설명글이 광고주에게 친화적이지 않은 단어나 표현이 들어가 있으면 영상의 노출을 방해할 수 있기 때문에 이것저것 넣어서 키워드를 만들 필요도 없다. 그런 말이 있다. 사람이 건강하려면 몸에 좋은 걸 많이 먹어야 하는 게 아니라 몸에 안 좋은 걸 안 먹는 게 훨씬 효과적이라고…. 유튜브의 메타데이터도 그렇다. 쓸데없는 키워드를 제거하고 정확하고 적절하게 내 영상을 표현하는 키워드로 구성한 제목, 설명글, 태그가 채널과 영상의 건강에 최고다.

[그림 3-11] 태그

② # 태그는 독이 될 수 있다

2016년경 한 MCN 담당 직원과 상담을 한 적이 있었다. 채널의 가능성을 발견했다며 계약을 맺자는 연락이 와서 당시에는 설레는 마음으로 해당 사옥으로 달려갔던 기억이 있다. 해당 매니저는 필자에게 이런저런 태그를 넣어야 검색이 잘되고 조회수가 잘나온다고 언급했다. 그러면서 소셜미디어를 통해 각 인기 있는 채널들이 어떤 태그를 걸었는지 보여주면서 나도 그렇게 해야 한다고 말했다. 그래서 나와 상관도 없는 인기 채널들을 태그에 넣어야하고, 같은 카테고리에 있는 인기 채널들의 이름을 모두 넣으라고 했다. 그뿐만 아니라 갑자기 유명한 축구선수 같은 유명한 이름을 꽉 채워서 넣어야 하는데 아직도 안 넣고 있었냐고 으름장을 놓았다. 당시에 내 구독자는 2만 명 정도였으니 필자 역시 유튜브 알고리즘에 대해 확신이 없었던 시절이었으므로 "그렇구나⋯." 싶어서 한동안은 그렇게 태그를 걸었지만 유의미한 효과를 전혀 얻을 수 없었다. 오히려 누군가가 소셜블레이드 태그확인 기능을 통해 내가 건 태그를 확인하면 창피를 당했던 경우만 있었다. 당시는 2016년도였는데 2017년도에 시작되었던 노란딱지(수익 창출 불가 영상) 판정을 받는 독소로 작용한 게 바로 그놈의 태그였다. 태그에 자극적인 단어나 비속어 또는 문제 용어(테러, 성적, 아동, 폭력, 위해 행위, 혐오)나 영상과 상관없는 키워드들을 모조리 넣는 행위는 영상을 광고주 친화적이지 않고 불분명한 영상으로 분류하게 되어 영상의 신뢰도를 떨어뜨리는 행위로 평가되었다.

결국 지금의 필자는 설명글을 되도록이면 3줄 이내로 쓴다. 가끔은 한 줄 이내로 쓸 때도 있다. 또한 태그 역시 영화의 제목이나 배우 등 정확하게 영상에 등장하는 내용밖에 쓰지 않는다. 유튜브는 페이스북, 인스타그램, 블로그같은 SNS가 아니다. 태그는 중요하지 않다. 검색어도 중요하지 않다. 유튜브는 검색하여 읽는 곳이 아니라 추천받아 보고 듣고 감상하며 시간을 보내는 곳이기 때문이다.

세계 최대의 유튜브 정보 열람 사이트 '소셜블레이드'(https://socialblade.com)는 구글 크롬에 연동해서 설치가 가능하다. 이럴 경우 유튜브 영상 재생 시 우측에 해당 채널에 대한 요약 정보와 태그 내용까지 확인할 수 있다.

소셜블레이드닷컴

[그림 3-12] 소셜블레이드

오른쪽 화면의 중간을 보면 태그가 나와 있는데, 이처럼 10개 이내 정도의 정확히 영상과 일치된 태그를 설정하는 것이 유튜브 알고리즘을 혼동시키지 않으면서 노란딱지를 받거나 커뮤니티 가이드라인을 준수할 수 있는 가장 현명한 방법이다. 아래는 태그의 좋은 예와 나쁜 예.

[그림 3-13] 태그의 안 좋은 예(소셜블레이드)

판다 팬더 곰 초식동물 알쓸신잡 지식채널e 육식동물
TAGS

[그림 3-14] 태그의 좋은 예

위의 두 예시처럼, 지나치게 많은 태그는 영상 유입에 도움이 되기는 커녕 오히려 영상을 규정하는 데 방해가 되어 영상 노출에 방해가 될 수 있다. 정확히 어떤 영상임이 명확해지는 태그를 삽입함으로써 더 효과적인 태그의 역할을 해낼 수 있다.

06 구독자수에 따른 유튜브 레벨

지금은 크리에이터라고 부르지만 결국 가장 대중적인 호칭인 '유튜버', 이 단원에서만 살짝 크리에이터라는 공식 설명을 놓고, 더 널리 사용하고 있는 익숙한 이름인 '유튜버'라는 이름으로 설명을 해보겠다.

❶ 직업이 유튜버

몇 년 전만 해도 낯선 유튜버란 직업이 이제는 주변에서 쉽게 한두 명은 만날 수 있는 수로 불어났다. 유튜브 사용인구가 많아지고 크리에이터를 직업으로 삼는 사람들이 널리 알려지니 이 직업을 굳이 설명할 필요가 없지만 예전에는 '유튜브를 직업으로 한다.'를 50대 이상의 어른에게 설명하려면 수십 가지의 단어와 문장과 예시를 써서 설명해야 했다. 그래도 2019년에는 웬만한 어른들도 이젠 유튜버 하면 안다. 크리에이터도 익숙한 이름이 되었다. 예전에는 유튜버! 하면 BJ하고 헷갈리는 사람들도 있었는데, 이제는 그 둘의 구분을 제법 잘 짚어낸다. 또 *트위치(Twitch)를 하는 스트리머와 구분해서 이해하는 인구도 늘었다. 예전보다 확실하게 변한 것은 무엇보다 동료 크리에이터들이 많아졌다는 것이다. 니들이 뭐라고 '동료' 라는 표현을 쓰나, '친목질'이냐는 뾰족한 반응을 보일 수도 있다. 그러나 필자에겐 그들이 진짜 동료다. 회사 동료가 아니라 해적 만화 〈원피스〉에 나오는 더 끈끈한 동료 같다는 생각이 든다. 대다수의 유튜버들은 처음 몰래 시작하거나 조용히 시작하거나, 대놓고 시작해도 아무도 관심을 가져주지 않는다.

'아 그 친구 그런 거 하는구나~' 하고 치부하거나 무시할 뿐이다. 또한 유튜브를 배우고 함께 시작하는 공론화된 장소가 없기 때문에 대부분의 장소는 집이고 정보 교환의 대상은 인터넷뿐이다. 그렇기에 많은 유튜버들이 외롭다. 나도 외로웠다.

트위치(Twitch)는 게임에 특화된 동영상 방송 플랫폼 서비스다. '스트리머(Streamer)'로 불리는 게이머들이 생중계하고, 시청자들이 게임 영상을 보고 채팅에 참여하는 등 커뮤니티를 형성한다. 2014년 8월 아마존 인수 후 음악과 리얼리티 방송 등 분야를 넓혀 다양한 콘텐츠로 확장되고 있다.

회사 생활을 했기 때문에 회사에 있는 많은 지인과 친구들에게 말할 수 없었다. 또 내 주변 친구들에게 이야기 해봤자 결국 돈 이야기로 이어지며 유튜브에 대한 시시콜콜한 감정과 이야기들을 길고 어렵게 설명하지 않아도 이해하는 동료들을 만날 순 없었다. 그런데 필자가 영화 유튜브라는 확연한 카테고리 속으로 깊숙이 들어가고 그 속에서 나만의 캐릭터를 쌓아가고부터 점점 비슷한 분야의 유튜버들을 조우하는 일이 많아졌다. 가장 깊숙이 관계를 쌓은 계기는 구글에서 교육 세션으로 영화 유튜버들만 모았던 행사였다. 2016년 겨울로 기억하는 행사에서 나는 유튜브 시작 반년 만에 입이 트인 듯 신나게 떠들었다. 이렇게 서로를 공감하고 비슷한 사람들이 있었다니…. 어떤 학업적 만남, 사적인 소모임보다도 나와 비슷한 체질의 사람들이 이 새롭고 낯선 세계에서 처음 서로가 같은 미로 속에서 만났다는 사실은 신선한 충격과 반가움과 소속감을 느끼게 했다.

이후로 영화 관련 행사, 넷플릭스와 같은 기업과의 콜라보 등 다양한 사유로 비슷한 채널을 운영하는 사람부터 이제는 유튜버뿐만 아니라 업계에 종사하는 새로운 분야의 다양한 이들을 만나게 된다. 보통 구독자가 10만 정도 되면 그래도 누군가 가끔 내 채널의 영상을 본 사람이 생기는 것 같다. 어디 가서 누가 내 채널을 안다는 것은 너무 신기한 일이고, 내 영상을 봤다는 것은 부끄러우면서도 설레는 일이었다. 적어도 같은 분야의 유튜버들은 서로의 영상을 거의 모두 시청했고, 내 채널이 어떤 특색이 있는지, 나는 어떤 유튜버인지에 대해 속속들이 알고 있었다. 비슷한 카테고리의 유튜버들끼리의 모임은 정서적 안정감 이외에도 최적화되고 타깃팅 된 정보를 교환하는데 도움이 된다. 유튜브에 다변화하는 정책 속에서 각자 수집한 정보와 생생한 경험담은 물론 영화 유튜버라면 영화에 관한 이야기를 나누게 되는 건 덤이다. 또 내가 알아야할 대세와 트렌드에 대해 가장 정확한 정보를 가진 집단이면서도 같은 상황에 처한 동료 유튜버들은 보통의 '동창'보다 유대감 있고 우호적인 관계를 유지할 수밖에 없었다.

❷ 유튜버에 대한 인식 변화

앞서 과정들을 통해 유튜버에 대한 인식이 크게 변했다. 과정에서 유튜버에 대한 인식이 크게 변했다. 가장 큰 변화는 〈대도서관〉을 중심으로 한 인기 BJ들이 아프리카TV를 이탈하고 유튜브로 주둔지를 옮긴 사건으로 매스미디어, 매스컴에 유튜브란 단어가 화두가 되지 않았나 싶다. 또 그 사건을 계기로 유튜버라는 직업이 얼마나 고수익을 낼 수 있는 직업인지 대두되며, '직업'이라는 개념이 생기기 시작했다. 이후 유튜버는 방송계에도 진출하게 되면서 연예인과의 경계가 모호해지기도 했고, 글을 쓰는 오늘은 배우 강동원이 유튜버로 데뷔한다는 기사를 읽기도 했다. 예전에는 어디 가서 유튜버라고 말할 수도 없는 상황이었는데, 이제는 먼저 유튜버냐고 알아보고 인사하거나 사진을 찍는 일을 경험한다. 또 주변에서 유튜버가되고 싶다고 찾아오거나 메일을 보내거나 질문을 하기도 하고, 가족의 지인이 고몽을 좋아한다며 사인을 해달라고 하거나 그 자체로 신기해한다는 이야기를 듣기도한다.

1 구독자수

유튜버를 하면서 가장 신경 쓰이는 것은 구독자수다. 특히 처음 보는 유튜버들이 만나면 마치 우리가 처음 보는 사람과 사적인 관계일 때 '나이'로 위아래를 정하고 관계를 정하는 것처럼 슬쩍 '구독자수'를 말하고 구독자수가 낮은 쪽이 높은 쪽을 띄워 주거나 서로 구독자를 아는 상태에선 낮은 쪽이 굽히고 들어가는 편이다. 채널을 모르면 상대 채널에 들어가서 구독자수를 확인한다. 구독자수로 인한 서열 개념이 굴욕적으로 이루어지는 것은 아니고, 뭔가 현실의 나이도 고려하면서, 약간의 유머 개념이기도 하면서도 농담 같진 않은 아리송하고 신기한 그들만의 세계에 존재하는 일종의 암묵적인 룰로 본다. 필자 역시 구독자가 몇만 명일 때도 그랬고, 90만 명이 넘어선 지금도 마찬가지다.

구독자가 나보다 한참 높은 사람을 만나는 느낌은 마치 '게임에서 고 레벨을 만난 저 레벨'의 느낌 같다. 그 사람이 현실 세계에서 나보다 윗사람은 아닌데 게임 속에서 고 레벨을 만나면 뭔가 멋있어 보이고 좀 커 보이고, 어른 같아 보이는 그런 감정 말이다.

구독자가 4만 명일 때, 구독자가 20만 명이고 영화 유튜브를 시작하는 사람들에게 많은 도움을 준 〈빨강도깨비〉에게 e메일을 보냈던 적이 있다. 당시 영화 유튜브 초보인 나에게는 '스타' 같은 채널이었고 매일 보면서 잠에 들곤 했다. 그런데 직접 통화를 하고 여러 가지 도움을 받으니 정말 구독자가 많다는 것에 힘을 실감했다. 빨강도깨비는 영화 카테고리의 선구자라는 이미지를 갖고 있었으며 나보다 연장자로, 구독자 때문만은 아닐 수도 있다.

또 친동생의 고교 동창인 〈꾹TV〉와의 만남이 떠오른다. 일단 동네 동생이고 같은 학교 후배다. 필자는 그를 전혀 몰랐다. 그렇지만 건너건너 유튜브에 관한 조언을 받으려 통화를 한 적이 있다. 당시 그의 구독자는 100만을 넘었다. 아직도 필자가 넘지 못하고 있는 구독자를 가진 유튜버와 내가 유튜버를 시작한 첫 해, 단 몇 만의 구독자를 가졌을 때 통화한 것이다. 그는 이미 자신이 속한 MCN의 스타 크리에이터였고, 수많은 팬들을 보유했다. 당시엔 한겨울이었는데, 식당에서 식사를 하다가 문자를 보내놓았던 〈꾹TV〉로부터 전화가 온 것을 확인하고 외투도 걸치지 않고 밖으로 뛰어나가 전화를 받았다. 몇 마디 조언을 받았지만 참 감격스럽다는 생각이 들었고, 전화가 끝난 뒤에는 굽은 자세로 통화하느라 어깨가 아프다는 것과 참 추웠다는 기억이 난다. 근 3년여 만에 다시 만난 〈꾹TV〉는 여전히 필자의 구독자수의 두 배가 넘는 160만이고, 아직도 나에겐 선배나 스승처럼 느껴지는 유튜버다.

② 광고주와 유튜버의 관계

구독자가 많다는 것은 위의 일례에서 벗어나더라도 유튜브 간의 상호 관계뿐만 아니라 광고주나 외부 관계자와의 미팅에서도 큰 차이를 만든다. 보통 구독자수는 광고료 차이로 이어지고 자연스레 광고주나 내가 거래하는 조직에서 나라는 유튜버를 대하는 대우의 차이를 만든다.

기본적으로 광고료는 구독자수에 비례한다. 정비례는 아니며 광고주나 또 채널의 명성에 따라서도 큰 차이가 난다. 또 10만과 100만이 10배 차이라고 광고 금액이 10배 차이는 아니다. 100배가 날 수도 있고, 3배가 차이날 수도 있다. 그런 계산을 넘어 일단 구독자가 100만이 넘어가면서 그 분야의 TOP 크리에이터라면 광고 금액은 부르는 게 값이 된다. 양심껏 불러야 하긴 하지만 비교적 높은 광고 금액에도 시대의 변화 탓으로 모바일 광고 자본이 넘치는 시대이기 때문에 광고 제의는 넘쳐나게 된다. 어딜 가든 '○○만 유튜버' 라는 호칭이 붙는다.

필자를 유튜버로 고용한 방송사에 가보면 구독자수를 앞에 붙이고 60만 유튜버, 70만 유튜버, 80만 유튜버 같은 호칭으로 부른다. 몇 십만이라는 개념이 상당하다는 표현으로 나를 소개하는 상황에서 내 채널을 띄워주는 우호적인 표현으로 사용된다. 유튜브가 직업으로 인식되지 않은 2016년 즈음에는 사실 몇 만이고 몇 십만이고, 100만 구독자 유튜버가 아니면 다 거기서 거기라는 인식이 있었다. 또 많으면 대단한데 도대체 감이 잡히질 않으니 유튜버 구독자에 대한 많고 적음의 기준이 없었다. 지금은 유튜버를 경험하는 사람이 많아서 유튜브 구독자 늘리기가 얼마나 어려운지 알려졌고, 다양한 분야에서 마주하는 사람들이 유튜브 채널을 어떻게 몇 십만 구독자 채널로 키워냈는지 신기해하는 경우도 많아서 처절하게 늘려왔던 구독자수에 대한 뿌듯함이 느껴질 수 있다.

하지만 여전히 100만 구독자라는 상징의 위용은 변화가 없다. 한국에서도 이젠 100만 구독자를 달성해서 유튜브에서 제공하는 골드 플레이 버튼을 수상한 채널들이 생겼다. 100만이라는 상징성, 유튜브에서 하필 100만에 수여하는 '트로피', 또 자연스레 만나는 사람들은 '100만 − (고몽의 현재 구독자수) 남았네요.'라는 표현을 하는데 필자 역시도 앉았다 일어나면서 '100만 구독자 되게 해 주세요' 하고 빌 정도로 100만 유튜버가 되길 염원하고 있다. 아직까지 '영화 유튜브' 카테고리에는 100만 구독자를 가진 채널은 없다. 현재 구독자수로는 〈고몽〉 채널이 영화 카테고리에서는 선두를 달리고 있지만, 또 언제 〈삐맨〉이 〈고몽〉 채널을 앞지를지 모른다. 무서운 청년 〈삐맨〉, 꾸준한 〈드림텔러〉, 새롭게 떠오른 〈G무비〉, 〈빨강도깨비〉, 〈리뷰엉이〉, 〈김시선〉 그리고 그 뒤를 쫓는 동료 유튜버들 간의 즐거운 레이싱이 100만을 향해 숨막히게 달리고 있다.

[그림 3-15] 최신 버전의 플레이 버튼

[그림 3-16] 구버전의 플레이 버튼

구독자수	플레이 버튼
10만	실버 플레이 버튼
100만	골드 플레이 버튼
1,000만	다이아몬드 플레이 버튼
5,000만	루비 버튼
1억	레드 다이아몬드 버튼

▲ 레드 다이아몬드 버튼은 2024년 1월 기준으로 T-Series(2.56억), MrBeast(2.26억), CoCoMelon(1.69억), SET India(1.67억), PewDiePie(1.11억) 등 5개 채널이다.

07 카테고리는 대학 전공과 같다

카테고리를 유튜브 안에서 의역하자면 '채널의 전문 분야'라고 할 수 있다. 이러한 '카테고리의 특징'을 비유하자면 '대학의 전공'과 비슷하다고 할 수 있다.

> **GO MONG TUBE**
>
> 고몽 ✔
> 게시일: 2019. 6. 13.
>
> 롱리브 더 킹 목포영웅의 스토리텔링 리뷰입니다
> 모든 저작권은 제작사의 허가를 받고 사용하였습니다
> #6월19일개봉 #롱리브더킹 #김래원
>
> 카테고리　　　　　영화/애니메이션

[그림 3-17] 카테고리(범주)

❶ 카테고리는 무엇이고, 카테고리에서 생존하는 방법은 무엇일까?

대학의 전공은 본인이 직접 선택한다. 크게 고등학교 때는 문과, 이과, 실업계 정도로 나뉘지만 한국에선 보통 수학을 잘 하냐 못 하냐 취업이 되냐 안 되냐 정도로 나뉘지 않나 싶다. 보통은 직접 자신의 마음으로 결정하는 가장 직접적이고 커다란 관문은 대학 전공이라고 생각한다. 크리에이터도 자신이 어떤 채널을 할지, 나는 어떤 종류의 카테고리에 소속된 크리에이터가 될지 정하는 것에 큰 고민을 마주하게 된다.

전공의 특징을 조금 더 나열하자면 전공을 살리면 전공 분야의 직업을 갖게 되고 조금 더 전공을 활용한 실무계로 전문적인 일을 하게 된다. 전공과 상관없이 전혀 다른 분야로 나아가 배워보지 못한 일을 실전을 통해 배워가는 경우도 있다. 채널 역시 마찬가지다. 예를 들어 'V-log'라는 카테고리를 나의 전공으로 정했다고 하자. 전문적으로 여행을 하며 V-log를 찍는다면 여전히 V-log 카테고리에 속하면서도 '여행'을 전문적으로 하는 '여행 전문 V-log' 채널의 전문성이 강화되고, 채널만의 특색과 포지셔닝을 하게 된다. 'V-log'로 카테고리를 정하고 시작했지만 'V-log' 속에서 먹방을 하는 영상들이 높은 조회수를 기록하다가 '먹방' 카테고리로 아예 나아가는 경우도 있을 수 있다. 또 'V-log'도 하고 '먹방'도 하고 '여행' 하는 복합적인 카테고리로 나아갈 수도 있다.

〈고몽〉 채널의 예를 들자면 카테고리는 '내가 좋아하는 스토리를 소개해주는 채널' 이었다. 그냥 영화 유튜브라고 하면 되는데 왜 다른 말로 표현했을까? 바로 처음에 자신의 채널을 규정할 때 보통은 '나는 내가 좋아하는 걸 위주로 할 거야', '전공은 식상해', '카테고리는 중요하지 않아'라는 생각을 많이 한다. 필자 역시 그랬다. 그러나 내가 채널을 운영하면서 점점 내가 좋아하는 것과 사람들이 내 채널에 바라는 요구 사이에서 '영화'라는 카테고리가 자리잡아가고 있었다.

필자는 마블 코믹스, 일본 만화, 미국 드라마, 애니메이션, 영화 가리지 않고 소개하는 채널로 시작했다. 그러나 유독 필자가 영화를 다뤘을 때 해당 영상의 반응이 높았고, 좋은 결과를 얻게 되자 어느새 영화 유튜버가 되어 있었다. 한동안은 그렇게 영화 유튜브에 집중을 했고 명확한 카테고리 안에서 나의 채널이 보여줄 수 있는 매력에 대해서 정립할 수 있는 계기가 되었다. 나를 내가 정의하는 게 아니라 사람들이 나를 바라보는 반응과 나 사이에서 그들이 좋아하는 '나'를 찾아가는 것, 그게 바로 카테고리를 설정해야 하는 이유이다.

카테고리가 생기면 사람들이 내 채널을 조금 더 쉽게 이해하며, 좋고 그름이 분명해지기 때문이다. 카테고리 안에서 다른 채널과의 비교점도 생기며 그 곳에서 나의 특색과 부족한 점도 자연스레 시청자들의 댓글 반응으로 알게 된다. 채널의 성장에는 카테고리가 필수적이란 의미이다. 또 나와 비슷한 유형의 카테고리 안에서 내 채널이 나아갈 방향을 제시해주고 비슷하게 시작한 채널과의 경쟁심도 고취시켜 도태되지 않도록 해주는 역할도 한다. 또한 카테고리의 공통적인 잠재 고객을 파악하는데 유용해 구독자를 늘리는 전략을 명료하게 펼칠 수 있다. 무엇보다 카테고리 안에서 자신의 채널이 높은 인기를 구사하면 막연하게 유튜브 전체에서 차지하는 비중으로는 미미한 채널 규모라도, 한 분야를 대표하는 상위권 채널로 입지를 굳힐 수 있다. 필자의 〈고몽〉 채널을 예로 들면 비록 구독자는 100만도 안 되지만 영화 채널에서 최상위 구독자를 보유했다는 이점은 다양하고 폭넓은 기회를 우선적으로 제공받는 혜택을 준다.

그렇다면 카테고리 안에서 내 채널이 조금 더 경쟁력을 가지고 카테고리 안에서 높은 점유율을 차지하려면 어떤 방법이 있을지 알아보자.

① 선점이 가장 중요하다(카테고리의 부흥 중반까지)

새로운 분야의 유튜브를 처음 시작해서 내가 창시자가 되거나 카테고리가 형성된 초기에 해당 카테고리에서 채널 순위로 5위 안으로 들어갈 수 있다면 시장을 선점하게 되는 것이다.

카테고리별로 '1세대' 채널들은 선점의 이점으로 2016년, 2017년도에 빠르게 성장할 수 있었다. 영화 채널을 기준으로 2016년도 이전부터 시작한 채널들을 보통 1세대라고 부른다. 2016년도부터 시작한 채널들은 2세대, 2017년도 정도는 3세대로 분류하고 있다. 이후에는 딱히 분류의 의미가 없는 듯하다. 현재 2019년도 기준으로 영화 채널에서 카테고리 선두는 2세대까지가 높은 비율을 차지하고 있다. 3세대에 진입한 채널들은 상대적으로 중하위권을 차지한다. 다른 분야도 마찬가지다. 특히 게임은 BJ와 병행하여 오래 전부터 인터넷 방송에 몸 담아왔던 크리에이터가 강세다. 먹방 분야와 키즈, 음악 분야도 그렇다.

몸집이 큰 카테고리들은 선점이 가져다주는 이점이 상당하다. 또 해당 분야의 상위권에 위치하게 되면 엄청난 이점이 존재한다. 유튜브의 비슷한 채널들은 서로 경쟁하는 것이 아니라 하나의 군집으로서 카테고리끼리 끌고, 시청자들을 빙빙 돌리는 특성이 있다. 즉 영화 관련 영상을 보던 시청자에게는 영화 채널이 추천되고 또 그 영상에선 다른 비슷한 영화가 추천되면서 시청자들을 서로 안겨주는 것인데, 유튜브 스튜디오 분석의 검색 통계에 들어가 추천하는 상위 동영상을 보면 대부분 나와 같은 카테고리에 소속된 채널일 확률이 높다. 즉, 같은 카테고리는 경쟁이 아닌 공생 관계라는 것이다. 선점의 법칙과 공생 관계가 만나면 바로 선두가 위치한 채널을 새로 유입된 채널들이 끌고 오는 새로운 트래픽으로 인해 조회수가 증가한다는 점, 그리고 해당 카테고리를 구독하는 시청자의 수가 늘어나면서 선두에 있는 채널들은 자연스레 인기 채널로 당연히 구독해야 하는 채널로서 구독자가 추가 유입되는 점이다.

② 인기 카테고리는 어떻게 파악하나? (실시간 인기 급상승 50위까지 분석)

유튜브에는 인기 5대장 카테고리가 있다. 음악, 키즈, 게임, 먹방, 뷰티라는 이른바 5대장 카테고리 중 음악, 키즈, 게임은 이미 전용 탭이 만들어진 카테고리이다. 유튜브에서는 공식적으로 아래와 같은 18개 카테고리로 분류한다.

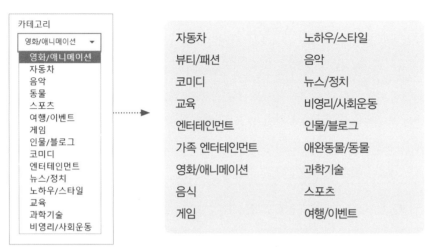

자동차	노하우/스타일
뷰티/패션	음악
코미디	뉴스/정치
교육	비영리/사회운동
엔터테인먼트	인물/블로그
가족 엔터테인먼트	애완동물/동물
영화/애니메이션	과학기술
음식	스포츠
게임	여행/이벤트

[그림 3-18] 카테고리(범주)

이 중에서 인기 카테고리를 제외하고 한국에서 유독 급성장하는 카테고리는 다음과 같다.

뉴스/정치
영화(영화/애니메이션)
웹드라마(엔터테인먼트)
ASMR(엔터테인먼트)
자동차(자동차)
IT기기 리뷰(과학기술)
브이로그(블로그/인물)

유튜브 채널은 자신만의 카테고리를 정하는 것이 중요하다. 어디에도 소속되지 않는 다채로운 콘텐츠로 시작하는 것은 자칫 어디에도 속하지 못할 모호함이 될 수도 있기 때문이다. 뭐든지 하는 것은 〈무한도전〉처럼 정말 무엇이든 도전하는 것으로 콘셉트가 될 수 있지만, 전부 어설프게 하게 될 수도 있는 위험성도 내재되어

있다. 내 채널의 미래를 단정짓긴 힘들더라도 최소한의 방향을 정하는 것에서부터 채널은 시작된다. 〈소셜블레이드〉 분류 기준으로 나열한 16가지 카테고리면 여러분이 상상할 수 있는 대부분의 채널 콘셉트를 포함할 수 있기 때문에 무엇을 상상하던 그것을 콘텐츠화 하고 일관된 콘셉트를 잡는다면 당신의 채널은 유튜브 시청자들에게 포지셔닝(대체되지 않는 자신만의 지위)될 것이다.

기존의 한국을 선도하는 5대 카테고리는 이미 과포화되어 있고, 그 안에서 상위 채널로 자리잡기는 쉽지 않다. 그러나 절대적인 사용자가 많기 때문에 상위 5대 분야에서 선도 채널로 성장하지 못하더라도, 개성 있는 포지셔닝에 성공한다면 조회수가 보장되는 안정적인 시장이다. 또한 이미 그 분야의 대표적인 채널들이 방송, 도서, 채널 영상 등으로 많은 정보를 제공하고 있기 때문에 채널을 준비하는데 필요한 내용을 찾기 비교적 쉽다.

해당 분야는 이미 거대 자본이 진입하고 있고, 마치 강남 가로수 길처럼 유명 브랜드가 입점하고 나서 골목상권이 밀려나는 상황을 겪기도 한다. 한 분야의 시작은 시청자와 크리에이터의 거리감 없는 상호작용으로 시작되지만 점점 상업적 가치를 깨달은 자본이 그 분야에 투자를 시작하는데 이때 분야별 크리에이터의 메이저화가 진행된다. 그렇기에 새로 시작하는 채널은 퀄리티에서는 상대도 안 되는 고퀄리티 독점 채널들과 경쟁해야하는 상황과 맞닥뜨리게 된다.

그렇다면 5대 카테고리 안에서 새로 시작해 성공한 채널이 없나? 있다.

필자가 아는 채널만 해도 게임 분야에서 근 1년 전에 시작해 30만 구독자 이상을 달성한 채널이 있다. 그런데 그 채널의 방송을 보면 정말 '이 크리에이터는 정말 남다르다, 참신하다, 탤런트가 다르다, 너무 재밌다.' 이런 혼잣말이 나올 정도로 크리에이터가 가진 자질이 뛰어나다. '단지 먼저 시작하지 않았을 뿐이지 저 사람도 먼저 시작했다면 엄청난 채널 규모를 가졌을 것이다'라는 생각이 든다.

즉, 5대장 카테고리에서 2019년 현재 기준으로 성공하려면 엄청난 재능을 가지고, 듣도 보도 못한 참신한 기획으로 퀄리티까지 가진 촬영 편집 능력도 필요하다. 특히 게임 분야에서는 아직 아프리카TV가 건재하고, 유튜브와 아프리카TV를 이미 한참 넘어선 생방송 플랫폼 트위치가 존재하기 때문에 게임 분야로 한정지어서는 엄청난 춘추전국시대가 벌어져 있다. 그곳에서 살아남은 채널과 또 급성장하는 채널은 정말 인정해야하는 '유튜브 여포'들이다.

유튜브의 수명은 짧다. 메이저화 되는 채널이 있어도 사람들은 또다시 새로운 채널을 찾아 나선다. 또한 시스템 역시 구독자 기반으로 영상을 추천해 주는 게 아니라 사람들의 클릭을 많이 받고, 시청을 오래한 채널을 추천해주기 때문에 새로 시작한 채널이라도 자신만의 가치를 가치고 있다면 5대장 카테고리에서도 살아남을 수 있다.

③ 퀄리티를 높여라(카테고리 붐업 중반 구독자수 상승 요인)

한 카테고리 안에서 높은 인지도를 갖기 위해선 퀄리티가 높아야 한다. 퀄리티란 무엇인가? 크게는 두 가지다. 시각화와 콘텐츠화다. 대개 유튜브 전반적으로는 콘텐츠화도 중요하지만 영상이 비슷한 채널들과 적나라하게 비교되는 같은 카테고리 안에서는 시각적 퀄리티도 카테고리 내의 점유율을 차지하는 데 중요하다.

① 시각화

시각적인 퀄리티는 말 그대로 시간이 많이 든다. 먼저 촬영에 공들이기 위해서 촬영 기법, 촬영 장비와 조명 등에 신경 쓰고 음향 장치와 녹음도 관리해야 한다. 또한 그것을 기반으로 얼마나 편집이 속도감 있고 밀도 있게 제작되며, 자막과 특수 효과 적재적소에 나타나는 코믹한 요소와 같은 감각적인 편집이 필요하다. 그뿐만 아니라 화룡점정(畵龍點睛)인 썸네일까지 눈길을 사로잡고, 한 번 누르면 계속 볼 수밖에 없는 참신하고 직관적이면서도 유머 감각이 있는 총체적인 영상을 시각적인 퀄리티를 갖춘 영상이라고 한다. 이 모든 과정은 굉장한 에너지를 소모한다. 그렇기에 힘의 완급 조절을 하는 것은 언제나 필수다. 퀄리티를 높이려는 노력을 채널을 구성하는 과정에서 지속적으로 해야 한다. 그리고 완성된 영상을 1회성으로 끝내는 게 아니라 그 과정을 규격화하고 계속해서 새로운 정보를 찾아내 투입하면서 영상으로 완성되기까지 어렵지 않는 하나의 툴을 만들어야 한다. 매 영상마다 새로운 자막을 만들어내고 새로운 편집 효과를 구성해내는 것은 매우 힘들다. 대부분의 편집 프로그램은 편집했던 기능을 복사해서 다른 프로젝트 파일에 쓸 수 있다.

글자만 바꾸면 예전에 만들었던 자막을 그대로 쓸 수 있고, 구성했던 편집 방식을 다시 재활용할 수 있다. 촬영 장비 역시 매번 설치하는 게 아니라 방에 일정한 세트를 구성해서 그 안에 카메라만 올리면 바로 촬영이 가능한 미니 스튜디오를 만들어 놓으면, 매 촬영할 때마다 카메라, 조명, 마이크까지 일일이 체크해야 하는 번거로움을 줄일 수 있다. 이처럼 유지 가능한 노력 수준을 투입하고 몰입을 방해하지 않는 수준 이상의 퀄리티 선을 유지하는 것도 관건이다. 대부분 카테고리에서 하위권을 달리는 채널들에는 특징이 있다. 공장에서 찍어내듯 양산형 채널화 되어 있다는 것이다. 카테고리 상위권에서 좋은 점들을 따라 만든 편집법에 자신만의 고민과 개성이 없는 콘텐츠는 차별성 있는 채널로 구독의 영광을 누리지 못한다. 남들과 똑같으면 새로운 채널을 구독할 필요가 뭐가 있을까? '이 채널은 꼭 구독해야만 하는 차별성이 있어' 라는 인상을 주는 게 시각적 퀄리티가 필요한 이유다.

대부분의 유튜브 채널들에선 높은 퀄리티를 구사하기 힘든 1인 제작 환경이기 때문에 카테고리에서 주목 받고 싶다면 초반에 공을 들여 높은 퀄리티를 구사해놓고, 그것을 계속 유지할 수 있는 시스템을 구상하는 게 먼저다. 그리고 퀄리티를 유지하면서 좋은 콘텐츠로 진행된다면 당신의 채널도 카테고리 내에서 구독자가 급상승하는 채널이 될 수 있다.

② 콘텐츠화

콘텐츠적인 퀄리티란 주제의 참신함, 소재의 생소함, 스토리텔링의 몰입, 내용을 구성하는 난이도 등을 갖춘 영상으로 쉽게 말해 "와 이거 대박인데?" 소리가 절로 나오는 보기 드문 꿀잼 영상을 말한다. 시각적 퀄리티가 떨어져도 콘텐츠적 퀄리티가 높으면 엄청난 조회수를 얻을 수 있다. 유튜브의 시초가 유튜브의 창시자 중 한 명인 조드 카림이 만든 〈Me at the zoo〉라는 동물원에서 찍은 조악한 화질의 추억용 영상을 떠올려 보라. 또 〈ViralHog〉 채널의 캥거루로부터 괴롭힘 당하던 자신의 강아지를 구하러 캥거루에게 펀치를 날린 호주의 한 남자 영상을 기억하는가? 화질도 낮고 어수선하고 내용도 길게 볼 수 없었던 내용이지만, 유튜브를 보는 시청자들은 그런 게 중요한 것이 아니라 '사람이 캥거루에게 펀치를 날렸고, 캥거루는 멍한 표정으로 사람을 쳐다보다가 도망갔다.' 라는 스토리에 매료되어 전 세계적인 열풍이 불었던 것이다. 결국 퀄리티 있는 채널이 되기 위해선 촬영도 편집도 기획 구성도 열심히 하란 뜻이다. 별 수 없다.

〈ViralHog〉 채널의 캥거루 펀치 영상

[그림 3-19] 캥거루 펀치 영상

④ 현재 유튜브에 없는 새로운 시도를 하라

패턴을 따라가지 말고 만들어라. 새로운 흐름을 만드는 것은 대단한 게 아니다. 그냥 기존에 없던 것을 꾸준히 나만의 특징으로 만들고, 그렇게 내가 성장하면 어느새 내 채널은 새로운 흐름을 만드는 채널이 된다. 많은 채널들이 자신의 고민 속에서 기획을 탄생시키지 않고, 다른 신기해 보이는 기획에서 콘텐츠를 가져온다. 다수의 시청자는 누가 먼저 그 콘텐츠를 시작했는지 모를 수도 있다. 단기적으로는 효율적일 수도 있다. 그러나 따라하는 사람은 언제까지고 따라쟁이 양산형이 될 수밖에 없다. 자신만의 콘텐츠를 고민해보고 연구와 기획을 시스템화 해놓지 않은 크리에이터는 결국 지루한 따라쟁이일 뿐이다.

다른 채널의 좋은 점을 금방 가져오는 채널들의 비열함은 단기적으로는 들키지 않을 수 있다. 하지만 한 분야를 즐기고 오래도록 팬이 된 구독자들은 분명 누가 누구를 따라하고, 새로운 기획을 훔쳐가는 카피캣을 알고 있다. 그리고 커뮤니티에는 여기저기 그런 내용이 퍼지기 시작한다. 여러 크리에이터들의 아이디어를 지독하게 따라하던 채널이 있었는데, 지금도 성장하지 못하고 조회수만 빨아먹는 흡혈귀처럼 남아 있다. 따라쟁이는 시청자들뿐만 아니라 크리에이터들의 사회에서도 도태된다. 크리에이터들 간에도 상호간의 연락망과 인적 네트워크가 수없이 생겨나고 있다. 작게는 카테고리 별로 또 크게는 다양한 콜라보레이션을 통해 이젠 수많은 크리에이터들의 소모임도 생기고, 두 다리만 건너면 대다수의 크리에이터가 연결하는 시대가 되었다.

쉽게 말해 이런 저런 카톡방이 있기 마련인데, 지독하게 남의 콘텐츠를 따라하던 한 채널은 블랙리스트로 낙인이 찍혀 있고 매너를 넘어 상도덕이 없는 도둑의 이미지를 잔뜩 뒤집어썼다.

A채널이 올린 썸네일을 단 몇 시간도 지나지 않아 B채널이 그대로 스크린 샷을 찍어서 올린다. 아주 약간 멘트만 변경되어 있는데 변경된 것조차도 뉘앙스만 살짝 변경해서 올리고 제목은 똑같은 수준으로 올린다. A가 많은 시간을 들여 연구해서 시류에 전혀 상관없는 자신만의 주제로 콘텐츠를 올린다. B는 유행도 아니고 모두가 신경 안 쓰는 A가 다룬 콘텐츠를 그대로 똑같이 기획한다. A가 이벤트를 진행하면 B도 갑자기 이벤트를 진행한다. A가 커뮤니티에 어떤 글을 쓰면 B가 비슷한 유형의 글을 쓴다. 이쯤 되면 A가 호소하기 시작하고, 주변 크리에이터들도 B의 만행을 알게 된다.

실제 사건이다. B의 만행은 단 한두 번 우연히 벌어진 일이 아니라 2년에 걸친 시간 동안 지속되고 있다. B는 A에게 구두로 경고를 받고 나서 일시적으로 따라하는 행위를 그만두었다가 다시 지속했는데, A의 구독자들은 B의 행위를 문제화하기 시작했고 B의 채널 영상마다 찾아가 A의 아이디어를 베껴가는 것에 문제를 제기했다. 결국 B는 사과하고 따라하는 행위를 자제하고 있다. A와 B는 6개월이 안 되는 차이로 채널을 시작했지만 A와 B의 구독자수 차이는 5배가 난다. 같은 시간에 시작했고 같은 카테고리 안에서도 유독 거의 비슷한 콘텐츠로 성장했지만 따라쟁이 B는 절대 A를 이길 수 없다. 왜냐면 A는 이미 단 하루라도 먼저 콘텐츠를 올릴 수 있는 '자발적으로 기획-생산 하는 시스템'을 몇 년간 굳혀왔기 때문이다. B는 A를 따라하지 않으면 참신한 기획을 하지 못하는 따라쟁이 병에 걸렸다. 늘 새로운 콘텐츠를 빠르게 들고 오는 A는 시청자는 물론 크리에이터들로부터도 다양한 콜라보 제의를 받고 또 그 안에서 여러 가지 정보를 얻으며 채널은 공고히하고 있으며, 수많은 광고주들의 러브콜을 받고 있다. 하지만, 업계에서 부정적인 이미지를 가진 B는 어떠한 광고 콘텐츠도 찍은 것을 본 적 없으며 크리에이터들이 모이는 자리에 누군가 부르거나 나온 적도 없으며, 심지어 부정적인 이야기만 잔뜩 도는 신세가 되었다. 얼굴이 보이지 않는다고 크리에이터 간의 상도의를 무시해온 대가라고 생각된다. 한국의 크리에이터도 이제는 직업이 되었고 지켜야할 선이란 게 있다. 카테고리의 선두가 되기 위해선 자신이 만든 나만의 색채가 확실한 콘텐츠, 그리고 지속있게 새로움을 창출해내는 시스템의 구축이 급선무이다.

[그림 3-20] 〈진용진〉 채널

〈진용진〉 채널

최근 급상승하고 있는 채널 중 자신만의 신선한 기획으로 카테고리의 블루오션을 만들어낸 채널이 있다. 바로 〈진용진〉 채널이다. 그는 우리의 일상 속에서 너무도 익숙하지만 궁금했던 것들을 직접 찾아가는 다큐멘터리 채널을 만들었다. 예를 들면 '도를 아십니까? 잠입취재 해봤습니다.', '못 받은 돈 과연 어떻게 받아줄까?', '정말 소주 딱 한 잔만 마셔도 음주운전에 걸릴까?', '옛날 학교짱들은 지금 어떻게 살고 있을까?'와 같은 콘텐츠다. 이 콘텐츠는 기존 유튜브에 넘치는 자극적인 썸네일과 조악한 짜깁기 카테고리와는 완전하게 차별된다. 왜냐하면 너무나도 일상적인 장면을 썸네일로 채택하고 실제 그 곳을 맨몸으로 조사하는 영상은 너무나도 신선하며 몰입도가 높기 때문이다. 또한 완전 얼굴이 노출되는 채널이기 때문에 빠르게 팬덤(fandom)이 형성되고 있어 구독자수에 맞먹는 평균 조회수가 꾸준히 유지되는 특징도 있다. 또한 직접 촬영한 콘텐츠로 제작하였기 때문에 저작권 문제에서 자유로워 유튜브에서 장기적으로 성공할 수 있는 조건을 지닌 카테고리의 선두주

자이자, 새로운 카테고리를 만들어냈다고 할 수 있는 채널이다.

⑤ 길 가던 사람들 50명 중 한 명이 내 채널을 알게 하라

국가 통계 포털 KOSIS(kosis.kr)에 따르면 한국인의 인구는 2019년 5월 기준으로 5,170만 명이다. 그렇다면 이중 한국의 유튜브 사용자는 몇 명 정도일까?

2019년 유튜브 월 활성 이용자(MAU, Monthly Active User)가 2019년 4월 기준으로 3,271만 명을 기록했다고 한다. 2016년 10월 기준 2,403만 명에서 800만 명이 늘었다. 2018년보다는 12% 늘어났다. 거의 연령별 인구 분포에서 스마트폰을 사용하지 못하는 아주 어린 연령계층이나 80세 이상의 고 연령대를 제외하고 대부분의 한국인이 유튜브를 사용하고 있다는 것이다. 이 조사는 3만 3,000명의 안드로이드 스마트폰 사용자들을 표본으로 하였다. 이 결과는 쉽게 말해, 유튜브는 '젊은이들의 전유물'만은 아니라는 것이다. 전 인구 분포에서 50세 이상의 유튜브 사용량이 월별 101억 분으로 가장 많다. 1인당 사용시간은 10대로 내려갈수록 길어지지만, 50대 이상 유튜브 사용 인구가 그만큼 많다는 것이다(출처_와이즈앱 www.wiseapp.co.kr).

우리의 인구를 5,000만 명이라고 계산하면 50명 중에 한 명만 내 채널을 알아도 구독자가 100만 명이 된다. 사실 영상을 봤어도 구독 안하는 사람의 비율이 80% 이상이므로, 단순히 '안다는 것'만으로 치면, 구독자 100만 명을 달성하는 것보다는 '50명당 한 명이 내 채널을 알게 하는 것'이 더 쉬운 조건이다. 그렇다면 내 채널의 영상이 사람들에게 깊이 각인되기 위해선 어떻게 해야 할까? 한 분야의 상징이 되면 가능해진다. "한 분야의 상징이 되는 게 얼마나 어려운데!"라고 반박할 수 있다. 물론 상징이 된다는 것은 매우 어렵다. 평생을 걸어 한 분야에 종사해도 될까 말까다. 하지만 유튜브는 조금 다르다. 유튜브는 일단 전 국민의 과반수가 시청하는 플랫폼임에도 불구하고 전 국민의 아주 일부만 크리에이터로 활동한다. 2018년도 6월 기준 한국의 채널이 약 20만 개 정도가 생겼다고 한다. 2019년 4월 녹스인플루언서(noxinfluencer) 기준 최소 1,700개 이상의 유튜브 채널이 구독자 10만 명을 달성했다고 한다. 20만 개…. 정말 엄청난 숫자이면서도, 한 달에 약 3,200만 명에 달하는 유튜브 사용자의 경우 160분의 1, 0.6% 밖에 되지 않는다. 10만 명 이상으로 좁히면 더욱 극소수만이 크리에이터 활동을 하고 있다. 즉 현실에서의 경쟁보다 엄청나게 유리한 상황에서 전문적인 분야에서 유명세를 떨칠 수 있다는 말이다. 또 막상해보면 얼마든지 배울 수 있는 '편집'이란 것에 대한 두려움 때문에 많은 이들이 도전 초반에 어렵다며 유튜브 채널 운영을 포기해 버린다. 잘 배우면 하루, 대충 배워도 2주면 혼자서도 뚝딱 해내는 편집이지만 생각보다 포기하는 이가 많다. 쓰지도 않을 미적분은 3년 내내 배우고 더 쓰지도 않을 대학 전공은 4년이나 배우면서, 아니 심지어 잘 하지도 못하는 영어는 평생 배웠으면서! 편집은 한 달도 안 되서 포기하는 분들 덕에 당신이 한 분야의 상징적인 크리에이터가 될 가능성은 쑥쑥 올라간다.

이 상황에서 예시를 하나 더 들어보자.

예를 들어 공학을 배워 전자제품 회사에 들어가고 싶어 하는 사람 '전자사원'이 있다고 치자. 보통 '전자제품'을 개발하는 전공을 가진 사람이 피나는 노력 끝에 스펙 쌓기와 피 말리는 취업 노선을 뚫고 어렵게 대한민국 최고의 전자제품 회사에 입사했다고 치자. '전자사원'은 그 안에서 수많은 연구와 제품을 개발에 참여했고, 회사에서 인정받아 빠른 승진과 높은 연봉도 얻을 수 있었다. 또 주변에서 일류 대기업에 다닌다는 부러운 눈빛도 받으며 승승장구할 수 있었다. 하지만 '전자사원'을 전자 분야 하면 떠오르는 '상징'으로 볼 수는 없다. 적어도 그의 주변인에게 '성공한 공대생'의 상징이 될 순 있겠지만, 전국구의 규모로 봤을 때 그 사람을 아는 사람은 몇 명 되지 않을 것이다.

'전자사원'과 같은 학과를 전공한 '전자튜버'가 있다. 3D프린터 기술부터 다양한 전자기기와 관련된 지식을 쌓고 유튜브 크리에이터로 데뷔한다. 이 사람은 최신 전자제품에 대해서 해박한 공학도의 지식으로 설명도 해주고, 본인이 직접 제품을 사용해보면서 장단점을 알려주기도 한다. 제품과 관련된 전문가적 소견으로 빠른 소식을 전달하면서 시청자들과 소통한다. 많은 사람들이 어떤 전자제품을 사려고 고민할 땐 공학도의 채널을 찾아간다. 가끔 채널의 조회수가 아주 높은 수를 기록하기도 하며 채널은 꾸준히 성장한다. 점점 이 '전자튜버'의 입김이 제품의 평가를 결정짓는 역할을 하게 된다. 사람들은 '전자튜버'가 단점을 언급하는 제품을 피하고 장점이 많은 제품을 믿고 구매한다. 사람들은 집에서 편한 시간에 영상으로 그의

라포(rapport)
상담이나 교육을 위한 전
제로 신뢰와 친근감으로
이루어진 인간관계이다.

얼굴을 보며 목소리를 듣기 때문에 '전자튜버'에 대해 신뢰도가 높고, 간간이 공학
도의 사적인 이야기도 들으며 *라포(rapport)를 형성했다. 전자제품 업계에선 '전자
튜버'로 알려진다. 기업의 광고팀, 마케팅팀은 '전자튜버'에게 바이럴 마케팅을 위
한 광고계약을 맺거나 신제품을 무상으로 제공하여 리뷰를 부탁한다. '전자튜버'는
처음엔 광고와 제품 무상 제공이 신기해 이것저것 받았지만, 점점 괜찮은 제품만
리뷰하고 그렇지 않은 제품은 문제점을 공유해서 사람들이 합리적인 소비를 하도
록 돕는다. 소비자에게 '전자튜버'의 신뢰도는 더욱 높아진다. 기업들은 이제 제품
의 기획 단계에서 '전자튜버'의 신뢰자들을 타깃팅한 제품을 만들고 '전자튜버'의 이
름의 판권을 구매해 '전자튜버'의 이름을 제품 마케팅에 사용한다. 또 '전자튜버'와
제품의 아이디어를 기획하는 단계에까지 이른다. 대다수의 유튜브 사용자는 새로
나온 스마트폰을 살까 고민할 때 '전자튜버'를 떠올리게 된다. 이 이야기는 실제 한
리뷰 전문 크리에이터의 이야기를 각색한 예이다.

[그림 3-21] 전자튜버의 예를 표현한 영상

'전자사원'은 A급 대기업에 소속되어 고액의 연봉을 받지만 '전자튜버'는 원하는
대기업과 A급 광고모델의 광고비를 받거나 영상 제작에 따른 제작비를 지원받는
다. '전자튜버'는 구글에서 조회수에 따른 애드센스 수익을 지급받으며, 길 가다가
이 사람 저 사람이 알아볼 정도의 인지도로 다양한 방송에도 출연하고, 각종 강연

과 행사에 초대받는다. '셀럽', '인싸' 라는 용어로 불리고 그의 경험은 출판되고 교육 사업에도 진출하게 된다. '전자사원'과 '전자튜버'는 같은 공부를 하고 비슷한 노력을 했지만 결과적으로 전자튜버가 벌어들인 수익이 전자사원의 10배 이상이었다. 인지도는 비교할 바가 안 되며 전자튜버는 더 다양한 분야에서 많은 기회를 얻고 있다.

전자튜버가 전자사원보다 잘한 선택은 한 가지였다. 바로 선점할 수 있으며 경쟁자가 적은 시장에서 시작했다는 것이다. 많은 이들이 이제 유튜브는 레드오션이라고 한다. 하지만 유튜브 바깥 현실은 '블랙오션'이다. 앞이 보이지 않는 깜깜한 경쟁 지옥이다. 전자사원과 전자튜버 보다 훨씬 대단한 재능을 지니고 더 큰 노력을 하는 엘리트들은 이제까진 유튜브를 하지 않았다. 이제야 시대가 변해서 엘리트도 유튜브에 진출하는 시기가 왔지만 사실 소위 탑클래스의 공부를 잘하는 학생이 유튜브를 직업으로 삼는 것 보다는 전문직이 되거나 사회가 전통적으로 오랫동안 높은 지위를 인정해줬던 정치인이 되거나 초고액 연봉을 받는 글로벌 기업에 입사하거나 또 공부가 아닌 예체능에서 천재적인 수준의 재능을 가진 자라면 최고의 리그에서 콩쿠르에서 최고의 예술계 무대에서 에너지를 쏟고 있을 것이다. 진짜 천재, 재능을 가진 사람들은 아직도 한참 유튜브에서 벗어나 있다. 이곳이 가져다주는 보상은 이미 현실 그 이상의 결과를 가져오는데 아직은 경쟁률이 높지 않다는 것이다. 지금 유튜브에서 성공한 이들은 어렸을 때부터 천재로 불렸거나 많은 분야에서 두각을 나타내며 연예인 보다 아름답고 운동선수 보다 운동신경이 좋고 아이큐가 200을 넘는다거나 하는 이유들로 성공한 것이 아니다. 그들은 '유튜브'라는 행운의 기회를 일찍 만난 것이다. 그리고 그 기회 안에서 자신이 할 수 있는 노력을 했고, 유튜브라는 기회의 땅에 먼저 안착해 꿀을 빨아왔던 것이다. 그런데 그건 지금도 마찬가지다. 아직 기회는 열려 있다.

필자 역시 얼굴을 공개하지 않던 채널임에도 요새 가끔 알아보는 사람들이 생겼다. 어디에 가도 인스타그램 디엠으로 봤다는 연락이 오곤 한다. 또 〈고몽〉이라는 이름을 말하면 보통 10~30대 정도의 남성에게 인지도가 높아졌음을 체감한다.

'영화 소개' 하면 고몽이라는 이미지가 생겨서 수많은 영화사, 방송사에서 드라마

소개를 요청으로 연락이 오고 있다. 나 역시 내 딴에는 큰 노력을 했지만, 결국 '영화 홍보' 계에서 나와 비슷한 노력을 한 어떤 이들도 많았을 것이다. 그들보다 더 좋은 결과를 가져다주는 '유튜브'에 그 노력을 쏟아부었기에 현실에서 나와 비슷한 노력을 한 사람 보다 더 많은 것을 얻을 수 있었다. 비슷하게 시작한 같은 카테고리 내에서도 현재 가장 높은 구독자를 모을 수 있던 이유도 많은 노력을 했어도 아주 적은 것을 얻을 수밖에 없었던 '회사원' 생활을 유튜브와 동시에 했었던 시절이 있었기 때문이다. 현실에선 1만큼 일하면 1이 돌아온다. 유튜브에선 1만큼 일하면 한동안은 0이 돌아올지 몰라도, 어느 순간 당신의 노력이 현실의 몇 갑절로 돌아오는 경험을 할 것이다.

08 시청자와의 소통은 활발할수록 좋은가?

믿거나 말거나 유튜브 세계의 격언 중 이런 말이 있다.

말을 많이 하면 '실수'를 낳고
말을 적게 하면 '오해'를 낳는다.
말을 적당히 하면 '오예~!'

현실에서도 마찬가지인 것 같다. 말이 없는 사람과 있으면 지루하고 답답함을 느낀다. 반대로 말이 너무 많은 '투머치 토커'들은 말이 빠르고 생각할 겨를 없이 말하니 하지 않아야 할 말도 하게 되면서 실언까지 하게 된다. 구독자들과의 소통도 마찬가지이다. 유튜브 채널을 시작하게 되면 유튜브를 개인 SNS처럼 생각하게 되는 경향이 있어 댓글 반응을 마치 나에게 말을 거는 것처럼 생각하게 된다. 직접적으로 크리에이터에게 질문을 하는 경우도 있지만 대다수의 글은 말 그대로 '댓글'인 것을 인지해야 한다. 인터넷 기사에 달리는 댓글, 커뮤니티 게시글에 달리는 댓글, 방송 시청자 게시판에 달리는 댓글 같은 '댓글'이란 말이다. 유튜브 플랫폼의 시청자들은 조금 더 특별한 그들만의 댓글 문화 '밈(Meme)'을 즐긴다. 댓글에서 자신의 글이 사람들에게 추천받고, 주목 받아서 최상단에 노출되기 위해서 댓글을 다는 시청자도 있다. 그렇기 때문에 모든 댓글에 대해서 답글을 달아줘야 한다는 압박감에 시달릴 필요가 없다. 또 대다수의 유튜브 시청자들은 채널에 댓글을 달아도 크리에이터들이 전적으로 댓글을 달아주기가 힘들다는 것을 알고 있기 때문에 자신의 댓글에 대한 답장이 없다고 분해하는 시청자는 극히 일부이다.

시청자가 직접적으로 크리에이터에게 질문을 하거나 댓글에 감동을 받아 꼭 답변하고 싶은 경우나 추천을 많이 받고 상단에 노출된 경우 같은 몇 가지 사례를 추려서 답글을 달아주는 것이 좋다. 이외에도 자신만의 기준을 선정해서 답글을 달아 주는 케이스를 정하자. 예를 들면 영상을 업로드 하자마자 '가장 먼저 댓글을 달아 준 10명' 이라던가, '베스트 댓글 순서대로 10명', 또 '영상에서 재미있는 부분을 타 임스탬프 기능을 통해서 링크를 걸어준 댓글'처럼 여러 가지 기준을 세울 수 있다. 일종의 댓글을 달아줄 대상을 표본으로 뽑는 것과 같다. "모든 댓글에 대해서 답을 하지 않고 골라서 소수에 대해서만 댓글을 달아야 하나?" 라는 의문이 들 수 있다.

댓글에 대해서 기준을 세우고 답변하라는 이유는 댓글에 대해 일정량 이하로만 간섭을 함으로써 댓글 창에 대한 시간 소모, 감정 소모, 리스크 발생 3가지를 관리 하기 위이다.

[그림 3-22] 댓글 간섭을 최소화하는 것이 좋다.

1 시간 소모

댓글에 대해 일일이 답장해주는 것은 시청자와의 소통을 넓힐 수 있다. 그런데 보통 유튜브에는 수천 개의 댓글이 달리며, 〈고몽〉 채널 기준으로 한 영상에 최고 댓글이 달린 경우는 약 100만 조회수에 약 2만 5,000개의 댓글이 달렸었다. 보통 댓글 100개에 답글을 다는 데에는 편차를 고려해도 개당 20초 정도의 시간이 걸린 다. 1분에 3개 정도 답글이 가능한 것이고 1시간에 180개의 답장이 가능하다는 추 산이다. 2,000개의 댓글을 답장하기 위해선 10시간 이상 투자해야 한다는 것이며

2만 개의 댓글을 답장하기 위해선 쉬지 않고 100시간, 약 4일을 쉬지 않고 댓글만 답장해야 한다. 차라리 그 시간에 영상을 한 개 더 만드는 것이 더 많은 시청자와 구독자들을 위한 것이고 결과적으로 채널을 성장시킬 수 있는 방법이다.

❷ 감정 소모

'감정'은 영상에서 말로 전하고, '정보'만 댓글로 전하라.

적어도 댓글에선 정보 전달 위주로 하는 게 좋다. 댓글에 감정을 담으면 크리에이터에게 엄청난 독으로 돌아올 수 있다. 댓글에 감정이 실린 경우는 악플에 대해 감정을 호소하면서 답글을 다는 경우나 어떤 영상을 만들었을 때 그 안에 담긴 감정을 댓글로 추가 설명하는 경우인데 나는 어떤 경우에 있어서도 댓글에 감정을 싣는 것에 부정적인 입장이다. 이유는 이와 같다. 우선 감정이란 것을 글로 표현하면 의도와 다르게 곡해되는 경우가 있다. 미국의 심리학자인 '메라비언의 법칙'에 따르면 우리의 의사 전달에서 단어, 말, 언어같은 대화내용은 의사 전달의 7% 밖에 차지하지 않는다고 한다. 그 외에 목소리의 높낮이, 음성적인 요소가 38%이며, 몸짓, 표정, 태도와 같은 시각적인 요소가 55%를 차지한다고 한다. 즉 말도 아닌 글로는 내가 표현하려는 감정의 7%도 채 전달하지 못할 수 있다는 것이다. 거기에 그 감정이 예민한 상황을 포함한다면 더욱더 내가 전하려는 의도가 곡해되는 결과를 불러올 수 있다. 그래서 감정이 포함된 이야기를 전달하고 싶다면 댓글이나 커뮤니티 기능이 아닌 반드시 유튜브의 본질인 동영상을 통해 전달함으로써 의사 전달의 오해를 막아야 한다.

변경될 수 있는 정보는 댓글에서 전달하는 것을 권한다. 유튜브의 영상은 일단 업로드가 된 이후에는 수정하기 쉽지 않다. 유튜브 자체의 삭제 기능이 있긴 하지만, 아주 오래 걸리거나, 렉이 나서 더 이상 진행되지 않은 적이 많았다. 또 삭제 말고 교체하는 경우는 불가능에 가깝다. 유튜브에 업로드 되는 영상들은 누군가의 검토 없이 혼자의 힘으로 올리는 영상들이 대부분이다. 따라서 가볍게는 오타부터 논리의 오류, 팩트가 아닌 잘못된 내용 등이 포함될 수 있다. 추후 댓글 반응을 통해 이를 눈치 채도 영상 자체는 수정이 안 된다. 이런 경우에는 댓글에 고정 기능을 통해 잘못된 정보를 바로 잡아주고, 사과글을 기재하면 좋다. 또 영상에 부족한 내용을 추가하는 경우에도 좋다. 어떨 경우는 제시된 댓글조차 팩트가 아닌 댓글을 달아놓을 수가 있는데, 이 경우 역시 댓글 기능에서 수정이 되기 때문에 바로 잡을 수 있다.

③ 리스크 발생

당신의 친절한 답글이 오히려 당신을 망칠 수 있다.

필자의 경우 2016년경에 모든 댓글에 일일이 답글을 달아주자는 마음을 갖고 있었다. 회사 생활을 하면서 바쁘게 영상을 만들고, 댓글까지 달아야 했기 때문에 속전속결로 답장을 해야 하는 상황이었다. 그러던 중 필자의 댓글 중 잘못된 내용이 있었다. 캐릭터의 이름을 잘못 기재한 것이다. 그런데 그 댓글을 스크린샷 촬영하여 커뮤니티 이곳저곳에 '고몽이 거짓 정보를 퍼뜨린다.' 라는 글을 기재하면서 해당 댓글의 사진을 첨부하는 사람이 등장했다. 이미 댓글에 내용이 잘못되었음을 파악하고, 수정해 놓았음에도 불구하고 이미 자신이 찍은 스크린샷을 근거로 '그 채널을 믿지 마라', '그 채널은 아무것도 모른다.', '뇌피셜을 퍼뜨리면서 나댄다.' 등과 같은 악플을 여기저기에 반복적으로 올렸다. 영상만 올리고 답글을 달지 않았다면 애초에 내가 잘못된 단어를 쓸 일도 없었을 것이고, 내 딴에는 소중한 댓글을 달아준 시청자에게 보답하기 위해서 좋은 마음으로 서둘러서 답장한 것이 씨앗이 되어 한 동안 고역을 치룰 정도로 악플에 시달렸다. 심지어 수천 개에 따르는 댓글이 달렸던 인기 영상이었고, 나는 그 모든 댓글에 답을 달아줬었기 때문에 내 댓글을 확인하는 것도 힘들었다.

정신없이 모든 댓글에 답을 달아야 한다는 생각으로 인해서 서둘러 달았던 댓글이었기 때문에 어디에 썼는지 기억이 나지 않았기 때문이다. 또 해당 영상에서 만약에 내가 소수에 댓글에 답을 달았다면 크리에이터가 답글을 단 댓글이 우선순위로 상단으로 올라오기 때문에 내가 쓴 댓글을 찾기 쉬웠을 테지만 당시 모든 댓글에 답을 달아줬기 때문에 양이 많아 내가 무슨 말을 뱉었는지 통제가 안 될 정도로 많은 답글을 달아줬던 것이 문제의 발단이었다. "수정했으면 신경 안 쓰면 되잖아, 그게 뭐 대수라고?"라고 생각할 수도 있다지만, 인터넷 세계에서 시작되는 마녀사냥은 법정에서 이루어지는 재판과는 달리 불같이 빠르게 번지고 화상처럼 고통스럽게 사람을 타들어가게 만든다. 인터넷 세계에서는 일단 타깃이 되면 그 타깃이 비참하게 추락하거나 그 사건이 서서히 잊히고 새로운 사건이 등장하기 전까지는 '마녀'를 놓아주지 않는다. 평등하게 양쪽의 의견을 듣는다든가 증거의 신빙성을 확인한다든가 하는 공정하고 정의로운 방식을 기대하면 안 된다. 그곳에서는 오직 네편, 내편, 구경꾼들 그리고 대중의 감정에 따른 인민재판이 있을 뿐이다. 인민재판의 기준은 헌법이 아니라 '도덕성'이나 '옳고 그름에 대한 암묵적 룰' 같은 것이라 내 어떤 댓글이 도덕성을 어기고 있는지 판단하려면 이미 당신의 댓글 중 하나가 당신의 발목을 잡고 있을 수 있다. 또한 내 채널에 댓글을 달아준다고 해서 무조건 내편을 드는 가족이나 친구처럼 생각하면 안 된다.

'정확하고 검증된 정보', 그리고 '감정의 결이 들어가지 않은 담백한 전달'이 아닌 어떤 댓글도 내 뜻과 다르게 곡해될 수 있으며, 만약 당신의 댓글에 국민 감정을 건드리는 오해를 살 만한 표현, 사회적인 기류를 거스르는 실수, 시청자의 미움을 살 만한 착오가 발생한다면, 언제 당신의 시청자들이 당신의 채널에 등을 돌릴지 모른다. 댓글에 대한 답글이 언제든 독이 될 수 있다는 것을 알아두고, 소통이 불러올 고통에 대비하길 바란다. 오직 정제되고 절제된 소통만이 당신이 돌이키지 못할 후회를 비껴갈 수 있는 좋은 방법이다.

09 나이는 숫자에 불과하다

① 나이불문 성공한 채널들

매주 수요일 8시 15분 TBS에서 진행하는 라디오 와이파이 〈고몽의 로그인〉이라는 유튜브 전문 코너에서 유튜브에 대한 이야기들을 진행하다보면, 50대 이상의 고연령대 청취자들의 문자가 많이 온다. 그중에서는 나이가 많아서 유튜브를 할 수 있을지 고민하는 사연들도 종종 보인다. 지인 중에 34살 정도 된 회사원이 있다. 그는 '유튜브 크리에이터가 되고 싶다.' 며 여러 번 찾아왔으면서도 채널 운영에 막힘이 생기면 '나이 탓'으로 핑계를 돌리곤 포기해 버리는 일을 반복하고 있다.

'나이 때문에'라는 변명은 유튜브의 세계에선 통하지 않는다. 내가 고몽이라는 영화 채널을 키우면서 가장 영감을 받은 크리에이터들은 결코 20~30대의 팔팔한 나이대가 아니었다. 30대만 되어도 더 이상 따라가기 힘든 10대의 각종 유행어와 'Z세대'만의 감성, 변화 주기가 몇 주도 안 되는 신종 *밈(meme)을 따라가는 것은 점점 더 힘들어진다. 하지만 꼭 '최신'이 '최고'는 아니다.

밈(meme)은 인터넷상에 재미난 말을 적어 넣어서 다시 포스팅한 그림이나 사진을 말한다.

유튜브라는 플랫폼에서는 '유행과 트렌드', '젊은 감성' 보다도 그 사람에게서만 뿜어 나오는 농도 짙은 '페로몬'이 성공에 가장 중요한 열쇠다. 페로몬(pheromone)은 같은 종의 동물끼리 의사소통에 사용되는 화학적 신호인데 체외에서 분비되며 인간에게서도 페로몬의 사용이 발견되기도 한다. 이 페로몬은 유전정보를 담은 화학적 물질로 '상대에게 강력한 매력을 느끼게 한다.'는 의미라는 것을 알 것이다. 필자는 잘되는 유튜버들이 시청자를 미치게 하는 페로몬을 가득 뿜어낸다고 생각한다. 그리고 그 채널에 강력한 매력을 느끼는 시청 패턴이 유튜브의 알고리즘에게 "이 채널은 미쳤습니다. 당장 대박 나게 만들어주세요." 라고 신호를 보낸다고 생각한다. 페로몬은 소위 '20대의 요새 것들' 의 전유물이 아니다. 오랜 연륜과 경험 속에서 '자신만의 인간다움'의 향을 짙게 머금어온 사람들에게서 진하게 뿜어져 나오고 있다. 아직 10대도 되지 않은 어린이들의 예측 못한 기발함에서 나오기도 한다. 유튜브 세계의 '페로몬'을 뿜어내는 채널들은 어떤 매력을 가졌을지 한번 살펴 보자.

1 〈빨강도깨비〉

빨강도깨비 ✓
구독자 659,745명

[그림 3-23] 〈빨강도깨비〉 채널 로고

〈빨강도깨비〉 채널

영화 유튜브로 인도되고 성장하는 동안 많은 영감을 받은 채널부터 소개하겠다. 〈빨강도깨비〉 채널은 필자와 비슷한 채널 탄생 경로를 지녔다. 직장 생활을 하며 취미로 하던 유튜브를 과감한 결정을 통해 인생 2막의 장으로 삼았다. 〈빨강도깨비〉 채널의 크리에이터인 그는 이미 고몽 유튜브를 시작한 2016년, 40대의 나이였다. 40대면 보통 회사에서 못해도 과장, 보통은 차장 부장 정도는 달고 있을 나이다. 그런데 그는 유튜브에서 가장 트렌디하고 10대~20대가 열광하는 마블 콘텐츠를 가장 완성도 있게 제작해내는 채널이며 영화 전반에 관한 센스 있고 완성도 높은 상징적인 채널로 자리잡았다.

라이트룸이라는 편집 툴로 영상편집을 하는 그는 철저하게 영화 유튜브 최고의 영상 품질을 유지한다. 한 영상에만 20개는 넘는 영화의 장면을 망라하고 하나의 기획과 콘셉트로 관련된 영화의 유기적인 의미를 도출해내는 그의 센스는 도저히 날이 무뎌지지 않는다. 같은 영화 유튜버로서 영상을 제작하다가 기획이 막히면 늘 그의 채널에서 아이디어를 얻곤 한다. "도대체 어떻게 저런 기획을 했지?"라는 감탄사가 나올 만큼 고민과 시간을 들인 영상 덕에 그의 작품은 초반에 팍! 오르는 대신 꾸준하고 느긋하게 우상향을 그리며 채널을 끌어올렸다. 나에게 썸네일과 제목의 중요성, 시청 시간의 중요도, 데이터 분석의 원리를 알려준 것도 〈빨강도깨비〉 채널 주인이었다. 그는 매년 영화를 비롯한 비슷한 카테고리의 채널을 모아 소규모의 세미나를 개최한다. 그리고 그 안에서 1년 동안 자신이 느끼고 깨달은 유튜브의 알고리즘과 또 새로운 업데이트의 방향에 대해서 공론화하고 새로운 정보를 제공한다. 나이는 40대 이제 50에 다가가고 있는 그이지만 누구보다 앞서 나가고, 쉬지 않고 달리는 〈빨강도깨비〉 채널은 그가 40년이 넘는 세월 동안 쌓아올린 짙은 페로몬이 절대 옅어지지 않을 것임을 보여준다.

② 〈와썹맨_Wassup Man〉

〈와썹맨〉 채널

와썹맨-Wassup Man ✔
구독자 1,942,505명

[그림 3-24] 〈와썹맨〉 채널 로고

GOD 출신 래퍼, 헐리우드 영화 〈드래곤볼 레볼루션〉의 야무치로 우리에게 알려진 박준형이 2018년에 최고의 전성기를 누리고 있다. 재민이가 나오던 〈GOD의 육아일기〉를 시청하였고, GOD의 전성기를 보아왔지만 박준형의 전성기는 바로 지금이라고 확신한다. 지금 길거리에서 박준형을 본 학생들은 곧바로 배엠!이라고 외친다. 영어권 힙합퍼의 슬랭어라고 할 수 있는 "배엠(VAAAAAAAM!)"이라는 소리인데 그가 자신이 주인공인 채널 〈와썹맨〉에서 바로 이 "배엠"을 감탄사로 외치기 때문이다. 그 외에도 유행어는 많다. "여긴 어디!", "구독 팔로우 안하면 **버려" 등 그의 색깔은 2018년을 화려하게 보내고 2019년에도 GOD의 전성기보다 훨씬 많은 사람들에게 알려지고 있다. 〈와썹맨〉의 채널은 엄밀히 말해 1인 미디어는 아니다. 스튜디오 룰루랄라에서 제작한 기획형 콘텐츠이기 때문이다. 그럼에도 '박준형'이란 인물을 단독 주인공으로 내세워 그의 매력을 극한까지 끌어 올렸다. 그를 이시대의 감성 저격수로 만든 것은 박준형의 세포하나하나를 트렌디한 화법으로 편집한 제작진의 공이 크다. 박준형과 제작진 그 누구도 없었다면 불가능했을 〈와썹맨〉은 가히 한국에서 2018년~2019년 동안 최고의 구독자수 급성장 채널이라고 할 수 있다.

③ 〈박막례 할머니_Korea Grandma〉

〈박막례 할머니〉 채널

박막례 할머니 Korea Grandma
구독자 940,372명

[그림 3-25] 〈박막례 할머니〉 채널 로고

구독자 1,000만 명 크리에이터도 직접 본 적 없다는 유튜브의 CEO 수잔이 오직이 크리에이터를 만나기 위해 한국에 방문해 1대 1로 독대하고 콘텐츠까지 촬영하고 돌아가게 한 한국인은 누구일까? 물론 수장도 고개를 숙일 연세 지긋한 유튜브의 전설, 박막례 할머니다. 1947년생으로 평생 식당을 운영해 온 박막례 할머니는 언니들이 치매로 고생하는 것을 보고 두려움을 느꼈다. 이를 본 손녀 김유라 씨가 할머니를 위해 제작한 채널이 바로 〈박막례 할머니〉 채널이다. 주인공은 본인, 제작자는 손녀.

현재는 식당을 그만두고 전업 크리에이터가 된 박막례 할머니는 말 그대로 유튜브의 '박막례 카테고리'를 만들었다. 2019년도 기준으로 만 72세의 할머니가 만들어내는 '힙'한 채널은 유튜브의 CEO를 넘어 구글의 CEO 피차이까지 그녀를 찾아오게 했다. '인생은 71세부터야!' 라는 말을 만든 할머니는 71세에 세계적인 패션 잡지 《보그(VOGUE)》와 촬영을 했는데, 이마트 장바구니에 빨간 우비를 쓴 패션 스타일은 유명 브랜드 '배트멍'이나 '발렌시아가'의 디자인을 떠올리게 한다고 평가될 정도이다. 과기부장관상부터 라디오 생방송 출연까지 '떴다' 하면 '유행'이 되는 박막례 할머니를 보며 나이를 탓하던 모든 크리에이터들은 고개를 숙일 수밖에 없다. 그녀는 말한다. "야, 다친 것도 추억이여. 뼈만 안 다치면 추억이여."

유튜브 크리에이터의 경험도 그렇다. 뼈만 안 다치면 추억이다. 당장 시작하자. "왜 (물건을) 사신거죠?" 라는 질문에 "예쁜 것은 눈에 보일 때 사야 돼요, 내년에는 없어요." 라는 그녀. 유튜브도 그렇다. 유튜브의 문은 언제 닫힐지 모른다. 5년 전에도, 4년 전에도, 3년 전에도, 작년에도 유튜브를 하려는 많은 고민들이 있었고, 그 고민들은 아직도 고민하고 있다.

당신은 언제까지 고민할 것인가?

④ 〈띠예〉

띠예
구독자 922,102명

[그림 3-26] 〈띠예〉 채널 로고

〈띠예〉 채널

〈띠예〉는 기적을 일으켰다. 두 달 만에 75만 구독자 돌파. 2019년 5월 현재

91만 명을 돌파했다. 띠예가 현재까지 올린 영상은 27개이다. 겨우 27개의 영상으로 띠예는 거의 100만에 가까운 구독자를 기록한 것이다. 필자는 300여 개의 영상을 업로드해서 90만 명의 구독자를 만들었다. 10분의 1의 영상으로 더 많은 구독자를 만든 그녀의 매력은 무엇이었을까? 〈띠예〉는 초등학생이다. 콘텐츠도 직접 만든다고 한다. 그녀의 시작은 전설과 같다. 초등학교 저학년 정도의 꼬마가 ASMR 먹방을 한다고 화질도 좋지 않은 카메라 화면에, 무료 편집 어플을 썼는지 화면 오른쪽 상단에 'made with KINE MASTER'라는 워터마크까지 붙은 영상을 업로드했다. 제대로 된 마이크가 없는지, 이어폰 마이크를 테이프로 얼굴에 붙이고 등장한 〈띠예〉. 자막도 조악한 수준이었지만 귀여운 글씨체와 말투로, 바다포도를 오돌오돌 씹는 영상으로 〈띠예〉는 단숨에 인기 영상에 오른다. 해당 영상은 현재는 1,364만 조회수를 기록한다. 이어진 영상에서 띠예는 모두를 경악시킨다. 귀여움으로 말이다. 바로 손으로 당기면 토끼귀가 폴짝하고 솟는 모자를 쓰고 나타난 것이다.

열심히 하겠다며 동치미를 컵에 담아 오독오독 씹어대는 그 모습에 어떤 유튜브 사용자가 그냥 지나칠 수 있었을까? 당시에 크리에이터들은 너도나도 〈띠예〉의 영상을 공유했다. 이후 〈띠예〉의 모든 영상은 보통 100만~200만 조회수를 기록하며 꾸준하게 인기 영상에 올라왔다. 〈띠예〉는 달달한 음식을 많이 먹었던 탓인지 구독자들의 닉네임을 '달콤이'로 지었다. 달콤이들은 "오구구"라며 띠예가 너무 단 걸 먹어 이가 썩지 않을까, 띠예가 얼굴에 테이프를 붙여 피부가 상하지 않을까 너도 나도 띠예를 아끼고 걱정했다.

또 〈띠예〉 채널만의 '밈'이 생겼는데, 예를 들면 이런 식이다. "띠예님은 단 걸 너무 드셔서 이가 아프지만, 달콤이는 술을 많이 먹어서 간이 아파요.", "띠예도 언젠간 커서 치킨엔 맥주라고 외치는 날이 오겠지…. 하지만 이모는 소주파예요.", "띠예는 쌀과자를 4분 동안 맛있게 먹는구나~ 삼촌은 아침부터 부장님한테 욕만 40분 동안 먹었어요~", "어라?! 쌀과자 소리랑 삼촌 무릎에서 나는 소리랑 비슷해요. 하하.", "띠예는 치킨 두 조각을 4분만에 먹는구나~ 달콤삼촌은 4분에 두 마리 먹을 수 있어요.", "3:49 머리카락이 먹는 데 방해했구나. 이모는 방해하는 머리카락이 없어요."

이렇게 다양한 댓글들을 보면 사람들은 〈띠예〉 채널을 통해 그들만의 문화, 밈을 느낄 수 있다. 바로 띠예의 순수한 조카 매력과 스스로 어떻게든 노력해서 콘텐츠를 만들어나가는 안간힘, 말까지 곱게 하는 띠예의 매력에 사람들은 그 안에서 지금 자신의 순수하지 못한 모습과 또 잃어버린 천진난만함을 다시 돌이켜볼 수 있는 것이다. 그런데 아쉽게도 현재는 〈띠예〉 채널의 재밌었던 댓글들을 볼 순 없다. 유튜브의 정책 중 미성년자가 운영하거나 주인공인 채널에 생길 수 있는 불상사를 미연에 방지하고자 댓글을 달 수 없는 동영상으로 설정해 버렸다. 더 이상 달콤이들의 재미난 드립은 볼 수 없지만, 그럼에도 〈띠예〉를 비롯한 키즈 크리에이터들의 안전을 위한 정책이므로 안타까움과 안도감이 공존하는 정책이기도 하다.

10 유튜브는 밈(Meme)을 통해 문화를 만든다

유튜브는 문화를 만들고, 문화의 세포인 밈을 복제하는 최고의 수단이 된다. 보통의 산업은 1을 투입해서 가공을 통해 2나 3이 나온다. 아주 좋은 생산성을 통해 1을 투입해서 10의 가치를 만들 수도 있다. 그러나 문화 산업의 투입대비 생산가치의 한계는 정해져 있지 않다. 한 편의 영화로 수조원을 만들 수 있고, 한 팀의 아이돌 그룹으로 세계를 휩쓸 수도 있다. 유튜브의 세계에선 문화를 만드는 아주 작은 단위의 문화인 '밈(Meme)'을 끊임없이 재생산 하고 있다.

'밈(Meme)'이란 인터넷에서 유행하는 요소, 단어뿐만 아니라 사진, 영상, 미디어를 넘나드는 일종의 '유행 코드'이다. '짤방'도 밈의 한 종류이고, "아니 명수형이 거기서 왜 나와?" 같은 댓글 드립도 일종의 밈이다. 〈야인시대〉에서 심영이 사타구니에 총을 맞은 후 병원에서 외쳤던 유명한 대사인 "내가 고자라니"도 밈의 일종이다. 이런 것들의 총체를 밈이라고 하며, 이미 다양한 인터넷 커뮤니티에서 활발히 사용되는 '소규모 문화 단위'이다. 유튜브는 이러한 밈이 모여 구성된 세계라고도 할 수 있다.

유튜브에 댓글은 일종의 '천하제일 드립대회'이다('천하제일 ○○대회'라는 말도 일본만화 드래곤볼의 '천하제일 무술대회'에서 시작된 밈이다). 어떤 영상이 올라오면 유튜브의 댓글은 해당 영상에 대한 기발하고 재치 넘치는 한 줄 댓글부터, 자세히 보기를 누르면 반전이 펼쳐지는 댓글까지 최신 밈을 한껏 담은 잔치가 펼쳐진다. 또 많은 사람들이 그런 밈에 좋아요를 누르면 댓글이 상단에 배치되면서 더욱더 밈의 잔치가 가속화된다.

유튜브의 영상이 초대박이 나면 세계적인 밈이 되기도 한다. 일본에서 시작된 'PPAP' 뮤직비디오 영상은 사과와 펜을 이용한 가사로 주목을 받았는데, 한동안은 사과처럼 둥그런 물체와 펜처럼 긴 물체만 들고 있으면 갑자기 PPAP로 이어지는 밈이 유행하기도 했다. 싸이의 강남스타일은 두 손목이 닿기만 하면 말타기 춤으로 이어지는 밈을 만들었으며, 현재 유튜브 최고의 트래픽을 불러일으키는 BTS(방탄소년단)는 전 세계 팬들에게 '자신을 사랑하기'라는 최고의 긍정적인 에너지를 불러일으키는 밈을 생성 중인데, 유튜브 리액션 영상, 뉴스, 콘서트, 인터뷰, 라디오 영상 등을 통해 BTS라는 팀이 가진 긍정적인 밈의 힘이 전 세계에 퍼지는 데 일조하고 있다.

BTS의 글로벌 팬들은 주로 한국어를 쓰는 BTS에 대한 관심으로 한국어 교육의 바람이 불고 있고, BTS의 나라인 '한국'에 대한 관심과 관광객 증대뿐 아니라 한국의 브랜드 가치 상승에도 기여하고 있다. 이렇듯 유튜브는 글과 사진 위주였던 시대에선 언어사용권 지역 안에서만 존재했던 밈의 언어적 장벽을 '동영상'의 힘으로 허물고 문화의 흐름을 하나의 이어진 바다로 만들었다. 전통 문화, 예술만이 문화가 되는 것은 아니다. 우리가 지금 향유하는 생활의 흐름과 양식이 시대를 통과해 문화가 되듯이 밈들이 모여 유행을 만들고, 그 기록이 문화가 되고 오래 남아 역사가 되는 것이다. 유튜브는 분명 외국 회사이고, 전 세계 누구나 사용할 수 있는 플랫폼이지만 한국과 만난 한국에서의 유튜브의 흐름은 또 새롭게 쓰일 한국의 문화이고 역사의 한 줄이다.

11 천연 청년실업 해소제

2019년 4월 통계청에서 발표한 〈경제활동인구조사〉에 따르면 한국의 청년실업률은 11.5%이며 그 수는 50만 7,000명이라고 한다. 같은 기간 청년 취업자가 389만 8,000명이라고 하는데, 이 조사는 일자리 찾기를 포기하거나 가사 취업 준비만을 하고 있다면 비경제활동인구로 분류되어 실업률에서 제외됨에도 불구하고 나온 수치이기에 현실의 일자리가 얼마나 부족한지 보여주는 지표라고 할 수 있다. 정부, 정치계, 경제계, 민간 어디 하나 청년실업을 해소하기 위해 노력하지 않고 있는 조직이 없지만 '경제의 부흥' 이외에 좀처럼 명쾌한 해결책은 보이지 않는다. 이런 혼란의 중심에서 유튜브만은 대한민국의 현재의 실질적인 청년실업 해소제로 작용하고 있다.

유튜브가 도대체 무슨 고용을 창출한다는 것일까? 한국의 유튜브 유행의 바람이 불고 성공적인 유튜브 크리에이터들이 잠재적인 크리에이터들에게 모범적인 길을 제시함으로써 한국의 유튜브 크리에이터는 직업화되었다. 그 결과 일명 '황금백수'가 늘어나고 있다. 동네 사람들이 보면 낮에 동네를 어슬렁거려서 백수처럼 보이지만 사실은 프리랜서나 개인사업자 형태로 집에서 일하는 크리에이터들에게 붙는 별명이다. 유튜브 사용자가 늘고 그만큼 한국에서 활동하는 크리에이터들이 얻을 수 있는 수입도 늘어나면서 생활이 가능한 수준의 수익을 창출하는 크리에이터들이 늘어나고 있다. '청년실업자'였던 사람이 취업을 하지 않았는데도 유튜브가 수입원이 되어 '개인 사업자 대표'가 되는 사례가 늘어나고 있다는 것이다.

'직업'이 무엇이라고 생각하는가? '<u>직업</u>'이라는 단어를 네이버에 검색하면, 크게 2가지 정의가 나온다.

하나는 '살아가는 데 필요한 돈을 벌기 위해 자신의 적성과 능력을 고려하여 어떤 일에 일정 기간 이상 종사하는 것(초등사회 개념사전)'. 둘째는 '분업화된 사회에서 인간이 생활의 물적

기초를 마련하기 위하여 전문적으로 행하는 생업(한국민족문화대백과)'이라는 것이다. 직업의 정의를 간결하게 말하면 '생계를 유지하기 위해 돈을 버는 수단'이다. 이보다 간결한 직업에 대한 정의가 있을까? 어떤 직업이던 돈을 주지 않는다면 직업이라고 할 수 있는가? 그렇다면 돈만 주면 다 직업인가? 위에서 제시된 직업에 대한 정의는 직업이 가져다주는 것에 대해 정의되어 있을 뿐, 우리가 직업을 통해 무엇을 얻으려는가에 대해서는, '돈' 이외에는 정의되어 있지 않다. 이제 직업에 대한 정의는 '생활에 걱정 없이 행복하게 살기 위해 하는 일'로 바뀌어야 한다. 수없이 반복되는 경쟁사회에서 나 역시 경쟁의 나선에 휩쓸렸다. 쉬지 않고 뭔가를 해야 했으며, 증명해야 했다. 증명의 끝에 도달한 '직업'에서 나는 걱정했고 행복하지 않았다. 왜냐하면 학업 경쟁, 또 취업 경쟁의 게임에서 이제는 승진 경쟁을 해야 하는 곳이 취업 후 직면한 사실이었기 때문이다. 그럼 도대체 나는 무엇을 위해 직업을 갖는가? 결국 돈이었을까?

회사에 들어갔을 때 내 한 몸 건사하기 참 힘들었다. 83만 원씩 1년을 모으면 1,000만 원이 된다고 하여 딱 그 정도 적금을 넣고 생활비 80만 원을 쓰고 나면 딱히 남는 돈도 없었다. 내가 그렇게 일해서 만든 것은 무엇이었을까? 딱히 손으로 뚝딱 만들어 내는 것이 없으니 생산에 대한 기쁨도 없었고, 딱히 월급이 모아지는 것도 아니었다. 경쟁을 해서 계속 우위에 서면 대단한 것이 주어진다고 배웠는데 대단한 게 없었다. 그냥 그저 돈을 버는 직업 그 무엇도 아니었고, 좋은 회사에 들어갔다. 그 이외에 내가 주변에 좋은 영향을 주거나 누군가의 삶에 도움이 된다던가 하는 자기효능감이 상승하는 그런 일은 일어나지 않았다. 내가 이미 정해진 한 자리를 차지함으로써, 함께 면접 봤던 그 사람은 떨어졌을 테고, 나는 누군가가 차지할 수 있던 한 자리를 채우고 있을 뿐이라는 생각도 들곤 했다.

크리에이터가 된 이후 나를 포함한 주변 크리에이터들은 대부분 고용 창출을 하고 있다. 크리에이터는 자율적으로 유튜브에 업로드 하는 영상 외에도 다양한 기업과 조직에서 영상제작 제의를 받는데, 그런 일들을 혼자서 감당하기엔 버겁고 거절하기엔 기회가 아깝기 때문에 보통 편집자를 고용한다. 나의 경우는 편집자 두 명에게 직접 편집의 기초부터 유튜브 채널 운영에 관한 모든 것을 하나하나 가르쳤다. 전반적으로 내가 필요한 일들에 분업을 이루고 나니 채널이 굴러가는 속도가 원활해졌고, 필자는 그들에게 시간을 벌고, 그들은 나를 통해 직업과 돈, 경험을 얻어간다.

사실 필자의 편집자 두 명에 대해서 말하자면, 한 명은 하루 종일 게임하는 것밖에 꿈이 없던 내 사촌동생이었고, 한 명은 서른 살까지 자신이 평생 몸담을 직업을 정하지 못했던 꿈이 많아 불안했던 동생 친구였다. 아니 쉽게 말해 백수였다. 하지만 지금 그들은 촬영이 필요할 땐 스태프 편집이 필요할 땐 편집자로 변신한다. 시사회도 같이 다니고, 기획을 함께하고, 새로운 콘텐츠를 함께 만들어가는 동료들이 되었다. 그들은 각자 명함이 있고, 자신의 직업이 생겼다. 현재는 대표자로 그들을 정규직으로 고용한 관계이며, 월급과 성과급 4대보험을 가입시켜주고, 청년내일채움공제 같은 복지를 최대한 찾아서 지원하고 있다. 또 1년에 한 번은 1인 동반해외여행을 시켜주는 복지를 제공하고 있고, 혹시라도 부족한 대우라고 생각하면 언제든 소통을 할 수 있는 자리를 마련하고 있다. 그러면서도 그들은 보통 정시출근을 하지 않는다. 야근도 없고 휴가도 없다. 원할 때 쉬면 된다. 일이 있을 때만 모여 기획을 하고 각자 편한 곳에서 작업한다. 데이터 공유는 구글 드라이브 동기화를 통해 자동으로 업로드 & 다운로드가 된다. 내가 기획을 넘기면 편집자들이 살을 보태고 편집해서 가편집본을 나에게 준다. 나는 녹음을 하고 자막과 후편집 작업을 하고 특수 효과를 삽입해서 업로드하거나 필요한 곳에 전송한다. 한 명은 현재 5만 명의 구독자를 가진 영화 채널을 나와 함께 키웠고, 나는 스톡옵션으로 해당 채널의 영구 소유권과 모든 수익을 영구적인 보너스로 제공하고 있다.

이와 같은 작업 프로세스로 두 명의 일자리를 만들고 추가적으로 6명의 프리랜서에게 일자리를 제공하고 있다. 두 사람이 일을 할 땐 눈이 반짝인다. 너무도 열성적으로 웃으며 즐겁게 일하는 두 사람을 보면 '이게 바로 직업이다.' 라는 확신이 든다. 타인에게 웃으며 일할 수 있으면서도 생계를 유지할 수 있는 직장을 만들었다는 사실에 자부심을 느낀다.

고용 창출은 비단 필자의 경우만은 아니다. 크리에이터들도 사업자등록을 하거나 프리랜서로 소득 신고를 해야 한다. 또 어떤 크리에이터들은 MCN에 소속되기도 하고, 회사에 소속된 크리에이터들도 존재한다. 또 개인사업자나 법인사업자 형태로 직원들을 고용하고 월급을 지불하는 크리에이터들도 있다. 아예 관련된 사업체를 형성해서 수십 명을 거느린 크리에이터들도 있으며, 크리에이터와 관련된 교육, 지원, 홍보, 연구 사업들이 일어나면서 새로운 직업군과 일자리를 만들고 있다. 또 기존의 직업체계에서는 취업을 하기 힘들었던 많은 사람들이 유튜브 크리에이터가 됨으로써 생계를 이어나가고 행복을 찾아갈 수 있게 되었다. 기존에는 아웃사이더로 분류되던 사람들에 대한 차별이 유튜브에서는 새로운 콘텐츠를 만들 수 있는 원석 같은 재능으로 평가되며 평등한 사회로 가는 데 일조하고 있다. 심지어 유튜브 크리에이터가 늘어난다는 것은 기존의 직업군을 없애면서 대체되는 직업이 아니라 기존에 우리나라에 존재하지 않던 직업군이 신생되면서 새로운 먹거리를 만드는 경우이기 때문에, 이로 인한 고용에 부정적인 이슈도 없다. 또한 '훌륭한 인재가 취업을 하지 않고 유튜브로 빠진다.' 라는 지극히 부정적인 인식으로 바라보아도 그 훌륭한 인재가 유튜브를 직업으로 삼게 되어 비게 된 '훌륭한 일자리'로 누군가가 취업을 할 수 있으니 어떤 방식으로 다시 보아도 유튜브로 생겨난 일자리는 우리 사회에 도움이 되고 있다.

파이를 나눠 먹는 생각에서 벗어나자 <u>유튜브는 파이를 하나 더 만드는 데서 한 발 더 나아가 '파이를 만드는 영상'으로 파이를 그대로 보존하면서도 이 세상에 없던 새로운 가치를 창출해내는 고용 + 고부가가치 산업</u>이다. 유튜브가 해낸 청년실업 해소의 시작, 그 마중물이 도저히 해결할 수 없을 것 같던 청년실업 문제에 대해 어떠한 새로운 흐름을 불러올지 기대된다.

12 한국의 방송국과 세계 스트리밍 서비스 대전

① 넷플릭스(NETFLIX)

NETFLIX

[그림 3-27] 넷플릭스

2019년 들어 넷플릭스에 지상파 방송인 MBC의 드라마 〈봄밤〉이 업로드되었다. 얼마 전까지만 해도 JTBC나 CJ 계열 같은 종편 방송국의 드라마만 업로드되었던 넷플릭스에 드디어 지상파 드라마의 파발꾼인 MBC가 등장한 것이다. 뿐만 아니다. MBC와 SBS 등 지상파 방송사는 광고료 배분 비율 협상에서 양보하지 않던 유튜브에 동영상 클립 제공을 중단한다는 내용으로 2014년부터 SMR(스마트미디어렙)과 계약을 맺고, 수익 분배 비율이 큰 네이버TV 등에만 전속 콘텐츠를 업로드했었다. 하지만 2019년에 유튜브에는 지상파 클립이 넘쳐나고 있다. SBS는 진작에 〈스브스캐치〉나 〈스브스뉴스〉 같은 인기 채널을 만들었고, 〈애니멀봐〉 같은 인기 동물 채널로 유튜브에서 자리를 잡았으며, 최근 MBC는 5분 순삭 코너로 예전에 유행했던 〈거침없이 하이킥〉과 같은 시리즈들의 열풍을 다시 불러일으키고 있다.

넷플릭스 같은 글로벌 서비스에 자사의 콘텐츠를 공급하는 것이 국내에서 주도권을 빼앗긴다는 근시안적 판단보다는 이미 세계적인 판로를 개척한 서비스 업체와 계약하여 콘텐츠의 유통을 확대하겠다는 거시적인 관점으로의 변화로 보인다. 유튜브에 지상파 콘텐츠 등장 역시 마찬가지다. 단순하게 광고 수익 배분만으로 계산할 문제가 아니라, 글로벌 1위 동영상 플랫폼을 활용하여 방송국들이 단순한 수익을 너머 지평을 넓힐 수 있는 계기가 되기 때문이다. 또 이를 바탕으로 콘텐츠 판권을 수출할 수 있는 광고의 효과도 지녀 더 이상 방송가의 '쇄국 정책'은 유지되지 않을 것으로 보인다.

한국의 언론이 유튜브보다도 훨씬 적대적으로 대하는 '넷플릭스'가 한국에 도입되고 가입률을 늘려가는 동안 공통적으로 쓴 단어가 있다. '공습'이다. 차를 타고 이동하는 동안 넷플릭스에 대해 부정적인 이슈를 언급하던 라디오 패널 역시 '공습'과 '대비책' 이라는 단어를 쓰며 연일 넷플릭스에 대한 경계를 표현했다. 유튜브와 넷플릭스를 대하는 한국 언론과 방송사들의 입장은 '토종'을 해치는 '외래포식종'의 등장이라는 프레임으로 이 사건을 끌고 가는 분위기를 만들려고 노력하는 듯 보였다. 하지만 그 모든 텃세가 무의미한 이유는 유튜브와 넷플릭스 같은 초거대 기업들의 경쟁 상대는 개별 기업이 아니라 '시간'이기 때문이다.

즉, 예전의 TV는 우리가 어떤 방송사에서 어떤 프로그램을 보는가에 대한 플랫폼 내에서의 동시간대 시청률을 중요시했다. 하지만 현 시점부터는 '하루 중 시간을 보내는 비중'이 방송사와 인터넷 플랫폼, 넷플릭스 같은 서비스 업자들이 다뤄야할 새로운 시대의 '시청률' 가치이다. 그렇기에 유튜브나 넷플릭스에 대한 단어 선정에 있어 '상륙', '점령' 과 같은 도발적인 단어를 사용해서 국민적 경계심을 조성하려는 태도 보다는 오히려 더 커다란 미래를 대비하는 '예방접종'의 긍정적인 기회로 보는 것이 도래할 미디어 기업들의 '시간 전쟁'에 적응할 수 있는 대응 방안이다.

② 디즈니+

[그림 3-28] 디즈니+

현재 넷플릭스, 유튜브에 위기감을 느끼는 것은 한국 방송사만이 아니다. 콘텐츠의 초일류 강자 디즈니 역시 이미 넷플릭스에 대한 대항마로 2019년 11월을 시작으로 게시될 디즈니+(디즈니 플러스) 라는 가입형 온라인 스트리밍 서비스를 준비 중이다. 이에 대한 직접적인 타깃은 넷플릭스다. 이미 넷플릭스에 제공되던 디즈니의 작품들은 2019년이 끝나는 대로 계약이 갱신되지 않을 예정이다. 7,500편 이상의 TV시리즈, 500편 이상의 영화, 디즈니 플러스에서만 볼 수 있는 오리지널 작품들이 포함될 예정이다. 특히 마블 시리즈가 디즈니의 소속이며 이로 인해 〈로키〉, 〈스칼렛 위치〉 같은 단독 시리즈들이 디즈니 플러스에서 제공된다는 매력적인 포인트도 있다.

③ 아마존 프라임 비디오와 애플TV+

[그림 3-29] 아마존 프라임 비디오와 애플TV+ 로고

디즈니에 뒤처지지 않는 또 다른 초일류기업 아마존 역시 넷플릭스의 대항마 '아마존 프라임 비디오'를 2016년부터 서비스하고 있다. '세계 스트리밍 서비스 대전'의 참전국은 여기서 멈추지 않는다. 스마트폰만 팔아도 대대손손 번영을 누릴 애플 역시 '애플TV+'로 자체 제작 서비스를 시작하며, 애플TV가 없어도 애플TV 앱을 설치하면 시청할 수 있는 서비스를 제공한다. 전 세계의 애플 제품 사용자만 하더라도 이미 이 서비스에 대한 잠재적 가입자이다. 유튜브가 구글의 안드로이드 기반 스마트폰을 타고 전 세계를 장악한 것처럼 애플 역시 스마트폰이라는 막강한 기반인 아이폰을 기반으로 시작한다. 그 뿐만 아니라 스티븐 스필버그, M.나이트 샤말란, J.J.에이브람스 같은 최고의 아티스트들과 독점 콘텐츠를 제작중이다.

스마트폰 너머 애플이 보유한 자사의 하드웨어 기반과 애플만의 감성이 합쳐지며 애플이 만들 스트리밍 서비스는 결코 후발주자 같지 않은 독창적인 서비스를 구축할 것으로 예상된다.

④ 스타디아(STADIA)

여기서 끝나면 다행인데, 유튜브를 보유한 기업 구글은 자사의 지평을 시간의 블랙홀로 만들어버릴 게임 스트리밍 서비스 스타디아(STADIA)를 발표하기에 이른다. 전통적인 시청률 경쟁 그 이상의 '시간 전쟁'에 구글이 떨어뜨릴 완전 새로운 판도의 후속타이다. 구글의 '스타디아'는 도대체 무엇일까? 보통 우리가 게임을 하기 위해서는 게임 설치를 위한 컴퓨터 시스템이 필요하다. 시대가 발달한 요즘은 꼭 PC나 MAC이 아니어도 스마트폰, 태블릿, 이동식 게임기에 게임을 설치해서 플레이할 수 있다. 그런데 스타디아는 설치도 필요 없고 게임을 저장할 필요도 없고 고사양의 CPU도 필요 없는 '게임 스트리밍' 서비스를 제공한다. 즉 언제 어디서든 [플레이] 버튼만 누르면 준비 시간 없이 바로 플레이를 즐길 수 있는 것이다. 게임은 그냥 눈으로 볼 스크린만 있으면 되고 게임은 구글 데이터 센터에서 플레이되는 것이다. 그리고 우리는 눈으로 플레이되는 게임을 보기만 하면 되는 것이다.

게임을 직접 하기 위해선 컨트롤러가 필요하다. 보통은 게임이 설치된 장치에 컨트롤러가 연결되어야 하는데 스타디아는 구글 데이터 센터에 직접 연결되기 때문에 사용자가 스마트폰에서 태블릿으로 다시 PC로 옮겨 진행하던 게임을 연속적으로 플레이가 가능하다. 이 말은 즉 인터넷만 연결되면 거실의 TV로 방금 출시된 게임은 방금 출시된 게임을 버튼 한번에 플레이할 수 있고, 출근길에 버스에 설치된 좌석 스크린에서 출근 전에 하던 게임을 이어서 할 수 있으며, 회사에서 쉬는 시간에 핸드폰으로 이어서 초고사양 게임을 바로 진행할 수 있다는 것이다. 거기에 VR이나 안경형 AR 글라스가 상용화되면 이젠 길거리를 걸어가면서 무제한으로 현실과 동화된 현실 증강 게임을 즐길 수 있는 시대가 온다는 것이다. 화질은 8K에 120 프레임 이상을 지원한다고 한다. 가장 획기적인 기능은 시청 중인 게임 크리에이터와 버튼 한 번이면 함께 플레이를 즐길 수 있다는 것이다. 특별한 홈페이지로 이동하지 않아도, 간단하게 카카오톡 링크, 인스타그램 DM 등의 메시지 한 통이면 게임을 즉시, 함께 즐길 수 있기도 하다. 정말 미래지향적이다. 스타디아가 가져올 미래가 상상이 되는가?

구글의 스타디아가 무서운 점은 하드웨어의 한계를 초월하게 만들어 준다는 것이다. TV 방송국은 텔레비전이라는 하드웨어 프레임에 규정된 콘텐츠였고, 인터넷과 스마트폰 미디어 기기의 발달로 이미 그 프레임이 깨져 사람들은 어떤 기계 장치 안에서도 '플랫폼'을 선택할 수 있었는데, 이젠 그 플랫폼을 한 단계 뛰어 넘어 사용자가 자신의 시간을 매개로 선택만 하면 되는 시대가 오고 있는 것이다. 다음 세기에 살아남는 기업의 판도는 이렇게 시간을 지배하는 기업이 모든 것을 차지할 가능성이 높다.

국가를 경계로 국가의 정치, 인종, 민족을 근간으로 한 '물리력 전쟁'의 시대는 먼 미래에 없어질지 모른다. 이제는 시간을 차지한 기업이, 모든 것을 차지하는 '시간 전쟁'이 벌어질 미래가 올 것이다. 완전히 다른 세계를 마주해야 하는 이 시점에 겨우 '유튜브', '넷플릭스'의 침공으로 조선시대 후기 흥선대원군이 할 법한 쇄국 정책과 반유튜브, 반넷플릭스 정책으로 국내 미디어 주자들의 경쟁력을 약화시키는 행위는 미래의 시간 전쟁에서 대한민국을 쏙 빠지게 할 최악의 자충수가 될 것이다. 유튜브와의 경쟁을 미래를 대비할 예방접종으로 맞이하고 유튜브의 인기가 대한민국을 차지하는 현 시점에 상생하거나 유튜브의 매력을 압도할 수 있는 서비스와 콘텐츠 개발 환경을 지원하여 국내 방송사와 콘텐츠 제작자들의 새로운 시간 전쟁에 대비할 자생력을 마련하는 것이 정부와 미디어 사업자들의 선제(先制)적인 자세라고 보인다.

'넷플릭스'가 주목했던 유튜브

01 한국 유튜브의 붐업을 활용해 국내 인지도를 쌓아가는 넷플릭스의 전략

01 한국 유튜브의 붐업을 활용해 국내 인지도를 쌓아가는 넷플릭스의 전략

2017년도 이메일을 통해 넷플릭스라는 생소한 회사로부터 나에게 제안이 왔다. 지금이야 넷플릭스하면 "우와!" 하지만 그때는 "넷플릭스가 정확히 뭐지?" 하고 인터넷에 찾아봐야 자세히 알 정도의 인지도였다. 미국에선 가정의 70%가 넷플릭스 가입자라는데, 한국에서는 '얼리어답터' 정도 아니면 "들어봤긴 한데…. 그게 뭐지?" 하는 정도가 딱 넷플릭스의 인지도였다. 당시 필자는 영화의 공개된 예고편이나 스틸 이미지를 통해 프리뷰 형식의 분석을 하거나 영화를 본 후 리뷰하는 콘텐츠를 제작했다. 이유는 공개 배포된 영상 외에는 유튜브의 저작권 정책으로 인해 영상을 사용하기 힘들었기 때문이다. 당시 유튜브에서 '비디오 에세이(Video Essay)' 형태의 큐레이션을 해주는 스타일의 리뷰가 거의 없던 시절이었고 그때 넷플릭스가 자사의 공식 리뷰어가 되어 달라는 제안을 해왔었다.

원하는 작품을 자유롭게 선택하고 큐레이션 방식으로 작품을 추천하는 콜라보레이션이었다.

솔깃했다. 기존에 영화 홍보는 굉장히 소극적이었다. 2017년도 이전까지만 해도 유튜브에서 영화 홍보는 '2분짜리 예고편을 딸랑 주고 7분 넘는 프리뷰 콘텐츠를 제작해 달라'는 무리한 요구가 일반적이었다. 하지만 넷플릭스는 달랐다. 마음에 드는 작품을 골라 맘대로 콘텐츠를 제작하라는 파격적인 제안을 한 것이다. 그

것도 단발적 계약이 아닌 장기적이고 지속적인 제작 환경을 제공하면서 말이다. 이후부터 유튜브에서 영화 프리뷰 & 리뷰 구성 스타일은 급격히 변화되었다. 분석과 추측, 평론이 대부분이었던 2016년도의 분위기를 지나 2017년도 후반부턴 큐레이션의 시대가 열린 것이다. *큐레이션이란 말 그대로 영화의 줄거리를 소개하는 방식으로 공중파를 통해 볼 수 있는 MBC 〈출발 비디오 여행〉의 김경식 씨가 진행하는 '영화 대 영화' 같은 소개 방식을 말하는데, 현재는 보통 '영화 리뷰'로 불리고 있다.

큐레이션은 사실 평론을 뜻하는 크리틱(Critic)과 조금 더 개괄적인 영화 감상에 대한 이야기를 의미하는 리뷰(Review), 국내에서 영화를 소개한다는 뜻으로 많이 쓰이는 큐레이션(Curation)은 구분해서 써야한다. 또 큐레이션은 정확하게 표현해서 비디오 에세이(Video Essay)가 맞는 표현이다.

이렇게 '영화 리뷰'에서 줄거리를 소개하기 시작하고부터 새로운 변화가 시작되었다. 쓸 수 있는 영상 소스가 많아지니 영상의 몰입도가 높아지고, 유튜브의 알고리즘에서 가장 긍정적인 요소인 '시청 시간'이 높게 나오기 시작한 것이다. 큐레이션 방식의 영화 소개 영상은 '서사성'이 높아 이탈이 적고, 그로 인해 높은 조회수를 기록하게 되었다. 저작권자와의 콜라보레이션의 기회가 많아지면서 많은 제작자들의 러브콜이 이어졌다. 유튜브가 끌어들이는 폭넓은 시청층과 타 매체와 비교할 대상이 없는 사용자의 규모로 인해 영화사, 방송사, 음원사, OTT, IPTV 업체들과 다각적인 콘텐츠를 제작할 수 있는 환경이 조성되었다.

넷플릭스 작품에서 시작된 큐레이션의 흐름은 〈고몽〉 채널이 방송국과의 콜라보레이션을 하는데 일조했다. 드라마, 예능 작품에 대한 리뷰의 제안이 시작된 것이다. 이젠 드라마도 영화처럼 10분 전후의 리뷰 영상을 원하기 시작한 것이다. 영화 이외에 최초의 한국 드라마는 OCN의 〈라이프 온 마스〉였다. JTBC의 〈라이프〉는 현재 500만에 가까운 조회수를 기록했는데, 이후 들어온 드라마 리뷰 제안은 거의 〈라이프〉 스타일의 긴장감 있는 편집을 원했다. tvN의 〈드라마 스테이지〉에선 단막극 드라마를 세 편의 시리즈로 제작하기도 했고, MBC에선 〈나쁜 형사〉, KBS에선 〈닥터 프리즈너〉 등의 작품을 소개하기도 했다.

조승우가 사장님이면 직원들이 얼마나 소름끼치는지 보여주는 드라마 _라이프
고몽 ✅ 조회수 484만회 · 11개월 전
JTBC_월화드라마_라이프 #고몽드라마리뷰 #조승우짱.

보스의 딸을 건드린 일진놈들의 최후
고몽 ✅ 조회수 1106만회 · 5개월 전
내안의그놈 #1월9일개봉 모든 영상사용을 배급사로부터 허가받았습니다.

[그림 3-30] JTBC, 영화 큐레이션

교도소를 지배하는 천재 의사가 감옥에 온 재벌들을 쓸어버리는 드라마
고몽 ✅ 조회수 258만회 · 2개월 전
#닥터프리즈너 #수목10시 #KBS 모든 저작권은 KBS에 있으며 영상 사용 허가를 받았습니다

김사랑이 죽었는데 박보영의 몸으로 부활하는 드라마
고몽 ✅ 조회수 128만회 · 1개월 전
어비스 #월화9시30분 #박보영김사랑 영상에 사용된 원본은 tvN으로 부터 제공받았습니다.

기억을 읽는 사이코메트리 능력자 소년을 각성시켜주는 신예은(도하나)
고몽 ✅ 조회수 545만회 · 3개월 전
#사이코메트리그녀석 #TVN #월화9시30분 모든 저작권 사용허가를 TVN으로 부터 허가 받았습니다.

[그림 3-31] KBS, tvN 드라마 큐레이션

　재미있는 부분은 역시 미디어 강자인 CJ ENM 계열과의 콜라보레이션이 많았다는 것이다. 드라마를 넘어 예능 작품의 콜라보레이션 의뢰가 들어오기 시작했는데, MNET의 〈러브캐처〉, 〈썸바디〉 등과의 콜라보는 기존의 영화 리뷰의 틀을 완전히 뛰어넘는 시도였고 〈고몽〉 채널의 유머코드의 지평을 넓힐 수 있는 기회가 되었다.

　영화계에서도 변화의 바람이 불었다. 예고편 위주로 편집을 해야 했던 과거와 다르게 지상파 방송국의 영화소개 프로에만 제공되었던 하이라이트 영상 파일을 유튜브 리뷰어에게도 제공하기 시작한 것이다. 더 많은 하이라이트 장면을 사용한 편집일수록 더 높은 조회수를 보장해줬기 때문이다. 이렇듯 유튜브와 전통매체인 방송국과 영화사 등 레거시 미디어와의 협력은 뉴미디어인 넷플릭스로 인해 가속화되었다. 콘텐츠 유통자이자, 제작사이자, 판권 보유자인 넷플릭스와의 콜라보레이션은 유튜브와 함께할 때 만들어지는 '윈윈(win-win)'이 정확히 무엇인지 보여주었기 때문이다. 2018년 이후 '옥자 논란'으로 국내에서의 넷플릭스 인지도가 급상승한 이후 한국에서 넷플릭스 사용자는 급증하고 있고, 기하급수적으로 늘어나는 넷플릭스 오리지널 작품들 중에 '무엇을 봐야 하는지'에 대한 큐레이터 역할을 하며, 지금도 '넷플릭스 리뷰' 활동은 계속되고 있다. 넷플릭스는 정확하게 한국에서의 유튜브의 이용가치를 이해했다. 정확히는 유튜브의 크리에이터들을 통한 한국 시장으로의 통로를 발견했다. 새로운 시장의 발견과 그곳에서 활동하는 크리에이터들과의 상생을 선택한 것이다.

블로그, 페이스북에 집중되었던 영화 홍보는 이제 유튜브 중심으로 거대한 변화를 거쳤고 유튜브와 영화 산업은 더욱 탄탄하게 상호의존적으로 변화하고 있다. 가끔 댓글에는 콜라보 콘텐츠를 많이 하면 홍보를 많이 해서 돈을 벌려고 한다. 변했다는 반응을 보이기도 하는데, 이는 정말 영화 유튜브 시장이 얼마나 저작권자와의 상생이 중요한지 고려하지 못한 것이다. 제작사와의 콜라보레이션 콘텐츠를 늘리는 것은 상생과 협의가 늘어난다는 것이다. 협의되지 않은 영상 사용을 공정 이용으로만 포장하는 시대는 끝났다. 유튜브의 파워는 입증되었고 제작사와 크리에이터 간의 협의의 손길이 닿는 시기이다. "광고네!" 가 아니라 "부가판권자의 사용 허가를 받은 콘텐츠네!" 라고 하는 것이 옳다. 이젠 영화사, 제작사, 배급사, 방송사와 다양한 저작권자들이 협력하여 블루오션을 만들고 새로운 먹거리를 창출할 시간이다.

13 | 크리에이터의 세금, 정부지원제도

한국 정부는 유튜브의 열풍이 불어가는 현재 상황을 어떻게 바라보고 또 어떤 자세로 유튜브와 크리에이터를 대하고 있을까?

2019년 1월 17일, CJ ENM 다이아TV 현장 소통 간담회에서 과학기술정보통신부(이하 과기부)는 1인 창작자인 유튜브 크리에이터도 스타트업으로 인정한다는 발표를 했다. 이날 세무와 저작권 문제를 지원하고, 예산 확보를 통한 신산업 육성 여건 조성과 1인 미디어 시장의 이미지 제고를 위한 공익 캠페인, 디지털 리터러시, 디지털 에티켓 관련 문화 캠페인을 검토하겠다고 밝혔다. 즉 규제보다는 지원으로 향하는 정부의 태도를 보여준 내용인 것이다. 또한 자정 작용과 자율 규제 등 최소한의 가이드라인으로 해당 산업이 발전할 수 있도록 돕겠다는 뜻을 밝혔다.

1 크리에이터의 소득 신고

최근 과세 당국은 2018년도 12월 구글코리아에 조사관을 보내 회계장부와 전산 문서 등을 확보했다고 전했다. 구글코리아에 따르면 2015년 기준 10만 명 구독자를 보유한 채널이 367개에서 2017년에는 1,275개로 늘었다고 한다. 10만 명 구독자를 보유하면 어느 정도 직업으로서 가능한 수익을 창출할 수 있는데, 곧 발표될 2018년도 기준으로는 더욱 증가했을 10만 명 이상의 채널수는 유튜브 크리에이터의 세금 문제에 관심을 증폭시키고 있다. 연일 뉴스를 통해 크리에이터들의 탈세문제가 거론되며 고수익 크리에이터들에게 위화감을 조성하는 것을 볼 수 있는데, 사실 고소득 크리에이터가 소득 신고를 하지 않는 것은 사실상 어렵다. 뉴스에서는 국세청이 유튜버, BJ, 연예인 등 176명에 대해 세무조사를 실시했다는 내

PART 03

용을 보도하지만 자세히 들여다보면 유튜버를 집중 단속한 것이 아니라 연예인, 운동선수, 병의원, 금융 부동산 컨설팅 업체, 전문직, 부동산 임대업자, 웹하드 업체 등을 함께 조사한 내용으로 구체적으로 어느 유튜버가 세금을 어떻게 탈루했는지에 대한 뉴스는 없다. 심지어 모 방송사 뉴스에선 유튜버의 세금 조사 이야기를 보도하면서 관계도 없는 고소득 유튜버의 실루엣을 사용해서 해당 크리에이터에게 피해를 입혔다. 해당 크리에이터는 세무조사를 받은 적도 없으며 이에 대한 적극적인 이의를 제기하기도 했다. 간혹 잘못된 언론 보도에 대해 궁금할 따름이다.

구글이 직접 계좌로 송금해준 달러 수익은 은행에서 국세청으로 즉각 통보한다. 소액이 아니기 때문에 자동 신고가 된다. 매년 5월 종합소득세 신고 시에 소득 금액을 조회해 보면 그동안의 수익이 아주 상세하게 신고되어 있음을 알 수 있다. 또한 국내에서 발생하는 광고 수익은 광고사들이 이미 전자세금계산서 발부를 요구하거나 3.3% 원천세를 징수한 이후 지급하기 때문에 뉴스에서 간혹 전하는 내용은 유튜버로서 공감이 전혀 되지 않는다. 게다가 MCN에 가입된 크리에이터들은 더욱 탈세를 할 수가 없다. 3.3% 원천세를 공제하며 구글의 애드센스 수익을 크리에이터에게 입금하는 구조이기 때문에 자동적으로 국세청에 크리에이터의 소득 신고가 이루어진다. 한 세무사는 유튜브를 상대로 한 세무강의에서 연 4,000만 원 규모 이상의 수익이 발생하는 크리에이터라면 반드시 사업자등록을 할 것을 추천했다. 수익이 있을 때 사업자등록을 안하는 것이 불법은 아니다. 사업자가 없어도 '프리랜서'로서 수익에 대한 신고가 이루어지기 때문이다. 오히려 사업자등록을 하지 않고 수익이 생기면, 경비 처리나 비용 처리가 사업자보다 용이하지 않기 때문에 절세를 하지 못하고 높은 세금을 부과당할 수도 있다.

구글의 애드센스 수익은 달러로 송금되기 때문에 적은 기간 간헐적으로 적은 금액을 수령한 경우에는 이를 숨기는 게 가능할 수도 있다. 아마 그런 부분에서 크리에이터 탈세 이야기가 나오지 않았나 싶다. 유튜버라는 직업이 급격한 인기로 널리 알려진 시기이기 때문에 본인의 수익을 고의적으로 숨기고 탈세를 저지르는 일은 더욱더 어려워졌다.

필자의 경우 4대 보험료 징수기관에서 징수팀으로 근무했었던 경험으로 인해 '체납과 탈세로 발생하는 압류나 경매, 개인회생, 파산 같은 최후'를 많이 보았다. 탈세의 비참한 최후를 맞지 않기 위해 사업자등록을 내고 5월에 신고하는 종합소득세와 부가가치세, 직원들의 4대 보험료까지 착실히 납부하고 있다.

② 국가의 지원 사업

똑똑한 납세자라면 국가 지원 제도와 절세 방안은 꼼꼼히 체크하며 세금을 관리해야 한다. 근로자 수가 10명 미만인 소규모 사업장의 월평균 보수가 210만 원 미만인 근로자에게 사회보험료를 3년간 최대 90%까지 줄여주는 '두루누리 지원 사업', 5인 미만 사업장에 1인당 최대 15만 원 지원해주는 '일자리 안정 자금', 중소벤처기업부에서 창업 3년 이내, 만 39세 이하 창업자에게 연간 100만 원의 세무 비용을 지원하는 '세무회계 바우처 지원 사업', 5인 이상 사업장 또는 5인 미만인 경우 성장 유망 업종, 청년 창업 기업 및 벤처 기업, 문화콘텐츠산업 업종이 지원하면 청년 신규 채용 1인당 연 900만 원(월 75만 원)을 3년간 지원하는 '중소기업 청년 추가고용 장려금' 등 국가에서 지원해주는 혜택을 꼼꼼히 챙겨야 한다.

[그림 3-32] 2019년 일자리 안정자금 홍보 배너

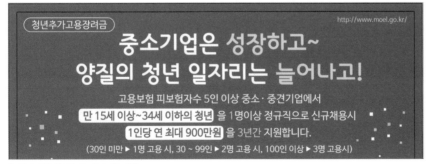

[그림 3-33] 청년추가고용장려금 내용

적어도 필자가 아는 영역의 유튜버들 중에 정부에 의해 유튜브 활동에 부정적인 손해를 보았다는 크리에이터는 없다. 오히려 지원 사업을 잘 찾아만 보면, 바우처, 지원금 제도 외에도 정부 정책으로 크리에이터 양성을 장려하는 다양한 사업이 존재한다.

[그림 3-34] 경기콘텐츠진흥원 로고

가장 실효적인 지원을 해주는 주체는 경기콘텐츠진흥원이다. 필자의 경우 2018년 퇴사를 결심한 직후 경기콘텐츠진흥원(GCON)에서 지원하는 1인 크리에이터 지원 사업에 선발되어 1,000만 원의 제작지원비를 받아 활동한 적이 있다. 사업 기간 중에는 크리에이터가 필요한 다각적인 강의를 제공하고 사업비 지출에 있어 필요한 세무 정보도 교육받았다. 2019년에도 사업을 지속하고 있고 무엇보다 현금을 지원해주기 때문에 유튜브 영상의 퀄리티를 높일 수 있는 좋은 기회였다.

[그림 3-35] 서울산업진흥원 로고

이외에도 서울산업진흥원(SBA)에서는 크리에이티브 포스를 운영하면서 전문 시설 및 장비 지원, 교육프로그램 운영 및 콘텐츠 제작 기회를 제공하고 있다.

[그림 3-36] 한국콘텐츠진흥원 로고

한국콘텐츠진흥원(KOCCA)에서는 뉴미디어 콘텐츠 상을 수여하기도 하는데, 특별상에 크리에이터 부문이 있어서 상금을 500만 원을 지원하기도 하며, 뉴미디어 방송콘텐츠 제작 지원 사업으로 웹드라마, 웹예능 교양 다큐, 융합형 뉴콘텐츠에 각 1.2억 원, 0.6억 원, 1.6억 원에 달하는 지원을 한다.

자유로운 제작 활동을 보장해주고 납세의 의무를 지키기만 한다면 딱히 떠오르는 제한 사항도 없고, 산발적으로 흩어져서 일목요연하게 찾긴 힘들지만 잘 찾아보면 크리에이터 지원 사업에서 실질적인 도움을 얻을 수도 있다.

14 얼굴 공개를 해야 할까

1 채널에 따른 분류

얼굴 공개는 채널의 성격에 두 가지 분류에 따라 결정하는 것이 좋다. 크게 콘텐츠 중심이냐 캐릭터 중심이냐에 따라 '얼굴'의 비중이 달라진다. 대부분의 영화 유튜버들이 얼굴을 공개하지 않았음에도 꾸준히 성장할 수 있었던 것은 영화라는 콘텐츠에 집중도가 높았기 때문이다. 오히려 얼굴을 드러내지 않고 목소리만으로 시청자를 인도함으로써 시청자의 몰입을 한층 끌어올린다. 심한 경우 얼굴을 공개해서 구독자가 마이너스가 된 경우도 존재한다. '얼굴이 비호감이라서 그런가?'라고 생각할 수 있지만 절대 그렇지 않다. 해당 크리에이터는 호감을 주는 준수한 외모의 소유자였다. 이런 설명은 게임 크리에이터도 마찬가지다. 얼굴을 공개하지 않은 게임 크리에이터들이 목소리만을 내세우며 큰 성장한 사례들이 많다. 아프리카TV의 〈대정령〉은 가면을 써서 지금의 자리에 올랐다. 트위치 대통령 〈우왁굳〉 채널도 마찬가지다. 〈대도서관〉도 초반에는 얼굴을 공개하지 않았었다. 얼굴이 등장하지 않아도 '게임'이 콘텐츠의 상당한 비중을 차지하기 때문이다.

키즈나 뷰티, 먹방, 브이로그 채널들과 같은 경우는 이야기가 전혀 다르다. 캐릭터가 없다면 콘텐츠 진행이 불가능하기 때문이다. 화장을 해야 하는데 얼굴이 나오지 않고 음식을 먹는데 얼굴이 나오지 않는 것은 상상할 수 없다. '캐릭터 중심'의 채널 카테고리들은 캐릭터의 매력도가 채널의 성장을 좌우하며 영상에서 캐릭터의 비중이 압도적이다. 어린아이들의 사랑을 독차지 하던 모 채널도 주인공 캐릭터였던 인물이 채널에서 하차하자 단기간 채널이 휘청거릴 정도로 위기가 찾아오기도 했다.

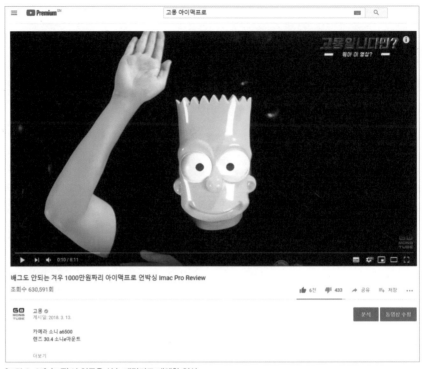

[그림 3-37] 〈고몽〉이 얼굴을 심슨 캐릭터로 대체한 영상

1 캐릭터의 비중에 따른 공개

영상에서 캐릭터의 비중이 아주 높은 경우는 동물 채널의 경우이다. 동물 채널 중에 사람의 얼굴을 메인으로 드러내고 진행하는 채널은 거의 없다. 말 그대로 동물을 보러온 경우이기 때문이다. 그런데 이 경우는 영화나 게임 등 콘텐츠 중심의 채널과 브이로그, 뷰티, 키즈와 같이 캐릭터를 보러온 경우와 다르게 분명 채널의 크리에이터의 얼굴이 나오지 않음에도 동물 자체가 채널의 얼굴이기 때문에 공개가 자연스럽게 이루어진 경우라고 할 수 있다. 동물 채널의 경우 사람이 나오지 않고 손만 나와도 크리에이터의 캐릭터를 살릴 수 있으며, 신분을 노출하지 않아도 되는 장점이 있다.

[그림 3-38] 유튜버 본인 대신 동물을 얼굴로 앞세운 채널

② 노출과 비노출의 경계

신분을 노출하지 않으면서도 캐릭터를 드러내는 것이 처음 시작하는 크리에이터들에게 추천하는 합리적인 방법이다. 가장 친근한 방법은 손을 등장시키는 것이다. 2,710만 구독자가 넘는 〈토이푸딩〉이라는 장난감 채널은 얼굴 공개도 하지 않고, 목소리도 없이 오로지 손과 장난감만 나온다. 심지어 자막도 거의 나오지 않는다. 영화 채널 중 〈나태〉라는 크리에이터는 영화 소개 후에 어렴풋한 실루엣과 주로 손을 꼼지락거리는 영상을 통해 시청자와 소통한다. 물론 그는 하얗고 길쭉한 손가락 덕에 적잖은 팬들을 거느리고 있다. 〈UNDER kg〉 같은 IT기기 채널도 얼굴 공개를 하지 않는다. 손이 등장해서 집중력 있게 피사체를 조명하면서도 크리에이터의 캐릭터를 부각시킬 수 있기 때문이다.

〈토이푸딩〉 채널

콘텐츠와 캐릭터의 중요도 비중이 혼재된 카테고리에는 사운드가 중심인 음악과 댄스, ASMR 등이 있다. 보통 커버곡이 주축인 음악 분야에서는 노래를 부르거나 악기를 연주하는 캐릭터의 비중이 압도적이면서도 동시에 음악이라는 콘텐츠의 비중도 높다. 댄스 역시 춤을 추는 사람의 모습이 나와야하기 때문에 얼굴 공개가 필수적이라고 할 수 있다. ASMR의 경우 사운드의 비중이 압도적으로 높으면서도 얼굴을 공개한 채널과 비공개한 채널의 거의 양분될 정도로 다양한 모습을 보이는데, 이는 ASMR이 보통 수면 시간에 눈을 감고 소리에만 집중하면서 시청하는 패턴이 많기 때문이다. 동시에 얼굴 공개를 하게 되면 상황극 같은 콘텐츠를 진행할 때 굉장한 몰입감을 주기 때문에 크리에이터의 성향에 따라 얼굴 공개와 비공개가 양분되는 것이다. 따라서 내가 갖고 있는 캐릭터를 콘텐츠와 조합해서 새로운 가치를 창출할 수 있고, '나'라는 사람의 캐릭터의 인지도를 쌓길 원하면서 채널에서 나의 가치를 드높이고 싶다면 얼굴 공개를 하면 된다. 내가 만든 콘텐츠에 집중과 몰입을 높이고 싶다면, 캐릭터를 숨기고 콘텐츠에 집중하면 된다. 즉 콘텐츠 중심과 캐릭터 중심의 채널은 자신이 속한 카테고리에 따라 명확하게 구분지어지는 것이 아니라, 자신이 꾸려나갈 채널의 방향에 맞게 콘텐츠와 캐릭터의 비율을 조절해 나가면 된다.

PART 03

② 얼굴 공개보다 채널의 정체성을 확립하라

채널의 카테고리 분류, 콘텐츠의 속성에 따라 얼굴 공개에 대한 다양한 선택지가 있기 때문에 얼굴 공개를 결정하기에 앞서 자신의 채널의 성격과 정체성부터 확립하는 것이 필요하다. 얼굴을 공개한다는 것은 시청자와 눈을 마주치고 나라는 사람의 신용을 걸고, 신뢰도를 높일 수 있는 방법이지만 다짜고짜 얼굴을 내놓는다고 사람들이 채널을 신뢰하는 것은 아니다. 얼굴을 공개한 이후에도 적잖은 시간 동안 시청자에게 신뢰감과 유익함을 줄 수 있는 콘텐츠를 쌓아가야 얼굴 공개의 결정이 빛을 발하는 것이다. 그러니 얼굴이 반드시 내 채널에 필요할 때가 되었을 때 내놓자. 자칫 잘못 내놓았다간 댓글의 분위기가 "누구냐 너" 하고 갑자기 싸해질 수 있다.

① 〈고몽〉의 운영 방침

저자의 경우는 영화 채널이지만 결국 '고몽이란 사람이 즐거운 일을 하기 위해서 유튜브를 한다.' 라는 채널의 운영 방침이 있다. 그렇기에 '고몽은 영화 소개만 해야 한다.' 라는 댓글이 등장하지 않도록 다양한 콘텐츠로 채널 다각화에 신경을 쓰고 있다. 영화 채널이라는 하나의 터울에 갇히면 자유도가 떨어지고 결국 내가 좋아하는 것이 아니라 사람들이 좋아하는 것만을 추구할지도 모른다는 생각에서였다. '내가 좋아하는 것을 사람들이 좋아하게 만들자'라는 모토로 나의 채널은 스스로를 규정하고 단정짓지 않고 싶다. 채널 소개에도 있지만 스스로를 '스토리텔러'라고 지칭하며 이야기가 있는 모든 것을 다룬다고 표현한다. 영화를 넘어 작게는 드라마, 만화, 소설도 볼 수 있고 게임도 뮤직비디오도 여행도 사실 모든 것엔 이야기가 있다. 고몽이란 사람의 이야기도 언제든 할 수 있다는 뜻이다. 그렇기에 얼굴 공개가 필연적이라고 생각했고 유튜브를 시작하고 2년 만에 얼굴을 공개했다. 그리고 얼마 안 되었을 때, 오직 '영화만 보기 위해서' 채널에 방문했던 몇몇 구독자들은 "영화 스토리 보러 왔는데, 얼굴이 나와서 당황했다." 라는 댓글을 달았다.

등장과 함께 일본에서 난리난 미소녀의 초특급 힐링영화를 따라간 도쿄여행

조회수 741,092회　　　　　　　　　👍 8.2천　👎 330　↗ 공유　↓ 저장　…

[그림 3-39] 바닷마을 다이어리

2 공개를 했다면 지속적으로

계속해서 얼굴을 공개하다보니 낯설어하는 반응은 자연스레 사라졌고, 대수롭지 않은 반응으로 변해갔다. 여러분이 갑자기 얼굴을 공개했을 때, "얼굴이 잘생겼다, 못생겼다." 등의 반응도 있고, "누구 닮았다. 뭐를 닮았다." 하는 반응도 나온다. 하지만 그것 가지고 상처를 받지는 말자. 소수의 무례한 사람들을 제외하고 대다수의 시청자들은 외모를 평가하는 게 아니라 익숙함과 낯섦을 평가한다. 어떤 얼굴도 자주 보면 감흥이 사라진다. 가족의 얼굴을 보라. 객관적인 평가를 할 수 있는 기준은 이미 사라진지 오래다. 가족의 얼굴은 그냥 가족의 얼굴이다. 왜냐? 자주 보기 때문이다. 그러니 얼굴 공개 이후 시청자의 반응이 좋지 않다고 생각하는 경우 얼굴을 숨기기보다 자주 드러내자. 꾸준히 공개하면 외모에 대한 평가도 점점 사라진다. 서서히 당연하고 친숙하게 당신의 얼굴을 받아들인다.

사회 심리학에서는 '단순 노출 효과(Mere Exposure Effect)'라는 용어가 있다. 미국의 심리학자 로버트 자이언스(Robert Zajonc)가 밝혀낸 효과로 상대방과의 만남을 거듭할수록 호감을 갖게 되는 현상을 말한다. 대인관계에서 첫인상이 좋지 못하더라도,

자주 접촉하게 되면 상대방에게 좋지 못했던 인상이 점차 완화되는 현상을 말한다. 즉 크리에이터의 얼굴을 공개했을 때 구독자 이탈이 느는 것 같이 부정적인 결과를 초래했더라도, 자주 얼굴을 노출하게 되면 얼굴로 인한 악영향이 완화된다는 것이다. 현재 100만 구독자를 넘는 초대형 크리에이터들 중에서도 초기에 얼굴을 공개하지 않았다가 중간에 얼굴을 공개해서 부정적인 반응이 있었던 채널들이 있었다. 그러나 그런 부정적인 이슈는 오래 가지 않는다. 결국엔 친근해지고 TV에도 자주 얼굴을 드러낼 만큼 좋은 결과로 이어졌다.

만약 3개월 이상 꾸준히 공개하였는 데도 구독자들이 꾸준하게 당신의 외모에 대한 발언을 한다면, 당신의 외모는 어느 방향으로라도 대단한 재능을 갖고 있는 것이다. 그러니 그런 경우에도 낙심하지는 말자. 나 역시 그런 시간들을 지나고 〈고몽〉 채널에선 영화만 보는 게 아니라 '고몽이 만든 것을 보러간다' 라는 인식을 심어주기 위해 노력했다. '이번엔 무엇을 가져왔을까?', '무엇을 어떻게 이야기할까', '이번엔 고몽이 어떤 드립을 칠까', '이번엔 한 남자~로 시작하는 드립은 어떻게 응용될까' 기대하기 시작하는 댓글들이 늘어나고 틈틈이 영상의 후반 또는 중반부에 아주 자연스럽게 얼굴을 노출하면서 시청자들에게 '고몽은 이렇게 생겼으니까, 놀라지 마세요.' 라는 얼굴 무뎌지게 하는 작업을 꾸준히 해왔다. 그러다 보니 어느덧 얼굴에 대한 글은 찾기 힘들다. 가끔 '벌에 쏘인 ○○○을 닮았다.', '수면 마취를 20번 하고 깨어난 ○○○ 같다.' 같은 창의적인 외모 비하의 댓글이 꾸준히 달리긴 하지만…. 이것 역시 친근하고 유머러스한 반응이기에 얼굴 공개에 대한 부담은 사라진 지 오래다.

구독자가 85만 명에 채널 영상의 조회수가 2019년 6월, 조회수 2억 3,000, 구독자 92만 명에 달하지만 길가다가 알아보는 사람은 없다. 고몽은 아는데, 고몽의 얼굴이 일반 대중에게 알려지는 건 그렇게 쉽지 않다. 1년 가까이 MBC 〈탐나는 TV〉의 고정 패널로 출연하고 라디오에도 출연하고 광고도 촬영해봤지만 역시나 모른다. 그러니 크게 걱정하지 않아도 된다. 얼굴을 공개한다고 해서 인생이 완전히 달라지지 않는다. 나를 알아보는 몇 안 되는 사람조차도, 인스타그램 DM 같은 쪽지로 혹시 맞는지 조심스럽게 연락이 올 정도지 직접 다가와서 아는 척 하거나 사생활을 방해하는 경우는 없다. 그러니 얼굴 공개를 해야 할 상황이라면 너무 걱정하지 말고, 진득하게 구독자를 설득하는 과정만 해내면 된다.

[그림 3-40] 얼굴 공개한 이후 별명이 생긴 댓글창

③ 외모보다 컨텐츠 기획력

　나 이외에 다른 크리에이터들의 예를 들어서라도, 얼굴 공개의 성공 여부는 얼굴의 잘생기고 못생기고에 좌우되지 않는다. 특출나게 연예인 급으로 멋있는 청년이 공부를 해서 성공한 〈노잼봇〉의 경우도 있다. 사실 〈노잼봇〉이 잘생긴 얼굴만을 내세우는 채널을 했다면 성공하지 못했을 수도 있다. 그에게는 '함께 공부해요' 라는 콘셉트가 있었다. 저렇게 잘생긴 사람이 나랑 같이 창밖에 비오는 날에 함께 공부한다는 그 느낌이 완전 취향 저격 틈새 시장을 공략한 것이다. 잘생겨서 성공하면 모든 연예인이 유튜브에서 성공했을 것이다. 그러나 현실은 많은 연예인들이 현실의 엄청난 인기에도 불구하고 유튜브에서 만큼은 고배를 마신다(물론 완전한 캐릭터 중심의 인스타그램에서는 다르다). 유튜브에서는 콘텐츠의 성격과 콘셉트 기획의 비중이 가장

중요하기 때문이다. 적어도 유튜브에선 비주얼보다 기획이 채널의 흥망성쇠를 결정한다.

① 궁금증을 유발하자

다시 얼굴 공개에 대한 고민으로 돌아가 보자. 얼굴 공개를 꼭 채널의 성격만으로 결정해야 하는 것은 아니다. 일정 구독자수를 넘게 되면 분명 채널 댓글에 얼굴 공개를 요청하는 댓글이 등장하기 시작한다. 그때쯤이면 영상을 업로드했을 때 반드시 댓글을 다는 '코어 팬'이 등장하는 시기가 온다. 이런 팬들의 경우 e메일이나 개인 SNS를 통해 얼굴이 궁금하다며 연락이 오기도 한다. 이렇게 구독자가 어느 정도 형성되었을 때 얼굴을 공개하여 당신을 궁금해 하는 사람들 앞에 등장하는 것도 좋은 방법이라고 생각된다.

② 부업이라면 신중해야 한다

만약 부업으로 유튜브를 하고 있다면 얼굴 공개에 대해선 더욱 신중해야 한다. 회사를 다니면서 유튜브로 얼굴 공개를 하게 되면 난감한 상황들에 부딪힌다. 채널의 규모가 작을 때는 영상을 아무리 올려도 해변에서 바늘 찾기처럼 당신의 영상을 본 사람을 찾기가 힘들다. 그러나 채널이 점점 커지고 당신의 채널과 비슷한 취향을 갖고 있는 사람들은 유튜브 피드를 넘기다가 한두 번씩 당신의 영상 썸네일을 볼 수가 있다. 그러다가 한두 번 클릭하게 되고 결국 당신의 동료, 선배, 상사가 당신이 회사 밖에서 유튜브 채널에 등장하는 것을 보게 될 수도 있다. 물론 대부분의 사람들은 모른 척해 주거나 조용히 있지 않는다. 소문을 내거나 직접 와서 "○○씨 유튜브 잘봤어~", "그거 도대체 왜 하는거야?", "돈 많이 벌어?" 등 곤란한 질문 투성인 질문을 쏟아낼 수 있다. 심지어 회사에서 실적이 안 좋다거나 업무적인 실수를 하게 된다면 모든 것이 유튜브 탓으로 돌변한다.

필자의 경우도 회사를 다녔기 때문에 퇴사 이전까지는 얼굴 공개를 피했다. 그러나 채널의 규모가 30만을 넘어섰을 때, 입사 동기 몇 명이 "혹시 너 고몽이야?"라는 질문을 갑자기 해서 놀란 적이 있다. 얼굴 공개도 안했는데 목소리만으로 나를 알아본 것이다. 대기업에 종사하던 한 크리에이터의 경우는 얼굴 공개를 안했음에도 여행 영상을 올려놓았던 계정에서 유튜브를 시작한 바람에 직장 동료에게 크리에이터란 사실을 들키고 말았다고 한다. 결국 사내에 크게 소문이 나서 곤란을 겪었고 현재는 채널을 운영하지 않고 있다. 재직 중인 곳이 보수적인 분위기였기 때문에 이 사람 저 사람 보는 사람마다 난리도 아니었다고 한다.

[그림 3-41] 행안부 리버스 영화상

또한 직장생활의 예를 들지 않더라도 채널 운영 초반에 얼굴 공개를 하게 되면 주변 사람들이 신경 쓰여서 내 안에 숨겨져 있는 끼와 창의력 발산이 잘 안 될 수 있다. 바로 필자의 경우였다. 선천적으로 외향적인 걸 지향하지만 굉장히 소극적인 나는 비록 겉으로는 밝은 척을 잘하지만 항상 주변의 눈치를 보고 체면치레를 심하게 한다. 한 마디로 누가 보고 있으면 뭘 잘 못한다. 잠재력이 확 얼어버린다. 긴장하고 서툴러진다. 유튜브도 그렇다. 특히 시작 초반에는 편집 실력도 어설프고, 카메라를 대하는 태도도 어색하고, 내레이션은 무슨 전자보이스처럼 딱딱했다. 톤은 불안정해서 듣는 사람 조차 민망할 경우가 많다. 준비되지 않은 내가 실력을 갖추기 전에 누군가에게 보인다는 것은 나만의 부끄러움은 아니다. 결국 그 부끄러움이 당신의 자유로움을 억압하고, 그저 평범한 채널 중 하나로 보이게 만들 수 있다.

〈고몽〉 채널에서 100만 조회수가 넘은 대박 동영상들의 경우, 평소라면 하지 않았을 농담들과 거의 반쯤 미친 상태로 "에라 모르겠다!" 하고 막 던진 드립이 넘친다. "다 상관없어. 안 쑥스러워, 그냥 웃길 거야"하고 갓을 집어던진 선비의 마음으로 제작한 영상들이 사람들의 호응을 끌었다. 웃기거나 막장이어야 한다는 것이 아니라 누군가의 눈치를 보지 않고(누군가의 눈살을 찌푸리게 하라는 건 아니다), 광기와 과몰입을 해서 만든 동영상들이 당신의 구독자와 조회수를 올려 줄 수 있다는 말이다. 그래서 필자는 실질적으로 채널을 만든 초반부터 얼굴을 공개하는 것에는 반대한다. 몇 개의 동영상으로 자신의 실력이 안정적으로 올라왔을 때 자신감을 얻고 얼굴 공개를 시작하는 게 자신의 자유도와 창의력을 지킬 방법이라 생각한다.

④ 자영업자라면 얼굴 공개는 필수

[그림 3-42] 얼굴을 공개하고 활동하는 영화 유튜버들. 좌측부터 〈리드무비〉, 〈고몽〉, 〈거의없다〉, 〈엉준〉 채널

자영업자의 경우 얼굴 공개를 적극 권유한다. 매우 적극적으로 말이다. 강아지 관련 영상을 업로드한 모 반려견 채널의 크리에이터는 자신의 반려견 제품 매장을 운영하며 영업 시간에 유튜브 영상을 촬영하여 올리고 있다. 이 영상의 조회수는 5만 조회수 정도였는데, 조회수 대비 댓글과 좋아요 수치의 비율이 높았다. 이유는 실제 해당 품종 전용으로 나온 제품을 구매하고 싶었던 시청자들의 수요가 있었고, 검색을 통해 해당 크리에이터의 동영상으로 실수요자가 유입되었기 때문이다. 해당 채널에는 상호명과 전화번호가 기재되어 있는데 결과적으로 해당 제품은 품절이 될 정도로 대박이 났다.

이렇듯 자신이 자영업 직종이고 해당 직종에 대한 전문 지식을 기반으로 유튜브 동영상을 올리게 되면, 사람들은 당신의 얼굴에 신뢰를 갖게 되고 당신의 매장으로 몰리게 된다. 생판 모르는 인터넷에서 검색을 하고 알아내는 정보와 얼굴을 드러내고 목소리를 듣고 당신의 설명을 듣게 되면 소비자는 당신을 믿어도 되는 사람으로 생각하게 된다. 매일 영상을 통해 당신의 얼굴을 보던 시청자들이 실제로 당신을 만난다면, 마치 연예인을 본 것 마냥 신기하고 재밌는 기분을 느껴한다. 조직에 속하지 않는 직업을 가진 크리에이터의 얼굴 공개는 전문가의 인지를 얻을 수 있고, 불특정 다수의 사람들에게 신뢰를 쌓을 수 있는 가장 효과적인 방법이다. 얼굴 공개는 당신의 사업에 날개를 달아 줄 마법의 도구가 된다.

15 직업 유튜버를 뭐라고 소개할까?

'유튜버', '크리에이터', '스트리머', 'BJ'…. 요새 흔해진 단어이지만 어떤 이들은 이 용어를 전혀 구분 못하거나 무슨 뜻인지도 모른다. 연령이 높아지면서 크리에이터의 인지도는 떨어질 수밖에 없다. 최근에야 직업으로서 인정받기 시작한 일이기 때문이다. 크리에이터란 직업을 진지한 생업으로 삼으려할 때, 가장 고민되는 부분은 가족과 부모님일 것이다. 나 역시 잘 다니던 공기업을 때려치우고 유튜브 크리에이터를 전업으로 삼겠다고 했을 때 아버지가 강력히 반대하셨다. 또 회사 동료들 역시 "너 판단을 잘못한 거 같다.", "그게 얼마나 가겠냐"며 고개를 절레절레 흔들기도 했다.

퇴사를 하고 전업 크리에이터가 된 지금 나의 가장 열렬한 지지자는 아버지와 어머니이다. 또한 그렇게 말렸던 회사 동료들은 이제는 유튜버가 된 나를 응원해주고, 멀리서 지지를 보내주기도 하고 지금도 그렇다. 특히 퇴사를 마지막까지 반대하셨던 아버지의 경우 내 영상을 가장 먼저 보고 피드백을 주신다. 어머니는 매니저로서 '엄마' 이상의 지원들을 해주신다. 처음에 내가 영상을 올렸을 때는 부모님께서 시큰둥하셨다. 뭔지도 모르겠고, 그걸 왜 하는지도 몰라 하셨다. 그냥 아들의 취미이겠거니 하셨나 보다. 부모님을 지금의 유튜버라는 직업의 신봉자로 만든 건 당연할 수도 있지만 수익이었다. 역시 어른들은 돈이 최고인가 보다.

유튜브에 영상을 올리면 돈이 들어온다는 사실로 유튜브를 잘 모르던 이들의 눈은 커진다. 또 수익은 조회수에 어느 정도 비례 한다는 사실에 눈이 더 커질 수 없을 정도로 커진다. 그리고 이내 관심으로 변하고 경험은 이해로 변했다. 부모님은 '마블'이 뭔지도 모르는 어르신에서 이젠 〈원피스〉의 '루피'가 쓰는 기술인 패왕색의 패기까지 알게 되었다. 심지어 루피의 현상금이 현재 얼마인지도 알고 있고, 도대체 해적왕이 남긴 원피스가 어디에 숨겨져 있을지 고민이 많다. 내 채널에 업로드된 영상을 보고 유튜브에 세계에 빠진 것이다. 어른들이라고 젊은이들이 향유하는 트렌디한 문화를 즐기는 것이 불가능한 게 아니라는 것을 여실히 보여주고 있다.

이해와 경험을 통해 주변인들에게 유튜브 크리에이터란 직업을 소개하는 과정은 여러분이 앞으로 크리에이터가 되는 길에서 무수히 겪어야 할 상황이다. 그 과정에서 채널을 수익성을 가진 사업체로 만들어내고 그 결과를 보여준다면 그 어떤 어른이라도 설득할 수 있다. 어른이 되면 당연히 돈이 중요해진다. 돈이 이 세상의 전부는 아니지만 많은 부분을 차지한다. 어른이 될수록 얼마나 돈이 중요한지 깨닫는 일이 너무 많으니 어른들은 돈이 '안정적'으로 들어오는 걸 직업의 요건으로 중시하게 된다. 안정적이고 많이 들어오는 직업을 치켜세우기도 한다. 거기에 유명하거나 명예까지 있는 직업이라면 최고로 치지 않는가. 그렇게 보면 크리에이터란 직업을 어른들이 좋아하는 직업들과 별반 다르지 않다. 아니 더 좋다. 유튜브 크리에이터는 돈을 번다. 구글이 수익 창출 승인만 내준다면 그때부터 나의 모든 영상에서 발생하는 광고 시청은 나의 수익이 된다. 회사원이라면 반드시 일해야 하는 시간에만 들어오는 급여가 내가 잠자는 동안에도 광고 수익으로 들어온다.

광고 수익은 노동 수익과 권리 수익의 중간점에 있는 일종의 저작권료 같은 개념이다. 결과가 좋을수록 더 많이 가져가는 러닝개런티 같은 개념으로 말이다. 운영 초반에는 수익이 없거나 적겠지만 그 기간을 지나고 성장한다면 직장인 수준의 수익을 만들어 낼 수 있다. 누군가의 눈치도 갑을 관계도 지독한 괴롭힘과 회식, 상사 눈치, 동기 간의 알력, 업무 스트레스, 출근길, 높은 출근 비용을 감당하지 않아도 집에서 돈을 벌 수 있는 엄연한 '직업'이다. 사업의 경우는 권리금과 인테리어 비용을 마련해야 하고, 프렌차이즈 비용, 월세와 인건비, 재료비, 공과금을 납부하면서, 고정 비용 + 유지 비용이 발생하지만 유튜브는 그런 것도 없다. 컴퓨터, 카메라 구입 비용 정도가 초기 비용이고, 그마저도 스마트폰으로 모두 대체할 수 있다. 유지 비용은 전기세와 나의 밥 값 정도다. 이렇게 가성비가 좋게 시작하는 사업 같은 직업이기에 집에서 가족들과 살면서 유튜브 채널 운영을 시작한 크리에이터들은 하나같이 집에서 백수 취급을 받아봤다. 난 분명히 일을 하고 돈을 버는데 가족들은 "너 요새 일 없니?", "취업은 안할거니?" 하며 의심했던 경험 말이다.

서론이 길었다. 그렇게 크리에이터라는 것을 직업으로 인정하지 않던 가족들을 내 편으로 만드는 방법은 아주 간단하다. 용돈을 드리자. 그렇게 무시하고 반대하던 부모님도 유튜브에서 나오는 수익으로 용돈을 드리면 갑자기 부모님이 엄청난 지원군으로 바뀌었다는 주변 크리에이터들의 경험담을 너무 많이 들었다. 혹시 이 글을 읽는 예비, 또는 초보 크리에이터가 부모님의 반대를 받고 있다면 어서 용돈을 드리자. 부업이던 본업이던 일단, 이 세상에서 가장 나를 사랑하는 분들이 나의 가장 든든한 지원자가 된다면, 남다른 각오로 채널을 성장시키는 정신적 지주가 생긴다.

한국직업사전

『한국직업사전』에 수록된 직업들은 직무분석을 바탕으로 조사된 정보들로서 수많은 일을 조직화된 방식으로 고찰하기 위하여 유사한 직무를 기준으로 분류한 것이다.

| 직업명 검색 | 한국고용직업 분류별 | 한국표준직업 분류별 | 한국표준산업 분류별 | 소개 및 일러두기 |

미디어콘텐츠창작자

• **직무개요**

유튜브 등 광고기반 플랫폼에 개인의 영상 콘텐츠를 제작하여 올리고 이를 통해 수익을 창출한다.

• **수행직무**

촬영하고 싶은 영상 주제를 선정한다. 주제에 맞는 내용을 수집하고 정한다. 대사, 출연진, 촬영구도 등을 영상 촬영계획을 수립하고 제작한다. 촬영 시 도움을 받을 경우 담당 PD와 영상연출에 대해 논의한다. 촬영 후 편집하고 유튜브 등 광고기반 플랫폼에 영상을 올린다. 홍보, 광고 등을 목적으로 각종 이벤트에 참여하기도 한다.

[그림 3-43] 한국직업사전의 유튜버 정의. 미디어콘텐츠창작자로 표현했다.

흔히 주변에 '반대를 무릅쓰고' 라는 표현을 한다. 주변 사람들은 걱정해서 반대하지만 그 반대가 자신도 모르는 분야라면 그 반대는 누군가의 가능성을 꺾어버릴 수 있다. 반대하는 사람들은 오로지 자신만 옳다고 생각하는 오류에 빠져있다. 그런 사람들의 특징은 '다른 경우도 있다'는 생각을 배제한 채 상대에게 자신의 생각을 주입시키며 그것을 안 들을 때는 어떠한 종류의 심한 말도 서슴지 않는다는 것이다. 주변에 그런 사람이 있다면 피하는 게 상책이지만 자주 마주할 사람이라면 당신이 될 크리에이터란 직업이 지금도 앞으로도 얼마나 유망하고 주목받고 돈 잘 벌고 명예로운 직업인지 조목조목 설명해서 반대 마니아의 꼰대질을 막아야 한다. 실패해도 나의 실패고 어려워도 내가 어렵다. 물론 유튜브 채널은 혹시 망해도 구독자와 조회수가 안 나올 뿐이지 사업이 망했을 때처럼 빚은 안 생긴다. 채널이 성공할 때까지 실패는 있어도 몰락은 없다. 꼰대는 나이가 많은 사람을 말하는 게 아니다. 자신의 생각이 옳고 남은 그르다고 생각하는 사람들이 꼰대다. 주변에 친구건 어른이건 나이를 불문한 꼰대들이 있다면 일단은 그들에게 유튜브 크리에이터란 사실을 말하지 말고 어느 정도의 수익과 꾸준한 수치들을 만들어 낸 후 결과로 말하자. 어쩌면 주변의 꼰대들이 나의 자극제가 될 수도 있다. 그들이 인정하는 날까지 나태해질 겨를을 없애주는 고마운 존재들. 나한테 주변의 꼰대질은 활력소였고, 여러분들에게도 그럴 것이다.

16 | 타임스탬프는 유머 코드의 좌표이다

한마디 멘트로 누군가 웃기는 걸 '드립'이라고 한다. '드립력이 좋다'는 건 '말빨이 좋다. 재치 있고 순발력 있다.'는 표현으로 이해할 수 있다. 드립은 '애드리브'의 준말이고 축구에서 드리블하듯 상황을 이끌고 웃겨버리는 말이라고 볼 수 있다. 유튜브를 하다 보니 이곳에선 사람들이 공감하고 웃는 '드립 포인트'의 초점이 현실과 살짝 다르다는 것을 알게 되었다. 그것을 깨달을 수 있었던 건, 유튜브에 존재하는 '타임스탬프' 기능 덕분이다.

1 타임스탬프가 적용된 댓글

타임스탬프란 영상에서 재밌거나 인상적인 장면, 실수가 있거나 의도와 다르게 들리는 부분, 썸네일 장면, 짚어서 언급하고 싶은 장면의 시간대를 댓글에 '분:초' 파란색 하이퍼링크로 표시하는 것을 말한다. 또 타임스탬프가 표시된 댓글에서 5:11이라는 파란색 부분을 클릭하면 유튜브 플레이어에서 재생되는 지점이 한번에 5분 11초대로 넘어가는 기능이 있다.

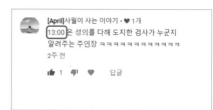

[그림 3-44] 타임스탬프가 표시된 댓글

댓글에 타임스탬프가 표시되면 장점이 있다. 바쁜 사람들이 영상의 하이라이트 부분을 빨리 볼 수 있게 해줘서 조금이라도 시청 지속 시간을 더할 수 있는 점이다. 또한 시청자로서는 인상적인 베스트 장면들을 콕 집어서 일종의 목차 기능을 해서 영상을 더 깊고 알차게 탐닉할 수 있다. 이런 자잘한 장점은 차치하더라도 유튜브를 성장시키는 과정에서 타임스탬프의 최고의 역할은 바로 당신의 채널의 매력적인 부분을 깨닫고, 강화시켜주는 피드백 역할을 한다는 것이다. 타임스탬프는 크리에이터 스스로 예측하거나 인지하지 못한 유튜브 세계에서의 유머 코드를 건드렸을 때 열리는 '유튜브의 열매' 같은 것이다. 자신의 채널 영상에 타임스탬프가 달렸다면 내 영상이 어떤 사람들에게 이 장면을 공유하고 싶다는 자극을 준 것이며 시간을 내서 댓글을 달고 직접 시간을 기재해서 다른 시청자들이 볼 수 있도록 타임스탬프까지 찍어 놓게 하는 영향력을 발휘했다는 것이다. 또한 바로 그 타임스탬프가 찍히는 장면에서 뱉었던 크리에이터의 멘트, 사고 방식, 유머 코드, 보여주는 모습들이 바로 시청자들에게 어필하는 모습이며 해당 크리에이터가 앞으로 끈덕지게 성장시켜야 할 '매력스탯'을 표시한 장면이기 때문이다. 타임스탬프로 자신의 매력 포인트를 찾았다면, 이제 그 매력을 어떤 어투로 구사할지 고민해야 한다.

② 말하는 방식을 바꾸자

유튜브는 현실에서 통제됐던 것들의 고삐가 살짝 풀리는 곳이다. 시청자들은 저마다 자신만의 장소에서 편하게 익명성의 가면을 쓴 채 본인이 원할 때 자신만의 방식으로 유튜브에 접속한다. 그렇기에 댓글에서 드러나는 시청자의 반응은 현실에서 사람을 대할 때 보다 대범하고 가식 없고 호전적이다.

필자 역시 그런 유튜브 세계에서 시청자를 대하는 방법을 몰라 당황한 적이 있었다. 유튜브 초반에 내 채널의 성격은 정보 전달이나 분석에만 집중했었다. 목소리는 지금 들으면 어색한 톤으로 멋있는 척하며, 정리한 내레이션을 읽으면서, 마치 내가 정답이란 듯이 "A는 B다!" 라는 단정짓고 확신에 찬 어투를 썼다. 그런데 "A는 B이다." 식의 정보 전달 영상이 쌓여가고 높은 조회수의 영상이 생기자. "A는 B가 아니야 XX야, 틀린 말이야." 라며 공격을 하는 악플들이 등장했다. 심지어 "아는 척하고 있다.", "재수없다." 식으로 욕설을 섞는 댓글들이 달리기 시작했다. 처음에는 "내가 옳다, 네가 옳다." 답글로 맞서기도 하고, 잘못된 내용을 정정하는 댓글을 쓰기도 했지만, "믿고 거른다." 라는 충격과 상처를 받았던 댓글 중 하나까지 달리곤 했다.

아무리 정확하고 열심히 준비한들 맞춤법 하나 틀린다고 해도 트집을 잡는 악플러들은 꾸준히 늘어났고, 무슨 말을 하던 그 말을 다시 악플의 재료로 만들어 내는 악플러들을 상대하면서 나는 공황장애 증세를 겪게 되었고, 더 이상 안 되겠다 싶었다. 내가 옳다고 설득하는 고집을 멈추고, 주장하지 않기로 했다. '댓글러들 하고 싶은 말 다해~' 식으로 마음을 편하게 먹기로 했다. 그때부터 유튜브 영상에서 의견에 힘을 빼기 시작했다. "A는 B입니다." 가 아니라 "A는 뭡니까? 제 의견은 이렇습니다만. 정확히는 저도 잘 모르겠네요, 여러분 토론 상상해 보자고요!"로 말이다. 그때부터 전혀 다른 양상이 벌어지기 시작했다. 악플이 점차 사라지고 하드코어한 공격력을 지닌 악플러와 선플러가 댓글에서 서로 열띤 토론을 하는 양상으로 변한 것이다. 영상의 어투를 개선하자 이런저런 재밌는 토론이 댓글에서 벌어지기도 하고 '갑론을박', '용호상박', '아웅다웅' 하는 댓글들이 댓글 창을 활성화시켰다.

강하게 주장했을 때는 모두 나라는 공공의 적을 상대로 모인 악플러들이 내가 주제를 던지고 쓰윽 빠지자 댓글에서 양분되어 흩어져 버렸다. 즉 악플러는 정말 나를 상처주고 싶은 게 아니라 자신의 생각을 쏟아낼 대상이 필요한 것이다. 괜히 내가 떡밥이 되어 그 이빨을 받아내고 있던 것이다. 떡밥은 만들어서 던져야 한다. 에너지를 쏟아낼 질문을 던져주고, 함께 논의함으로써 공격적인 성향의 기운을 다독이면 되는 것이었다.

[그림 3-45] 말하는 방식을 바꾼다. 시청자들에게 토론의 장을 마련해 준다.

어조를 바꾸자 나타난 또 다른 현상은 기존 영상의 조회수보다 훨씬 높은 조회수가 나온 영상들이 생기기 시작한 것이다. 후에 깨달은 것이지만 시청자들이 댓글 창에 머물면서 댓글을 쓰는 동안 시청 시간, 평균 조회율이 올라가기 때문에 좋은 조회수로 이어지는 것이었다. 설사 재생을 정지시키고 댓글을 쓰더라도 채널에 긍정적인 데이터로 계산되기 때문이다. 그러나 악플이 사라지고 댓글이 호감으로 바뀐 것에서 끝나면 안 된다고 생각했다. 댓글러는 내 팬들로 만들어야 했다. 바로 내 채널만이 가진 개성 있는 유머 코드로 말이다.

③ 유머 코드를 만들자

필자의 경우 힘을 완전히 빼고 영상을 제작할 때 나온다. 영화 리뷰를 위해 영화를 시청하면서 재미있는 장면이 나오면 그냥 툭 튀어 나오는 생각이나 멘트를 즉각 녹음해 버린다. 글로 적거나 계획하는 것이 아니고, 친구들끼리 집에서 같이 영화를 보면서 말장난 한다는 생각으로 말이다. 특히 정말 의도치 않게 힘을 빼고 녹음하고 지나가는 내레이션이었는데, 사람들이 특히 열광하는 유머 포인트가 생길 때가 있었다. 나의 경우 다양한 영상에 그런 유머 포인트가 있었지만 특히 기억에 남는 것은 현재 1,100만 조회수의 인기 급상승 1위를 3일 간이나 유지했던 〈내안의 그놈〉 리뷰였다.

〈내안의 그놈〉 리뷰 영상

[그림 3-46] 리뷰 영상에 대한 타임스탬프가 표시된 댓글

이 영상에서 가장 타임스탬프가 많이 표시된 장면이 있다. 영상의 6분 27초 부분에 드립 멘트를 하려고 녹음 중에 "어!? 잠깐! 이게 뭐죠?!"라고 외치면서 화면을 확대했는데, 생각보다 별게 아니라고 생각하고 다시 확대를 풀고 "몰라요. 나도~."하고 넘어간 장면이었다. 이 장면에 많은 시청자들이 댓글로 타임스탬프를 표시하며 재미있었다는 반응이 이어졌고, 해당 댓글은 많은 추천을 받았다. 제작 당시에는 이 장면의 내레이션 반응이 좋을지 예상 못했다. 전혀 그 웃음을 의도하지 않았기 때문이다. 무게감을 완전히 뺀 상태에서 반전을 주는 허탈함이 이 장면에서 사람들을 웃긴 이유였다.

타임스탬프가 걸려 재미있다는 반응을 보인 장면은 반드시 피드백을 통해 왜 재밌고 호응을 얻었는지에 대한 공부가 필요하다. 매번 똑같은 영상스타일이 아니라 저번과는 다른 스타일들의 멘트나 편집 진행 방식을 여러 가지로 시도해 보자. 타임스탬프는 시청자들이 당신에게 준 '참 잘 했어요.' 도장이다. 모으다 보면 당신의 댓글에도 영상 맛집이란 글이 달릴지도 모른다.

17 │ 역주행 파급력의 명암

유머에 심취하다 보면 사리판단이 흐려질 때가 있다. 누군가를 재밌게 해주겠다는 욕심이 앞서면 그로 인해 누군가의 기분을 나쁘게 만드는 발언을 할 수 있기에 주의해야 한다.

[그림 3-47] 〈박화영〉 리뷰 영상

2018년 9월 즈음 필자 유튜브 역사에 크게 한 줄을 그어준 영화 〈박화영〉 리뷰를 업로드 했다. 현재는 1,000만 조회수를 기록한 해당 영상은 포털 검색 1위, 유튜브 실시간 인기 영상 1위를 기록하며 독립영화로서는 이례적으로 개봉 기간을 한 달이나 늘리게 되었는데 이 역주행 사태가 파급력이 커질 줄은 몰랐다. 무명이 었던 김가희 배우는 '한국영화평론가협회상 신인여우상', '2018 올해의 여성영화인 상'(사단법인 이상영화인모임), '2018 대한민국 독립영화스타상'(한국영화배우협회), '행안부가 주최한 Re-birth 영화상'을 수상하였고, '대종상 신인상 후보', '청룡영화제 후보'에 오르는 등 지금까지도 회자되고 있을 정도로 인지도 상승과 각종 뉴미디어의 주목을 받았다. 이후에 〈박화영〉이 IPTV에 올라 왔을때 〈신과함께2〉가 함께 올라온 상황에서도 〈박화영〉이 1위를 할 만큼의 좋은 결과도 얻었고, 《GQ》같은 매거진에서도 〈박화영〉 리뷰로 인한 사태로 변화하는 유튜브의 영화리뷰 위상을 언급하기도 했다. 이렇게 유튜브가 가진 파급력은 단 한 개의 영상이 미디어 전반에 긍정적인 여파를 몰고 올 수 있으면서도, 그 여파가 부정적인 것이었을 때는 그만큼 널리 퍼져나가는 경우가 발생할 수도 있다.

〈박화영〉 영상의 경이적인 기록과 조회수가 배우와 감독, 스탭, 제작사 그리고 독립영화계에 큰 힘이 되었다. 많은 관계자들이 감사의 표현을 전했다. 제작사인 명필름랩과의 미팅 자리에서도 이 영상으로 다시 마케팅의 힘을 얻고 영화를 살릴 수 있었다는 이야기도 들었던 상황이다.

① 파급력만큼이나 불거진 문제점

〈박화영〉 리뷰 영상은 특히 앞 장에 언급했던 '타임스탬프'가 여럿 찍혔던 영상이 었다. 말 그대로 말장난, 드립 멘트가 많이 들어가 있고 마치 영화를 함께 보듯 옆에서 떠드는 내레이션이 많이 들어가 있었다. 그런데 그중 한 멘트가 문제가 되었다. 필자의 무지가 어떤 이들에게는 상처가 된 점에 대해 다시 한 번 고개 숙여 사과하며 말을 잇는다.

극중에 박화영이란 가출 청소년이 경찰 두 명과 대치해서 싸우는 장면이 있었다. 억세게 난동부리는 박화영의 모습을 보고, '아니 저렇게 경찰을 제압하다니? 쎈데?'라는 당혹감을 리액션으로 표현하기 위한 순간적인 느낌을 멘트로 넣었다. 그런데 해당 멘트가 불편하다는 댓글이 달린 걸 본 순간 '아차!' 싶었다. 유튜브를 3년간 운영하면서 발언에 대해 조심하고 주의를 했건만 실수를 하고 만 것이다. 극중 경찰과 격렬하게 싸우는 화영을 보고 "여자였어?" 라는 '성(姓)인지 감수성'이 떨어지는 대사를 한 것 이다.

갓고몽님께 부탁을 드렸는데
이렇게 반응이 좋아서

[그림 3-48] 박화영 영화 시사회 사진

문제점을 인지하고 난 후 우선 진심 어린 사과의 글을 남겼다. 이 글에는 "화가 풀렸다. 이해해줘서 고맙다. 그렇게 말해주니 됐다", "앞으론 그러지 마라" 등의 댓글이 달렸다. 하지만 그때 가장 사과를 해야 할 대상은 박화영을 연기한 김가희 배우였다. 오직 해당 연기를 하기 위해 20kg의 체중을 늘린 그 노고에 누를 끼치면 안된다고 생각했다. 그때 필자는 곧 바로 〈박화영〉 GV 행사를 진행 중인 이화여대 극장으로 향했다. 계획되었던 마지막 GV. 걱정과 미안함에도 GV 현장은 "고몽님 리뷰를 보고 오신 분들 손들어 주세요." 라는 이태환 배우의 질문에 관객들 전부가 손을 들 정도로 유튜브가 불러온 파급력을 느낄 수 있었다. '하나의 리뷰가 하나의 영화와 사람들에게 이렇게 도움을 줄 수 있구나.' 라는 생각이 들기도 잠시. 김가희 배우를 직접 만날 수 있었다. 김가희 배우는 영화를 알려주고, 〈박화영〉을 리뷰해준 것에 대해 오히려 감사를 표현해줬다. 그때 리뷰에서 화영을 표현한 말을 언급하고 사과를 했다. 물론 김가희 배우는 웃으며 "더 과격하게 표현해주셔도 좋다.", "극중 인물이고, 누가 봐도 저를 향해 이야기 하는 게 아닌 걸 안다.", "개봉관도 없었던 영화를 이렇게 띄어준 것이 얼마나 감사한데요." 라며 연신 감사의 표현을 전했다. 이환 감독도 다른 배우들도 마찬가지였다. 〈박화영〉에 대한 사랑이 남달랐다. 그날의 만남은 너무나 화기애애했지만 아직 끝난 것은 아니다. '박화영에게 두들겨 맞는다면 조금 화가 누그러질 거야' 라는 단순한 생각이 들었다.

필자는 배우들의 협조를 얻어 〈박화영 배우들한테 막말했다가 참교육 당했습니다...〉 영상을 업로드했다. 반성은 진심으로, 세게 해야 한다. 조회수를 생각하며 올린 영상은 아니었지만 해당 영상의 조회수는 45만이나 나왔다. 영화리뷰도 아니고 그냥 얼굴만 나오는 영상으로 배우들에게 '참교육 당하는' 영상일 뿐이었는데 말이다. 진심을 가지고 문제에 대해 정면으로 접근한 영상이었다.

박화영 배우들한테 막말했다가 참교육 당했습니다...
고몽 ✔ 조회수 46만회 · 9개월 전
고몽입니다. 저번 박화영 영상에서 여자였어? 알머리 베지터 같은 표현을 써서 불편하신 분들을 위해 직접 배우들을 찾아가 참교육을 ...

3:46

[그림 3-49] 사과의 글을 리뷰 형식으로 재구성하여 올린 영상

② 실수는 빨리 인지하고 사과는 진심으로

실수를 수습하는 과정에서 내 실수를 숨기거나 축소하지 않았다. 문제를 제기한 댓글을 읽으며 문제의 본질을 정확히 이해했고 진심으로 사과를 했다. 당사자들과 만났고 대화했다. 부정적인 이슈를 긍정적인 관계로 승화시켰다. 결과적으로 사과 영상의 반응은 내가 생각한 비난조의 댓글이 아니었다. 오히려 훈훈한 어조로 응원하고, 사과 한 것에 대해 칭찬하거나 이런 문제를 당사자들 간에 유쾌하게 해결했다는 점에 박수를 보내는 글도 있었다. 그냥 지나치지 않고 이렇게 적극적으로 풀어간다는 점과 몰랐던 것에 대해 적극적으로 배우고 고쳐나간 점을 칭찬받았다. 오히려 해당 배우들을 유명하게 만들어주고, 독립영화계에 힘을 불어 넣어준 부분에 대한 감동 글도 넘쳐났다. 보통 영상보다 좋아요 수도 8,000 이상으로 많은 반응을 보였다. 〈박화영〉 리뷰 영상에 해당 멘트에 대한 문제점을 제기하는 댓글이 달리면 그 댓글에 이 영상을 링크를 걸어주고 해명을 해주는 대 댓글이 달리기 시작했다. 전화위복이 된 것이다. 이후 나는 영상을 업로드하기 전에 영상을 모니터링 해주는 표본 집단을 구성해서, 영상에서 나도 인지하지 못하며 발생하는 실수를 잡는 장치를 마련했다.

유튜브를 시작한 첫해, 2016년에도 실수를 한 적이 있었다. 그때는 어떤 틀린 정보를 기재한 실수였는데 사과보단 변명부터 했었다. 물론 그에 대한 반응은 좋지 않았다. 화가 풀리지 않은 사람들은 잘못된 부분을 외부로 공유하고 공감받기를 원해서 1의 잘못이 100명, 1,000명에게 퍼져 1,000의 잘못이 되어 버리는 결과를 가져왔다. 2018년에 실수는 필자의 〈고몽〉 채널이 10배 커지고 나서 발생했지만 잘못된 부분이 있다면 과감하게 인정하고 문제를 정확하게 인식하고 상황을 이해한 후 하나씩 해결해 나갔다. 1,000만 명이 조회한 영상의 댓글에서 사과하고 45만 명이 볼 수 있도록 영상을 만들었고 내가 할 수 있는 최선을 다해 반성했다.

박화영, 김가희 배우와는 친밀한 관계가 되었다. 영화적으로도 또 인간적으로도 좋은 영향을 주는 사이가 되었다. 실수를 했을 때 내가 생각한 것 보다 남에게는 큰 상처일 수 있다는 생각이 적극적이고 진심어린 행동을 만들었고, 오히려 긍정적인 결과로 돌아오는 경험이었다. 불특정다수에게 노출되는 유튜브의 특성상 당신이 뱉어내는 말, 제작하는 영상들이 누군가에게 독과 상처가 될 수 있음을 명심하자. 유튜브 공간에서는 현실보다 기하급수적이라는 점도 기억하면서 말이다. 인간은 인공지능 알파고가 아니라 누구나 언제라도 실수를 할 수 있다. 실수를 했다고 인생이 단박에 망해버려 돌이킬 수 없게 되는 것은 아니다.

가장 우선 나 스스로가 반성하며 실수가 영향을 끼친 사람들에 대한 진심어린 사과, 부끄러운 상황을 숨기지 말고 해결 의지를 갖고 능동적으로 움직이고 무엇보다 댓글로 쏟아지는 악플에 대해 성급한 대응, 흥분과 논쟁을 만들지 않도록 노력하는 것이 중요하다. 논리적으로 접근하지 말고 감정적으로 화난 사람들의 마음을 달래주는 것이 우선이고 법적으로 접근하지 말고 도의적으로 스스로 자세를 낮추고 자중하는 것이 단 한 번의 실수를 죽음의 수, 내 인생의 재앙으로 번지지 않게 하는 방법이다. 모든 것을 거두절미하고 영상을 급하게 만들고 혼자 검토하지 말고 주변에 모니터링을 해주는 남녀노소 지인들을 만드는 것도 좋은 방법이라고 생각한다. 유튜브의 파급력이 큰 만큼 얻는 것도 크고 잃는 것도 크다. 크리에이터가 될 자, 유튜브의 무게를 견딜 각오를 해야 한다.

18 물구독자와 참구독자

물구독자를 보유한 채널과 참구독자를 보유한 채널이 있다. 어감 그대로 물구독자란 구독자수에 비해 채널의 구독자 집결력이 떨어지는, '팬심 없는 채널'을 말한다. 반대로 참구독자란 구독자수에 비례해서 조회수가 꾸준히 잘나오는 채널을 말한다. 구독자가 100만이 넘으면 당연히 조회수가 많이 나올 줄 아는 사람들이 있다. 못해도 구독자 100만이면 조회수 10만은 그냥 나오지 않겠냐는 것이다. 하지만 그렇지 않다. 구독자 100만이 넘어도 조회수가 몇 천 밖에 나오지 않는 채널도 존재한다. 아래는 내가 구분하는 물구독자와 참구독자의 기준이다.

> · **물구독자**: 개별 영상의 조회수 편차가 크거나 구독자 100만을 기준으로 영상을 올린 지 48시간 이후에도 10만 이내의 조회수가 나오는 채널
> · **참구독자**: 구독자 100만을 기준으로 업로드 48시간 이내 조회수가 30만 이상이 평균적으로 나며 조회수의 편차가 적은 채널

쉽게 말해 물구독자는 일반적인 '구독자'이고, 참구독자는 내 유튜브의 '팬'이다. 크리에이터라면 자신의 채널의 구독자 충성도가 좋은지 나쁜지 체감적으로 알고 있다. 만약 내 채널도 물구독자로 채워졌다면 그 원인과 이들을 참구독자로 만들기 위해선 어떤 방법이 있을지 찾아보자.

1 대표적인 얼굴이나 캐릭터가 나와야 한다

인기가 급상승하고 구독자수가 폭발적으로 상승하는 채널의 공통점은 몇 개 안되는 개별 영상의 조회수가 상당히 높다는 점이다. 또한 높은 조회수가 나오는 패턴이 지속적으로 유지되면서 다음 영상의 조회수까지 긍정적으로 영향을 주는 흐

름을 만든다. 이런 채널들은 넘치는 조회수의 트래픽을 그냥 흘리지 않고 다음 영상으로 흡인시키는 매력적인 캐릭터를 가졌다. 3개월에 100만 구독자를 달성한 박준형의 〈와썹맨〉, 3개월에 90만 구독자에 다가가는 〈띠예〉, 5개월 차에 60만 구독자가 되어가는 배우 신세경의 유튜브 〈sjkuksee〉 채널 등은 얼굴을 내세운다. 배우의 존재감과 매력이 상당한 채널이다. 이곳의 시청자들이 영상을 보는 이유는 이들의 얼굴을 보기 위해서이며, 그들은 구독자를 넘어 팬이 되어간다. 배우 신세경이 운영하는 채널의 흥미로운 점은 10분이 넘는 영상 중에 신세경의 얼굴이 몇 초 등장하지 않는다는 점인데, 잠깐 등장했을 때 시청자들은 그 모습에 감탄하기도 하고, 도대체 신세경은 언제 나오나 영상을 끝까지 지켜보기도 하고 댓글의 타임스탬프를 통해 신세경이 나오는 장면을 공유하기도 한다. 신세경의 다음 영상이 올라왔을 때, 이번엔 그녀가 어떤 곳에서 등장할지 기대하게 만드는 매력이 신세경 채널을 계속 찾게 하는 이유이다.

신세경 채널 〈sjkuksee〉

〈띠예〉의 경우 팬들을 순식간에 '달콤이들'로 만들어버린다. 어린아이의 순수하면서도 꼼지락대며 노력하는 예쁜 모습, 그리고 띠예의 명랑한 모습으로 시청자들과 소통하며 나이가 많던 적던 모두 달콤이가 되어간다. 〈띠예〉의 구독자들은 띠예라는 인물 자체에 열광하며 언제 다음 영상이 올라올지 목 놓아 기다린다. 진정한 참구독자들은 달콤이들이 아닐까 싶다. 〈와썹맨〉에는 박준형의 에너지가 있고 그 에너지를 모두 소화해 낼 수 있는 영상이 만들어진다는 믿음이 있기에, 시청자들은 와썹맨 영상의 알람이 울리면 박준형의 얼굴을 떠올리고 영상을 클릭하게 된다. 그의 영상을 한 번 보면 다음 영상을 안볼 수 없다. 박준형이 다음에 어딜 갈 지 궁금해지기 때문이다. 그의 구독자들이 참구독자가 될 수 밖에 없는 건 박준형이라는 대표 주인공에게 친근감과 기대를 하게 만드는 영상이 꾸준히 올라왔기 때문이다.

❷ 영상 하나하나의 힘을 빼선 안된다

유튜브 영상을 야구에 비유했을 때, 모든 투구(영상)를 전력으로 던지진 못하더라도 꾸준히 방어률을 지키는 수준으로는 유지해야 경기에서 승리하고 시청자를 팬으로 만들 수 있다는 것이다. 또한 업로드를 주기에 신경 써야 한다. 영상을 자주 올리는건 구독자 상승에 도움이 되지만, 실질적으로 충성도를 지닌 참구독자로 만드는 데에는 오히려 방해 요소가 될 수 있다. 어떤 채널에 영상이 자주는 올라오는데, 매번 볼만한 영상이 별로 없다면 구독자들은 실망감을 느낄 것이다. 이후에는 구독만 해놓은 상태로 업로드를 해도 시청하지 않게 되거나, 아예 알림 설정을 꺼버리는 현상이 바로 물구독자 현상의 주요 원인이다.

매번 영상이 실망감을 주지 않고 일정 이상의 만족감을 전달해야 다음 영상의 시청으로 이어진다는 말이다. 실망스런 영상을 올렸을 때, "괜찮아!"하며 이해해주는 팬심 깊은 구독자도 있겠지만 단 한 번의 실망으로 "뭐야? 한물갔네?"라며 다신 시청하지 않는 구독자도 있을 것이다. 게다가 구독취소까지 해버리는 적극적인 이탈자도 생길 것이다. 유튜브의 시청자는 민감하고 유튜브엔 대체 채널이 엄청나게 많다. 물구독자 현상이 무서운 이유는 초반에는 뭘 업로드해도 조회수가 잘 나오지 않는 현상을 보이다가 점점 구독자수가 정체되어 간다는 것이다. 구독자 이탈과 구독률이 아슬아슬하게 만나 겨우 유지되는 형국으로 슬럼프에 빠지는 것이다. 조회수가 오르지 않으니 구독자수가 정체되는 것은 당연할 결과이다. 거기에 구글이 정기적으로 활동하지 않는 계정을 정리할 때마다 줄어드는 구독자수를 합치면 점차적으로 구독자의 정체는 구독자의 감소라는 비극적인 상황으로 이어질 수도 있다.

③ 물에는 물, 불에는 불

불타는 채널을 만들기 위한 존재들, 불구독자들이 생기길 기대하기 전에 내 채널이 먼저 핫플레이스가 되어야 한다. 핫한 채널에 핫한 구독자들이 모인다. 사실 불구독자를 늘리기 위해선 스트리밍을 자주하는 아프리카TV의 BJ나 트위치의 스트리머들처럼 얼굴을 보며 채팅창으로 매번 소통하는 것이 효과적이다. 물론 유튜브에서도 라이브 스트리밍 기능이 있지만 앞선 두 플랫폼에 비해 활성화되지 않은 게 사실이다. 또 유튜브의 특성상 비디오의 저장 기능이 강해 아무리 스트리밍을 갑자기 시작해도 잘 만들어놓은 영상이 가져오는 조회수에 비해 스트리밍 동시 접속자수는 극도로 적을 수밖에 없다. 국내 기준으로 아주 인기 많은 크리에이터들도 동시 접속자가 1만 명이면 많은 편이다. 하지만 업로드된 영상으로 조회수 1만은 사실 어렵지 않은 숫자다. 따라서 억지로 스트리밍을 시작하는 것은 굉장히 에너지를 비효율적으로 낭비하게 만들 수 있다.

그렇다면 내 채널을 불구독자들로 채우기 위해선 어떻게 해야 할까? 가장 빠른 방법으로는 '이슈메이커'가 되는 방법이 있다. 즉 유튜브의 시청자라면 반드시 봐야 하는 이슈를 만들고 화제의 중심이 되는 방법이다. 2019년도 초반에 삭제된 탈을 쓰고 나왔던 한 채널은 이런 이슈메이커가 되는 방식으로 매 영상이 하루도 지나지 않아 구독자수를 뛰어넘는 높은 조회수를 기록했고, 구독자의 상승도 아주 단기간에 60만을 넘기기도 했었다. 물론 결과적으로는 지나친 이슈 몰이로 채널이 삭제되었다.

불구독자를 만드는 또 다른 방법은 유행을 만들어내는 것이다. 유행을 만들기는 어렵지만 여기서 말하는 유행은 음원 차트에서 1위 유행이나 패션의 유행이 아니라 참신한 최초의 기획을 담은 영상을 만들라는 것이다. 내 채널에서 처음 시작한 콘텐츠들을 업로드하다 보면 내 채널만의 확연한 인식이 생긴다. 새로운 기획을 쏟아내다 보면 유튜브 사용자에게 상징적인 채널로 인식받게 되면서 새로 업로드되었을 초반부터 많은 시청자들이 서둘러 달려오는 채널이 되기 때문이다.

그런 의미에서 가장 확실한 불구독자를 지닌 채널은 〈장삐주〉 채널이다. 처음엔 고전 애니메이션에 수십 가지의 목소리로 더빙을 입히는 방식으로 시작하여, 이제는 자체적으로 애니메이션을 제작하고 더 나아가 캐릭터와 세계관을 구성해서 다양한 코너를 만드는 형식으로, 오직 장삐주만이 구사하는 유튜브의 오리지널리티를 확보했다. 160만이 넘는 구독자를 보유했으면서도 〈장삐주〉 채널의 영상은 거의 구독자수를 상회하는 엄청난 조회수를 업로드 직후에 달성한다. 불구독자를 늘리는 마지막 방법은 가장 정석적인 방법이다. 최고의 썸네일, 최고의 제목, 최고의 영상 콘텐츠를 만들어 내는 것이다. 그것도 꾸준하게 말이다. 이러한 방법들을 통해서 내 영상의 알림이 팝업으로 뜨자마자 불나방처럼 달려오는 구독자들을 만들 수 있고, 불타오르듯 시청 시간을 채워주는 그들로 인해 인기 급상승 영상의 높은 순위로도 올라갈 수 있게 될 것이다.

〈장삐주〉 채널

19 유튜브각

'각이다' 라는 말을 종종 들을 수 있다. 10~30대들에게 자주 쓰이는 말인데, '상황이 만들어졌다'라는 말로 대체할 수 있는 신조어다. 내가 기억하는 '각'이라는 단어를 가장 비슷하게 썼던 최초는 2000년대 유행한 〈포트리스〉라는 게임이었다. 포트리스에선 각을 재어 대포나 미사일을 쏘아 상대 탱크를 맞추는 게 목표였는데, 그때 '각이 나오다.' 라는 말이 시작되었다. 이후 '각'이란 말은 계속 진화하여 인터넷에서 명예훼손으로 고소당할 수 있는 가능성이 있음을 뜻하는 '각도기를 재다' 라는 말까지 만들어졌다. 이렇게 현재는 각이 유튜브에 합쳐져, 유튜브각, 줄여서 유튭각 이라는 말까지 이어져 왔다.

① 유튜브각은 무엇일까?

유튜브각은 쉽게 말해 유튜브에서 대박이 날 가능성이 높은 장면이 연출되었음을 뜻한다. 드라마틱하고 과장된 상황이 카메라에 담기거나 상황을 조작해서 연출하기 힘든 장면이라면 더욱더 유튜브각이 잘 잡혔다고 볼 수 있다. 게다가 썸네일로 쓸 수 있는 인상적이고 호기심을 유발하는 장면이라면 유튜브각이 딱 나온 것이다.

유튜브에서는 영상을 편집할 때 보통 하이라이트 장면을 먼저 보여주는 '두괄식 배치'를 하는데 이는 사람들의 영상 이탈이 매우 쉽고 빈번하기 때문이다. 따라서 사람들의 눈길을 잡기 위해 초반 10초 안에 유튜브각이 포함된 영상으로 '이 영상 어딘 가엔 바로 이 유튜브각이 잡힌 장면이 나올거야!' 라고 주지시켜줘야 한다. 유튜브에선 클릭률만큼 시청 시간이 중요하기 때문에 그렇게 초반에 두괄식으로 영상 진행을 하는 것이 전략적으로 유리하다.

유튜브각이라는 단어는 유튜브 내에서의 영상이 흥행하기 위해 갖춰야 할 것이 무엇인지 짐작할 수 있게 해준다. 유튜브의 시청자들이 원하는 것은 단편적인 영상 시퀀스가 여러 개 이어져서 영화가 완성되는 '기승전결'의 서사가 아니다. 하나의 눈길을 끄는 장면을 집중적이고 요약적으로 보고 싶어한다. 유튜브의 시청자는 티비 시청자들과 다르다. 시간을 채우고 재미를 얻기 보다는, '임팩트'를 느끼고 싶어한다. 이 갈증을 채워주는 영상이 유튜브의 조회수를 이끌어간다.

필자가 아는 한 현재 대한민국 유튜브에서 최고로 유튜브각을 잘 잡는 채널은 〈보겸 TV〉 채널이다. 1일 1업로드되는 모든 영상에 막강한 유튜브각이 잡혀 있다. 역시나 한국어 단일 언어권의 한계로 느껴지던 300만 구독자를 넘어 350만 구독자를 돌파한 저력에는 유튜브각을 잡는 감각이 자리하고 있다. 10대 남성 구독자들이 보겸의 영상을 챙겨보는 모습은, 전성기의 MBC 〈무한도전〉을 챙겨보던 모습을 떠오르게 한다. 유튜브각을 잘 잡는 그는 중국의 연 100억 매출 유튜버 〈펑티모〉와 콜라보레이션을 하고, 일본의 전설적인 남성 AV배우 시미켄과 호텔에서 끈적한 기획 영상을 찍기도 한다. '보슐랭 가이드(미슐랭 가이드를 〈보겸 TV〉에서 보슐랭 가이드로 명명)' 코너에서 한 끼에 수백만 원을 호가하는 식사를 하러 가기도 하고, 수천만 원이 넘는 경품을 시청자에게 뿌리기도 한다. 그의 파급력은 지금 그렇게 많이들 쓰는 "이거 실화냐?", "가즈아!" 같은 유행어가 그에게서 시작되었다는 사실에서 알 수 있다. 특히 〈보겸 TV〉의 영상은 대부분 업로드되자 마자 '인기 급상승' 랭킹에 올라와 있다. 이렇듯 유튜브각을 잘 잡는다는 건 유튜브 내에서 하늘이 내린 재능이라고 할 수 있다.

〈보겸 TV〉 채널

② 유튜브각을 잘 잡으려면 집요함이 필수

유튜브각을 잘 잡기 위해선 감각적인 재능 이외에도 필요한 것이 있다. 하루 동안 마주하는 모든 순간을 눈여겨보면서 유튜브각을 찾아내는 집요함 말이다. 유튜브 크리에이터들이 모이면 몇 가지 재밌는 일이 생긴다. 함께 시간을 보내다 순간 실수로 스마트폰 액정이 깨진 일이 있었다. 당연 가슴 쓰린 상황인데, 다들 하나 같이 "아…. 유튜브각이었는데….''를 말하고 스마트폰의 주인조차 "아…. CCTV 없나?"라고 말한 적이 있다. 유튜브각을 찾으려는 크리에이터들의 일상 주시는 계속된다. 얼마 전 내가 탔던 비행기가 아주 심각한 난기류를 만나 승객들이 비명을 지르고 창 밖에선 비행기의 날개가 미친듯이 휘청이던 적이 있었다. 죽는다고 생각했다. 거의 한 시간 가량을 추락할 것 같이 떨어졌다가 다시 뜨는 비행기 안에서 나는 나도 모르게 영상을 촬영하고 있었다. 같이 비행기를 탔던 지인은 뼛속까지 유튜버라며 혀를 찼다. 영화 유튜버들이 만나서 함께 영화를 보면 다음과 같은 일도 벌어진다. 영화사에서 제공한 내부 시사회 경우 회의 공간에서 영화를 보기 때문에 대화를 나눌 수 있다. 영화를 보다가 갑자기 다들 어떤 장면에서 꿈틀거리는 장면이 있다. 그리고 다들 눈을 마주치고 말한다. "썸네일 각이다." 그리고 영화를 보고나선 말한다. "이 영화 유튜브각 나오는데?" 이렇듯 유튜브를 생활처럼 시청하는 사람, 인기 급상승 영상을 주로 보는 사람들은 유튜브각에 대한 노출이 많아지고 일정의 유튜브각을 재는 감각이 길러진다. 또 어느 정도 채널 운영 경험이 있는 크리에이터라면 마치 예전 애니메이션 신세계 사이버 포뮬러의 '제로의 영역'처럼 동시다발적으로 찌릿거리는 유튜브각의 감각을 얻기도 한다. 혹시라도 아직까지 유튜브각을 못 잡고 있다면 인기 급상승 영상을 매일 같이 주시하고 상위권에 주로 어떤 영상들이 있고 영상의 초반 10초 안에는 어떤 장면이 배치되었는지 구성적인 면을 연구해보길 바란다. 더불어 유튜브각에는 초반 10초 간의 장면과 더불어 반드시 제목과 썸네일이 한 세트임을 기억해두길 바란다.

> **유튜브각을 이해 못하는 독자를 위한 예시**
>
> - 잘 가던 자동차의 바퀴 4개가 갑자기 빠져버린다? 근데 이게 카메라에 담겼다?
>   이게 유튜브각이다.
> - 강아지가 삐쳤는데 그 모습이 어린이가 삐친 것처럼 귀엽고 시선을 끈다?
>   이게 유튜브각이다.
> - 스마트폰을 떨어뜨렸는데 땅에 섰다?
>   이게 유튜브각이다.

유튜브각을 자주 뽑아내는 채널들을 보면 유튜브각의 원리를 이해하고 의도적으로 연출하는 채널도 있다. 시청자들은 어느 정도 팩트인지 픽션인지 파악은 하지만, 그런 의도된 유튜브각을 보며 즐거워한다. 진실성 여부는 중요하지 않다. 지나치게 허구임을 강조하는 내용보다 어느 정도의 몰입감을 주기 위해 설정된 유튜브각은 주로 10대 층에 크게 어필하는 요소이다. 그중에는 실제 상황인지 오해하는 시청자도 있지만 유튜브각을 이해하고 공감하는 세대 안에서는 일종의 엔터테인먼트의 요소라고 할 수 있다. 유튜브각을 잡는다는 것은 유튜브라는 플랫폼의 생리를 잘 이해하고 있는 것이다. 유튜브의 영상은 추천에 의한 노출 방식이기 때문에 노출의 빈도와 범위가 소극적이고 사람들의 선택과 시청 시간을 기반으로 점점 노출의 빈도와 폭을 넓혀간다. 콘텐츠는 많고 시청자의 시간과 선택의 기회는 한정적이므로 유튜브 플랫폼 역시 신중하게 콘텐츠를 추천한다. 그래서 밀도 있고 인상적이며, 흥미를 끄는 영상이 유튜브라는 플랫폼에 적합할 수밖에 없다.

2017년 즈음 유튜브각을 무리하게 잡기 위해 공개적으로 서로를 비난하는 영상을 업로드 하던 크리에이터들이 있었다. 서로 험담을 하거나 문제 행위를 폭로하고 서로의 집에 찾아가서 공격적인 언사나 위협을 하는 것 같은 콘텐츠 말이다. 이런 자극적이고 소모적인 콘텐츠는 단시간에 시선을 끌었고 그에 따라 조회수도 상당했지만 결과적으로 해당 콘텐츠는 지속적이지 못했고, 결국 사과나 악플을 견뎌야 하는 상황으로까지 이어졌다. 일종의 유튜브 크리에이터들 간에 드라마를 만들어서 유튜브각을 만들려는 시도는 좋았으나 픽션인지 팩트인지 지나치게 구분이 안 가는 정도로 부정적인 감정을 만들어내는 콘텐츠였다 보니 이래저래 부작용이 컸었던 듯하다.

이런 행태는 2018년 중반부터 등장하기 시작한 '가면 유튜버'들의 상호비난 유행이 이어지면서 극에 달했다가 결국에는 구글의 철퇴를 맞고 다시 자정 작용이 작동하기 시작했다. 시청자들이 일부 재미를 느끼는 요소여도 결국 유튜브의 운영 방향과 맞지 않고 유튜브의 이미지를 나쁘게 만드는 콘텐츠라면 유튜브에서 오래 살아남지 못한다는 교훈도 있었다. 물론 유튜브각을 긍정적이고 생산적으로 만들어내는 크리에이터들도 있다. 이를테면 〈최고다 윽박〉 채널같은 경우 야생에 가까운 환경에서 살아남는 콘텐츠를 제작하다보니, 이런 유튜브각을 만들어내는 빈도가 높으면서도 유튜브 내에서 보기 힘든 생소하면서 건전한 유튜브각을 만든다. 이를테면 '옥란도'로 불리는 오프로드 카를 타고 강을 건너다가, 강 한가운데서 차가 퍼졌다던가, 땅을 파서 땅굴 집을 지었는데 집이 무너지던가 하는 장면 말이다.

[그림 3-50] 오프로드 차를 타고 강을 건너는 영상

유튜브각은 이렇듯 독이 될 수도 약이 될 수도 있지만 어떤 방식으로든 일단 유튜브 채널을 키우는데 꼭 가지고가야 할 전략임에는 틀림없다. 내가 하고 있는 채널 내 주제 카테고리에서는 과연 어떤 유튜브각이 나올 수 있을지 감각을 기르고 연구해보자.

20 혼자 일하는 유튜버의 만족감은 어떨까?

자존감이 높아지고 자기효능감이 상승하는 직업 '유튜브 크리에이터'

포토그래퍼의 직업 만족도는 타 직업에 비해 매우 높다고 한다. 이유를 직접 포토그래퍼에게 물어보니 혼자서 자유롭게 작업할 수 있는 점, 창의성의 결과물을 눈으로 볼 수 있는 점, 노동을 하고 그것의 결실이 세상에 만들어지고 누군가에게 즐거움을 주는 데서 만족감이 크다고 한다. 결국 자신의 직업이 누군가에게 행복을 찾아주는 실체를 만들어낼 때 우리는 직업에서 만족을 느낄 수 있는 것 아닐까?

또 다른 만족도가 높은 직업이 있다. 바로 나무를 깎아 물건을 만드는 목수다. 쉽게 보면 힘들게 나무를 깎아 뭔가 만들어야 하는 직업이다 보니 직장인들 입장에선 '힘들고 불만족스러울 거야' 싶겠지만, 목수를 직업으로 삼고 있는 대상을 상대로 설문조사한 결과 12명 중 11명이 자신에 직업에 대한 만족도가 높다는 답변을 얻었다. "8시간 만큼 일하면 8시간에 해당하는 만큼의 나무가 작품으로 변한다."는 한 목수의 말처럼 그 작품을 맘에 들어 사가는 사람들이 또다시 찾아와 미소 짓고 자신의 물건을 찾는 반복이 만족감을 준다고 한다. 심지어 나무를 깎는 행위 자체에서 묘한 쾌감을 느낀다는 목수도 있었다.

이에 비해 현대 사회에 만연한 직업인 서비스직의 경우 직업에 대한 만족감은 커녕 자존감과 자기효능감(self-efficacy)을 떨어뜨리는 직업 중 하나이다. 목수가 나무를 깎으며 만족할 때, 서비스직은 고객을 위해서 나를 깎으며 운다.

감정노동자란 말이 괜히 만들어진 게 아니다. 물론 8시간을 일해도 결과물이 없다. 월급 밖에는 노동력의 산물이 없다. 1,000명에 한 번 친절한 고객을 만나면, 그게 유일한 노동의 훈장이 된다. 저자는 그런 서비스직에서 5년간 종사했었다. 월급에서 돈을 떼어가는 종류의 공공서비스직의 특성으로 악성 민원이 많았다. 폭언,

욕설, 심지어 폭행에 가까운 위협 행위를 하루에도 몇 번씩 경험하곤 했다. 공기업이라는 누가 봐도 허물 좋은 회사를 그것도 대학 졸업하기도 전에 입사했던 저자는 사회 생활 초반, 무엇이든 할 수 있다는 자신감이 충만했었다. 그러나 회사 생활 중 3년 차에 나의 자존감은 존재하지 않았다. 일하는 기계, 감정노동자가 되어 있었다. 반복되지만 손에 잡히는 결과물이 없는 서비스 분야의 업무는 자기효능감을 갉아먹고, 헐떡이게 만들었다. 자연스레 퇴근 후에는 무기력 상태가 되었고, 약속을 잡거나 돌아다니는 것도 꺼리게 만들었다. 점점 사람 만나는 게 부담스러워지고 혼자만의 시간에 안주하게 되었다. 자기계발을 위한 어떠한 노력도 멀리하게 되었다. 그렇게 직장 생활 3년차에 수동적으로 일하는 기계가 되어 있는 나자신을 발견했다. 우울증까진 아니지만 우울하다, 희망이 없다는 감정이 들기도 하고 번아웃 상태의 하루가 끝도 없이 이어졌다. 저변에 깔린 생존 본능 덕분이었을까. 그래도 유튜브는 시청하면서 시간을 보내던 중 "젊은 놈이 이것저것 해서 홍보실로 와!"라는 선배 과장님의 멘트가 심금을 울렸다. "홍보실에 오려면 파이널컷을 공부해 봐, 방송국도 그걸 쓴다더라.", '그래! 나는 글 쓰는 것도 좋아하고, UCC로 공모전에서 당선도 되었었지. 나는 만들어내는 것을 좋아하고 유머감각이 있는 사람이었지!' 라는 울림이 있었던 것 같다. 마치 심폐소생술을 한 것처럼, 지하수를 마중물로 끌어올린 것처럼, 나는 그날부터 파이널컷 편집 프로그램에 대해서 공부하기 시작했다.

국내에 두 종류 밖에 없는 편집 책을 사서 보고, 당시에는 두 개의 채널 정도 밖에 없던, 한국 사람이 만든 유튜브 파이널컷 편집 영상을 보면서 편집을 따라했다. 그 과정에서 만든 결과물이 아까웠다. '연습물인데 유튜브에 올려볼까, 녹음도 좀 해볼까.' 하며 첫 유튜브 업로드를 했다. 그리고 그 클릭 한 번이 인생을 바꾸었다.

1만 명이 안 되는 조회수였지만, 사람들이 내 영상을 보고 있었다. '응?' 댓글도 달린다. 반응이 재밌다. '훈수 두는 사람이 왜 이리 많아.' 그래도 좋은 말도 있었다. '앗 욕도 있네?', '재밌다.', '다음엔 욕먹은 부분 빼고, 더 잘 할 수 있는 부분을 고쳐보자.', '이런 부분을 더해보자.' 등.

정보를 수집하고, 정리하고, 영상으로 구현해내는 방법을 생각해내는 동안 새벽까지 에너지가 넘치는 나를 발견했다. 새벽 3시가 되어 다음날 출근을 해야 함에도 어떻게든 업로드를 하고 잤다. 설렘에 아침 일찍 눈이 떠졌다. 새벽부터 달렸던 댓글을 확인해 보았다. 실시간으로 변동되는 조회수도 확인하고 '좋아요', '싫어요'의 비율도 확인했다. 흥분이 되었다. 반응이 생각보다 좋았다. 세 번째 영상 즈음해서 수익 창출이 되었다. 조회수만큼 돈이 들어오자 외화통장을 만들었는데 그때 실감이 안 났다. 한 달 수익 500원이 들어왔다. 그리고 다음 달 수익이 700달러였다. 또 다음 달에는 1,000달러. 생체 시계는 미친 듯이 에너지를 뿜어댔다. 하루 일과가 끝나면 그때부터 힘이 솟았다. 희망을 바라던 일과는 이제 열정으로 불타오르고 있음을 느꼈다. '하고 싶다! 나는 유튜브 영상을 만들고 싶고, 업로드를 하고 싶고, 댓글을 지켜보고 싶다.' 라는 생각만 들고 온통 거기에 집중이 되었다.

유튜브 크리에이터란 직업이 오직 나에게만 만족을 줬던 것은 아니다. 마블의 영화인 〈캡틴 아메리카 : 시빌워〉가 개봉했을 때쯤 나와 비슷한 종류의 영상을 올렸던 크리에이터들이 있었다. 그들도 저자와 같은 상황, 같은 생각, 같은 경험으로 유튜브를 시작했다고 한다. 업로드 주기도 비슷하고, 그들도 행복해 보였고 들떠 보였다. 늘 활기차고 공감대가 넘치며 유튜브에 대해 떠들기를 좋아했다. 질투보다는 서로 자신의 성과를 보여주며 기뻐했다. 하는 일에 만족도가 높아지니 남을 부러워할 시간도 없었기 때문이다. 자기효능감이 덩달아 높아지니 이것저것 더 많은 일을 하고 싶어졌다. 서로간의 콜라보레이션도 하고, 말도 안 되는 기상천외한 기획도 세워보았다. 영상이 호응을 이끌고 채널의 구독자를 더욱 높여준다. 10만 조회수에 환호하고 100만 조회수에 기절할 듯 놀라워한다. 이 과정이 내가 유튜브 크리에이터로서 구독자 10만 정도까지 온 과정의 대략적인 모습이다.

1인 크리에이터의 삶이 사진작가, 목수와 비슷하다고 생각한다. 말 그대로 '창작자', 고민을 쏟아내서 계획하고, 시간을 끌어내서 만들기 때문이다. 그것을 찾는 사람들을 기다리고 내가 만든 것에 대한 반응으로 희로애락이 교차한다. 거기서 끝나는 게 아니라 다시 처음으로 돌아가 피드백하여 더 좋은 결과물을 만든다. 나는 성장하고 나아지며 나아간다. 크리에이터는 행복한 직업이다. 그러니 유토피아적 환상을 버리더라도 현실적인 제작자의 삶으로서 유튜버라는 직업은 꽤 괜찮은 편이다.

21 겸직 금지 의무 조항

유튜브가 유행하며 특히 '직장인 브이로그(V-log)'가 늘어나고 있다. 그런데 유튜브 크리에이터 활동을 취미로 볼지, 직업으로 볼지에 대한 판단이 공론화되지 않은 상황에서, 겸직에 관한 조항이 아직 시대의 변화를 쫓아오지 못하고 있다. 그로 인해 다양한 견해가 엇갈리며 직장생활을 하며 유튜브 크리에이터가 되고 싶은 직장인들은 혼란스러운 상황을 맞이하고 있다.

아직 유튜브에 관한 법률이 제정되지 않았다. 또한 유튜브 겸직 관련 판례도 없어서 대부분 기업이 유튜버를 해도 되는지에 대한 명확한 답을 내리지 않는다. 삼성 역시 '겸직 금지 의무 조항'은 있지만 '유튜브 금지 조항'은 없다. 드러내놓고 유튜브를 운영하고 있는 직원도 찾을 수 없다. 유튜브 크리에이터가 겸직이냐 아니냐에 관한 인사 부서의 명확한 답은 없다고 한다.

LG전자는 비업무 시간에 회사 업무와 관련 없는 겸직 활동에 대해 규제를 하지 않고 있다. LG생활건강은 크리에이터 활동을 허용함은 물론 적극적으로 '뷰티 크리에이터'를 양성하고 있다고 한다. 아모레퍼시픽 역시 유튜브 크리에이터를 적극 활용하고, 사내 활동도 장려하고 있다. 교육 과정인 '아모레 뷰티 컬리지'를 열어 전문 교육의 기회까지 제공할 정도다. CJ ENM에 근무하는 한 직원은 회사에 유튜브 채널 운영 여부를 보고한 후 채널 운영을 하고 있다고 한다. 변호사에게 문의 결과 회사에 불이익을 초래할 경우 징계할 수 있다는 조항은 있지만 유튜브 활동에 제한을 가하진 않는다는 답변을 받았다고 한다.

① 영리 업무의 금지 조항

공무원이나 교사 같은 공공계열은 어떨까? 최근 공무원이 운영하는 브이로그 채널이 나오기도 했고, 초등학교 교사이자 래퍼 '달지'가 운영하는 유튜브 채널이 화제가 되기도 했다. 필자의 경우 준공무원의 신분인 공공기관에 근무했었는데, 수익의 규모가 커진 이후 스스로 본말이 전도되었다고 판단해서 퇴사를 결정하기도 했다. 하지만 내가 있던 회사에서 유튜브 활동을 제한하거나 패널티를 주진 않았다. 겸직 금지 의무 조항은 있지만 해당 내용은 출판이나 작곡, 외부 강연, 부동산 임대업 같은 일반적인 겸직에 대한 구체적인 사항은 명시되어 있으나 유튜버에 관한 어떠한 근거 조항도 없었다. 물론 구체적인 직업 명시가 없더라도 '영리 업무의 금지 조항'의 '복무규정 제 25조에 따른 영리 업무'에는 『상업 공업 금융업 그 밖의 영리적인 업무를 스스로 경영하여 영리를 추구함이 현저한 업무 또는 그 밖에 영리를 목적으로 하는 사기업체의 이사 감사 업무를 진행하는 무한책임사원 지배인 발기인 또는 그밖의 임원이 되는 것, 본인의 직무와 관련이 있는 타인의 기업에 대한 투자, 그밖에 계속적으로 재산상 이득을 목적으로 하는 업무』라는 조항이 명시되어 있어서 실질적인 영리 업무라면 제약이 있고, 해당 기관장에게 허가를 받아야 한다.

또 '복무규정 제25조 본문에 따른 금지조건'에는 -『공무원의 직무 능률을 떨어뜨릴 우려가 있는 경우, 공무에 대하여 부당한 영향을 끼칠 우려가 있는 경우, 국가의 이익과 상반되는 이익을 취득할 우려가 있는 경우, 정부에 불명예스러운 영향을 끼칠 우려가 있는 경우』- 위 금지 요건에 해당되지 않는 경우 겸직 허가를 받아 종사할 수 있다고 한다. 또한 '계속성' 역시 중요하다. 비영리적이라고 하더라도 '계속성'이 있다면 반드시 기관의 장에게 겸직 허가를 받아야 한다. 위의 내용들은 종합해보면 '수익을 창출하지 않으며, 간헐적으로 취미삼아', '조직에 명예와 공정하고 근면한 업무 활동에 방해가 되지 않는' 정도로 영상을 업로드 하는 유튜브 크리에이터들을 막을 조항은 없어 보인다. 겸직 금지에 관한 의견을 말하기에 앞서 소속된 조직에 따라 유튜브 크리에이터의 겸직 가능 여부가 상이하므로 해당 인사 부서의 문의, 분쟁 시 노무사와의 상담 등을 우선시 한 후 해당 내용을 참고하길 바란다.

〈달지〉 채널

2 수익과 세금 신고

유튜브 겸직에 관해 쟁점이 뜨거운 것은 '수익' 때문이다. 그러니 우선 수익의 구조를 이해할 필요성이 있다. 유튜브 수익은 'GOOGLE'이라는 영문명으로 입금된다. 주로 싱가폴 또는 아일랜드에서 송금되기도 한다. 일종의 '해외 송금' 형식이기에 기본적으로 이 수익에 대한 '원천세', '사업 소득' 같은 세금 신고가 타인에 의해 진행되진 않는다. 즉 기업에서 소득 조회 확인을 했을 때 해당 직원이 '겸직'을 하고 있다고 증명할 수 있는 근거가 외부적으로 드러나진 않는다. 물론 구글 애드센스 수익금 역시 세금 신고를 자발적으로 해야 하며, 은행에서도 큰 금액의 달러가 송금될 시 국세청에 신고하기 때문에 세금이 부과되고 소득금액증명원이나 소득처에 대해서 소명을 요청할 경우까지 간다면 'GOOGLE'이라는 송금인이 기재되어 있어 확인이 가능하다. 하지만 블로그에서 애드센스로 광고 수익을 창출한 경우도 똑같이 송금되기 때문에 만약 블로그 운영을 허가 받았다면 유튜브와 블로그를 송금인의 이름만으로 구분할 방법은 없다. '블로거'는 이미 대다수의 회사에서 신고 시 허가해주는 겸업 중 하나이고 직업으로 삼지 않고 취미의 개념이기 때문에 이를 다툼에 모호한 점이 있다.

유튜브의 수익이 높아지면 비용 처리와 정당한 세금 신고를 위해 사업자등록을 하는 것이 절세에 유리하다. 사업자를 낸 경우 명확한 수익 활동으로 '영리 업무'로 보기에 충분한 근거가 만들어진다. 기업에 따라 다르지만 특히 '공공 계열'인 경우 직원의 월급 외 소득을 확인할 수 있는 기업도 있다. 즉 취미 형태이며 소득이 적거나 아예 발생하지 않는 경우와 수익이 상식적인 평균 직장인의 연봉에 다다른 경우를 별개로 생각해야 할 듯하다. 또한 애초에 수익 창출 신청을 하지 않아 수익이 발생하지 않는 경우는 사실상 개인 SNS와 구분하기도 쉽지 않다. 개인 SNS까지 입사 시 금지하는 조항이 있는 회사가 아니라면 유튜브에 관한 겸직 금지를 논할 때 '수익적인 면'이 주요 쟁점이다. 수익이 없고, 조직에 명예를 실추시키지 않고, 업무 활동에 방해가 되지 않는다는 증빙을 했음에도 회사가 유튜브 활동을 금지한다면 이는 겸업 금지 조항을 내세워 업무 시간 외에 개인의 자유를 과도하게 침해한 것이다.

③ 신상 노출 여부

겸직 가능 여부의 쟁점에서는 '신상 노출' 여부도 중요하다. 기업에선 품위 유지를 굉장히 중요시하는데 직원 개인의 품위가 기업의 이미지에 미치는 영향을 무시할 수 없기 때문이다. 직원 개인이 사적으로 발생시킨 사고가 기업의 문제인 것처럼 비난받는 경우가 있지 않은가. 아무래도 크리에이터 활동을 하다 보면 그렇지 않은 경우보다 대중에게 노출될 가능성이 많아지고 누구나 의도치 않은 실수를 저지를 수 있기 때문에 이를 통해 기업의 이미지에 악영향을 끼칠 수 있는 가능성을 배제할 수 없다. 하지만 이 논리는 반대로 적용하면 사실 모든 직원은 잠재적으로 어떤 부정적인 사건으로 조직에 누를 끼칠 수 있으며 그럴 경우 징계를 주게 되는데, 문제를 일으키기 전에 유독 크리에이터에 대해 잠재적으로 부정적인 사건을 일으킬 것으로 가정하는 것은 지나친 생각이다. 크리에이터들을 직원으로 보유한 기업이 크리에이터 직원들과 협업을 통해 기업의 이미지를 향상시킬 수 있는 순기능은 배제한 공정하지 못한 처사이다. 손해일지 이익일지는 비교해봐야 안다.

다수의 기업이 직원 크리에이터 양성을 장려하고 이를 홍보에 활동하는 것이 유튜브 활동이 회사의 명예에 긍정적인 효과가 있음을 보여준다. 만약 회사의 임원 입장에서 직원들이 유튜브 활동을 한다면 '회사 이미지에 누가 될 수 있는 행동'의 자제를 요청하고, 회사에 '긍정적인 영향을 끼칠 것'을 '서약'하여 기업과 조직에게 좋은 방향을 만들어 갈 수 있다. 물론 이 모든 것들도 얼굴과 신상을 공개하지 않은 상태로 크리에이터 활동을 하게 된다면 기업이 우려하는 문제들이 사실상 무의미해져서 걱정할 거리도 없어진다. 유튜브 크리에이터들의 다수는 손만 등장한다든가 가면을 쓴다든가 1인칭 방송으로 자신이 보는 시선만 나온다든가 채널에서 목소리만 등장하거나 심지어 목소리조차 등장하지 않고 자막으로 소통하는 채널도 많다. 그럴 경우 유튜브 크리에이터 활동이 어떤 식으로 기업에게 영향을 끼치는지는 기업 스스로 증명해야 한다.

명예훼손의 성립을 따질 때도 특정성이 성립되어야 명예훼손 피해를 인정해준다. 특정성은 피해 받는 사람이 누구인지 확인, 추측이 되는 '특정'된 경우를 말한다. 얼굴도 모르고, 이름도 모르고, 신분도 모르는 크리에이터가 어떤 실수를 저질

렀다고 치자. 그런데 해당 크리에이터가 자사 소속이라고 해도 정체가 드러나지 않았기 때문에 회사의 이미지에 피해가 전가되는 것을 증명할 수 없다. 따라서 정체를 공개하지 않은 크리에이터의 경우는 더욱 겸직 금지를 할 명분이 없다.

또 다른 겸직 금지 조항의 근거는 겸직으로 인해 업무의 효율이 떨어진다는 것이다. 업무 외에 다른 일을 하기 때문에 업무생산성에 지장을 초래한다는 것인데, 만약 유튜브 크리에이터 활동이 대단한 육체적 강도를 요하고 고도의 정신집중을 요하는 활동이라면 납득이 가지만 취미의 영역에서 즐겁게 나의 생활을 공유하는 영상을 업로드할 뿐인데 그게 업무에 방해가 된다는 것은 '추측'일 뿐이다. 심지어 노동부에서 만든 직업분류사전에는 크리에이터의 공적인 직업명인 '콘텐츠생산자'에 노동 강도를 '낮음'이라고 제시했다. 영상을 찍고 편집하는 것이 업무에 방해가 된다면 음식 셀카를 찍고 여행 동영상을 찍어 인스타그램에 올리는 것도 금지해야한다. 또 자신의 SNS에 달린 댓글에 답글을 다는 것도 금지여야 한다. 일단 국회의원이나 정치인들부터 자신의 유튜브 계정을 운영하고 있는 나라에서 '수익 창출' 만 되지 않았다면, 업무 효율에 대해서 더 이상 왈가왈부할 사항은 아니라고 생각한다. 단 해당 직원이 정말 일을 제대로 하지 않는다면 겸직 금지의 사유가 맞다고 본다.

4 겸직 금지의 이유

그런데 겸직은 왜 금지할까? 이 제도는 '평생직장', '직장 충성 문화'에서 시작되고 '맞벌이' 할 필요 없이 '외벌이'로도 충분히 가정을 끌고 갈 수 있던 시대의 잔재로 본다. 회사를 길게 오래 다니며 딴생각하지 않고 충성을 다해야 하며, 회사에 피해가 될 것으로 예상되는 어떤 활동도 되도록 하지 말라는 의미이다. 그러나 시대는 빠르게 변하고 '유튜브'가 나타난 지금의 시대에는 직업을 여러 개 갖는 N잡러가 출현하고 있으며, 평생 직장이 없어지는 시대가 되었다. 제도는 시대에 흐름에 맞게 바뀌어야 한다. 해외의 모 기업은 겸직에 관한 규정이라면 회사의 명예를 손상시키는 경우가 아니라면 전면 허가하는 '네거티브 방식'을 도입했다. 따라서 허가를 받아야 하는 게 아니라 신고만 해도 된다. 허가는 허락을 해줘야 하고 신고는 통보만

하면 되는 것이다. 최저 시급이 오르고, 점점 평생직장이 사라지는 시대, 우리나라의 기업들도 선택형 주 4일제를 도입하고 있다. 그렇다면 그에 맞춰 소득의 보전을 위한 겸직 활동도 허가해주는 방향으로 전환되어야 한다. 사실 따지고 보면 유튜브 크리에이터 활동 보다 업무에 방해되는 것은 주식이나 비트코인이다. 업무 중에 업무용 PC를 사용하지 않아도 모바일을 통해 충분히 이용 가능하고 명확한 영리 활동이고 업무 시간에 주로 활동해야 하는 시간적인 제약도 있기 때문이다. 그런데 유독 유튜브 활동만을 업무 효율에 방해된다고 치부하는 것은 오히려 그렇게 주장하는 쪽이 근거를 제시해야 한다.

언급한 3가지(수익성, 신분 공개, 업무에 지장을 주는지)가 겸직 금지에 관한 가장 중요한 쟁점이다. 합리적인 정책이 제정되고, 의미 있는 공론화로 이어지기까지는 오랜 시간이 필요할 것으로 보인다. 그러나 겸직이 금지되어도 몰래 하는 것은 얼마든지 가능하고 가족 명의로 진행하는 것도 충분히 가능하다. 유튜브 크리에이터를 음지화시켜 오히려 우려되는 문제점을 키우는 것보다는 허용하는 것이 관리 차원에서도 용이하고 양지화시켜 조직이 보유한 '인플루언서 인재'로 삼는 것이 창의적인 조직의 경영 방식이라는 의견이다.

22 영상 길이에 대한 진실

유튜브에선 시청 시간이 최고 지표라고 했다. 그렇다면

영상 길이를 짧게 해서 조회율을 올리는 게 유리할까?

영상 길이를 길게 해서 시청 시간을 올리는 게 유리할까?

정답부터 이야기 하자면, 가장 중요한 것은 '절대 시청 시간의 총합'이기 때문에 영상을 최적의 시간까지 길게 해서 시청 시간을 많이 얻는 게 좋다. 유튜브 분석화면에서 '시청 지속 시간'을 확인하면 '평균 시청 지속 시간'과 '평균 조회율'을 확인할 수 있다. 평균 시청 지속 시간은 시청자들이 평균적으로 해당 영상을 몇 분 몇 초를 보았는지 나타내주는 것이고, 평균 조회율은 해당 영상의 전체 분량에서 '몇 %'를 보았는지 나타내는 지표다. '%'의 허상은 버리자, 결국 가장 중요한 건 절대적인 시청 시간이다.

평균 시청 지속 시간 × 전체 조회수 = 절대 시청 시간 총합

평균 시청 지속 시간에 전체 조회수를 곱하면 절대 시청 시간의 총합이 나오는데, 그 수치에 따라 유튜브는 시청자를 얼마나 유튜브에 머물게 했는지 평가하기 때문에 '절대 시청 시간'을 길게 만드는 방법을 선택해야 한다. 하지만 유튜브의 알고리즘이 늘 이래왔던 것은 아니다. 예전에는 '절대 시청 시간(분)' 보다 '클릭수'나 '평균 조회율(%)'이 중요했던 시기가 있었던 듯하다. 그때는 짧고 임팩트 있는 영상이 더 좋은 조회수를 만들었던 때이다.

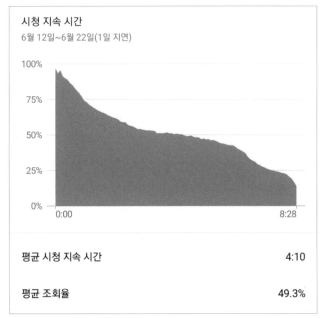

시청 지속 시간
6월 12일~6월 22일(1일 지연)

평균 시청 지속 시간	4:10
평균 조회율	49.3%

[그림 3-51] 시청 지속 시간

유튜브가 자리를 잡던 2000년대 중후반에 업로드된 영상을 유튜브에서 찾아보면 1~3분의 '스낵커블' 영상들이 주를 이뤘다. 스낵커블(Snackable) 영상이란 말 그대로 쉽고 빠르게 소비할 수 있는 짤막한 영상을 말한다. 당시 모바일 기기에서 비디오를 재생한다는 획기적인 변화가 다가왔으면서도, 유명 드라마나 영화 같은 '메인' 콘텐츠가 되지 못한 유튜브 영상은 짧고 임팩트 있을수록 SNS로의 공유도 쉽고 더 빠르게 퍼져나갔다. 또한 지금에 비해 모바일 데이터 속도가 느리고, 데이터 이용료도 비쌌던 10년 전의 상황에서는 더욱 스낵커블 영상이 유튜브의 강세였다.

한국에 유튜브의 열풍이 시작되던 2016년도 유튜브에는 숏클립(Short Clip) 영상들이 주를 이뤘다. 숏클립이란 원래는 긴 영상을 짧게 쪼개거나 내용 첨가 없이 짜집기한 영상을 말하는데, 10분 이내의 영상 재생 시간을 갖고 있는 영상들이 좋은 조회수를 받으면서 늘어갔다. 한국에선 〈72초 TV〉의 유행을 시작으로부터 유튜브의 상업적인 가치에 눈을 뜬 국내 업체들이 완성된 형태의 '숏폼' 콘텐츠를 유튜브에 배포하기 시작한다. **숏폼(Short Form) 콘텐츠란 완성된 콘텐츠를 잘라낸 숏클립과 달리, 애초부터 짧은 형태로 제작된 완성형 영상을 말한다.** 이후에 와이낫미디어 같은 웹드라마 프로덕션을 거쳐 현재는 〈연플리〉, 〈에이틴〉을 제작한 플레이리스트 같은 프로덕션에서 높은 퀄리티로 제작한 웹드라마들은 업로드된 영상마다 500만 조회수를 상회할 정도의 높은 기록을 남기면서 엄청난 유행을 만들고 있다. 해당 웹드라마에 출연하기만 해도 무명 배우가 아주 많은 팬덤이 생기는 현상까지 낳는 파급력을 지녔다. 숏폼의 대세는 〈와썹맨〉, 〈워크맨〉 같은 웹 예능 콘텐츠로도 확장되어 왔다. 이러한 숏폼의 열풍은 유튜브라는 플랫폼의 특성이 알고리즘에 의한 영상 추천 방식으로 주로 측정 항목 중에 시청 시간이 긴 영상을 상단에 노출해주기 때문에, 시청자들이 가장 최소의 이탈을 보이면서 동시에 최대의 절대 시청 시간을 갖는 타이밍이 바로 10분 정도의 숏폼 콘텐츠였기 때문이다.

그런데 이러한 '10분 신화'의 숏폼의 대세도 다시 변화하고 있다. 바로 최적의 동영상 시간이 길어지고 있는 것이다. 이젠 15분, 20분 같은 길이의 '미드폼의 콘텐츠'의 영상이 더 조회수가 높은 결과를 보이고 있다. 필자의 경우도 최근 영상에서 500만 조회수 이상의 높은 결과를 가져온 영상들을 보면 딱, 미드폼 콘텐츠의 길이인 13분에서 20분 사이의 영상들이었다. 해당 영상들은 애초에 영상 시간이 길기 때문에 전체 영상에서 시청한 시간의 평균 백분율을 나타내는 '조회율'은 30% 정도로 낮은 편이다. 그러나 영상 자체가 길기 때문에 시청 시간이 30%만 되어도 20분 콘텐츠에 6분이나 시청 시간이 기록된다. 따라서 영상의 조회수당 단가인 CPM도 올라가서 수익도 좋고, 영상이 인기 급상승 탭에 들어가기도 하고, 다른 짧은 길이의 영상에 비해서 종합적으로 좋은 결과를 가져오고 있다. 긴 재생 시간이 조회수에 도움이 된다는 결과가 나오자 〈고몽〉 채널과 콜라보레이션을 진행한 방송사들은 너도나도 긴 영상을 원하게 되었다. 영화에 비해 '스포일러'의 부담이 적은 드라마는 분량이 길기 때문에 초반 1회~4회 정도의 분량을 마음껏 사용해도 좋다는 허가를 받고 사용한다.

그래서 필자가 올린 드라마의 분량은 15~20분에 가까울 정도로 긴 편이다. 시청 시간이 긴 영상을 나열해보자면 〈싸이코메트리 그녀석〉(510만, 17분), 〈나는 길에서 연예인을 주웠다〉(485만, 12분), 〈웰컴2라이프〉(200만, 15분), 〈닥터 프리즈너〉(229만, 17분), 〈tvN 드라마 스테이지〉(166만, 12분)과 같은 조회수가 높은 결과를 가져다주었다. 유튜브의 시작부터 2019년 현재에 이르기까지 알고리즘의 영상 채점 순위가 점점 더 긴 시청 시간에 가산점을 부과하는 듯 보인다. 아무리 좋은 영상도 1분 짜리 영상이라면 20분 짜리 영상의 5%만 감상한 것과 시청 시간이 다를 바가 없다. 유튜브를 메인 미디어 플랫폼으로 삼는 세대가 늘어갈수록, 다년 간에 걸쳐 점진적으로 최적의 영상 길이를 늘리고 있는 것이다. 유튜브는 기본적으로 영상 감상이 무료인 플랫폼이기 때문에 고예산이 투입된 긴 분량의 콘텐츠를 찾아보기 힘들었다. 하지만 유튜브에서도 오리지널을 제작하고, 유튜브 레드 같은 유료 기능을 도입하면서 점차 유튜브의 수익화가 가능한 영역을 개척하고 있는 것으로 보인다. 특히 20분, 30분으로 늘어나는 최적의 영상 시간은 유튜브가 지금의 넷플릭스의 영역까지 확장해가며 비디오 저장 플랫폼의 한계를 넘고 있다. 각각의 크리에이터들이 더욱 좋은 수입을 거두게 되고, 더 높은 퀄리티를 창출해내는 선순환 구조를 만듦으로써 지불 가치가 있는 콘텐츠의 비중을 높이고 현재와 같은 무료 영상 감상과 같은 기조는 유지하면서도 고품질 유료 미드폼 콘텐츠를 늘려가는 다각화 전략을 통해, 유튜브 안에도 하나의 넷플릭스 같은 서비스를 제공하려는 장기적인 유튜브의 생존 전략으로 판단된다.

한국에서만 월간 순 방문객이 2,900만 명에 달하는 유튜브가 이제는 정체될 수밖에 없는 사용자수의 한계를 넘어설 방법은 무엇일까? 가볍게는 인스타그램, 스냅챗 같은 SNS의 영역을 포괄하고 현재의 유튜브의 역할은 더욱 정제하면서 나아가 유튜브가 현재 보유한 넷플릭스와 견줄 수 있는 유통망을 활용, 넷플릭스 오리지널 같은 자체 제작 콘텐츠, 크리에이터들이 민간의 펀딩을 통해 제작한 콘텐츠를 유튜브 레드와 같은 성격으로 맴버십화하여 제공하는 방식으로 수익성을 증대하려는 방향으로 나아가고 있다. 이러한 유튜브가 나아가는 방향에 크리에이터로서 어떠한 역할로 발맞춰 나갈 지는 각자의 판단에 달렸다.

PART **04**

유튜브의 불편한 이야기

알아두어야 할 것과 하지 말아야 할 것

01 유튜브 저작권 가이드

1 콘텐츠 아이디(유튜브의 콘텐츠 관리 시스템 'CMS')

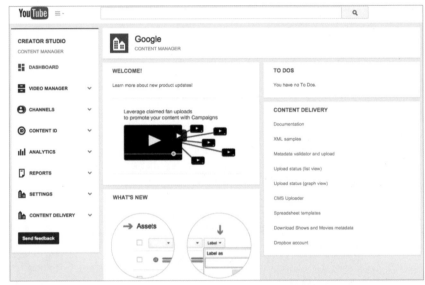

[그림 4-1] CMS 계정

유튜브에서는 콘텐츠에 관한 독점적인 저작권을 가진 채널에게 콘텐츠 관리 시스템인 'CMS'라는 특별한 권한 계정을 부여한다. 콘텐츠 제작자가 CMS 계정에 참조 콘텐츠를 업로드하면 유튜브에서 '저작물'의 상징인 '콘텐츠 아이디(Content ID)'가 생성된다. Content ID는 2007년부터 유튜브가 1억 달러 이상의 투자금을 들여 고안한 저작권 검출 소프트웨어이다. 일종의 지문 검색과 같이 등록된 오디오, 이미지 또는 시청각 콘텐츠의 파형을 식별하여 누군가가 유튜브에 저작물로 등록된 콘텐츠의 일부를 업로드하였거나 변형해서 업로드한 것에 대해 탐지하고 CMS권한을 가진 Content ID 등록자에게 이를 통보해준다. Content ID 정확도는 높은 수준이다. 오디오를 리메이크해서 멜로디를 흉내 내는 것만으로도 저작물 사용을 찾아낼 수 있을 정도다.

CMS 권한을 가진 계정에서는 Content ID에 등록된 콘텐츠가 업로드 되었을 때 이를 자동으로 수익 창출, 차단, 추적할 것인지 선택할 수 있으며, 직접 검토를 통해 확인 후에 이를 결정할 수도 있다. 심한 경우 영상 게시 중단(삭제)을 결정하면 해당 채널에 저작권 경고가 부여되는 치명적인 패널티를 줄 수도 있다. 콘텐츠 아이디에 등록하기 전에 누군가 먼저 콘텐츠를 업로드 했더라도 원저작권자가 사후에 Content ID에 저작물 등록을 하면 최근 업로드 영상과 인기 동영상이 먼저 스캔되고 최대 6개월의 스캔 기간을 거쳐 등록 이전에 업로드된 다른 채널의 콘텐츠까지 식별이 된다. 만약 콘텐츠 관리자에게 라이선스를 얻거나 저작권 사용 허가를 받은 채널을 정기적으로 허용해주려면 해당 채널을 화이트리스트로 등록해서 Content ID의 정책 적용을 열외로 해줄 수 있다.

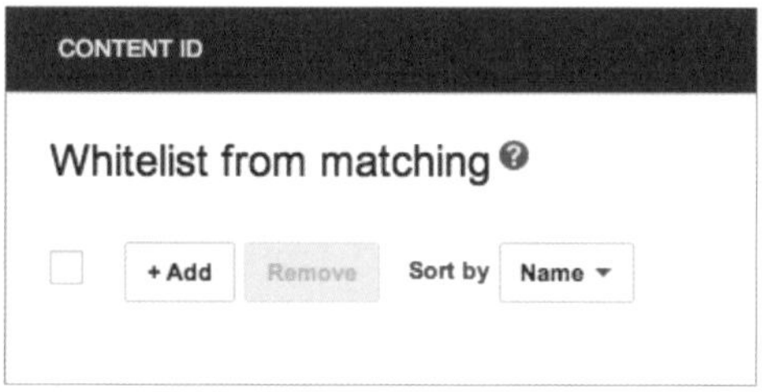

[그림 4-2] 화이트리스트

위에서 언급한 수익 창출, 차단, 추적 정책은 영화의 예를 들면 영화사에서 영화 장면을 몇 초간 사용한 채널에서 해당 영상을 통해 창출하는 수익을 '원작자가 가져갈지', '수익을 공유할지' 업로드 자체를 금지하여 '영상을 차단할지', '아무런 제한 사항 없이 해당 영상의 인사이트 정보만 추적할지'를 정해놓는 '저작권 정책'을 말한다.

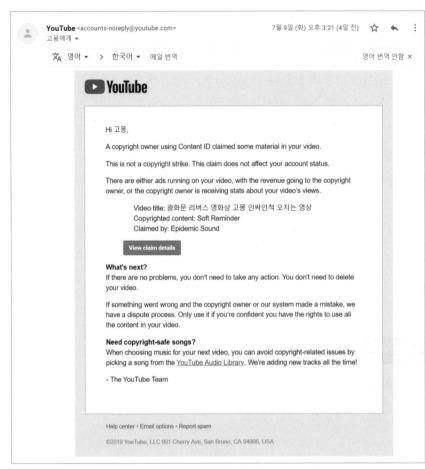

[그림 4-3] 콘텐츠아이디 e메일

　보통 저작권이 포함된 영상을 업로드한 즉시 유튜브에서 e메일 한 통이 도착하고, 해당 메일에는 저작권자의 이름, 사용된 저작물의 이름, 내가 올린 영상의 제목이 표시되어 있고, 메일에 파란색 버튼으로 표시된 View Claim details 를 클릭하면 '저작권 요약 및 상태'를 볼 수 있고, 내가 업로드한 영상의 어느 부분에서 저작권이 문제가 되었는지 정확하게 표시가 된다.

[그림 4-4] 저작권 검출 화면

　물론 모든 부분이 동시에 찾아지는 것이 아니라서 해당 부분을 삭제하고 업로드해도 다른 부분에 저작권 사항이 남아 있다면 또다시 저작권 메일이 오게 된다. 유튜브 시스템의 편법을 막기 위함인지 모든 부분의 저작권 검출 사항은 한 번에 보여주진 않는다. 영상의 경우 해당 부분을 삭제할 순 있지만 현재 유튜브의 영상 삭제 기능이 원활하지 못하므로 추천하지 않고 문제가 된 장면이 있다면 편집으로 삭제 후에 재업로드를 권한다. 음원의 경우는 유튜브 시스템 자체에서 해당 음원만 삭제나 변경이 원활하게 가능하다. 음원이 저작권에 걸릴 경우 노래 음소거 기능을 사용하면 Content ID 소유권 주장이 철회되면서 다시 수익 창출이 가능해진다.

[그림 4-5] 저작권 노래 음소거

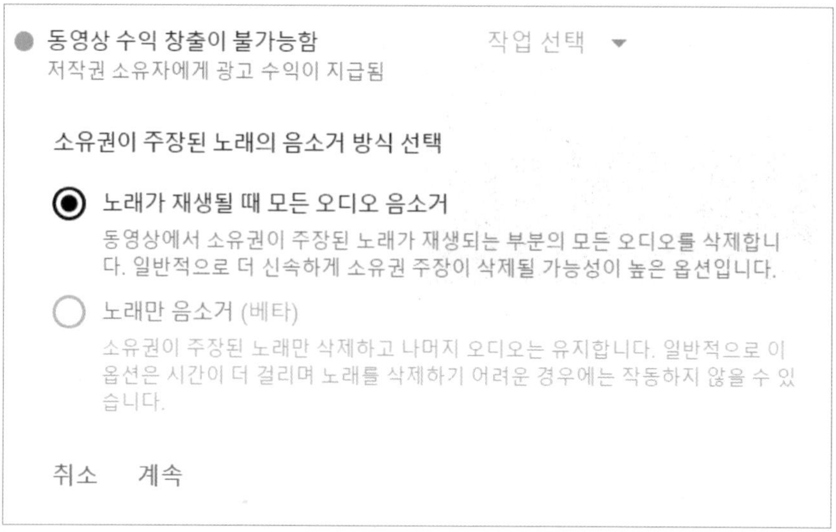

● 동영상 수익 창출이 불가능함   작업 선택 ▼
저작권 소유자에게 광고 수익이 지급됨

소유권이 주장된 노래의 음소거 방식 선택

◉ 노래가 재생될 때 모든 오디오 음소거
동영상에서 소유권이 주장된 노래가 재생되는 부분의 모든 오디오를 삭제합니다. 일반적으로 더 신속하게 소유권 주장이 삭제될 가능성이 높은 옵션입니다.

○ 노래만 음소거 (베타)
소유권이 주장된 노래만 삭제하고 나머지 오디오는 유지합니다. 일반적으로 이 옵션은 시간이 더 걸리며 노래를 삭제하기 어려운 경우에는 작동하지 않을 수 있습니다.

취소   계속

[그림 4-6] 소유권이 주장된 노래의 음소거 방식 선택

② 소유권 주장에 대한 이의 제기

나는 영화 기반 유튜브를 운영하기 때문에 지난 3년간 영화 배급사로부터 상당한 소유권 주장을 접해왔다. 그중 대다수는 소유권 주장이 취소되거나 수익 창출을 허가해주는 방향으로 해결이 되었는데 이는 해당 유튜브 영상이 영화 배급사와 사전에 협의된 콘텐츠였기에 가능한 일이었다. 유튜브에서 원저작자가 존재하는 콘텐츠를 사용한 영상을 업로드하기 위해서는 원저작자에게 허가를 받아야 한다. 하지만 진짜 문제는 원저작자의 허가를 받은 상황에서도 콘텐츠 아이디 시스템에 의해 자동으로 영상이 차단되거나 수익을 가져가는 상황이 발생한다는 것이다. 저작권 소유는 매우 복잡하다. 가장 복잡한 영화의 예를 들면, 영화를 실질적으로 만든 사람은 영화를 연출한 '감독'이다. 그러나 독립영화가 아닌 이상에야 상업영화가 감독에게 소유권이 있는 경우는 드물고, 대부분 CJ, 쇼박스, 롯데, 넥스트엔터테인먼트월드 같은 영화사가 저작권을 보유하고 있으며, 영화를 투자받아서 실질적으로 만들어낸 제작사가 갖고 있기도 하다.

그렇다면 이런 영화사들에 허가를 받으면 즉시 저작권이 허가될까? 아니다. '저작권'의 개념 안에는 '판권'이라는 것이 존재한다. 판권은 쉽게 말해 팔 수 있는 권리

이며, 저작권을 가진 사람과 계약하여 그 저작물의 이용, 복제, 판매 등에 따른 이익을 독점할 권리를 말한다. 저작권자는 자신의 저작물에 대한 권리는 그대로 유지하면서, 이를 통해 수익을 내는 방안으로 계약을 통해 판권을 위임하는데, 영화의 경우 영화사가 저작권자라면 이를 배급하고 유통하는 회사가 판권사가 된다. 한국에서는 KTH같은 회사가 가장 많은 영화 판권을 가지고 있고 CJ에서도 상당한 판권을 갖고 있다. 판권은 단계별로 판권, 1차 판권, 2차 판권, 부가 판권 등이 존재한다. 극장에서 개봉해서 판매를 하는 것을 판권, '1차 판권'으로 표현한다면, 개봉 이후에 DVD, VOD, IPTV, 같은 서비스를 제공하는 주체를 '2차 판권자' 또는 그 권리를 '부가 판권'이라고 부른다.

2차 판권을 가진 자는 보통 유튜브에 업로드할 권리도 갖게 된다. 신작 영화 개봉 중에는 영화사에서 등록해놓은 경우도 있고, 국내작의 경우 대부분 2차 판권자들이 Content ID를 등록해 놓기 때문에 한국 영화를 유튜브에 업로드할 경우 국내 배급사들의 이름이 보인다. 외국 영화의 경우 소니, 워너브라더스, 디즈니, 토호, 같은 영화사에서 Content ID에 영화를 등록해 놓는 경우가 많다. 결론적으로 〈고몽〉 유튜브에 A영화 리뷰를 업로드하기를 원하는 저작권자가 있다고 가정했을 때 저작권자 본인이 A영화의 유튜브 Content ID를 등록해놨다면 직접 사용 허가를 해줄 수 있고, 저작권자가 판권사에게 유튜브 Content ID 관리를 위임했다면 판권자에게 요청해서 고몽이 유튜브에 올린 해당 영화 사용을 허가해줄 수 있다는 것이다. 또한 부가 판권자가 홍보를 위해 유튜브에 업로드된 영상 사용을 허가해줄 필요가 있을 때 자체적으로 원저작권자에게 위임받은 판권 권한에 따라 유튜브 업로드를 허가해줄 수 있다는 것이다.

이렇게 장황하게 저작권과 판권의 구조를 설명한 이유는 그보다 복잡하게 유튜브 상에서의 판권자들이 복잡하게 얽혀있고 단순히 국내의 문제 뿐만 아니라 세계의 국가적 경계에 따라 판권이 종속되기 때문이다. 쉽게 말해 한국 내에서는 허가받은 콘텐츠 일지라도 그 판권을 다른 나라에 판매했을 때 해당 국가에서 해당 판권을 구입한 배급사가 또다시 Content ID 시스템에 자신들의 영화라고 등록해 놓은 경우가 비일비재하기 때문이다. 이럴 경우 한국에서 제작한 영화를 한국 영화사와 한국 배급사의 요청으로 만들고 모든 유튜브 업로드에 관한 권리를 계약서를 통해서 허가받았어도 사후에 국외의 엄한 VOD업체에 의해서 저작권 경고를 받기도 한다.

　실제 그런 억울한 경우가 필자에게도 있었다. 한국 영화 중 〈물괴〉라는 영화를 배급사와 콜라보 콘텐츠로 제작해서 사전 프리뷰 영상을 올렸는데, 극장에서 내려오고 수개월이 지난 어느 날 갑자기 인도의 한 업체로부터 저작권 경고를 받게 된 것이다. 판권자는 아주 쉽게 저작권 경고로 채널을 날려버릴 수 있지만 저작권 경고를 받은 채널은 합법적으로 영상을 사용하였음에도 이를 증빙하기 위해 계약서를 해당 언어로 번역까지 해야 하는 수고를 감내해야 한다. 필자의 경우 인도의 VOD 업체의 비협조적인 태도로 인해 국내 영화 제작사에서 영어로 번역되고 인장까지 찍은 계약서를 첨부한 이후 한참 지난 뒤에야 저작권 경고를 철회받을 수 있었다.

I am the Korean movie YouTube Gomong. AEON asked me to delete my monster movie 조선에 나타난 몬스터_물괴. This is a commercial advertisement for Korean movie. It's a video made by a film company and a distributor who asked me to promote, and I've been granted all copyrights. I've also been granted full copyright permission to upload YouTube. The film company will be contacted. I checked with the manufacturer and distributor and they said they never gave AEON the copyright. We'll take legal action if we don't withdraw the strike.

저는 한국의 영화 유튜버 고몽입니다 AEON 에서 저의 물괴영화 삭제를 요청하셨는데, 이 영상은 한국영화 상업적 광고입니다. 영화사와 배급사가 저에게 홍보를 의뢰하여서 만든 영상이고 모든 저작권을 허용받았습니다. 또한 유튜브 업로드 저작권 허가를 모두 받았습니다. 영화사와 배급사에 모두 문의해보니 저작권을 AEON에 준적없다고 합니다. 스트라이크 철회하지 않을 시 법적 대응하겠습니다 철회하십쇼

[그림 4-7] 저작권 경고에 대응하는 이메일

Aeon Action Dhamaka
나에게 ▾

FIRST of all you cannot threaten us ,
secondly we have copyright for all videos we put claims on ,
send us your link , we will recheck

if you have permission to use the video send us the producers authorisation

[그림 4-8] 인도의 VOD 업체에서 온 답장

　한국 영화를 한국 제작사와 한국 배급사와 협의한 이후에 해당 영화의 프로모션을 위해 사용하였음에도 도대체 외국의 한 VOD업체가 어떻게 해당 영상 게시 중단 이후에 저작권 경고까지 하는지 상식적으로 납득이 되지 않는다. 왜냐하면 해당 업체는 해당 국경 내에서만 해당되는 판권을 가지고 있고 해당 국경 내에서 영상 게시를 원치 않을 경우 영상을 국가별로 '차단'하는 권한 기능도 존재하기 때문이다. 이처럼 확인되지 않는 사항에 대하여 무소불위의 권력을 휘두르는 일을 예방하기 위해 이의 제기 기능이 존재한다. 무분별한 권한을 남용하는 저작권자들에게는 해

당 권한이 취소, 회수되기도 한다. 또 유튜브에서 해결되지 않고 상호 간에 불복하게 되면, 미 연방법원에 제소해야 하므로 상호 간에 상당한 부담감이 있다.

[그림 4-9] 저작권 경고 철회 메시지

저작권 경고는 유튜브에서 받을 수 있는 최고 수준의 패널티 중 하나로 3개를 받게 되면 유튜브 채널 계정이 영구히 사라지게 된다. 모든 저작권을 저작자와 판권자에게 허가를 받고 제작한 영상도 이렇게 국경이 넘어가게 되면 저작권에 불이익을 받게 되는 게 바로 유튜브이다. 유튜브는 전 세계 언제 어디서든 볼 수 있는 세계 최대의 미디어 플랫폼이기 때문이다. 따라서 유튜브에는 강력한 저작권 보호도구만큼이나 억울한 사연이 많이 발생하고 이에 대비해 이의 제기라는 기능을 만들었다.

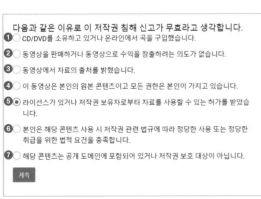

[그림 4-10] 저작권 이의 제기

이의 제기를 하기 위해선 [그림 4-10]의 7가지 중 무효 사유에 해당하는 조건이 있어야 한다. 물론 해당 내용은 약간의 페이크가 포함되어 있다.

[그림 4-10]의 내용에서 ❶번처럼 콘텐츠를 구입했다고 해서 저작권이 허가되는 것은 아니다.

❷번처럼 동영상의 수익 창출을 하지 않아도, 유튜브에 업로드한 것은 법적으로 배포에 해당되어서 저작권자의 허가가 필요하다.

❸번처럼 출처를 밝혀도 저작권의 허가와는 상관없다.

❶, ❷, ❸번은 선택한 경우 저작권자에게 이의 제기 메시지가 가지도 않고, 유튜브에서 이의 제기가 거절당할 가능성이 매우 높다.

❹번의 경우는 사실이라면 당연하게도 소유권을 주장한 대상과 분쟁이 발생하거나, 당사자들 간의 원만한 합의로 해결될 가능성이 높다.

❺번 '라이선스가 있거나 저작권 보유자로부터 자료를 사용할 수 있는 허가를 받았습니다.' 경우가 저작권자들이 이의 제기를 받아들여줄 가능성이 높은 선택지이다. 따라서 ❺번을 선택하고 소유권을 주장한 대상에게 이의 제기를 하면 소유권 주장한 측에서 이를 판단하고 제기를 철회하거나 이를 계속 유지하게 된다.

❻번의 경우는 저작권자 마다 다른 정책을 취하는데 이는 '공정 사용'에 관한 이야기이다. 비평, 논평, 시사 보도, 교육, 연구 또는 조사의 목적으로 해당 저작물을 사용한 경우 저작권자의 허락을 받지 않고 저작물의 복제를 허용하기도 하지만 유튜브 내에서는 공정 사용법 위에 저작권법이 존재하기 때문에 저작권자가 원치 않는다면 공정 사용법에 상관없이 해당 저작물에 대한 처분을 할 수 있다.

마지막 ❼번의 '해당 콘텐츠는 공개 도메인에 포함되어 있거나 저작권 보호 대상이 아닙니다.'의 경우 '크리에이티브 커먼즈 라이선스'를 뜻하는 'CCL'에 관한 이야기로, 특정 조건을 지키면 영상의 배포를 허락한다는 원작자의 사용 허가가 내려진 저작물이다. 조건의 경우에는 '저작자 표시', '비영리', '변경 금지', '동일 조건 변경 허락'과 같은 내용들이 있는데 이러한 공개된 저작물을 누군가 자신의 저작물로 주장하는 경우도 발생하기 때문에 ❼번과 같은 이의 제기 조건이 존재한다.

이외에도 저작권자가 아닌 자가 불순한 의도로 허위 신고를 하는 경우도 발생하는데 이럴 경우 유튜브에서는 해당 계정에 콘텐츠 관리에 관한 권한에 패널티를 가하거나 회수하는 경우도 있으며, 일반 크리에이터 채널 간의 허위 신고의 경우 유튜브의 판정으로 해결이 되지 않을 경우 미 연방법원에 직접 항소해야하는 해결되는 상황으로까지 이어지게 된다.

필자의 경험상 '공정 사용'을 기반으로 소유권 주장한 자에게 이의 제기한 경우는 저작권자마다 입장이 상이하다. 배급사의 정당한 허가를 받고 사용한 영화 영상에 대해서는 대부분 소유권 주장이 철회되고 자유로운 영상 사용이 가능했다. 물론, 허가를 받았음에도 소유권 주장이 철회되지 않고 영상의 사용이 허가되지 않는 경우도 있다.

[그림 4-11] 이의 제기 신행 중

필자가 겪은 경우는 외국에서 제작한 영화인데, 국내로 들여온 수입사와 배급사에서는 유튜브에 프리뷰용 영상 업로드를 허가하였으나 영화사와 수입사의 소통 문제로 본사의 유튜브 관리자가 영상의 공식 사용에 대한 이의 제기를 받아들이지 않는 경우이다. 이런 경우 이의 제기에 대해서 거절하게 되면 다시 항소가 가능한데, 그 경우 법정으로 가게 된다. 대다수의 크리에이터들은 거절당한 이후에 해결을 포기한다. 그 과정이 험난하고 손해가 막심하기 때문이다. 물론 저작권 이의 제기가 진행 중인 동안에는 영상 차단이 해제되고 공개가 되며 해당 기간 동안의 광고가 게재되며, 수익 창출이 된다. 이후에 이의 제기 결과가 정해지면, 정당한 수익의 주인에게 배분된다. 만약 이의 제기가 받아들여질 경우 해당 영상의 수익을 모두 돌려받을 수 있다. 또 '일사부재리'의 원칙으로 한 번 영상에 대해서 이의 제기를 받아들이면, 이후에 같은 영상에 대해서 같은 저작권자가 소유권 주장을 할 수 없다. 저작권자의 번복으로 인한 크리에이터의 피해를 막는다는 취지이다.

PART 04

③ 공정 사용

① 공정 사용 가이드라인(Fair use guidelines)

http://bitly.kr/l4tFqZ
〈공정 사용이란 무엇인가?〉

저작권 소유자의 허가 없이 자료를 사용할 수 있는 경우에 대한 기준은 국가별로 다르다. 예를 들어 미국에서는 논평, 비평, 연구, 교육 또는 뉴스 보도에 활용할 경우 공정 사용으로 간주될 수 있다. 일부 다른 국가에도 유사한 개념이 있으며 적용 방법은 다를 수 있다. 공정 사용법은 저작권자들의 권한에 대응할 수 있는 거의 유일한 법이지만, 유튜브는 공정 사용에 대한 판단을 하지 않으며, 이에 관해서는 저작권자에게 모든 결정권을 일임하였기 때문에, 기본적으로 유튜브 내에서 공정 사용법이 완벽하게 크리에이터를 지켜주진 못한다. 유튜브가 선정한 명백하게 공정 사용을 지키는 영상의 극소수가 보호를 받을 수 있다. 특히 대다수의 크리에이터에게 영향을 줄 수 있는 공정 사용 사례에 대하여 게시 중단을 할 경우 유튜브는 이를 경계하는 입장을 취하고, 미국 내에서의 경우이지만, 소송비 100만 달러는 지원한다는 입장도 밝혔다. 공정 사용의 모범 사례로 선정되는 경우를 제외하고 저작권의 문제가 유튜브 밖으로 나가 법원에 도달하였을 때는 분명 공정 사용에 관해서 크리에이터를 변호해주는 원칙이 되기 때문에, 영상의 저작물이 포함되고 저작권자의 허가를 받지 못했다면 반드시 공정 사용의 4가지 요소를 참고하길 바란다. 결국 모든 결정은 판사가 한다.

② 공정 사용의 4가지 요소

공정 사용법은 미국 법에 기인한다. 미국에서는 판사가 공정 사용의 각 4가지 요소가 사건에 어떻게 적용되는지 분석하여 공정 사용 여부를 판단한다.

① 이용 목적 및 특성

일반적으로 법정에서는 사용이 '변형 목적인지' 여부에 초점을 맞춘다. 다시 말해 원본에 새로운 표현이나 의미를 추가했는지 아니면 원본을 베낀 것에 불과한지 여부를 파악한다. 상업적 용도의 경우 동영상으로 수익을 창출하고 공정 사용 항변이 가능하지만 공정한 것으로 간주되는 경우는 많지 않다. 즉, 영상이 상업적이고 수익 창출을 해도 공정 사용으로 인정받을 수는 있지만, 원본에 새로운 가치를 부여하여 창작의 가치에 입각해야 한다는 것이다. 2차 창작이란 말처럼, 단순히 '표절',

'짜집기'에서 멈추면 안 된다는 것이다. 최근 짜집기 채널들이 유튜브에서 수익 창출 정지를 받는 사례들이 속출하고 있는데, 이는 대부분의 짜집기 이슈 채널들이 사용한 짤들 때문이다. 원작자가 불분명한 여러 가지의 영상을 허가받지 않은 상태에서, 사용하면서 새로운 해석과 가치를 더하지 않고 섞게 되면 공정 사용법을 적용받지도 않을뿐더러 단순한 '복제'로 판정되기 때문이다. 이 항목은 상업적 용도인지 또는 비영리 교육용인지 여부를 포함한다.

② 저작물의 성격

대체로 사실에 입각한 저작물에 있는 자료를 사용하는 것이 전적으로 허구적인 저작물을 사용하는 경우보다 공정한 것으로 간주된다. 역사 사실을 다루거나 기사 같은 실제 존재하는 것보다 창작자의 완전한 저작물이라고 판단할 수 있는 순수 창작 음악, 예술, 문학, 영상과 같은 것들에 대해서는 공정 사용보다 저작권이 중요시될 수 있다는 것으로 판단된다.

③ 저작물 전체 대비 실제 사용된 양 및 규모

원본 저작물의 자료 소량을 차용하는 것이 대량 차용하는 경우보다 공정한 것으로 간주될 가능성이 높다. 하지만 상황에 따라 저작물의 '핵심'을 구성하는 자료의 경우 일부만 차용하더라도 공정 사용에 반하는 것으로 판단될 수 있다. 이를 영화에 적용해 보면, 영화가 2시간 분량인데 이 중에서 10분을 사용하는 것과 30분을 사용하는 것 중에 10분을 사용하는 게 더 소량을 사용했기 때문에 더 유리하며 영화의 경우 '핵심'적인 내용, 즉 스포 같은 것에 대해서는 공정 사용을 적용받기 힘들다는 것이다. 하지만 이 모든 내용들은 저작권자의 허가를 받으면 모두 해당되지 않는 경우이다. 허가를 받으면 스포를 하던 30분을 업로드하던 문제되지 않는다.

④ 해당 사용이 저작물의 잠재 시장이나 저작물의 가치에 미치는 영향

사용 시 원본 저작물로부터 이익을 취할 수 있는 저작권 소유자에게 피해를 주는 경우 공정 사용으로 간주될 가능성이 낮아진다. 즉 원저작자에게 금전적 손해를 가게 하거나 이미지 상의 부정적인 영향을 끼칠 수 있는 행위들은 공정 사용을 적용받기 힘들다는 것이다. 물론 패러디와 관련된 소송의 경우 법정에서 이 요소에 대해

예외를 적용한 사례가 존재한다.

📖 공정사용에 대한 4가지 오해

공정 사용에 대해 잘못 알려진 사실이 있는데, 몇 가지 문구만 적어둔다고 해서 자동으로 공정 사용이 되지 않는다는 것이다. 소유하지 않은 저작권 보호 자료를 사용할 때는 공정 사용으로 보호받을 수 있다고 보장하는 특별한 방법은 없다. 법정에서는 위에서 설명한 4가지 요소를 모두 고려하여 사례별로 판결을 내린다. 아래 내용은 공정 사용에 관한 빈도 높은 오해들이다.

· 오해 1

저작권 소유자를 밝힐 경우 자동으로 공정 사용이 적용된다?

앞서 설명한 대로 '변형성'에 대한 여부는 공정 사용 판단에서 중요한 역할을 한다. 저작권 보호를 받는 동영상의 소유자를 밝히더라도 원본 자료를 변형하지 않은 복사본에는 공정 사용이 적용되지 않는다. '모든 권리는 작성자에게 있음'이나 '다른 사용자의 자료'와 같은 표현을 사용한다고 해서 자료를 공정 사용할 수 있다거나 저작권 소유자의 허락을 받았다는 것을 의미하지 않는다.

· 오해 2

내 동영상에 면책 조항을 게시할 경우 공정 사용이 적용된다?

공정 사용에 대한 '마법의 주문'은 없다. 동영상에 공정 사용의 4가지 요소를 게시하거나 '저작권 침해 의도 없음'과 같은 표현을 포함하더라도 저작권 침해 주장을 받을 수 있다.

· 오해 3

'오락' 또는 '비영리' 용도로 사용하면 자동으로 공정 사용이 적용된다?

법정에서 공정 여부를 파악할 때 사용 목적을 신중하게 살펴보지만 나머지 3가지 요소도 조사한다. 예를 들어 동영상을 업로드할 때 '오락용'이라고 주장하더라도 공정 사용의 여부를 결정하지 못한다. 마찬가지로 '비영리' 사용의 경우 공정 사용을 판단할 때 유리할 수는 있지만 그 자체만으로 보호받지는 못한다.

· 오해 4

다른 사용자의 저작권 보호 동영상에 내가 만든 원본 자료를 추가하는 경우 공정 사용이 적용된다?

다른 사용자의 콘텐츠에 자신의 자료를 조금 추가했더라도 원본에 새로운 표현이나 의미, 메시지를 추가하지 않은 경우 공정 사용의 보호를 받을 수 없다. 여기에서 설명한 다른 모든 사례와 마찬가지로 법정에서는 사용된 원본의 분량을 비롯하여 공정 사용의 4가지 요소를 모두 고려하여 판단한다.

④ 분야별 저작권 피라미드

저작물의 분류를 쉽게 이해하기 위해 만들어본 저작권의 단계

① 1차 저작물

직접 촬영하고, 상표, 특허, 저작권, 퍼블리시티권, 판권이 있는 개체를 사용하지 않고 만들어낸 오리지널 콘텐츠, 또는 그 권리의 일체를 양도받아 만들어진 영상.

예 자신이 작곡한 곡을 연주, 직접 촬영한 브이로그, 실험, 먹방, 쿡방, 메이크업, 키즈, 장난감

② 1.5차 저작물

크리에이터 자신을 주체적으로 촬영하고 직접 제작하면서 1차 저작물이 등장하거나 부분적으로 이용하여 만들어지는 콘텐츠. 저작권자의 허가받지 않고 공정 사용만 시켜도 거의 문제가 되지 않는 경우 저작물은 영상과 이미지 음악뿐 아니라 완성된 개체나 심지어 사람에게 존재하는 초상권이나 퍼블리시티권도 포함하기 때문에 밀폐된 장소에서 허가된 것만 촬영하는 것이 아니라면 1.5차 저작물로 분류할 수 있다.

예 얼굴이나 목소리가 등장하며 플레이를 직접 하는 게이머, 커버곡 연주, 댄스, IT 기기 리뷰어, 맛집 리뷰, 인터뷰

③ 2차 저작물

1차 저작물이 없이는 만들어질 수 없는, 파생 콘텐츠나 1차 저작물에 새로운 가치와 의미, 해석을 부여하여 만들어낸 부가 콘텐츠

예 영화 리뷰, 플레이하지 않고 게임의 스토리나 설정을 소개하는 리뷰, 사실에 입각한 뉴스 (직접 촬영하지 않은)

④ 3차 저작물

1차 저작물과 2차 저작물들을 가공하고 재편집하여 만들어낸 짜집기 콘텐츠, 새로운 가치와 의미, 해석을 부여하기보단 해설을 통해 정리하고 소개하는 콘텐츠

예 뉴스, 이슈, 랭킹, 카톡썰

- 3차로 갈수록 진입장벽이 낮다(1차에 가까워질수록 전문성이 중요함).

- 3차로 갈수록 저작권에 대한 고려사항이 많아진다(1차는 저작자는 저작권을 보유하게 된다).

- 3차로 갈수록 작업에서 편집의 비중이 커진다(1차는 촬영의 비중이 높다).

- 3차로 갈수록 유튜브에서의 생존이 어렵다.

- 최근 들어 한국에서 많이 생기는 건 3차 카테고리 채널들이 많이 생김.

마치 산업분류에서 1차 산업, 2차 산업, 3차 산업(서비스), 4차 산업으로 향하고 있는 것처럼 유튜브의 채널 트렌드도 계속해서 세분화되고 있다.

④ 저작권 경고 : 게시 중단

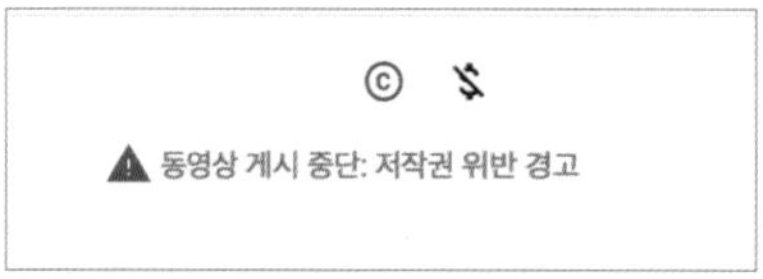

[그림 4-12] 저작권 위반 경고 표시

저작권 경고는 모든 유튜버들이 두려워하는 유튜브 세계의 징벌 제도이다. 각 경고는 저작권 학교라는 유튜브에서 제공한 동영상 교육 자료를 수료하면 90일 지난 후에 소멸한다. 그러나 90일 안에 경고를 3개 누적해서 받으면 계정 및 계정과 연결된 모든 채널이 해지될 수 있으며 계정에 업로드된 모든 동영상이 삭제되고 새로운 채널을 만들 수 없게 된다. 해당 계정으로는 유튜브 땅에 발을 못 붙이게 한다는 뜻이다. 저작권 경고는 해당 영상을 삭제해도 사라지지 않는다. 물론, 삭제 시도도 할 수 없다. 이미 게시 중단이 되어서 비록 내가 업로드한 영상이라 해도 설정 화면을 열어볼 수 없기 때문이다. 1장에서 설명한 Content ID 소유권 주장을 당한다고 해서 경고가 주어지진 않는다. 경고는 완전하고 유효한 법적 요청에 따라 직접적으로 경고를 원하는 저작권자에 의해 주어지기 때문이다. 영상을 전 세계적으로 차단할 수 있음에도 게시 중단을 요청하여 해당 업로드 채널에 경고를 준다는 것은 저작권자가 주는 징벌의 의미도 있다. 무엇보다 게시 중단 신청은 매우 번거롭다. 차단이 아닌 게시 중단을 요청한다는 것은 영상 게시에 대한 엄벌, 보복의 의미도 있다. 유튜브는 자사가 완전하게 공신하는 저작권 콘텐츠 보유자들에게 저작권 경고에 대한 권한을 위임하였으며, CMS 계정이 아닌 일반 크리에이터들도 자신의 콘텐츠를 도용했다고 생각하면, 저작권 신고를 통해 도용 채널에 게시 중단과 저작권 경고를 받게 할 수 있다. 물론 허위 신고 시 허위 신고 채널 계정이 해지될 수 있다.

[그림 4-13] 정상적인 채널 상태

정상적인 채널의 상태는 [그림 4-13]과 같이, 초록색 표시에 유튜브 사각형 안에 스마일 표시가 있다.

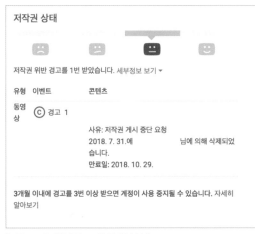

[그림 4-14] 저작권 경고 1회 시 채널 상태

저작권 경고를 1회 받게 되면 [그림 4-14]와 같이 채널의 상태 색상이 연두색으로 바뀌며, 표정이 무표정으로 바뀌게 된다.

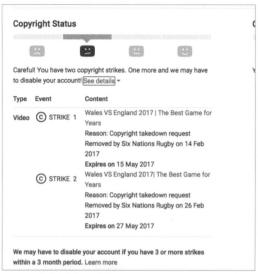

[그림 4-15] 저작권 경고 2회 시

저작권 경고를 2회 받으면 [그림 4-15]와 같이 주황색에 썩소를 짓고 있는 표정으로 변하며, 저작권 경고 사항이 표시된다. 커뮤니티 경고와는 다르게 저작권 경고를 2회 받는다고 해서 동영상 업로드가 제한되거나 노출에 불이익이 따르진 않는다. 다만 수익 창출 신청 중이라면 수익 창출이 보류될 수 있다.

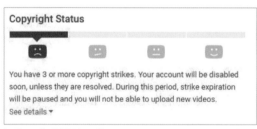

[그림 4-16] 저작권 경고 3회

최악의 상황인 저작권 경고를 3회 받게 되면, 7일 간의 유예 기간이 생기게 되는데 이 7일 안에 저작권 문제를 해결하지 못하면 영구적으로 채널이 사라진다. 7일 안에 3회 중 하나의 저작권 경고라도 철회받게 되면 채널 삭제를 막을 수 있다. 구글 출신 관계자에 따르면 저작권 경고를 받고 7일이 지난 뒤에 철회할 경우 공식적으로는 채널을 살릴 수 없지만, 경고를 준 쪽의 착오나 실수가 밝혀지면 가까운 시일 내라면 7일이 지나도 기술적으로 채널 복구는 가능하다고 한다. 그러나 이례적인 경우일 뿐이다. 이 내용은 공개적으로 게시된 곳은 없지만 내 주변 유튜버 중 하루에 저작권 경고를 8개의 영상을 게시 중단 요청 받은 채널의 경우 8개의 영상에 대해서 2개의 경고만 받았던 일이 있다. 8개의 경고를 줬던 회사가 다 같은 곳이었고, 8개의 영상을 묶어서 신고했던 탓인지 2개로 그쳐 채널 삭제를 면할 수 있었다. 또 다른 경우도 5개의 영상에 게시 중단 요청을 받는데, 이에 대해 저작권 경고를 2개 받아서 채널이 삭제되지 않았다. 한 번에 경고를 3개 이상 받는 경우도 있었다. 2018년 9월 27일, 70만 구독자를 보유하고 13년간 방송을 했던 한 인기 크리에이터가 2년 전에 올렸던 〈도라에몽: 노비타의 바이오 하자드〉라는 게임으로 인해 저작권 경고를 14개 받고 채널이 삭제당했다. 단 한 개의 게임이었지만 이 영상을 여러 개로 쪼개서 올리는 게임 유튜버의 특성상 영상 단위로 모두 게시 중단 요청을 받았고 그로 인해 저작권 경고 3회 이상 누적으로 채널이 삭제된 것이다. 경고 3회 제도가 있지만 여러 영상으로 인해 3회 누적을 한 번에 받는다면 경고의 의미 없이 수년간 힘들게 키워왔던 채널이 날아가 버릴 수 있는 것이다.

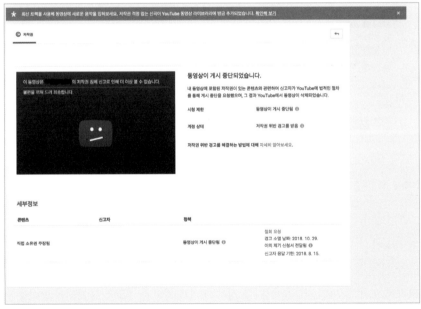

[그림 4-17] 게시 중단

경고를 받게 되면 이의 제기가 가능하다. [그림 4-17]은 저작권 경고를 받았을 때 상세 정보를 볼 수 있는 화면인데, 화면 우측 하단의 파란색 '철회 요청'이란 링크를 눌러도 철회 요청이 가능한 화면으로 이어지진 않는다. 그냥 도움말이 나올 뿐이다. 실제 연락은 신고자 이름 밑에 쓰여 있는 e메일 주소로 자발적 철회 요청을 할 수 있으며, 철회 요청 밑에 '이의 제기' 링크를 통해 진행할 수 있다.

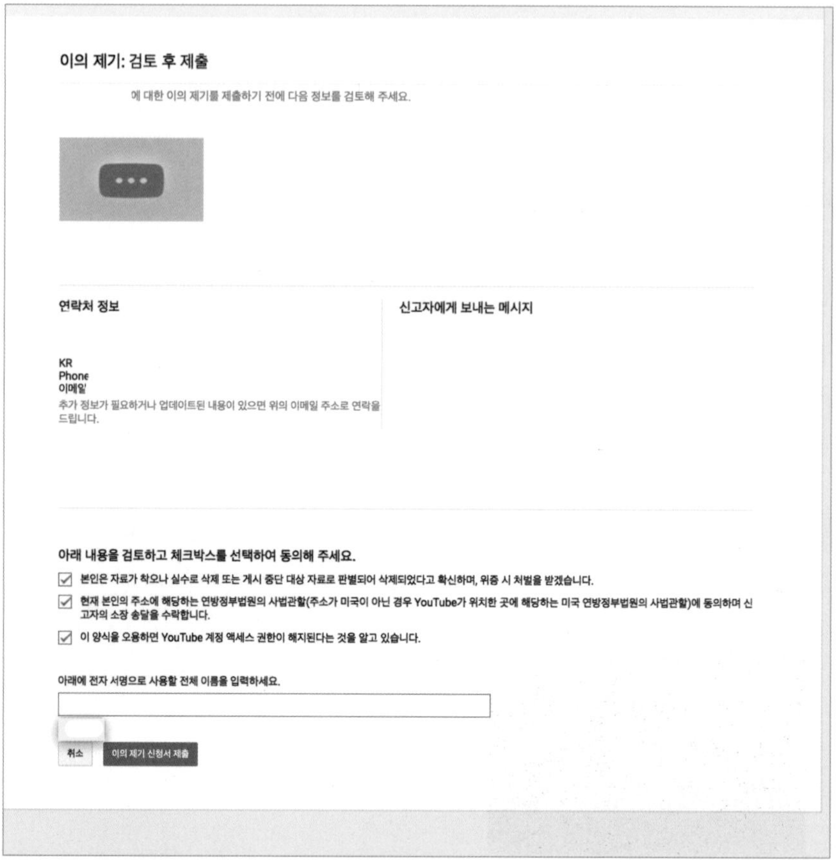

[그림 4-18] 저작권 경고 이의 제기

저작권 경고에 대해 이의 제기를 할 수 있는 사항은 저작권 위반 사항에 착오나 실수로 게시 중단되었다거나 명백히 공정 사용법을 준수 했을 때 제기할 수 있다. 만약 이의 제기를 했는데, 30일 동안 상대측에서 답변을 보류하게 되면 저작권 경고가 말소된다. 이의 제기를 기각할 경우 그대로 저작권 경고가 유지되며 받아들일 경우에도 즉각 경고가 말소된다. 서구권 국가의 경우 대체적으로 저작권 경고를 쉽게 주지 않고, 이의 신청 또는 e메일로 연락을 했을 때 소통과 합의가 되는 반면, 일본의 경우 자국의 저작권 사용에 매우 엄격한 잣대를 보이는데 보통은 대표 메일로 연락을 해도 답변이 없는 경우가 많고, 연락이 되더라도 기존의 입장을 고수하고 합의가 되지 않는다. 한 크리에이터의 경우 일본으로부터 저작권 경고를 받아 채널 삭제의 위기에 처하자 소속 MCN과 함께 일본으로 가 해당 업체를 방문하였으나 면전에서 거절당했다고 한다. 나의 경우 총 2차례 저작권 경고를 받아본 적이 있다. 한번은 국내 영화 제작사와 협의된 정당한 저작권 사용에 대하여, 외국의 판권사가 확인도 하지 않고, 게시 중단을 요청하고 이에 저작권 경고를 받았다가 적극적 항의와 자료 제공으로 경고를 철회한 경우이고 또 다른 경우는 일본 영화를 다뤘던 경우였다. 국내 배급, 수입사와는 건너 연락이 닿기 때문에 해당 영화의 수입사에서 일본 측에 연락을 보냈지만 답변만 한 달이 넘게 걸렸고 온 답변 조차 소통이 되지 않는 경우였다. 수입사의 사후 허가를 받았지만 사전 허가를 받았더라도 일본 측에서는 영화사 외에 VOD 배급사에서 저작권을 별도로 엄격하게 관리하기 때문에 어차피 받을 경고였다. 해당 경고는 이의 제기가 받아들여져 철회가 되었지만 이에 대해 상대가 기각하고 나 역시 불복한다면 소송전으로 옮겨 붙을 뻔한 사건들이다. 나 이외에도 철회를 받아들인 경우는 해당 e메일로 연락이 되었고 자발적인 삭제를 약속한 이후에 해당 업체에서 경고를 소멸시켜준 경우였다. 물론 해당 경고를 한 번 철회하게 되면 해당 업체에서는 다시 경고를 줄 수 없기 때문에 업체에서도 신중할 수밖에 없다. 저작권 경고에 대해서 유튜브 측은 일체 간섭을 하지 않는다. 저작권은 엄연히 유튜브의 문제가 아닌, 제3자 간의 '민사'라고 할 수 있기 때문이다. 전 세계적으로 유튜브 사용자가 늘고 이에 따른 저작물과 저작권 사용 사례가 폭증하면서 저작권 경고의 문제가 함께 커지고 있다.

⑥ 저작권 해결법

지금껏 나에게 가장 많이 오는 e메일 내용은 저작권으로 인해 유튜브에서 영화 리뷰를 하기 힘들다는 내용이다. 그리고 그에 대한 해결법을 알려달라는 내용이다. 결론부터 말하자면, 해결 방법은 '저작권자의 허가를 받는 것'이다. 만능해결법이나 저작권 시스템을 피해가는 편법 따윈 없다. 유튜브에서 자신이 1차 저작권자가 아니라면 원저작권자의 허가를 받아야 한다. 그렇지 않을 경우 받는 채널의 피해는 쉽게 구제받을 수 없다. 물론 저작권자의 연락처를 알 수 없어 영상 제작을 사전에 협의하지 못했더라도 사후 이의 제기나 연락을 통해 해결하는 방법도 있다. 하지만 대부분의 경우 업로드 이후 이의 제기에 대해서는 기각되는 사례가 많아 공들인 콘텐츠를 제작하기에 앞서 저작권자와의 사전 소통의 시도를 하는 것을 적극 권한다. 만약 저작권자의 허가를 구하지 못한 상태라면 최소한의 방어 수단으로 공정 사용의 규칙들을 준수해야 한다.

필자가 저작권 문제를 해결해낸 방법은 구독자수를 쌓고 인지도를 높일 때까지 최대한 오픈된 자료를 활용하는 방법이었다. 예고편 분석이나 포스터 활용, 공개된 영상 클립 등을 활용하고, 홍보 자료를 최대한 활용하였다. 해당 영상을 정지하거나 이미지를 움직이게 하면서 내레이션을 하는 방법이었다. 나 역시 저작권을 지키지 않고 협의되지 않고 업로드한 영상들이 있었다. 해당 영상들의 경우 2018년 6월 업데이트된 Content ID 시스템에 의해 모두 스캔이 되어 영상이 대거 차단당하고 수익 창출을 정지당했다. 이후에는 저작권 허가를 받지 않았거나 공정 사용에 충분히 입각한 리뷰 콘텐츠를 제외한 영상들을 자발적으로 삭제하고 저작권자들과의 소통에 나섰다. 원작자의 허가를 받기 위해선 원작에 대한 재미와 가치를 널리 알려 제작자들에게 도움이 되고 새로운 부가가치를 창출해내야 한다.

'유튜브에 올리는 리뷰는 어떤 형태로든 원작자에게 이익을 줘야 한다'. 이 한 가지 목표를 지키며 영상을 제작했다. 영화의 경우 개봉 전에 업로드되는 프리뷰 형태로 영화의 줄거리를 소개하고 재미있는 부분을 강조해서 예비 관객들을 끌어모을 수 있게 하는 것을 목표로 했고 영화를 보고 와서 제작하는 리뷰 콘텐츠의 경우 감상에 대한 평은 시청자들의 판단을 위해 공정하게 제시하면서도 영화 자체를 폄훼하거나 깎아내리지 않았다. 중립을 지키려는 태도를 유지하면서도 영화 자체가 가진 포인트들을 나만의 드립을 더해서 맛깔나는 편집으로 살렸다. 이런 것들이 더해지자 시청자들은 유튜브의 영화 콘텐츠를 보고 영화에 대해 흥미를 가지게 되었고 VOD 판매율이 급증하거나 개봉 영화에 경우 인지도와 언급량이 상승하고, 인기 급상승 영상이 되거나 네이버 실검에 오르는 결과를 만들었다.

그러자 영화 제작자, 관계자, 배급사, 홍보사에서 먼저 연락이 오기 시작했다. 다양한 프리뷰 영상 제작 의뢰가 이어지고 해당 의뢰들을 거의 모두 수락했다. 제작

의뢰를 받은 영상은 자연스레 저작권을 허가 받게 되고 이 영상들을 통해서 채널의 가치를 더욱 인정받기 위해 더 공을 들여서 영상을 제작했다. 그렇게 한 걸음씩 저작권자들과의 소통을 넓혀왔다. 결국 원작자들도 더 다각적인 홍보 채널이 필요했고 뉴미디어의 영향력을 함께 누리는 상생을 원했다. 콘텐츠는 꽁꽁 싸매서 창고에 넣어두면 '저작권'은 지켜질지언정 이미 완성된 콘텐츠에 대한 부가가치를 양산할 수 없게 된다. 더 알리고 재생산하고 새롭게 가치를 부여하여 다시 사람들에게 알리는 것은 저작권자들에게 큰 도움이 되었다. 현재는 넷플릭스 같은 거대한 저작권자들부터 MBC, KBS 같은 지상파부터 이외 종편 방송사들과 같은 유수의 방송사, 또 KTH같은 초거대 판권사, 명필름 같은 유서 있는 영화사부터 쇼박스 같은 대형 영화사, 에스와이코마드 같은 예술영화를 수입하는 수입 배급사, CJ 계열의 여러 방송사들과 협업하기도 하고 영진위와《씨네21》과 히든픽처스라는 독립영화 배급 사업을 하고 경기콘텐츠진흥원이 만든 경기 인디시네마와 같이 독립영화의 저력을 넓히는 사업에 동참하기도 하며 저작권자에게 허가를 받는 것에서 멈추지 않고, '저작권자들과 상생하는'을 넘어 저작권자들이 자신의 저작물을 마음껏 사용하도록 신뢰하는 '화이트 리스트'에 여러 군데 등록되는 단계에 도달했다. 이렇듯 자신이 속한 카테고리에서 원저작자의 콘텐츠가 필요하다면 단순히 저작권을 신세지는 것이 아닌 원저작자에게 어떠한 이익을 공유할 수 있는지 고민해보고 그 방향으로 저작권자와 상생하는 과정이 저작권 문제의 해결 방향이라고 할 수 있다.

조금 더 구체적으로 저작권 문제에 피해를 받지 않기 위해 추천하는 방법은 일단 일본의 저작물과 관련된 콘텐츠를 일체 다루지 않는 것이다. 게임도, 영화도, 노래도, 물건도 말이다. 또 2차 창작 채널을 운영 중이라면 해당 원작자와 연락할 수단을 파악해야 한다. 게임이라면 게임사, 영화라면 배급 또는 영화사, 노래라면 레코드사, 소속사 등 원작자가 누군지 알아내는 것이 가장 첫 번째로 해야 할 확인해야 할 사항이다. 대부분의 대형 회사의 원작자들은 공식 e메일을 공지해놓기 때문에 저작권 사용과 관련된 제한 사항과 가이드라인을 제시해달라고 요청하는 것을 추천한다.

저작권 문제는 복잡하고 쉽게 해결하기 어려운 문제이다. 게임, 영화, 음악, 리액션, 커버, 이슈, 등 다양한 채널들이 유튜브의 저작권 정책에 고생중이다. 아무리 공정 사용법에 따른 가이드라인을 지키고, '인용'의 기준을 준수해도 저작권자들에게 채널의 생사여탈권이 주어지기 때문이다. 저작권자의 소중한 저작물을 지켜주는 건 당연하지만 문제는 다음과 같은 예에서 발생한다.

A가 업로드한 유튜브 영상의 99% 분량은 A가 직접 촬영하고 제작비를 투입하여 제작한 영상이다. 그런데 1%의 해당하는 분량에 길거리 촬영 장면에서 배경음악이 유입되어 B 레코드 사에서 소유권 주장을 해왔다. 해당 영상 사용은 공정 사용법을 명백히 준수하였지만, 유튜브 저작권 시스템에 검출되어 A가 직접 촬영한 99%의 영상의 비중에 상관없이 수익을 빼앗겼다. 이의를 제기하자 차단이 아닌 저작권 경고까지 받게 되었다.

이처럼 타인의 저작권을 아주 약간이라도 사용하게 되면 공평하지 못한 상황에 처할 수 있다. 다행히 일부 음원 사용의 경우 이런 문제를 일부 받아들여 유튜브에서 수익 공유 기능을 만들었다. 커버곡 커버댄스, 리액션 등으로 음원을 사용하게 되면 유튜브에서 수익 공유로 등록된 음악에 한해서 저작권자와 크리에이터가 수익을 공유한다. 그러나 영상에 대해서는 아직 수익 공유 기능이 도입되지 않았기 때문에, A의 경우와 같이 억울하게 저작권의 피해를 보는 상황이 발생하고 있다.

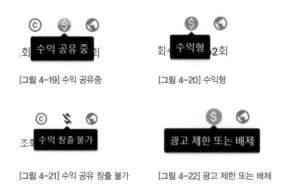

[그림 4-19] 수익 공유중   [그림 4-20] 수익형

[그림 4-21] 수익 공유 창출 불가   [그림 4-22] 광고 제한 또는 배제

게임의 경우에도 마찬가지이다. 현재 1억 구독자수의 〈퓨디파이〉가 부적절한 발언을 한 것으로 인한 이미지 문제로 그가 했던 게임에 대해 게임 제작사가 저작권 경고를 예고해서 〈퓨디파이〉가 해당 영상을 삭제하는 사례도 존재한다. 〈퓨디파이〉 정도니까 사전 예고를 해줬지, 일반 크리에이터라면 꼼짝없이 저작권 경고로 채널이

사라졌을 것이다. 이처럼 기존의 게임사와 게임 크리에이터 간의 상호이익을 바탕으로 '우리 회사의 게임을 홍보해주는' 효과로 터치하지 않았던 저작권 문제를, 이미지에 문제가 되기 때문에 금지해버리는 일이 얼마든 일어날 수 있다. 즉 저작권법은 직접 신고하지 않으면 문제가 되지 않는 친고죄이고, 코에 걸면 코걸이, 귀에 걸면 귀걸이기 때문에 늘 제작사와의 상호 이익이 되는지 부터 먼저 살펴야 한다.

이런 경우도 있다. 유료 음원 회사에서 정기 구독료를 내고 유튜브에 영상을 업로드 하였는데 자동으로 저작권이 검출되고 이의 제기를 했지만 몇 주나 지나서 이를 풀어주어 수익 창출을 지연시켰던 경우이다. 심지어는 가짜 계정으로 남의 영상을 퍼간 후에 직접 신고를 하는 부도덕한 인간들도 존재한다. 물론 그런 경우는 늦더라도 유튜브에서 해결이 될 수 있지만 저작권을 둘러싼 억울하고 답답한 문제들이 넘치는 곳이 유튜브이다.

어떠한 저작권 이슈가 발생할지는 예상할 수 없지만, 유튜브에서 저작권 문제는 빼놓을 수 없는 깊은 골이고 크리에이터들의 마음 속 돌덩이이다. 가장 편한 방법은 모든 것을 직접 촬영하고 무료 음원과 무료 폰트만 사용하는 완전무결한 오리지널 영상을 만들어 시작하는 것이다. 채널의 성장은 더딜 수 있어도 저작권 문제에서 자유로울 수 있는 유일한 방법이기도 하다. 저작권 문제는 앞으로도 유튜브와 외부 저작권자들의 상생을 위해 지속적으로 제기될 것이고 크리에이터들과 유튜브가 함께 풀어나가야 할 우선순위가 높은 숙제이다.

PLAY

02 유튜브에서 피해야 할 제약과 금지 조건들

① 유튜브계의 대격변 사건들

유튜브계 주요 사건 일지

- 2016년 구독자 삭제 대란
- 2017년 노란딱지(광고 배제) 대란
- 2018년 수익 창출 기준 변경 대란
- 2018년 Content ID 저작권 스캔 강화 대란
- 2019년 커뮤니티 가이드 강화 및 정책 변경
- 2019년 13세 미만 어린이, 8세 미만 부적절 행위 의심 시 채널 댓글 금지
- 2019년 수익 창출 중지 대란
- 2019년 일부 채널 7월 조회수 폭락 알고리즘 업데이트

폐쇄된 계정 및 스팸 구독자 삭제

폐쇄된 계정과 스팸 구독자란 무엇인가요?

- 폐쇄된 계정: 사용자가 폐쇄하거나 정책 위반으로 YouTube에 의해 해지된 계정입니다.
- 스팸 구독자: 제3자 서비스를 통해 구독자 수를 구매하는 등 인위적인 수단으로 얻은 구독자입니다.

YouTube는 채널의 계정 및 활동의 정당성을 정기적으로 확인합니다. 이는 사이트 측정항목에서 스팸, 악용, 폐쇄된 계정을 없애고 YouTube를 모든 사용자에게 공정한 공간으로 만들기 위한 절차의 일환입니다. 동영상을 계속해서 시청하고 나를 지원하는 진실된 팬으로 구성된 커뮤니티를 구축하고 있기 때문에 구독자 수가 증가하는 시점을 확인할 수 있도록 의미 있는 구독자 수를 유지하는 것이 중요합니다.

스팸으로 확인된 구독자와 폐쇄된 계정은 총 구독자 수에 포함되지 않으며 구독자 목록에 표시되지 않습니다. 이는 인위적인 행동이기 때문에 삭제해도 조회수나 시청 시간에는 영향을 미치지 않습니다.

[그림 4-23] 구독자 감소

유튜브계에도 연도별 사건들이 존재한다. 유튜브를 시청하기만 한다면 큰일이 아닌 것처럼 느껴지겠지만, 유튜브라는 플랫폼을 직업으로 삼고 살아가는 사람들에게는 대격변에 가까운 사건들이었다. 2016년 7월에는 갑자기 대부분의 크리에이터들의 구독자가 감소하는 일이 발생했다. 〈퓨디파이〉의 경우 60만 명의 구독자가 사라졌다. 유튜브가 폐쇄된 계정이나 스팸 구독자, 허위 구독, 미사용 계정 등을 일시에 정리한 결과였다. 그로 인해 많은 크리에이터들은 혼란을 겪었고, 혹시 내 채널이 잘못 되었나 전전긍긍하는 시간을 보냈다.

2017년 8월 15일 '노란딱지' 시스템이 도입되었다. 큰 문제 없이 수익 창출을 하던 크리에이터들의 채널 관리자 화면에 노란색 달러마크가 붙기 시작한 것이다. 이 딱지가 붙으면 수익이 10분의 1 토막이 나거나 수익이 거의 발생하지 않고, 조회수도 급감하게 되었다. 일부 채널들에서는 공통적으로 대부분의 영상에 노란딱지가 붙기도 하고, 특히 키즈 분야의 채널들이 큰 타격을 입었다. 또 어떤 영상에는 붙고 어떤 영상에 붙지 않는지 기준이 모호해서 한 동안 노란딱지에 노이로제를 겪을 수밖에 없었다.

유튜브 수익 창출 조건은 조금씩 변경되어왔다. 2018년 변경 이후, 숏폼의 탄생과 함께 2023년 9월 이후, 구독자수 1,000명에서 500명으로, 12개월간 4,000시간의 시청 시간에서 3,000시간으로 변경되었으며 90일간 동영사의 유효 업로드 3회, 지난 90일간 Short 동영상의 유효 조회수 3,000만회 등의 기준으로 변경되었다.

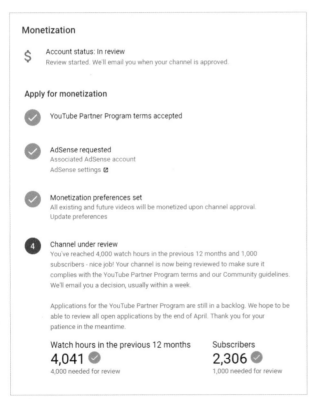

[그림 4-24] 수익 창출 과정

거기에 기존 채널들도 기준에 부합하지 못하면 수익 창출이 불가능해지고, 기준이 조회수 1만일 때 보다 수익 창출 신청 허가 받기가 아주 어려워져서 7개월 이상 수익 창출 신청에 대답을 받지 못한 사람들이 속출하기 시작한 것이다. 수익 창출이 어려워지자 수익 창출된 채널이 뒷거래되기까지 수익 창출허가가 된 1만 명 구독자 채널이 400만 원에 매물로 나온 있는 것을 본 적이 있다.

제목

유튜브 채널 팝니다 [판매] 😊 🔞

유투브승인난채널팝니다 [판매] 😊

유튜브 수익창출 채널 팝니다 구독자 1.6k [완료] 😊

구독자 28만 수익창출 채널팝니다. [판매] 😊

유튜브 수익 창출 승인 완료된 채널 팝니다 [완료] 😊

구독자 1.6k 유튜브 수익창출 채널 팝니다(개인) [판매] 😊

구독자 1.6k 유튜브 수익창출 채널 팝니다(개인) [완료] 😊

구독자 1.6k 유튜브 수익창출 채널 팝니다(개인) [완료] 😊

구독자 1.6k 유튜브 수익창출 채널 팝니다(개인) [완료] 😊

유튜브 수익 창출 승인 완료된 채널 팝니다 [판매] 😊

유튜브 수익 창출 승인 완료된 채널 팝니다 [완료] 😊

유튜브 수익 창출 승인 완료된 채널 팝니다 [완료] 😊

유튜브 수익창출된 채널 팝니다 [판매] 😊

유튜브 채널 팝니다. 게임 영화리뷰 용도 [판매] 😊

유튜브 수익 창출 승인 완료된 채널 팝니다 [완료] 😊

[그림 4-25] 수익 창출 채널 〈팝니다〉

2018년에는 유럽연합에서 발의 중이었던 디지털싱글마켓 저작권 지침 움직임에 대한 영향이었는지 유튜브가 Content ID 시스템의 스캔 기능을 강화하게 되었다. 이로 인해 기존에 저작권이 있는 영상을 공정 사용하거나 라이선스를 얻고 사용하던 사람 상관없이 영상을 차단당하고 수익 창출을 빼앗기는 채널이 폭발적으로 많아졌다. 2019년 3월 26일 해당 법률은 최종 통과되었다. 이 법안은 크리에이터의 상당수를 말려죽일 수 있는 법안이며, 자유로운 인터넷 문화를 망치고 검열을 강화하는 조치로 인터넷에 돌아다니는 짤막한 짤방의 사용조차 금지하겠다는 의미이다. 이미 인터넷 문화로 자리잡은 '밈(meme)' 조차 불법으로 만드는 법이며, 유튜브의 수장, 수잔 보이치키는 이에 대한 반대 의견과 크리에이터들의 합심을 바라는 영상을 업로드하기도 했다.

[그림 4-26] 아티클 13 〈수잔보이치키〉 채널

저작권 스캔 강화는 곧 유튜브의 부적절한 영상을 감지하는 능력의 강화로 이어졌고 이는 커뮤니티 가이드를 위반한 영상을 삭제하는 조치로 이어졌다. 유튜브의 발표에 따르면 2018년 7월부터 9월까지 2억 2,400만 건의 댓글이 커뮤니티 가이드 위반으로 삭제되었으며 같은 기간 280만 개의 정책 위반 동영상을 삭제했다고 한다. 이중 81%가 머신러닝 시스템에 의해 적발되었다고 한다.

2019년 2월에는 커뮤니티 가이드 위반 경고 방식이 변경되었는데 1차 경고를 받으면 동영상, 실시간 스트림, 스토리, 맞춤 미리보기 이미지, 게시물 등의 콘텐츠를 일주일 동안 게시할 수 없게 되고 2차 경고는 2주 동안 영상을 올릴 수 없게 되며, 3차 경고는 채널이 폐쇄된다. 여기에 1차 경고 전에 최초 위반에 대해서 '주의' 조치로 우선 예고를 해주는 조치가 추가된 것이다. '주의'를 준 만큼 더욱 예리해진 가이드라인을 적용이 이어지고 있다.

2019년 2월 유튜브는 공식 블로그에 어린 미성년자(만 13세 미만)가 등장하거나 부정적인 댓글을 유발할 수 있는 18세 미만 청소년의 댓글을 차단할 것이라고 밝혔다. 이후에 유명 유튜브 〈띠예〉의 댓글이 차단되고, 성인 만화가 주호민이 '어린이'처럼 보인다는 이유로 댓글이 차단되는 해프닝도 발생했다. 구글은 이에 대해 "유튜브 자체적으로 제공하는 필터 보다 적극적으로 미성년자에 대한 댓글을 관리하는 채널에만 댓글을 허용할 방침" 이라는 내용을 기재했는데, 이는 곧 댓글창 관리 역시 크리에이터의 채널을 평가하는 수단이라는 것을 시사한다.

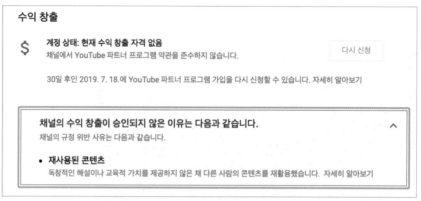
[그림 4-27] 수익 창출 거부 사유

　2018년부터 수익 창출 승인이 어렵게 나고 있는 상황에서 2019년에는 다시 한 번 큰 혼란이 찾아온다. 수익 창출을 승인받고 정상적으로 수익을 지급받아오던 채널들이 갑자기 수익 창출 중단 연락을 받은 것이다. 주로 짜집기 채널을 운영하는 이슈, 랭킹, 카톡썰 채널들에서 수익 창출 중지가 발생했으며, 대다수 공통적인 사유는 '복제', '재사용된 콘텐츠', '저품질'의 사유였다고 한다. 재사용된 콘텐츠의 예시는 다음과 같다. 변경 사항이 미미하거나 없이 병합된 제3자 동영상, 설명 없이 편집된 제3자 콘텐츠, 다른 곳에 먼저 업로드된 콘텐츠, 많은 사용자가 여러 번 업로드한 콘텐츠 그런데 이러한 콘텐츠를 업로드하는 채널들은 현재 유튜브에 무수히 많기 때문에 그 파장이 작지 않을 것으로 예상된다. 또 위에 해당되지 않는 채널들도 수익 중지 판정을 받고 있어서 불안감이 커지고 있다.

> • 재사용된 콘텐츠 ☑ . 의미 있고 독창적 해설이나 교육적 가치를 제공하지 않는 콘텐츠입니다. 채널의 콘텐츠 상당 부분이 다른 콘텐츠와 완전히 일치하거나 두드러지게 비슷한 것으로 확인된 경우를 의미할 수 있습니다. 예를 들면 다음과 같습니다.
> 　• 변경사항이 미미하거나 없이 병합된 제3자 동영상
> 　• 설명 없이 편집된 제3자 콘텐츠
> 　• 다른 곳에 먼저 업로드된 콘텐츠
> 　• 많은 사용자가 여러 번 업로드한 콘텐츠

[그림 4-28] 재사용된 콘텐츠

가장 최근 19년 6월부터, 수십 수백만의 구독자를 가진 키즈 채널 같은 일부 카테고리의 조회수가 급락하고 있다. 6월 경 추천 알고리즘을 업데이트 한 것으로 보이는데, 7월경 부터는 〈고몽〉 채널도 이를 느끼고 있고, 주변의 여러 크리에이터들이 공통적으로 조회수 및 추천 하락을 체감하고 있다. 물론 유튜브를 하면서 이렇게 조회수가 의도적으로 어떤 수치 이하로 잘 안 나오면서 동시에 다른 크리에이터들도 비슷한 수치로 찍어 눌리는 듯한 현상은 많이 겪어봤다. 이번 현상 전에 일본에서 한 크리에이터가 먹방 도중 숨지는 사건이 발생했고 이런 영상이 어린 사용자들에게도 추천되는 사례들이 발생한 것이다. 유튜브에선 유튜브와 관련된 사건 또는 이로 인한 광고주들의 보이콧과 연관되어 늘 정책 업데이트 조치를 진행해왔기 때문에 오늘도 크리에이터들은 새로운 혼란에 대비하고 있다.

다음은 위의 사건들 중 크리에이터에게 가장 큰 혼란을 주었던 노란딱지, 수익 창출 중지, 커뮤니티 가이드 위반 경고에 대해 차례로 알아보도록 하겠다.

② 노란딱지

코드 네임 '노란딱지', 공식 네임 '광고 제한 또는 배제', 정확히 말해 광고주에게 적합하지 않은 영상 판정을 말한다. 공포의 노란딱지가 크리에이터 스튜디오 동영상 관리 화면에 표시되면, 업로드된 영상에 광고가 제한되거나 배제된다. 단순하게 수익이 급감하는 현상에서 그치지 않고 영상의 노출이 급격하게 저하되며 조회수가 더 이상 늘지 않는다.

[그림 4-29] 노란딱지

노란딱지 판정에 대해서 이의 제기는 가능하다. 스캔 소프트웨어에 의해 자동으로 검열되기 때문에 얼마든지 오판이 가능하고, 그에 따라 직접 검토를 요청하면 사람에 의해서 검토가 이루어지

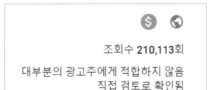

조회수 210,113회
대부분의 광고주에게 적합하지 않음
직접 검토로 확인됨

[그림 4-30] 수익 창출 거부 사유

는데, 노란딱지가 처음 도입되었던 2017년도에 비해서, 최근에는 동영상 판독 능력이 향상됨에 따라 오판 가능성이 떨어지고 있다. 그에 따라 직접 검토를 하더라도 대부분 광고주에게 적합하지 않다는 내용이 유지되는 수가 늘고 있다.

[그림 4-31] 노란딱지 이후 급감 그래프

노란딱지가 무서운 점은 개별 영상의 상승세를 무참히 꺾어 버린다는 것이다. 위 그래프는 〈존윅〉 프로모션 영상의 그래프인데 업로드된 직후 시간당 5만 조회수에 달할 만큼 엄청난 상승세를 보였는데 새벽 시간에 노란딱지 판정을 받고나서는 상승세가 완전히 꺾이고 더이상 조회수가 상승하지 않게 되었다. 여기서 끝나는 것이 아니다. 노란딱지는 새로운 동영상이 가져오는 채널로의 트래픽 유입과 영상 노출을 의도적으로 차단시키기 때문에 채널 전체에 악영향을 주게 된다. 한두 개의 노란딱지가 당장 채널을 망하게 하진 않지만 노란딱지가 쌓이도록 방치하다가는 영영 트래픽이 복구되지 않는 한물간 채널이 되어버릴 수가 있다.

사실 지금까지 노란딱지가 붙는 요인은 굉장히 모호했다. 정확히 어떤 기준에 의해 노란딱지 판정을 받는지 공개되지 않고, 두루뭉술한 가이드만 발표되었기 때문에, 많은 크리에이터들은 혼란을 겪어야만 했다. 거기에 비슷한 영상도 어떤 영상엔 붙고, 어떤 영상은 수익 창출이 가능한 상황들도 벌어지면서 노란딱지의 신뢰성에 의문을 갖는 사람들도 등장했다. 노란딱지가 처음 등장했던 2017년도에는 노란딱지에 반발하는 크리에이터들이 수없이 많았다. 2019년이 되면서 노란딱지 시스템도 안정화되고, 판독 정확도가 높아지기 시작했다. 그리고 2019년 6월 유튜브는 자사 온라인 고객센터에 드디어 노란딱지 가이드 라인과 함께 구체적인 예시를 업데이트했다.

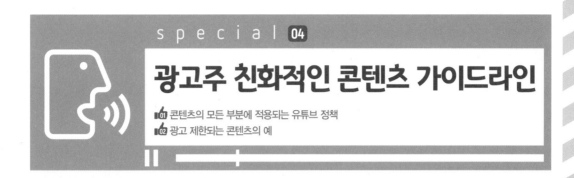

s p e c i a l **04**

광고주 친화적인 콘텐츠 가이드라인

01 콘텐츠의 모든 부분에 적용되는 유튜브 정책
02 광고 제한되는 콘텐츠의 예

01 콘텐츠의 모든 부분에 적용되는 유튜브 정책

[그림 4-32] 광고 친화적인 콘텐츠 가이드라인

http://bitly.kr/Bqu7tc6

　"동영상, 실시간 스트림, 미리보기 이미지, 제목, 설명, 태그 등 콘텐츠의 모든
부분에 유튜브 정책이 적용된다."

　라는 글귀로 시작하는 가이드라인, 즉 영상 외에도 제목 설명 태그 같은 메타
데이터의 키워드 역시 중요하고, 썸네일 이미지도 노란딱지에 큰 영향을 준다
고 한다.

02 광고 제한되는 콘텐츠의 예

다음은 광고 게재에 적합하지 않아 수익 창출이 광고 제한 또는 배제 상태가 되는 콘텐츠의 예이다. 표의 예에서 왼쪽 칸은 카테고리이며, 오른쪽 칸은 노란딱지(ⓢ)가 붙는 광고 제한되는 콘텐츠의 예이다.

❶ 부적절한 언어

동영상 전체에서 과도한 욕설이나 천박한 언행을 빈번하게 구사하는 콘텐츠는 광고가 게재되기에 적합하지 않을 수 있다. 욕설을 이따끔 사용하는 것이 광고가 게재되기에 반드시 부적합한 것은 아니지만 맥락에 따라 결과가 달라질 수 있다.

부적절한 언어	• 욕설이 제목 또는 미리보기 이미지에 등장함 • 과도한 욕설이 증오나 경멸을 표현하는 방식으로 반복해서 사용됨 • 심한 욕설이 동영상 초반에 나옴 • 심한 욕설이 동영상 전반에 여러 번 나옴('삐' 소리로 처리된 동영상이나 코미디, 다큐멘터리, 뉴스, 교육 목적의 동영상도 해당)

❷ 폭력

추가적인 맥락 없이 유혈, 폭력 또는 부상을 집중적으로 묘사하는 콘텐츠는 광고가 게재되기에 적합하지 않다. 뉴스, 교육, 예술 또는 다큐멘터리 맥락에서 폭력이 묘사되는 경우 추가적인 맥락이 중요하다. 정상적인 비디오 게임플레이 과정에서 폭력성이 나타나는 경우 일반적으로 광고가 허용되지만, 불필요하게 폭력에 집중하는 편집 영상은 그렇지 않다.

잔인하거나 노골적이거나 혐오감을 주는 설명이나 이미지가 있는 콘텐츠	• 피, 내장, 유혈, 성교액, 인간 또는 동물의 배설물, 범죄 현장 또는 사고 사진

폭력 행위를 묘사하는 콘텐츠	• 총격, 폭발, 폭격에 관한 설명이나 이미지, 처형 동영상, 동물에 가해지는 폭력 행위 • 동물 학대 또는 동물에 대한 불필요한 폭력을 묘사하는 콘텐츠 　예 투계, 투우, 투견 • 육체적인 다툼, 대중 시위 또는 경찰관 만행의 맥락에서 노골적인 폭력이 나오는 동영상 • 부상 또는 사망을 노골적으로 묘사하는 전쟁 희생자의 촬영 원본 • 아동에 대한 필요 이상의 폭력 장면(각색되거나 가상으로 연출된 동영상도 해당) • 노골적인 폭력, 동물의 죽음이나 고통에 초점을 둔 사냥 동영상

❸ 성인용 콘텐츠

성적 주제가 지나치게 강조된 콘텐츠는 광고가 게재되기에 적합하지 않으며 노골적인 장면이 없는 성교육 동영상은 제한적으로 예외를 둔다. 코미디 의도를 명시하는 것만으로는 충분하지 않으며 여전히 콘텐츠에 광고가 게재되기에 적합하지 않을 수 있다.

음란물	• 노골적인 성행위 또는 자극을 목적으로 하는 시뮬레이션 • 성에 관한 노골적인 대화가 나오는 선정적인 텍스트 또는 오디오 • 보상으로 성을 제공하는 것으로 해석될 수 있는 콘텐츠 • 동물의 노골적인 짝짓기 장면이 나오는 촬영 원본
과도한 노출	• 성기, 젖꼭지, 엉덩이 등 신체 일부를 선정적으로 보여주는 사람 또는 그런 사람을 묘사한 콘텐츠 • 흐리게 처리되거나 가린 신체 특정 부위를 집중적으로 보여주는 콘텐츠 • 과도한 노출 또는 은밀한 신체 부위에 초점이 맞춰진 보디아트
성적 콘텐츠	• 암시적인 성행위가 나오는 콘텐츠 • 실제 페티시즘 행위를 묘사하거나 페티시즘에 대해 설명하는 콘텐츠 • 섹스 스캔들 또는 개인적인 은밀한 사진이나 동영상 노출에 관한 콘텐츠 • 성 관련 엔터테인먼트 등 성 산업을 다루는 콘텐츠 • 자위, 성관계, 기타 성행위 등 은밀한 성적 경험을 이야기하는 콘텐츠 • 섹스 토이, 성인용품 또는 기타 성행위 보조 제품을 다루는 콘텐츠 • 성 기능에 관한 조언을 제공하거나 성 기능 이야기를 자세히 진술하는 콘텐츠

❹ 유해하거나 위험한 행위

심각한 신체적 부상 또는 정서적, 정신적 피해를 야기하는 유해하거나 위험한 행위를 조장하는 콘텐츠는 광고가 게재되기에 적합하지 않다.

부적절한 장난, 도전, 스턴트	• 자살, 죽음, 테러와 관련된 장난 예 가짜 폭탄으로 놀래키는 장난 또는 총기와 기타 치명적 무기로 위협하는 행위 • 강제 키스, 애무, 성적학대 등 원치 않는 성적 행위 • 신체적 손상이나 고통이 등장하지만 동영상의 초점이 아니다. 이 가이드라인은 비전문적이고 통제되지 않은 환경에서 이루어진 행위에 적용된다. • 미성년자에게 장기적으로 정신적 고통을 유발하는 콘텐츠
신체 개조 및 의료 시술	• 성형 수술을 포함한 외과 수술 • 여드름 짜기 또는 내향성발톱 제거 • 피부 이식 수술 • 혀 가르기 수술
자신이나 타인에게 신체적 또는 정신적 위해를 가하겠다고 협박하거나 이러한 행위를 옹호하는 콘텐츠	• 실제로 위해를 가하겠다고 타인을 협박하는 행동 • 다른 사람을 향한 공격 조장
자해, 타인에게 해를 입힘 또는 타인으로부터 해를 입음	• 자살, 식이장애, 괴롭힘, 희롱, 가정 폭력, 기타 형태의 학대 및 자해와 관련된 콘텐츠 • 무기를 사용하여 타인에게 해를 입히도록 조장하는 콘텐츠 • 식인 행위 관련 콘텐츠
모방해서는 안 되는 위험 행위	• 독성 반응을 일으킬 정도의 약물 사용이 나오는 콘텐츠 • 노골적인 위해 및 부상 장면이 나오는 실수 편집 모음 • 지하철 서핑 • 높은 빌딩을 오르는 루프타핑 • 해를 입힐 수 있는 기타 도전 관련 콘텐츠(불을 이용한 도전, 키키 도전, 눈 가리고 운전하는 버드박스 도전 등이 있으며 복제된 동영상도 해당)
위험성이 있는 건강 또는 의료 관련 주장이나 행위를 조장하거나 옹호하는 콘텐츠	• 백신 접종 거부 또는 에이즈 부정론자 운동 • 불치병의 치료를 약속하는 비의학적인 치료 • 심각한 질병이 존재하지 않거나 정교한 거짓말이라고 암시하는 콘텐츠

❺ 증오성 콘텐츠

다음 항목을 근거로 개인 또는 집단에 대한 증오, 차별, 비하, 모욕을 조장하는 콘텐츠에 광고가 게재되기에는 적합하지 않다.

• 인종, 민족, 국적, 종교, 장애, 연령, 군필 여부, 성적 취향, 성별, 구조적 차별이나 소외의 빌미가 되는 기타 특징

풍자 또는 코미디 콘텐츠는 예외일 수 있으나 코미디 의도를 명시하는 것만으로는 충분하지 않으며 여전히 콘텐츠에 광고가 게재되기에 적합하지 않을 수 있다.

증오, 차별, 비하, 모욕을 조장하는 콘텐츠	• 타인에 대한 폭력을 조장, 미화, 용인하는 콘텐츠 • 개인 또는 단체를 비인간적이거나 열등하거나 증오의 대상으로 생각하도록 조장하는 콘텐츠 • 증오 단체나 증오 단체의 용품을 홍보하는 콘텐츠
테러 및 폭력적인 극단주의 조장	• 테러리스트 단체가 제작하거나 테러리스트 단체를 지지하는 콘텐츠 • 조직원을 모집하는 등 테러리스트를 홍보하는 콘텐츠 • 테러리스트의 공격을 찬양하는 콘텐츠

❻ 도발, 비하

불필요한 도발, 선동 또는 비하를 일삼는 콘텐츠는 광고가 게재되는 데 적합하지 않을 수 있다.

도발적이고 비하하는 콘텐츠	• 개인 또는 단체에게 수치심을 주거나 모욕하는 것이 주목적인 콘텐츠
특정 개인이나 집단을 희롱하거나, 위협하거나, 괴롭히는 콘텐츠	• 특정인을 지목하여 학대 또는 괴롭힘을 조장하는 콘텐츠 • 특정한 비극적 사건의 발생 자체를 부정하거나, 사건의 피해자 또는 그 가족이 연기를 하고 있다거나 사건의 은폐에 연루되어 있다고 시사하는 콘텐츠 • 악의적인 개인 공격, 욕설, 명예 훼손

❼ 기분전환용 약물 및 마약 관련 콘텐츠

다음 행위를 조장하거나 소개하는 콘텐츠는 광고가 게재되기에 적합하지 않다.

• 불법 약물, 규제 약물이나 물질 또는 기타 위험 품목 판매, 사용, 남용

마약 또는 위험 물질을 교육, 다큐멘터리 및 예술 목적으로 다루는 동영상은 마약 사용이나 약물 남용을 노골적으로 보여주거나 미화하지 않는다면 일반적으로 광고가 게재되기에 적합하다.

기분 전환을 목적으로 하는 향정신성 물질이나 '흥분' 유도 물질 홍보	• 코카인, 메타암페타민, 히로인, 마리화나, 코카인 물질, 메페드론, '합법적인 약물', 목욕 소금
기분 전환용 약물 사용을 조장하는 용도로 마케팅된 제품이나 서비스 홍보	• 마약 흡입용 파이프, 물담뱃대, 대마초 커피숍
기분 전환용 약물의 제조, 구매, 사용에 관한 안내 콘텐츠 홍보	• 약물 사용 권장 사항 또는 거래 팁

❽ 담배 관련 콘텐츠

담배 및 담배 관련 제품을 홍보하는 콘텐츠는 광고가 게재되기에 적합하지 않다.

담배 홍보	• 담배, 시가, 씹는 담배
담배 관련 제품 홍보	• 담배 파이프, 담배 마는 종이, 전자 담배
흡연을 모방하도록 만들어진 제품 홍보	• 허브 담배, 전자 담배

❾ 총기 관련 콘텐츠

총기의 판매, 조립, 악용, 오용을 집중적으로 묘사하는 콘텐츠는 광고가 게재되기에 적합하지 않다.

총기 판매 홍보	• 총기 판매 • 총기 관련 부품이나 필수 구성요소 또는 총기 성능 강화용 구성요소 판매. 예 80% 완성된 총과 부품, 탄약, 클립, 소음기, 탄약 벨, 주식, 변환 키트, 총 손잡이, 범위 • 조준기, 총기 매장 홍보 콘텐츠, 총기 매장의 제조업체 또는 할인 코드
부품이나 구성요소를 포함한 총기 조립 안내	• 총기 제조 안내, 가이드, 소프트웨어, 총 또는 총 부품의 3D 인쇄용 장비
총기 남용 또는 오용	• 안전하지 않은 환경에서 총기를 발사하는 콘텐츠

⑩ 논란의 소지가 있는 문제 및 민감한 사건

민감한 주제 또는 사건을 다루거나 이에 집중하는 콘텐츠는 일반적으로 광고가 게재되기에 적합하지 않다. 노골적인 이미지가 없거나 해설만으로 이루어진 콘텐츠에도 이 정책이 적용된다.

민감한 사건	• 전쟁 • 죽음 및 참사
논란이 되는 문제	• 정치적 분쟁 • 테러 또는 극단주의 • 성적 학대

⑪ 가족용 콘텐츠에 포함된 성인용 콘텐츠

일반 사용자가 이용하기에 적합한 것처럼 보이지만 성인용 주제를 담고 있는 콘텐츠는 광고가 게재되기에 적합하지 않다. 코미디 또는 풍자 목적의 콘텐츠에도 이 가이드라인이 적용된다.

가족용 콘텐츠에 포함된 성인용 콘텐츠	• 일반 사용자가 이용하기에 적합한 것처럼 보이지만 성인용 주제를 담고 있는 콘텐츠. 예 성, 폭력, 천박한 언행, 일반 사용자에게 적합하지 않은 기타 아동 또는 인기 아동 캐릭터의 묘사

위의 예시는 일부를 설명한 것에 불과하다고 한다. 모든 예를 표현한 것은 아니므로 영상을 기획할 때 위의 기준을 최소한의 선으로 더욱 조심하여 제작해야 한다. 위에서 표시된 예보다 한 발짝 물러서서 만들더라도 노란딱지는 언제든지 당신의 수익을 갉아먹고 있을지 모른다.

_출처: 유튜브 고객센터(2019년 6월 업데이트)

③ 수익 창출 중지

2019년 어느 날, 갑자기 수익 창출을 중지를 당했다는 소식이 들리기 시작했다. 한두 채널의 일이라고 생각되었으나 꽤 여러 채널에서 수익 창출이 중지되었고, 짜깁기 채널만의 이야기라고 생각되었으나 다양한 카테고리에서 넓은 범위로 겪고 있는 상황으로 밝혀졌다. 과연 수익 창출 중지는 왜 일어나게 되는 것일까?

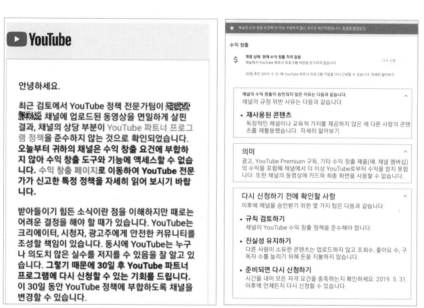

[그림 4-33] 수익 창출 중지에 대한 안내 글

수익 창출을 중지 당한 채널들의 크리에이터 스튜디오에선 위와 같은 내용들이 보인다. 특히 공통적으로 중지 사유 중 '재사용된 콘텐츠'와 '복제' 사유가 압도적으로 많다. 이슈 채널로 표현하는 짜깁기기 채널이 압도적으로 많은데, 이런 채널의 공통점은 PPT의 슬라이드 쇼 방식으로 이미지를 흘러 다니게 하는 영상 기법을 사용하며, 얼굴이나 목소리가 등장하지 않는다. 또한 영상에서 내용을 전달하기 위해서 영상 소스가 많이 필요하다. 필연적으로 다른 채널의 영상을 중복적으로 사용할 수밖에 없다. 이런 특징들이 짜깁기의 주요 특징이지만, 문제는 짜깁기 채널 이외에도 재사용된 콘텐츠, 복제라는 명목으로 수익 창출이 중단되고 있단 것이다.

다음 [그림 4-34]는 수익 창출 중지에 대하여 유튜브 담당자에게 직접 문의한 내용이다.

안녕하세요.
문의주셔서 감사드리며, 수익창출 중지로 인해 문의 주신 것으로 확인됩니다.

빠른 도움드리고자 현재 문의주신 계정 및 채널을 확인해 본 결과, 말씀 주신바와 같이 5월 1일 재사용된 콘텐츠로 인해 파트너 프로그램 중지된 것으로 확인하였습니다. 갑작스러운 수익 창출 중지로 많이 당황하셨을 거라 생각됩니다. YouTube 파트너 프로그램 참여자는 콘텐츠 품질 가이드라인을 준수해야 합니다.

재사용된 콘텐츠로 간주되어 이 기준에 부합하지 않는 콘텐츠는, 의미 있고 독창적 해설이나 교육적 가치를 제공하지 않는 콘텐츠, 특정 동영상 한 두개 아닌 채널의 콘텐츠 상당 부분이 다른 콘텐츠와 완전히 일치하거나 두드러지게 비슷한 것으로 확인된 경우를 의미할 수도 있습니다. 이러한 예에는 다음 항목이 포함되나 이에 국한되지 않습니다.

- 변경사항이 미미하거나 없이 병합된 제3자 동영상
- 설명 없이 편집된 제3자 콘텐츠
- 다른 곳에 먼저 업로드된 콘텐츠
- 많은 사용자가 여러 번 업로드한 콘텐츠

참고: 저작권 침해 신고와 재사용된 콘텐츠는 다릅니다. 저작권 보호를 받는 자료가 포함된 동영상을 업로드할 경우 Content ID 소유권 주장이 제기될 수 있습니다. 소유권 주장은 음악, 영화, TV 프로그램, 비디오 게임, 기타 저작권 보호를 받는 자료를 소유한 회사에서 제기합니다. 재사용된 콘텐츠는 직접 제작하지 않고 기존 콘텐츠의 상당 부분을 사용한 콘텐츠를 의미합니다. 수익을 창출할 수 있는 콘텐츠를 제작하려면 다음의 몇 가지 권장사항을 참조하세요.

- 해설을 추가하거나 동영상(음성 또는 화면)에 직접 등장
- 웹사이트에서 내 YouTube 채널로 링크 연결
- 동영상 및 채널 설명에서 콘텐츠에 대한 자세한 컨텍스트를 제공

이미 잘 알고 계시다시피 일시 중지 이메일을 받은 날로부터 **30일** 이후에 다시 수익 창출을 신청하실 수 있기에, 재사용된 콘텐츠로 의심되는 영상에 대해 일정하게 수정하여 재신청 하시기 바랍니다. 더욱 자세한 사항은 이 도움말을 참고해 주시기 바랍니다.

마지막으로 채널 심사 절차는 지원팀에서 결정하는 사안은 아니며, 담당 팀에서 모든 요소를 고려하고 내려지는 결정이기에 저희가 보다 상세한 정책 사항에 대해 확인이 어려운 점 이해 바랍니다.

큰 도움을 드리지 못해 죄송하다는 말씀 전하며, 이외에 다른 더 궁금하신 사항이 있으시면 언제든지 문의 부탁드립니다.

즐거운 하루 보내세요.

감사합니다.

[그림 4-34] 수익 창출 문의에 대한 담당자 답변글

답변에서 눈에 띄는 단어는 '콘텐츠 품질 가이드라인'이다. 커뮤니티 가이드라인처럼 이 역시 유튜브에서 애드센스를 통해 수익 창출을 하는데 매우 중요한 규칙이며, 이를 위반했을 때, 수익 창출 자격이 박탈된다.

콘텐츠 품질 가이드라인

애드센스 콘텐츠 정책은 포괄적이며 웹마스터 및 Search Console 정책의 품질 가이드라인을 포함한다.

- **알림**: 이러한 가이드라인은 채널 전체에 적용된다. 채널이 유튜브 가이드라인을 준수하지 않는 콘텐츠에 주력하는 것으로 판단되면 채널의 파트너 프로그램 참여가 정지될 수 있다.
콘텐츠가 부가가치를 창출하며 독창적이고 관련성이 있어야 한다. 이 기준에 부합하지 않아 수익을 창출할 수 없는 콘텐츠의 예시가 몇 가지 제시되어 있다. 목록은 일부 예시일 뿐 모든 내용을 포함하지는 않는다.

⇩

⇩

재사용된 콘텐츠. 의미 있고 독창적 해설이나 교육적 가치를 제공하지 않는 콘텐츠이다. 채널의 콘텐츠 상당 부분이 다른 콘텐츠와 완전히 일치하거나 두드러지게 비슷한 것으로 확인된 경우를 의미할 수 있다. 예를 들면 다음과 같다.

- 변경사항이 미미하거나 없이 병합된 제3자 동영상
- 설명 없이 편집된 제3자 콘텐츠
- 다른 곳에 먼저 업로드된 콘텐츠
- 많은 사용자가 여러 번 업로드한 콘텐츠

중복되는 콘텐츠. 중요한 교육적 가치나 다른 가치를 더하지 않고 조회수를 높이기 위해 대량 제작한 것으로 보이는 콘텐츠이다. 예를 들면 다음과 같다.

- 합성 음성이 읽는 제3자 콘텐츠 또는 무의미한 콘텐츠
- 동영상 간 변경 사항이 거의 없는 채널의 콘텐츠
- 교육적 가치가 있는 해설이나 설명이 추가되지 않은 반복적이거나 단순한 콘텐츠
- 대량 제작되었거나 프로그래매틱 방식으로 생성된 콘텐츠
- 추가적인 설명, 해설 또는 교육적 가치가 거의 없거나 전혀 없는 이미지 슬라이드쇼 또는 스크롤 텍스트

광고 위반
- 어떠한 이유로든 자신의 광고를 클릭하는 경우
- 다른 사용자에게 광고를 클릭하도록 독려하는 경우
- 기만적인 방법을 사용해 클릭수를 높이는 경우

타사 사이트 및 도구 이용
- 타사 사이트 및 도구를 사용하여 인위적으로 또는 수동으로 구독자나 조회수 생성
- 동영상 콘텐츠에 제3자 광고, 스폰서십 또는 프로모션 삽입
- 금전적인 이익을 목적으로 타사 사이트를 통해 내 유튜브 채널 또는 파트너 채널 판매
- '좋아요'나 '즐겨찾기에 추가'와 같은 동영상 기능을 클릭하도록 다른 사용자를 조종하거나 독려

_출처: 유튜브 고객센터

앞서 언급된 '재사용된 콘텐츠', '중복되는 콘텐츠'의 내용을 종합적으로 정리하면 수익 창출 중지를 받는 채널의 기준이 명확해진다.

유튜브는 동영상 사이트이다. 이미지보다는 동영상을 통해서 영상을 업로드하고 해당 동영상은 유튜브에 여기저기 퍼져 있는 동영상을 재사용하기 보단 스스로 촬영해서 하는 것을 권장한다는 것이다. 영화나 음악 같은 저작권자가 소유권 주장과는 또 다른 개념으로 유튜브가 자체적으로 이런 중복되는 영상들을 걸러내겠다는 것이다. 누군가의 신고가 없어도 유튜브 내에서 반복적으로 검출되는 흔한 영상을 또 다시 채널에서 사용했을 때 재사용된 콘텐츠로, 저품질의 채널로 평가한다는 것이다. 여기에 더해 중복되는 콘텐츠의 경우 '쉽게 대충 만든 영상'으로 영상에 새로운 가치를 더하지 않은 반복되는 영상을 말한다. 즉 영상을 업로드할 때마다 비슷한 콘텐츠를 양산해서 업로드하며 얼굴이나 목소리가 등장하지 않고 자막만으로 영상이 진행되면 사람이 아니라 최근에는 인공지능도 반복적으로 양산해낼 수 있는 스팸으로 판정받을 수 있다는 말이다.

유튜브의 영상들은 모두 유튜브의 재산인 서버와 유튜브의 메모리에 저장된다. 그 모든 것은 자산이다. 유튜브에 존재하는 대다수의 영상의 조회수가 100이 안된다고 한다. 그리고 수많은 영상들이 이렇게 재사용되고, 반복적으로 재업로드되거나 새로운 가치를 더하지 않고 중복적으로 업로드된다고 한다. 또한 이런 영상으로 인해서 수익을 제공해야하는 광고주의 입장에서는 광고비를 저품질 영상에 지불해야 한다는 불만 역시 존재한다. 이런 상황이 어우러져 유튜브에서 많은 크리에이터들이 수익 중단 사태를 겪은 것이다. 다가오는 수익 창출 중지의 위험에서 벗어나기 위해서는 얼굴이나 목소리, 손 등을 노출해서 자신의 캐릭터를 강화하는 조치가 필요하다. 또 직접 촬영한 콘텐츠이거나 기존에 존재하는 영상이라면 공들인 편집으로 기존의 영상에서 전혀 다른 패턴을 만들어내고 단순히 영상을 다르게 만드는 것에서 나아가 새로운 기획으로 기존의 영상에 가치를 더하는 작업이 필요하다는 것이다. 광고주(광고주)와 광고사(유튜브) 피고용인(크리에이터)의 관계로 보면 크리에이터들이 해야 할 과제는 명확하다. 돈을 줬으니 더 고품질 영상을 만들라는 것이다.

③ 새로워진 커뮤니티 가이드 위반 경고

Community Guidelines Status

[그림 4-35] 커뮤니티 가이드라인 상태

커뮤니티 가이드라인은 유튜브 세계의 형법이다. 이 가이드라인을 어기면 경고가 주어지고, 이는 90일이 지나면 소멸된다. 단 90일 안에 3번 경고를 받으면 채널이 삭제되고 계정이 소멸될 수 있다. 2019년 2월 경에는 가이드라인 정책에 변화가 있었는데 기존의 경고를 받기 전에 '주의' 조치를 한 후 문제가 계속되면 1차 경고로 이어지는 변화이다. 이는 대다수의 위반 경고를 받은 크리에이터들이 의도치 않게 규정을 위반하게 되어 가이드라인에 대한 명확한 위반 의사가 없이 실수의 개념으로 경고를 받게 되는 것에 대한 개선책이다. 또한 유튜브 정책에 대한 정보를 제공하여 어떤 사항이 커뮤니티 지침을 위반했는지 교육하고, 경고를 받았을 때 어떠한 사유로 받게 되었는지 명확하게 나타내며 이에 대한 항소가 가능하다는 것이다. 동시에 유튜브는 3가지의 가이드라인 경고의 3가지 방향을 제시했는데, 이는 '명확한 정책', '위반 경고의 일관성', '채널에 미치는 영향의 명시'이다.

> **주의 - 최초의 가이드라인 위반에 대해 주어지며 항소 가능**
>
> - 1차 경고는 1주일간 업로드 금지, 라이브 스트리밍 금지, 썸네일 변경, 스토리, 커뮤니티 게시글 업로드 금지
> - 2차 위의 모든 사항 2주간 금지
> - 3차 경고는 계정 정지, 채널 삭제

언뜻 주의가 생김으로써 더 완화된 것 같이 보이는 가이드라인 경고의 변화는 자세히 보면 그렇지 않다. 한 번 받은 주의는 다시는 사라지지 않는다. 90일이 지나면 경고는 사라지지만 주의를 받은 시점 이후로 채널은 주홍글씨처럼 낙인이 찍힌다는 것이다. 공개적으로 발표되지 않았지만, 채널에도 '화이트'로 평가된 채널과 '블랙'처럼 평가 단계가 존재할 것이고, 한 번 주의를 받은 채널은 영원히 가이드라인

에 부정적인 채널로 평가받을 수밖에 없다는 것이다. 이외에 크리에이터로서 구독자와 교감할 수 있는 모든 사항에 제한이 걸리는데 지금은 활발하게 사용되는 커뮤니티 게시글 기능이나 라이브도 금지되며 영상의 썸네일조차 변경이 어렵게 된다는 것은 커뮤니티 가이드라인 경고가 단순히 90일이 지나면 소멸되는 수준이 아니라 단 한 번만 어기더라도 유튜브 세계에서 쌓아올린 신뢰를 모두 잃을 수 있다는 것이다. 활발하게 활동하는 크리에이터의 경우 커뮤니티 가이드 위반 경고를 받게 되면 해당 사항을 숨길 수가 없다. 당장에 영상 업로드가 1주일간 정지되고, 썸네일 변경이 금지되어 기존에 썸네일 스타일을 유지할 수 없으면서 게시글을 업로드할 수 없어 시청자에게 사연을 공지하기가 어렵기까지 하다.

〈크리에이터 아카데미〉의
유튜브 정책 및 가이드라인

커뮤니티 가이드를 지키기 위해선 위에 '노란딱지' 설명에 제시된 '광고주 친화적인 가이드라인'을 지키는 것이 좋다. 또 수익 창출중지 사태에서 언급했던 '콘텐츠 품질 가이드라인' 역시 참조하는 것이 좋다.

커뮤니티 가이드가 명시된
자료

03 영구 정지 당한 채널들에서 얻은 교훈

저작권 경고를 받거나 커뮤니티 가이드 위반 경고를 받는 등 다양한 사유로 당신의 채널은 사라질 수 있다. 가이드 위반에 따른 경고 누적으로 삭제되는 경우가 대다수이지만 극단적인 몇 가지 사례들의 경우 3개의 경고를 한 번에 받게 되면 어느 날 아침 채널이 사라져 있을 수도 있다. 또 사회에 부정적인 영향을 끼치고 유튜브 생태를 망치는 채널이라면 당장 구글의 판단으로 경고 없이 채널이 사라질 수도 있다. 만약 영구 정지당한 사람이 또 다른 계정으로 채널을 파게 되면 해당 채널도 정지를 당하게 된다. 유튜브는 기본적으로 1인 1계정이 원칙이기 때문이다. 한 유튜버는 계정이 정지당하고 새로운 계정을 40번이나 만들었지만 지속적으로 정지된 바가 있다.

❶ 자극적이고 수위가 높으면 계정이 삭제된다

2016년 당시 인지도가 높은 유튜버들끼리 서로 싸움을 걸고 그 자극성과 화제성을 이용해서 또 다시 싸움을 키우고 제 3자가 개입하면서 싸움판을 키우는 행위들을 반복했다. 그 당시에 싸움판에 끼었던 크리에이터들은 한쪽으로 인식에 쏠려 있었던 듯 보인다. 자극적이고 선을 넘으면 높은 조회수를 얻을 수 있다는 노이즈 마케팅 말이다. 이런 기조가 유지되면서 2017년 지나치게 자극적이고 부적절한 표현과 욕설, 위험한 행위를 시도하여 인기몰이를 한 인물들이 유튜브로 넘어오기 시작했다. 영향력이 컸던 탓인지 수많은 초·중학생들이 해당 방송을 보며 부모님을 욕하는 말들을 유행처럼 쓰이게 하는 악영향을 끼쳤다. 해당 채널들은 위험하고 자극적으로 수위가 높아지다가 혐오 콘텐츠로까지 번지기 시작했다. 서로 의견이 다른 유튜버들이 모욕을 일삼고 비판하면서 이슈몰이를 하기 시작했고, 인기 영상 상단에 배치되기 시작하면서 사회적으로 유튜브에 안 좋은 시선이 쏠리는 듯 보였다. 사건이 범죄화로 이어지려는 조짐이 보이자 유튜브 측은 관련된 채널들을 모두 삭제 처리하였다. 지속해서 복귀하려는 시도는 있지만, 그때마다 즉시 계정을 삭제하고 있다.

이후에는 유튜브에서 자극적인 콘텐츠가 줄어드는 분위기가 형성되었다. 무리하게 폭력화된 채널들은 자정하기 시작했고, 언제든 채널이 날아갈 수 있다는 부담감에 선을 지키기 시작했다. 그런데 다시 한 번 혐오의 불꽃이 타오르고 있었다. 2018년 하반기부터 갑자기 급부상한 가면을 쓴 채널이 등장했다. 시의성 있는 주제를 다루고, 수려한 언변과 자극적인 표현으로 각계각층의 분야들을 공격하기 시작했다. 정치적 인물들을 겨냥하고 특정 직업군을 비하하거나 지역을 공격하고 성향을 문제 삼고 공격하기도 했다. 적도 많았지만 팬도 많았다. 단 몇 달 만에 50만 구독자를 넘게 모았고 네이버 실검에 영향을 끼치기까지 시작했다. 그를 추종해서 수많은 가면 유튜브 채널이 만들어지기도 했다. 그가 언급한 것은 다음날 이슈가 되기도 할 정도였다. 하지만 그런 그 조차 결국 커뮤니티 위반 경고 3회를 받고 쓸쓸히 유튜브 세계에서 퇴장당했다.

② 가치 있는 콘텐츠를 기획하라

위와 같이 화제를 만들어서 높은 조회수와 수익을 얻고 인기몰이를 하는 채널들의 말로는 '채널 삭제' 그 이상 이하도 아니었다. 유튜브의 가이드라인은 '정확히 어떤 식이다'라는 큰 방향만 있지 구체적으로 어떤 내용이 콘텐츠의 가이드를 어기는 것인지 아주 세세하게 명시되어 있진 않다. 그러나 분명한 것은 결국 유튜브를 운영하는 이들은 사람이란 것이다. 구글의 담당자들의 입장에서 사회적으로 유튜브의 이미지를 부정적으로 만드는 채널이라면 당장 유튜브에서 퇴장시키는 쪽을 원할 것이다. 또 유튜브가 지향하는 콘텐츠는 생산적이고 창의적이며 오리지널리티에 부합하는 문화적으로 긍정적인 콘텐츠이기 때문에 상호 간에 공격적이고 혐오적인 문화를 양산하는 채널들에 대해서는 언제나 경고의 준비가 되어있을 것이다. 정확히 무슨 짓을 해야 채널이 사라진다고 명시할 순 없지만 적어도 유튜브의 콘텐츠를 보면 '이 채널을 없어지겠구나!' 라는 감을 잡을 수 있다. 현실에서 보고 눈을 찌푸리게 하는 행동이 있다면 유튜브에서도 하면 안 되는 것이다. 평범하고 정상적인 사람이 봤을 때 '이건 아니다' 라는 콘텐츠를 하면 안 되는 것이다. 무엇보다 그 콘텐츠가 사회적으로 안 좋은 반향을 일으키고 각 국가의 정부가 유튜브를 공격하게 만드는 빌미를 제공해주는 것이라면 더 말할 필요 없이 영구 정지 대상이다. 결국 커뮤니티 가이드라인만을 지키려는 수동적인 자세가 아니라 창의적이고 모범적이고 유익하면서도 가치 있는 문화를 만들려는 방향의 콘텐츠를 기획하고 그러한 영상을 지속적으로 만들 수 있는 시스템을 만드는 것이 모든 크리에이터들이 고민해야할 방향이 아닐까 싶다.

가톨릭에는 칠죄종이 존재한다. 일곱 개의 대죄라는 단어를 들어본 적이 있을 것이다. 교만, 탐욕, 질투, 분노, 색욕, 식탐, 나태라는 죄악은 유튜브 채널을 운영할 때도 적용된다. 아래의 7가지를 기억하기 쉬운 가이드라인의 방향으로 제시해본다면 다음과 같다.

크리에이터를 망치는 7대 죄악

❶ **교만** : 거짓된 가짜 정보를 퍼뜨리고, 시청자를 속인다.

❷ **질투** : 남의 영상을 따라하고 베낀다. 잘되는 건 다 가져오고, 자신의 콘텐츠에 대한 고민이 없다.

❸ **분노** : 지나친 분노표출과 과격한 표현으로 혐오를 양산한다.

❹ **나태** : 영상 업로드를 게을리 하고, 새로운 콘텐츠에 대한 고민을 하지 않는다.

❺ **탐욕** : 욕심에 눈이 멀어, 비슷한 스팸 콘텐츠만을 양산한다.

❻ **식탐** : 허기와 불만족으로, 자극적인 영상을 계속해서 만들어낸다.

❼ **색욕** : 성적으로 문란한 콘텐츠를 만든다.

---

04 | MCN 들어가? 말어?

유튜브 정보란에 e메일 주소를 입력해 놓으면, 유독 주기적으로 오는 e메일이 있다. 바로 MCN 가입 제안 메일이다. MCN은 'Multi Channel Network'의 약자로, 크리에이터들의 매지니먼트 회사로 보면 된다. 다중 채널 네트워크를 실제로 많은 크리에이터들이 커뮤니티 게시판에 MCN 가입에 솔깃하여 고민을 토로한다. 필자에게도 MCN에 가입하면 얼마나 좋은지에 대해 묻는 e메일이 주로 오는데, 사람들이 공통적으로 MCN에 대해서 오해하고 있는 부분이 있어서, 어떤 MCN이 실질적인 도움이 될 수 있고, 어떤 MCN은 피해야 할지, 그리고 어떤 부분이 사실과 오해인지 밝히려고 한다.

1 MCN에 관한 오해_1

MCN은 저작권 문제를 해결해준다. ···➔ NO

MCN은 저작권 문제를 해결해주지 못한다. 영화의 예로 들면 저작권 문제 해결은 MCN이 어떤 권한을 가져서 저작권에 스캔되지 못하게 하는 게 아니라, 그냥 영화사와 크리에이터가 일대일(1:1)로 해결하는 구조이다. 일단 Content ID에 스캔된 이후에 배급사 등에서 저작권을 풀어주는 형태로 진행되는데, 이는 해당 크리에이터가 쌓아온 입지와 협의 내용에 따라 달라지는 것이지, MCN과 관련이 없다. MCN이 저작권 문제를 해결해준다는 오해가 퍼진 것은 대부분 유료 음원 사용, 유료 폰트, 유료 푸티지(영상) 등에 대한 혜택을 제공하기 때문이다. 또 DIATV 같은 초거대 MCN의 경우 CJ계열로 다른 계열사들과 연결되어있기 때문에 일부분 혜택을 제공받기도 하기 때문이다. 그러나 엄밀히 말해 계열사라는 건 다른 회사와 같다.

저작권은 말 그대로 저작권자와 또는 판권을 위임 받은 자와 해결해야 하는 점을 명심하길 바란다. 물론 내가 현재 속해있는 MCN인 세미콜론에선 영화와 관련된 사업을 하고 있고, 소속된 영화 유튜버가 10명이 넘기 때문에 영화 광고 배급부터 영화 관련 사업, 저작권 문제들을 적극적으로 해결해주기도 한다. MCN에 들어가기 전에는 계약서를 꼼꼼히 검토해야 하며 계약서에 없는 내용은 안 해준다고 봐도 무방하며 심지어 계약서에 명시되어있어도 유명무실한 지원 사항들이 존재하므로 반드시 기존에 가입중인 크리에이터들과 상담을 해보길 바란다.

② MCN에 관한 오해_2

MCN은 광고를 물어다 주나? ···→ Case by Case

제대로 되고 돈이 되는 광고는 어차피 광고가 들어왔을 채널에만 들어온다. 광고 제안을 무에서 유로 창조해 가져오는 MCN이 있다면 무조건 가입하길 추천한다. 광고주들이 MCN과 연합해서 소속 크리에이터들과 광고를 기획하는 경우는 존재한다. 하지만 그런 경우에도 소속된 크리에이터들 중 인지도가 있는 채널이 선택되기 마련이다. 이제 막 채널을 열거나 인지도나 구독자수가 적은데 MCN에 가입했다고 성심성의껏 챙겨주지 않는다. 끼워 팔기가 가능한 채널이라도 어느 정도의 구독자수나 인지도는 확보되어야 한다. 내 주변에는 수많은 크리에이터들이 있다. 그 중 아주 많은 크리에이터들이 MCN에서 광고 한 건 받아보지 못하고 여러 곳의 MCN을 옮겨 다니기 일쑤였다. 심지어 한 크리에이터는 MCN 담당자와 통화하는데 5일이 걸리고 막상 전화하면 누군지도 모르고 매니저는 자주 바뀌어 있으며 소통이 힘들다고 불만을 토로한다.

MCN은 당신을 성장시켜주는 아이돌 소속사가 아니다. MCN과 당신의 관계는 사업파트너 관계이다. 당신 채널 스스로 가치를 창출해낼 수 있을 때 비로소 그 가치를 활용해서 비즈니스가 진행되도록 MCN이 움직인다. 아직 당신의 e메일로 상업적 연락이 오지 않았다면, MCN은 어떤 파이도 늘려줄 수 없다. 결국 비즈니스는 크리에이터 스스로 해야 하며 모든 경쟁력은 내 채널의 구독자, 내 영상의 파급력, 크리에이터의 인지도에 달린 것이다. 한 MCN에 지인 여럿이 소속된 곳이 있었는데 하나 같이 똑같은 말은 한다. 이 MCN은 '원천징수 기관'이라고. 무슨 말이고 하니 해주는 건 없고 유튜브에서 들어오는 달러를 받아 국세청에 3.3%를 납부하고 주는 것 밖에 자신들이 받는 서비스가 없다는 것이다. 그 조차 환율이 유리할 때는 며칠 느리게 입금하고 불리할 때는 즉시 주는 그런 불이익을 겪으면서 말이다.

③ MCN에 관한 오해_3

해외 유명 크리에이터가 소속된 MCN은 좋은가? ⋯ NO

위에 언급했듯 국내에 존재하는 MCN도 상황에 따라 담당자가 크리에이터를 몰라보는 경우도 존재하는데 외국에서 얼굴도 보지 못할 MCN은 어떠할까? 얼굴을 모르는 게 아니라 말이 안 통한다. 직접적으로 예측하는 서비스가 무엇인지 파악하고, 그에 해당하는 서비스를 받을 수 있다면 괜찮지만 외국의 MCN들에서 온 연락들은 특별하지 않은 계약조건에 수익을 분배하는 계약 조건이므로 국내에 존재하는 MCN에 비해 선택의 우월성을 갖지 못한다. 또 법적으로 긴급한 문제, 채널 경고와 같은 시의성과 긴급성을 요하는 문제에 해결에 있어 지리적 근접성, 언어의 동일성은 대단히 중요하다고 볼 수 있기 때문에, 외국의 유명 크리에이터들이 소속된 MCN이라고 해서 무조건 유명 기획사에 캐스팅 된 것처럼 좋아하지 않았으면 한다.

④ MCN에 관한 오해_4

당신 채널의 잠재성을 알아보고 연락 왔다 ⋯ Oh....NO !

MCN에서 가입 요청을 하는 대부분의 e메일에 너무 기분 좋아하지 않았으면 한다. 직접 연락을 하는 경우도 있지만, 대부분은 채널이 작은 초기에 여러 채널의 가능성을 포섭하려는 전략에 불과하다. 한 MCN의 계약 조건 중 이런 게 있다. '10만 구독자 이하까지는 채널의 수익을 100% 크리에이터가 가져가며, 10만 이후부터 7대 3(MCN)을 가져가고 광고 수익에 대해선 5대 5로 또는 3대 7(MCN)로 배분한다.'라는 계약 말이다. 구독자 1만 명 정도인 상태에서 캐스팅을 받으면, 아직 10만까지 갈 길이 멀기 때문에, 이런 조건에 현혹되는 경우가 있다. 그런데 이는 매우 매우 불합리한 계약 조건이다.

당신의 채널과 동영상을 만드는 노력의 99.9%는 당신이 하게 된다. MCN은 말 그대로 비즈니스에 날개를 달아줄 뿐 결국 채널의 모든 노동은 당신 스스로가 하게 되는 구조여서 본격적으로 유의미한 수익을 만들 수 있는 구독자 10만 명이 넘어서는 순간부터의 애드센스 수익을 나누게 되면 단기적으로도 중기적으로도 장기적으로도 매우 불합리한 상황에 처하게 될 것이다. 채널이 10만 명이 안된다면 MCN에서 제공하는 폰트, 음원 같은 것들로 인해 이득을 본 느낌이 들 수도 있지만, 그깟 폰트와 음원, 본인이 돈 주고 이용하는 게 훨씬 싸게 먹힌다. 채널이 성장해서 10만 명, 100만 명이 돼서 얻는 수익에 비하면 비할 바가 되지 못한다. 그런데 이런 조건의 계약을 하는 곳 중에는 계약은 5년으로 해버리는 경우도 있다. 대부분 3년인데 일부 크리에이터는 5년으로 계약한 것을 확인했다.

내가 영화 유튜브 채널의 구독자 90만 명으로 만들기까지 정확히 3년 3개월이 걸렸다. 유튜브에서 5년이란 시간은 현실의 20년에 맞먹는다. 유튜브 3년만 되어도, 고인물 소리를 듣는다. 이곳의 시간은 빠르게 가고, 유행도 인기도 한순간에 변한다. 그런 유튜브 세계에서 5년 간의 계약을 맺는다는 것은 절대 현명하지 못한 처사이다. 이에 대해 단체 계약을 진행해 '1년 마다 재계약, 원할 시 즉시 계약 파기'라는 조건으로 계약을 성사시킨 크리에이터 조합도 있었다. MCN의 계약은 절대적인 규격이 아니며 당신의 채널이 진짜 가치가 있고, 가능성을 보았다면 어떤 조건으로라도 계약 조건을 변경해줄 것이다. 그렇지 않고 회사의 규정을 운운하며 위와 같은 조건을 내민다면 당장 그 계약을 걷어차고 나오길 바란다.

❺ 실질적으로 도움을 주는 MCN은 어떤 곳들인가?

① 팀을 만들어 준다

담당 작가, PD, 애니메이터, 편집자들을 구성해주고, 내 채널에 업로드될 영상을 함께 고민해주는 MCN이 진짜다. 샌드박스가 이런 경우이다. 규모는 크지 않지만 밀도 높은 제작 지원과 팀 형식의 관리를 통해 콘텐츠를 만드는데 실질적인 지원을 한다. 샌드박스에 가입한 이후 〈장삐주〉 채널의 행보를 보면 애니메이터를 고용하고 그를 통해 오리지널 콘텐츠를 만들어냄으로써 진짜 오리지널 크리에이팅을 하는 채널로 발돋움했음을 알 수 있다. 사실 개인의 힘으로 팀을 구성하기는 여간 부담스럽다. 금전적인 면도 그렇지만, 사람을 고용하고 엮어서 이끌어가는 인사의 영역은 사업에서 가장 고된 부분이기도 하다. 이런 부분의 팀을 만들어주는 MCN이 있다면 내 채널이 실질적인 도움을 받을 수 있는 증표이기도 하다.

② 채널을 성장시켜 준다

채널이 성장한다는 건 구독자가 늘어나고 조회수가 높아지며 파급력이 커지는 것으로 판단할 수 있다. MCN에 가입하더라도 대부분의 크리에이터들은 스스로 성장할 수 밖에 없다. 하지만 어떤 MCN들은 정체되어 있는 채널의 성장 원동력을 만들어주기도 한다. MCN 자체에서 기획을 하고 소속 크리에이터들 간에 콜라보 연계를 통해서 작은 채널들을 발견하게 해주고 소속 크리에이터들 간의 교류로 새로운 영상 콘텐츠 방향을 만들어주는 곳이라면 채널의 성장 동력을 찾는데 유리하다. 이런 분야에선 '비디오 빌리지'라는 MCN이 가족적이면서 소속 크리에이터들 간의 유대를 잘 이어주는 것으로 소문이 나있다. 또 사업적인 면에서도 내가 그동안 접근하지 못했던 난이도가 높은 분야를 개척하고 해당 분야의 카드로 내 채널을 제시하는 등 채널의 다각화를 시켜주는 MCN을 골라야 한다.

③ 수익을 빼앗아가지 않고 늘려 준다

내가 속한 세미콜론에선 수익을 가져가지 않는다. 어떤 조건도 없이 애드센스 수익을 건드리지 않는다. 또한 광고로 얻은 수익도 아주 낮은 비율로 나눈다. 무엇보다 영화 전문으로 배급을 함께 하다 보니 영화와 관련된 광고 수주에선 내가 원래 받던 일보다 많은 일거리를 제공해주기 때문에 실질적으로 수익이 늘어났다. 그렇기에 MCN과 수익을 분배하여도 아깝다는 생각이 들지 않는다. 실질적으로 매니지먼트의 역할도 제공받고 있어 더욱 그렇다.

④ 내 채널에 관심과 애정이 있다

담당 채널에 관심을 갖기 위해선 우선 매니저 한 명당 담당하는 채널 수가 지나치게 많으면 안 된다. 그런 MCN의 경우 거의 명목상 매니저의 불과하고 연락도 쉽지 않다. 연락이 되더라도 내 채널에 대한 정보가 업데이트 되어있지 않고 애정이 느껴지지 않기 때문에 생산적인 기획이 오고가지 않는다. 매니저의 태도에서 회사가 크리에이터를 대하는 태도를 볼 수 있고, 더 나아가 유튜브 세계를 함께 헤쳐나가야 할 동반자인지 판단해 낼 수 있다. 매니저, 팀장, CEO 직급을 떠나서 MCN을 구성하는 인원들이 채널에 관심을 가지고 나의 채널을 더 성장시키기 위해선 어떻게 해야 할까. 함께 고민해주고 손익을 계산하지 않고 힘을 보태주는 MCN을 만나면 덮어놓고 계약하길 추천한다.

⑤ 명확한 콘셉트와 목표가 있다

〈레페리〉라는 뷰티 전문 MCN은 150명의 전속 뷰티 크리에이터들과 대형 화장품 회사들을 클라이언트로 하여 뷰티MCN의 상징과 같은 포지셔닝을 성공해냈다. 크리에이터들은 스카우트하는 것을 너머 지원을 통해 선발하여 직접 육성하는 시스템을 갖추고 있다. 촬영·편집·디자인·기획·브랜드 콜라보레이션 능력을 길러주며, 실질적으로 뷰티 산업과 연계하는 비즈니스를 성사시켜, 소속 크리에이터들의 만족도가 아주 높다고 한다. 이처럼 MCN이 명확한 콘셉트를 지니고 한 분야의 전문적인 위치를 지녔으며, 그로 인한 사업성이 확보된 곳이라면 내 채널을 성장시켜줄 제2의 디딤돌로 MCN을 활용할 수 있다.

05 | 악플러에게 동정을 구하지 말라

세상엔 좋은 사람도 많고 나쁜 사람도 있다. 이상한 사람부터 유머러스한 사람, 이해심 많은 사람부터 심보가 꼬인 사람들까지 유튜브를 하면서 시청자를 겪고 댓글을 몇 년간 겪다 보니 인간의 유형에 대해서 밀도 높은 경험을 하게 되었다. 특히 내 영상을 본 시청자는 모두 내 편이 아니란 것도 알게 되고 구독자는 팬이 아니란 것도 알게 된다.

① 악플에 대한 반응

크리에이터는 연예인이 아니다. 소속사, 매니저도 없고 불특정 다수의 사람들을 상대하는 법을 누군가 제대로 코치해주지도 않는다. 그렇기에 유튜브 채널을 운영하다보면 처음 겪어 보는 다수의 사람들의 반응에 상처를 받기도 하고 절제하지 못하고 대응하다가 역풍을 맞기도 한다. 팬과의 유대가 형성되지 않은 초기의 채널, 콘셉트가 명확하지 않은 채널일수록 훈수 두는 사람부터 짜증을 표하는 글, 다른 채널과 비교하는 악플은 더욱 많이 달린다.

경험 많은 크리에이터들이라도 어느 순간 울컥하는 댓글을 보기도하고 의도치 않은 대응과 그로 인한 마녀사냥으로 채널의 구독자가 급감하며 무너지기도 한다. 오랫 동안 무플을 겪어왔던 한 크리에이터는 차라리 악플이 낫겠다며 어그로를 끄는 행위를 이어나갔지만 지금은 지나친 악플로 공황장애와 우울증 치료를 받고 있을 정도이다. 경험 많은 크리에이터들도 이런 일들을 겪는데, 이제 처음 댓글의 무서움을 겪어보는 초보 크리에이터들은 악플 세례를 어떻게 헤쳐나가야 할까?

악플이 달렸을 때, 초보 크리에이터들이 하는 실수 중 대표적인 행동 유형은 감정을 댓글로 쏟아내는 경우이다. 악플에 답변을 달 때 내가 이 영상을 얼마나 힘들었는지에 대한 감정적인 호소, 댓글에 대해 느끼는 원망 등을 일상적이고 감정적인 언어로 쏟아내는 경우이다.

하지만 악플을 받으면 절대 즉각 반응해서는 안 된다. 이성적이고 합리적으로 댓글을 분석하고 행동 방안을 모색해야 한다. 그러기 위해 가장 첫 번째로 할 일은 주변인에게 악플을 보여주고 함께 고민하는 것이다. 사람들이 어떤 사건을 마주할 때 나의 일이 아니라면 충분히 합리적이고 이성적으로 판단할 수 있다. 아주 큰 잘못을 해서 악플이 도배될 정도가 아니라면 말이다. 내가 방금 읽은 댓글은 내 채널을 좋아하는 많은 사람들 중 몇 사람의 악플일 뿐이고 다수의 아주 많은 사람들이 좋은 댓글과 좋아요 클릭, 구독 같은 긍정적인 반응을 하고 있다는 것을 떠올릴 수 있다. 사실 이 세상 모든 사람이 나를 좋아하길 바라는 건 욕심이다. 몇 사람쯤은 나를 증오할 수 있다. 그런 사실을 주변 사람들과의 이야기를 통해서 상기시켜야 한다. '나'라는 크리에이터가 '유튜브'라는 많은 사람들이 지켜보는 '무대'에 올라와 있는 상황에서 단 몇 사람 때문에 전체 관중에게 감정적으로 흥분된 상태로 대응하고 있다는 사실을 인지해야 한다. 그렇게 되면 당신이 화를 내는 그 미운 모습을 보고, 당신을 좋게 생각했던 시청자들마저 불쾌한 감정을 느끼기 시작하고, 당신은 지나가던 시청자들을 적으로 돌리게 되는 상황이 벌어지게 된다.

물론 흥분한 사람은 판단력이 떨어지게 된다. 심장이 요동치고, 아랫배가 묵직하게 긴장된다. 이러한 신체적 상태는 인간이 아주 오래 전에 사냥을 하거나 생명의 위험으로부터 도망칠 때를 위해, 혈액과 신경이 도망가거나 뛸 때를 대비해 뇌가 아닌 근육과 신경에 집중되도록 진화했기 때문이라고 한다. 그래서 긴장하면 지능과 판단력 같은 뇌를 써야하는 정신활동의 수준이 떨어지고 이성적이고 합리적인 판단이 어렵게 되는 것이다. 유튜버로 살아남는다는 것은 정글 안에서 생존하는 것과 같다. 늘 위협이 도사리고 있고 매 순간 새롭게 업데이트되는 알고리즘에서 생존해야하면서 불특정 다수의 사람들을 상대해야 하기 때문에 긴장되고 감정적일 수밖에 없다.

하지만 인간은 생존의 동물, 21세기 인류라도 위기 상황에는 어쩔 수 없이 굳어버리는 판단력을 보존하고 생존율을 높이기 위해 인간은 상황에 대처하는 매뉴얼을 만들었다. 그리고 나 역시도 이런 상황을 겪어가며, 다시는 하지 말아야할 행동과 해야 할 행동 선택지를 기록하여 악플 대응 매뉴얼을 만들었다. 과연 인터넷 왕따의 공격에서 생존 가능성을 높일 수 있는 방식은 무엇일까?

❷ 크리에이터의 멘탈 생존을 위한 악플 대응 6단계 매뉴얼

거의 살인에 가까운 커뮤니티 악플 사냥을 제대로 겪어본 나로서는 악플의 생태계의 피해자와 관망자, 가해자가 모두 되어 보았다. 생각 없이 누군가를 비난하는 댓글을 달아본 적도 있고, 그걸 지켜보면서 시간을 때운 적도 있고, 내가 피해자가 되어 고통에 몸부림친 경험도 있었다. 그러면서 알게 된 악플 가해자들의 특징은 악플 피해자의 고통 따위 상관하지 않으며, 피해자의 억울함과 사건의 진위 여부는 중요하지 않다는 것이다. 그저 그 순간 자신의 감정을 쏟아낼 곳이 필요하며 글 몇 줄에 희열을, 자신의 댓글을 응원하는 누군가의 지지에 환희를, 자신의 댓글에 반대하는 또 다른 누군가에게 또다시 분노를 반복하는 기계적인 가해자들이란 사실이다.

일단 마녀사냥의 마녀로 지목되면 팩트에 상관없이 여론몰이 작업이 진행된다. 가볍게는 채널 댓글에서 댓글이 달리고 사람들이 동조하지 않으면 관련 커뮤니티나 인터넷 게시판에 마녀의 잘못을 퍼나르고 살을 보태고 과장을 하게 된다. 이 작업이 성공하면 사람들이 입장을 나누며 물 타기가 시작되고 사냥감이 된 먹잇감을 헐뜯는다. 광기에 휩싸여 사냥감을 조각낸 후에는 승리의 안도감을 느끼고 아무 일 없다는 듯이 대중의 분노는 사라진다. 그곳에 남은 건 마녀라고 불린 악플 희생자의 부서진 유골뿐이다. 크리에이터의 멘탈 건강을 위한 악플러 대처법 6단계를 구체적으로 살펴보자.

① 무대응

악플러들은 당신의 단어 하나, 감정 표현 하나까지 주시하고 있다. 격한 마음으로 그들의 공격에 대응했다가는 나의 방어적인 말을 또 그들의 떡밥으로 사용될 가능성이 크다. 말실수라도 했다가는 "거봐 내가 그랬지?" 하며 인성 논란을 만들어버린다. 악플러들은 팩트 공격이 멈추면 인성공격을 시작하기 때문에 어떠한 대응도 하지 않는 것도 방법이 될 수 있다. 마녀사냥 물 타기에 선동당한 대다수가 아닌 나를 직접적으로 공격 선동을 하는 코어 악플러들은 늘 당신의 대답을 기다리고 있다. 코어 악플러들 중엔 동종업계 경쟁자들이 종종 있다. 그들은 업계의 정보에 능통하고 당신의 빈틈과 약점을 정확히 알고 있다. 그렇기에 더더욱 당신의 대답은 그들의 제물일 뿐이다. 당신의 옳고 그름은 중요하지 않다. 오직 당신이 흥분하고 몰락하는 장면이 그들이 원하는 엔터테인먼트이다. 추락의 끝에 피 흘리는 건 당신뿐이다. 절대 대응하지 마라.

② 빠른 사과와 빠른 문제 해결 그리고 진정성 있는 사과

가장 추천하는 방법이다. 잘못을 했다면 인정을 하고, 실수를 했다면 바로 잡고, 죄에 합당하는 빠르고 진정성 있는 사과와 자숙 기간으로 스스로 반성하는 시간을 가져야 한다. 한참 어그로가 끌려 찾아온 악플러들을 진정시켜줄 시간은 분명 필요하지만 잘못을 했는데 사과 없이 사라지는 것은 추천하지 않는다. 1번의 무대응은 자신의 잘못이 없을 때 쓰는 방법이며, 2번 빠른 사과는 내가 악플의 원인을 제공했다 판단되었을 때 해야할 가장 첫 번째 행동이다. 많은 일류기업들이 잘못을 회피하고 은근 슬쩍 영업을 지속하여 기업의 브랜드 가치를 손상시킨다. 사건을 잊은 대중도 있지만 기억하는 대중들은 골수 안티가 되어 기업을 사회에서 퇴출시킨다.

가습기 살균제에 대한 진정성 있는 사과를 외면하고, 면피에만 집중한 옥시레킷벤키저는 그렇게 한국에서 쌓아온 수십 년 간의 브랜드 가치를 잃었다. 일본의 국민기업이었던 유키지루시 유업은 식중독 늑장 대응으로 국민들의 분노를 샀고 결국 부도로 이어졌다. 실수를 인정하고 진심어린 사과와 보상을 하고 개선한 기업의 경우 실수 이전 보다 더욱 성장한 사례들이 존재한다. 존슨앤존슨은 독극물 사건에 대한 적극적인 사과와 대처 보상으로 금전적인 지출 보다 더 큰 브랜드에 대한 신뢰감을 얻었고 지금도 많은 사람들에게 사랑받고 있다. 실수가 일어났을 때 모든 것이 끝나는 것이 아니라 문제를 바로 잡는 과정에서 악플로부터 벗어나고 당신의 품격을 보여줄 수 있는 발판이 될 수 있다. 물론 사과와 실수를 바로 잡는 데는 골든타임이 존재한다. 자신이 문제를 인식한 그 순간이 바로 골든타임임을 기억하고 상황에 빠르게 대처하자.

③ 법적 대응과 경고

내가 악플 공격을 받았을 때, 나의 법조인 지인은 법적 대응을 종용했다. 그런데 나는 일단 법적 대응을 멈추고, 악플이 달린 커뮤니티를 찾아가 법적 대응 직전 마지막 소통을 시도했다. 현재 상황에 대한 팩트만을 전달했고 어쩌면 마지막일 수 있는 경고와 소통 시도를 통해 그들에게 어쩔 수 없는 나의 다음 선택지를 예고했다. 해당 커뮤니티에 직접 작성한 나의 게시글에 많은 댓글이 달렸고, 대다수가 내가 자신들의 악플을 보고 있는지 몰랐다는 글이었다. 몇몇 글들은 고소 예고에 사과글을 게시했고, 개인적인 e메일로 악플의 주동자들이 장문의 사과의 편지를 보냈다. 또 해당 게시판에서는 이후에도 악플을 지속하는 자들에게 이제 그만하자는 자정 작용이 일어났고, 악플이 단순한 유희가 아니라 실제 법적 문제로 이어질 수 있음을 토론하는 글도 보게 되었다. 그 사건을 기점으로 악플이 발생하지 않았다.

악플을 발생하게 했던 내 영상 스타일도 교체했다. 3년 전 사건 이후로는 해당 커뮤니티와 다른 게시판에서도 악플이 사라졌다. 가끔 고몽이라고 말하면 고소당할까 고읍읍, 이런 식의 악플을 꾸준히 달고 있는 아이디를 모니터링하는데, 그런 글에는 누군가가 꼭 "고소당할 수 있으니 언급하지 말아라"라는 댓글이 달려서 악플이 번지는 걸 막는다. 악플이 극단적으로 또 허위적 비난으로 이어진다면 법정 대응 이전에 이를 예고하는 것도 방법 중에 하나이다. 사건 당시 내가 대화해본 악플러들은 80%가 중학생이었고, 그들은 하나같이 이 일이 자신의 부모와 학교에 알려지는 것을 두려워했으며 자신이 써놓은 글로 인해 경찰서에 가게 된다는 것을 상상하지도 못했다. 하지만 악플은 분명 사실 적시에 상관없이 명예훼손을 일으키는 범죄이며, 이를 인터넷에서 유포하는 것은 정보통신법에 의해 더 강하게 처벌받을 수 있는 범죄임을 인식하고 상대에게 인지시켜주는 것도 방법 중의 하나이다.

④ 피아 식별

악플인지, 악플을 가장한 조언일지 판단한다.

나의 문제점을 개선하라는 글인지, 분노로 눌러쓴 악의적인 글인지 판단해야 한다. 일단 악플이라고 생각하고 읽으면 기분은 나쁠 수 있겠지만 천천히 잘 읽어보면 진심어린 충고와 조언일 수도 있다. 충고를 바탕삼아 다음 영상에 개선하고 진심어린 댓글을 해주면 내가 악플러라고 생각했던 사람들이 나의 코어 팬들이 될 수도 있다. 나 역시 실제 그런 경우가 있었고 자신의 조언대로 영상을 개선해나간 이후 당시에 악플러였던 몇몇의 구독자들이 이제는 팬이 되어 아직도 인스타, e메일로 진득하게 연락중이다. 상대의 시점에서 '왜 이런 댓글을 달았을까' 생각해보는 과정을 거치면서 내가 더 나아진다면 이런 댓글이 없어질 수 있을까? 란 고민으로 내 영상들을 개선해 나간다면 어떤 악플이던 명분과 논점을 잃어버리고, 당신의 근성 앞에서 떨어져 나갈 것이다.

⑤ 무조건 안 보는 게 상책, 차단해버리는 것도 좋은 방법

[그림 4-36] 댓글 차단

사람의 멘탈은 강해지는 게 아니라 무뎌진다. 무뎌지는 건 여러 번 다쳐야 가능한 일이다. 너무 심한 공격은 보지 않는 것이 최선이다. 비속어와 인신 공격으로 가득 찬 악플이라면 다 읽지도 말고 바로 유튜브의 차단 기능을 이용하자. 삭제할 필요도 없다. 그냥 자신만의 댓글 감옥에 갇히는 것이다. 해당 계정의 악플러는 아무리 글을 써도 자신만 보일 뿐 누구도 그 글을 읽을 수 없다. 결국 철저하게 아무도 없는 곳에서 섀도복싱(Shadow boxing)만 하다 지쳐 나가떨어질 것이다. 대부분의 지독한 악플러는 이 채널 저 채널 돌아다니면서 분노를 표출하고, 관심을 받고 싶어 하는 관심종자들이기 때문에 댓글 신고를 받게 되고 여러 번 신고를 받은 댓글러의 계정이 댓글을 달면 자동으로 필터링되는 경우도 있다. 그렇게 필터링된 댓글을 보면 '아 안보길 잘했다'라는 생각도 든다.

악플을 쓰는 사람들 중에는 유독 반복적으로 악플을 다는 사람들이 존재한다. 그런 코어 악플러들을 파악하고 채널에서 숨겨버리면 악플러들에 의해 댓글창이 더

러워지는 것을 막을 수 있다. 이 방법은 많은 크리에이터들이 사용 중인 방법이다. 사람들은 의외로 자신의 판단보다 남들은 어떻게 생각하는지에 자신의 판단을 맡겨버리는 경우가 많다. 특히 유교문화권의 집단주의 사상을 가진 한국 사람들은 어디 가서 손들고 자기 의견 말하는 것을 꺼린다. 댓글창도 마찬가지이다. 한두 사람의 여론이 마치 전체를 대표하는 마냥 힘을 갖고 있을 수 있다. 그 내용이 정당하고 자유로운 의사라면 막을 이유가 없지만, 이유 없이 누군가에게 욕설과 모욕, 저질스러운 글을 남발한다면 영구히 내 채널에서 퇴출시키는 것이 상책이다.

⑥ 필터링 기능을 활용하라

유튜브 크리에이터 스튜디오 → 커뮤니티 → 커뮤니티 설정에 들어가 [차단된 단어]를 설정하면 해당 단어를 쓴 댓글이 자동으로 차단된다.

차단된 단어

이 단어와 비슷하게 일치하는 댓글은 검토를 위해 보류됩니다. 이 단어와 일치하는 실시간 채팅은 차단됩니다.

고몽 노잼

[그림 4-37] 필터링 기능

민감한 단어들이 있다. 비속어뿐만 아니라 차별과 혐오를 부추기는 단어들 말이다. 그런 언어들을 사전 등록해 놓는다면 댓글에서 문제를 일으키고 크리에이터까지 오해받게 하는 상황을 막을 수 있다. 또 외모 콤플렉스가 있다면 그런 단어를 적어 놓는 것도 좋고 자신의 숨기고 싶은 폐부를 찌르는 단어가 존재한다면 이 기능을 활용하는 것도 좋은 방법이다.

PART **05**

유튜브 제작 기술

진짜 크리에이터의 진짜 유튜브 제작 노트

01 내 컴퓨터는? <Mac vs PC>

[그림 5-1] 애플 로고

[그림 5-2] 윈도우 로고

1인 미디어의 심장은 편집용 컴퓨터다. 심장이 건강할수록 더 오래, 더 빨리 뛸 수 있듯 고사양 컴퓨터는 영상 제작에 날개를 달아준다. 예산이 부족하더라도 투자할 여력이 있다면 컴퓨터의 사양을 높이는 데 써야 한다. 편집용 프로그램은 고사양 그래픽 게임에 맞먹는 높은 사양을 요구한다. 고화질 사진을 포토샵으로 편집 보정하기 위해서도 고사양의 CPU와 그래픽카드가 필요한데 4K 화질, 초당 60프레임에 달하는 엄청난 데이터를 이용한 편집을 하기 위해선 더욱 고사양의 컴퓨터가 필요하다. 저사양의 컴퓨터라도 가까스로 편집을 해낼 수는 있지만 가까운 미래에 당신의 머리카락은 남아 있지 않을 것이다. 편집 중 수차례 랙(lag)이 걸리고 프로그램이 꺼지고 렌더링을 기다리는 긴 시간 동안 분노 조절 장애 를 겪게될 수도 있다. 그렇다면 원활한 편집을 위해선 어떤 컴퓨터를 사야 하고, 어떤 사양이 중요시 될까?

컴퓨터를 PC라고 하는데, 보통 한국에서 PC는 마이크로소프트 사의 윈도우 (Windows) 운영체제 기반의 퍼스널 컴퓨터(Personal Computer)를 말한다(이하 'PC'로 칭한다). 윈도우 기반 PC의 라이벌로는 맥(Mac), 맥킨토시(Macintosh)가 있는데 애플 사에서 제조한 올인원 컴퓨터를 말한다. 이 두 가지를 제시한 이유는 거의 모든 편집자가 위 두 개 중 하나의 컴퓨터를 사용 중이기 때문이며, 현존하는 최고의 편집 프로그램인 프리미어와 파이널컷을 작동시킬 수 있는 운영체제가 설치될 하드웨어이기 때문이다.

① PC와 Mac

유튜브 영상 편집을 위해서는 PC와 Mac 중에서 어떤 컴퓨터를 선택해야 할까? 가성비와 디테일한 작업을 중요시 한다면 윈도우 기반 PC, 시간에 쫓기고 금전적 여유가 있으며 일체화된 작업 환경을 중요시한다면 Mac을 선택해야 한다. 즉 윈도 우 기반 PC는 가성비, Mac은 효율성을 중요시할 때 선택하면 된다.

PC는 경제적인 가격으로 조립식 제품을 선택할 수 있다. 필요한 제품만 쏙 골라서 합리적인 가격의 제품들을 조합할 수 있기 때문에 가격과 성능을 동시에 만족시킬 수 있다. 그렇기에 PC는 가격 대비 성능이 Mac에 비해 월등하다. 같은 가격이면 무조건 PC가 더 좋은 사양으로 구성할 수 있다. 또한 이미 구매한 이후에도 그래픽카드 변경, 램 추가, CPU 업그레이드가 가능해서 지속적으로 성능을 향상시킬수 있다.

Mac은 사실상 구매 이후에는 업그레이드가 힘들다. 기본 사양보다 업그레이드 하고 싶다면 CTO(Configure To Order)라는 방식을 통해 애초에 구입 당시에 기본형 모델에서 업그레이드 사양을 선택해야 한다. 아이맥 프로(iMac pro) 기준으로 가격이 630만 원대였던 기본형 제품이 최대 CTO 업그레이드를 하면 2,000만 원을 넘어 버린다. 모델에 따라 다르지만 현재 내가 사용하고 있는 1,000만 원 상당의 아이맥 프로 제품도 램 부품 정도만 사후 업그레이드가 가능하고 이외의 부분은 사실상 업그레이드가 불가능하다. 또한 업그레이드가 가능한 부품 조차 직접 업그레이드가 불가능하기 때문에 긴 시간을 기다려야 한다. 심지어 간단한 용량 업그레이드 조차 불가능하고 큰 용량의 메모리를 구매하기 위해서는 PC 사양으로 메모리를 늘릴 때 보다 약 2배의 금액이 든다. 사설 업체에서 업그레이드를 시도하는 경우도 있지만 정상정인 루트는 아니기 때문에 보증을 받을 수 없다. 즉 1,000만 원짜리 제품을 구매했어도 시간이 지나면 업그레이드 한 중급이 PC만도 못해지는 상황이 벌어질 수 있는 게 Mac 제품이다.

① 맥을 사용하는 이유

가격적인 불리함에도 불구하고 현재 나와 편집자들은 모두 애플의 Mac 제품을 사용 중이다. 내가 Mac을 선택한 이유는 무엇일까? 내 유튜브의 시작은 회사를 다니면서 취미로 시작했기 때문에 편집 시간을 들일 여유가 전혀 없었고 틈새 시간을 활용할 수밖에 없었다. 이러한 상황에서 유튜브를 꾸준히 업로드하기 위해서는 적은 노력으로 다양한 효과를 낼 수 있어야 하고 짧은 시간으로도 원하는 편집이 가능해야하며 직관적이어서 빠르게 배울 수 있으며 원리가 간단한 편집 프로그램을 선택해야 했다. 그게 바로 '파이널컷'이었다. 오직 Mac에서만 파이널컷을 쓸 수 있었기 때문에 한 번도 써본 적 없는 생소한 애플 컴퓨터로 편집 작업을 시작했다. 다수의 한국 사용자에게 Mac의 인터페이스는 낯설겠지만 사용 방법을 숙지한 이후에는 마우스가 없이도 트랙패드를 이용해 피아노 연주하듯 리드미컬하게 편집을 할수 있기 때문에 오히려 그동안 써왔던 마우스와 윈도우 기반의 PC 사용이 불편해지기도 한다. Mac은 꾸준하고 지속적인 소프트웨어 업그레이드를 통해 안전성이 높으며 특히 해킹에 강하다. 또한 하드웨어와 소프트웨어가 같은 회사 제품이기 때문에 호환성으로 인한 프로그램의 문제가 적게 발생한다. 윈도우 기반의 PC는 하드웨어 제작사와 편집 프로그램 제작사가 상이하며 운영체제와 편집 프로그램도 다른 회사이므로 안정성이 떨어진다. 또한 부품 간의 호환성과 상성도 따져야 하기 때문에 고사양의 PC를 준비해놓고 성능보다 못한 결과를 만들기도 한다. 결과적으로 둘 다 사용해본 결과 맥에 비해 PC가 편집 시 랙(lag)이 발생하는 경우가 잦다. 물론, 맥도 하드웨어의 사양이 떨어진다면 랙은 자주 발생한다.

② 맥북(맥용 노트북)

무엇보다 내가 시작을 Mac으로 선택한 이유는 '노트북'을 사용해 언제 어디서든 편집을 해야 했기 때문이다. 데스크탑에 비해 애플의 노트북인 맥북(MacBook)은 윈도우 기반의 노트북에 비해 월등히 뛰어난 성능을 자랑한다. 수치적으로 비슷한 사양의 노트북이라도, 소프트웨어와 하드웨어 전체를 유기적으로 하나의 회사에서 제작한 Mac이 더 높은 성능을 낸다. 물론 편집에 적합한 맥북 고급형 제품의 경우 보통 신품이 300만 원대를 호가하지만, 300만 원대가 아깝지 않는 성능과 한껏 쓰고 중고로 팔아도 가격 방어가 정말 말도 안 되게 잘되어서 손해 보는 느낌이 없다. 맥북 한 대만 있으면 세계 어디에서도 1인 미디어로 살 수 있다. 나의 유튜브 초기 1년 반 동안은 맥북 하나로 차에서도, 카페에서도, 비행기 안 외국 여행 중 언제 어디서든 편집과 녹음을 끝냈었다. 비슷한 성능을 내는 윈도우 기반의 노트북들은 고 성능이라 하여 무게가 3kg를 넘어가기도 하고, 부피가 상당했다. 전체적으로 심플하면서도 즉각적인 편집으로 맥북은 완벽한 편집용 노트북이었기에 필자는 지금도 맥북을 이용한다.

> 결론, 어떤 컴퓨터를 사야 할까?
> 가격 압박이 있다면 PC를 선택하고
> 시간 압박이 있다면 Mac을 선택하라.
> 이동이 잦고 다양한 환경에서 편집을 하여야 한다면 맥북이 좋다.
> 다 필요 없고, '편집자의 감성?'을 중요 시 한다면 역시 애플이다.

② 영상 편집 프로그램은 무엇이 좋을까

앞서 설명한 컴퓨터 선택은 편집프로그램을 작동시키기 위한 전제 조건에 불과하다. 컴퓨터라는 공장을 기반으로 실질적인 작업을 해내는 기계장비들이 바로 편집프로그램의 역할이다. 현존 편집자들이 가장 많이 사용하는 편집프로그램은 파이널컷과 프리미어다. 두 프로그램을 나누는 선택의 기준은 '어떻게 일할 것인가?'이다.

[그림 5-3] 영상 편집 툴, 파이널컷과 프리미어

① 파이널컷 프로

파이널컷 프로는 빠르고 안정적이며 편집과정이 효율적이고 프리미어에 비해 퍼포먼스가 좋다. 편집 작업을 진행하는 틈새에 자동으로 랜더링(rendering)을 진행하고 모든 환경이 실시간 저장되어 파일을 날려 먹을 가능성도 적다. 사용하고 싶은 특수 효과가 있다면 픽셀 필름 스튜디오(Pixel Film Studios) 같은 사이트에서 '플러그인(Plug-In)'을 구입해서 설치하면 고퀄리티 효과를 클릭 한 번으로 사용할 수 있다. 보통 30개 정도의 특수 효과가 들어있는 자막 패키지가 3만 원 정도 한다. 돈을 쓰지 않아도 다양한 편집 기능이 설치 즉시 내장되어 있다. 무엇보다 직관성이 좋다. 필자의 경우 파이널컷 편집 교육을 받은 적이 없었음에도 이것저것 버튼을 눌러보면서 내가 필요한 기능만 찾아내는 '시도와 실패(Trial and fail)' 방식으로 편집 기술을 단시간에 체득할 수 있었다. 편집자들을 기준으로 하루 2시간 정도 설명해주는 것만으로도 간단한 컷 편집과 자막 작업이 가능해질 정도이다. 심미적 용도뿐만 아니라 '쉽고 빠르게'라는 애플의 직관적 디자인 철학이 녹아든 편집 인터페이스가 파이널컷의 최대 장점이다.

구매 가격은 약 300달러 정도. 한 번 다운받으면 평생 버전 업데이트를 받을 수 있으며, 컴퓨터를 바꿔도 애플사의 Mac을 쓴다면 다시 애플 계정에서 다운로드 가능하다. 편집 프로그램과 운영체제와 하드웨어가 같은 회사 제품이기 때문에 같은 사양의 윈도우 기반 프리미어보다 최적화가 뛰어나 더 좋은 효율을 낸다. 단점은 섬세하고 심도 깊고 자세한 기능을 사용하는 데에는 프리미어에 비해 부족하다는 것과 작업을 하기 위한 프로젝트 파일의 용량이 지나치게 크다는 것이다. 편집 시 프리미어 기준으로 잡아먹는 메모리 용량이 5배~10배는 된다. 메모리 용량은 돈과 비례한다. Mac과 파이널컷을 사용하면 메모리를 구매하는데 돈이 꽤 나간다. 단점은 더 있다. '애프터 이펙트'와 같은 전문 특수 효과 프로그램과의 연동성이 떨어진다. 애플 기반의 '모션5'와 같은 특수 효과 프로그램과 연동되지만, 특수 효과의 경우 '모션5'보다 '애프터 이펙트'가 높은 평가를 받기 때문에 이 부분이 아쉽다. 또한 편집자를 고용한 크리에이터의 경우 편집자들의 편집프로그램 사용 비율이 파이널컷 보다는 프리미어가 많기 때문에 공동 작업 시 문제가 될 수 있다. 크리에이터는 편집자가 보낸 영상 편집 파일을 세부적인 부분에 대해 추가적 편집을 하는 경우가 잦은데, 편집자와 크리에이터가 다른 프로그램을 쓴다면 이는 굉장히 불편한 결과를 초래한다. 방송국에서의 편집프로그램 사용 추세는 파이널컷7에선 압도적으로 파이널컷이 많았지만, 최근에는 어도비 사의 프리미어로 양분되고 있다고 한다. 예전에는 파이널컷이 많이 쓰였지만, 이젠 프리미어 사용 방송국이 많아졌다고 한다. 주변 영화 유튜브 크리에이터 10명 기준으로 파이널컷 사용자는 3명 정도이다. 파이널컷의 가격은 329.99달러, 한화로 약 37만 원에 평생 사용할 수 있다.

② 프리미어 프로

프리미어의 장점은 극명하다. 파이널컷이 완성된 '단어'라면, 프리미어는 '가나다라마바사'와 같은 '글자'라고 할 수 있다. 즉 프리미어는 파이널컷보다 더 세밀하고 전문적인 편집이 가능한 프로그램이다. 내가 무엇을 하려는가에 대한 표현력이 높다고 할 수 있다. 파이널컷 보다 손은 더 가겠지만, 더욱 화려하고 어려운 기술을 구현할 수 있다. 편집의 신이 되고 싶다면 프리미어로 편집을 시작하여 '애프터 이펙트'를 함께 사용하는 것을 추천한다. 사용료는 매월 결제하는 방식으로는 3만 7,000원에 사용할 수 있다. 1년 결제로 하면 월 2만 4,000원 정도에 이용가능한데, 1년 사용료 선불이 27만 7,200원으로 한화로 약 37만 원 정도로 평생 사용할 수 있는 파이널컷과 비교해 평생 비용을 지불해야 하는 부담이 있다. 사용자가 많고 무료 플러그인이 널리 배포되어있기 때문에 파이널컷처럼 돈을 주고 플러그인을 구입하지 않아도 쓸 만한 특수 효과가 많다. 배움에 있어서도 유리하다. 당장 유튜브만 찾아봐도 팁을 공유하는 영상이 아주 많다.

파이널컷은 조금 복잡한 기능으로만 찾아도 한국어로 된 유튜브 강의가 많지 않고 대부분 외국 영상이다. 프리미어는 어도비(Adobe) 사의 프로그램으로 같은 계열사의 프로그램과 범용성이 높아서 애프터 이펙트, 포토샵, 일러스트 등 프로그램과 연동이 잘 된다. 편집자와 협업을 함에 있어서도 프리미어가 유리하다. 동시에 같은 프로젝트를 공유해서 한 개의 편집 파일을 동시에 편집이 가능하다. 무엇보다 용량 사용이 파이널컷에 비해 10분의 1 정도로 효율적이다. 10GB짜리 파일을 편집한다고 가정했을 때, 파이널컷은 최소 30GB 이상의 용량이 필요하고 편집에 따라 쉽게 100GB 이상으로 변한다. 보통 영화 10개를 한 개의 영상으로 편집하면 500GB 분량의 공간이 필요하다. 프리미어는 10GB 파일을 편집하는데 여유공간으로 20GB 이내면 충분하다. 이는 편집 방식의 차이가 있기 때문이며 원본파일을 복사해서 새로운 파일을 생성한 이후에 편집을 하는 파이널컷과 달리 프리미어는 파일 자체를 편집하는 구조이기 때문이다. 그렇기에 용량에 따른 외장 하드 구입 비용을 절약할 수 있어 고화질 촬영을 하는 사용자에게는 하드 구입 비용에 대한 금전적 메리트가 있다.

단점은 직관성이 떨어진다는 것이다. 편집 공부에 시간을 들여야 하고 제대로 배우지 않으면 사용하기 힘들다. 또 결과적으로 같은 편집을 했을 때 편집 시간이 파이널 컷 보다 오래 걸린다. 단어(편집)와 글자(ㅍㅕㄴㅈㅣㅂ)를 비교한 것처럼 완성된 편집 효과를 적용시키면 되는 파이널컷에 비해 프리미어는 편집 효과를 완성해내는 절차가 세부적이기 때문이다. 효과를 구현하는 시간의 차이가 편집 시간의 차이로 이어진다. 작업 시간을 중요시 한다면 파이널컷 보다 효율이 떨어진다. 또한 편집이 완성된 이후에 렌더링을 하기 때문에 렌더링 시간이 길다. 짬짬이 시간에도 렌더링을 진행하는 파이널컷과 비교해서 프리미어의 렌더링 시간은 인내가 필요하다.

즉 파이널컷에 비해 '편집 속도'에 단점이 있고, '편집 난이도'가 일정치 않기 때문에 시간을 들인 만큼 편집의 퀄리티가 높아지는 만큼 시간이 많이 필요한 것이 프리미어이다. 무엇보다 코덱의 개념을 이해하지 못하면 사용에 불편함을 겪는다. 우리가 보통 영상 파일로 쓰는 다양한 확장자의 파일을 이해하고 종류와 특성을 공부해야 한다. 또 코덱 간의 충돌로 인한 골치아픈 에러를 경험할 수 있다.

결론적으로 더 좋은 편집 프로그램이 더 좋은 영상을 만들어 주는 것은 아니라고 말하고 싶다. 훌륭한 영상은 결국 편집자의 감각을 기반으로 그것을 구현해내는 다양한 효과의 적시적절한 배치, 자연스러우면서도 트렌디함을 녹여내는 능력으로 만들어진다. 편집 프로그램은 요리사의 칼일 뿐이다. 중국 요리를 하는데 일본식 사시미를 쓰면 칼질에는 비효율적이지만 어찌되었든 칼의 역할은 해낼 수 있다. 하지만 용도에 맞는 칼, 나의 사용 패턴에 맞는 편집 프로그램을 쓴다면 더욱 편하고 빠르게 작업을 해낼 수 있다. 당신에겐 파이널컷과 프리미어 어떤 프로그램이 적절할까? 또는 제3의 다른 편집프로그램을 포함해서 당신의 손에 꼭 맞는 편집의 칼은 무엇일지 고민해보자.

③ 큰 고민, 저장 장치

크리에이터가 가장 딜레마에 빠지는 순간은 업로드 이후에 찾아온다. 피, 땀, 눈물을 흘려 만든 나의 분신과 같은 '편집 파일'을 '업로드 후에 지워야 하는가', '지운다면 얼마 후에 지워야 하는가', '보관한다면 어디에 저장 하는가'에 대해 고민해보지 않은 크리에이터는 없을 것이다. "이미 업로드 했는데, 그냥 지우면 되잖아?"라는 의견이 있을 수 있다. 유튜브는 업로드 이후에 수정이 안 된다. 따라서 영상을 업로드한 이후에 종종 문제가 발생하는 상황을 마주하다보면 작업 완료한 파일을 쉽게 삭제할 수 없게 된다. 자막에 오타가 났거나, 내용이 틀렸거나 컷 편집을 실수했다거나, 음향 조절이 잘못되어 목소리가 안 들리고 배경음이 크게 들린다던가 하는 이슈 말이다. 필자의 경우 편집용 프로젝트 파일을 몇 년 간은 보관할 수 있는 50TB 분량의 외장 하드를 보유하고 있다. 그러나 모든 저장 장치를 같은 종류로만 쓰는 것은 아니다.

저장 장치의 종류에는 크게 HDD(Hard Disk Drive), SSD(Solid State Drive)가 있다. HDD는 하드디스크로 부르고 그저 속도가 느리지만, 싼 맛에 큰 용량을 누릴 수 있는 '저장용'이라고 보면 된다. SSD는 HDD에 비해 고가이지만 5배 이상 빠르고 더 견고하기 때문에 저장용 외에도 편집을 하는 공간으로 활용할 수 있다. 필자는 업로드 이후에 편집용 파일을 보관하는 저장 장치로 '씨게이트 4TB 외장 하드'를 이용한다. 4TB짜리 용량의 외장 하드는 보통 10만 원대의 가격이면 구매할 수 있다. 1TB당 약 3만 원 정도의 가격으로 계산할 수 있는데 시간이 지날수록 단가가 내려가서 앞으론 더 큰 용량이, 더 싼 가격에 나오게 될 것이다. 물론 빠르고 견고한 SSD의 수요 증가로 HDD는 점점 사양화의 길을 걷고 있으나 가격 대비 큰 보관 용량을 가진 HDD의 경제성을 SSD가 한동안은 대체하긴 힘들듯 하다. 현재 4TB 외장 하드만 10개 이상을 사용하고 있다. 만약 필자처럼 장기간 파이널컷을 쓰면서 편집 파일을 지우지 않는다면 용량에 엄청난 압박을 받을 것이다. 이럴 경우 저렴한 HDD를 사용하는 것이 합리적이다.

PART 05

[그림 5-4] HDD   [그림 5-5] SSD

HDD를 밀어내고 있는 대세는 'SSD'이다. SSD는 HDD에 비해 충격 내구성이 좋고, 소음이 적으며, 전력 소모가 적고 속도까지 빠르다. 속도라고 하면 저장 장치에서 영상을 불러올 때나 저장할 때 이동할 때 그리고 편집할 때 체감할 수 있는데, 영상을 HDD에 보관한 상태로 편집 작업을 하게 되면 렌더링 시간이 한참 늘어나기 때문에 영상 작업을 할 때는 반드시 SSD에 프로젝트 파일을 저장해서 작업하고 있다. 아무리 고사양의 컴퓨터를 사용하여 편집을 해도 HDD에 편집 파일을 넣고 작업하면 원시 시대 속도의 렌더링을 경험할 것이다.

SSD는 현재(2024년 기준), 1TB 6.35cm SATA TLC 기준으로 약 10만 원 정도의 가격에 구입할 수 있으며 슬롯형 M.2 제품의 경우도 12~13만 원 정도에 구입할 수 있다. 제조사마다 약간의 오차는 있으나 읽고 쓰기 속도의 차이에 따라 가격의 편차가 있을 수 있으며, 낸드플래시의 경우 SLC, MLC, TLC, QLC 순으로 나누고 낸드플래시 역시 가격에 차이가 난다. 가장 저렴한 TCL의 경우 수명이 짧고 읽고 쓰기 역시 가장 느리지만 낮은 가격대와 기본적인 작업 환경에서는 많이 쓰이지만 영상 작업을 한다면 읽고쓰기가 빠른 슬롯형의 SSD를 사용하는 것이 좋다. TLC의 저렴한 SSD를 구입하여 서브 용량의 작업용, 즉 데이터용으로 사용하는 것도 좋은 방법이다.

02 | 영상의 내레이션 스타일에 따른 마이크 결정

목소리가 들어가는 크리에이터라면 반드시 마이크를 구매해야 한다. 카메라에 내장되어 있는 스테레오 마이크나 스마트폰에 있는 바늘구멍 만한 내장 마이크, 노트북에 내장된 조악한 마이크를 쓴다면 당신의 목소리는 왜곡된다. 저가의 다용도의 마이크를 쓰다보면 듣기 좋은 중저음의 톤을 담지 못하게 되어 유튜브 영상에서 당신의 목소리는 전혀 매력적이지 않게 들릴 것이다. 거기에 "지지직"거리는 노이즈까지 더해지면 시청자들에게 불쾌함까지 느끼게 할 것이다. 자신의 목소리에 적합하고 녹음 스타일에 유용한 마이크를 찾기 위해선 다양한 마이크의 종류와 용도를 파악해야 한다. USB로 간단하게 녹음되는 일명 'UFO 마이크'부터 목에 달고 쓰는 '핀 마이크', 노래방 마이크처럼 생긴 '다이나믹 마이크', 지향성으로 한 방향의 소리만 담는, 일명 '샷건 마이크'까지 적절한 마이크 선택 방법을 제시하겠다.

① 상황별 마이크 추천

크리에이터가 겪을 수 있는 녹음 상황은 실내, 야외, 인터뷰 3가지로 나눌 수 있으며, 같은 상황에서 소음 유무로 세분화할 수 있다. 이 조건들을 바탕으로 크리에이터들이 주로 사용하게 되는 마이크의 종류는 아래 5가지로 나눌 수 있다.

① 다이나믹 마이크

소음이 많은 상황에서 목소리 수음에 유리하다. 주변에서 들려오는 소음과 잡음은 줄여주고 목소리를 강조해서 담는데 유리하다. 내구성이 좋아 격하게 사용할 때 유리하다. 노래방, 행사장, 공연, MC 등 야외에서 소음이 많은 곳에서 사용한다. 사람들이 많은 곳에서 라이브 방송을 진행해야 하거나 길거리에서 녹음을 해야 하는 경우 적절하다. 단 다이나믹 마이크의 특성상 이동보다는 고정된 야외 스튜디오

나 무대가 적절하다. 부득이하게 이동 중에 다이나믹 마이크를 사용해야 한다면 무선용 다이나믹 마이크를 카메라와 연결시켜 사용가능하다.

〈창현거리노래방KPOP COVER〉 채널 영상을 보면 길거리에서 노래를 부르는 출연자들이 바로 이 마이크를 사용한다.

[그림 5-6] 다이나믹 마이크(약 3만 원대의 SHURE - SM48)

② 콘덴서 마이크

감도가 예민하여 미세한 소리를 담을 수 있기 때문에 밀폐된 실내 녹음용이다. 감도가 커서 'ㅍ'이 들어간 소리 등에 파열음이 발생하므로 팝필터 사용이 필수적이다. 내레이션, 더빙, ASMR 등에 사용된다. 내레이션이 중요한 필자의 경우 콘덴서 마이크를 사용한다.

[그림 5-7] 콘덴서 마이크   [그림 5-8] 팝필터(오디오 테크니카 사의 at2020)

③ 샷건 마이크(지향성)

마이크가 한 방향으로만 수음하기 때문에 외부에서 소음이 있는 상황에 특정 방향의 소리만 녹음할 때 사용한다. 영화 촬영장에서 사용하는 붐마이크가 이런 특징을 지녔다. 야외에서 이동하면서 촬영이 필요할 때, 무선마이크를 사용할 수 없다면 샷건 마이크를 사용하여 촬영 중인 방향의 피사체의 소리를 집중적으로 녹음하고, 이외의 방향의 소음을 최대한 억제하는 용도로 사용한다.

[그림 5-9] 샷건 마이크

[그림 5-10] 카메라 장착형으로 많이 사용되는
RODE Video mic pro

④ 스테레오 마이크(무지향성)

방향에 상관없이 모든 방향 또는 양방향의 소리를 받아들이기 때문에, 이어폰을 끼고 들으면 왼쪽과 오른쪽의 소리가 구분되거나 현장감을 느끼게 하는 마이크이다. 교회 성가대, 콘서트홀, 여러 악기가 동시에 울리는 곡이나 홀에서 많이 쓰인다. 헤드폰이나 이어폰을 사용하면 방향성이 잘 표현되기 때문에 ASMR에서 많이 사용되며, 사람의 귀 모양으로 생긴 마이크를 사용하기도 한다.

[그림 5-11] 스마트폰에 사용하는 스테레오 마이크인
ZOOM 사의 IQ6

[그림 5-12] ASMR에서 많이 사용하는 귀 모양의 3DIO
마이크

⑤ 라벨리어 마이크(핀마이크)

가까운 곳에 있는 소리만 잘 녹음되기 때문에 야외나 카메라와 인물이 떨어져 있는 상황에서 목소리를 녹음하거나 이동 중에 목소리를 녹음되어야 하는 상황에 적절하다. 무선(Wireless)마이크라는 손가락 끝 만한 크기의 마이크인 핀마이크와 한

쌍이다. 옷깃에 고정시켜 쓰거나 들고 다니면서 화자의 입 가까이에 들이대고 말하는 방식으로 사용한다. 보통은 화자에게 장착해 놓기 때문에 어떤 움직임에도 일정한 볼륨의 녹음을 할 수 있어 야외 이동 촬영, 인터뷰 등에 유리하다. 야외에서 이동이 잦은 영상은 라벨리어 마이크와 캠코더의 조합이 가장 편리하다. 배터리가 장시간이고 다용도 촬영에 유리한 캠코더에 무선마이크 수신기를 설치한 다음, 출연자에게 송신기와 마이크를 설치해주면 어떤 상황에서도 목소리만은 담아낸다.

[그림 5-13] 소니 무선마이크(라벨리어 무선마이크 SONY – UWP-D11, 마이크가 달린 것(왼쪽)이 송신기, 안테나가 두 개인 것(오른쪽)이 수신기이다.)

special 05

내레이션을 잘 하기 위한 체크 포인트 4가지

- 01 자세
- 02 마이크
- 03 스크립트
- 04 읽는 속도

필자의 목소리는 중음이다. 흔히 '동굴보이스'라고 불리는, 저음 목소리보단 높고 고음의 목소리는 없는 딱 중간음, 딱히 목소리의 메리트가 없는 평범한 톤의 목소리이다. 또 나는 혀가 뚱뚱해서 어떤 발음을 할 때 빨리 말하면 발음이 꼬인다. 무엇보다 긴 대사를 잘 못 외운다. 한 마디로 찰지고 빠르게 내레이션을 하는 재능은 전혀 없는 하드웨어를 갖고 있다. 그런데 이런 내가 어떤 순간부터 '목소리가 좋다', '내레이션이 좋다', '발음이 정확해서 유튜브 자동 번역에 오타가 없다', '꿀보이스다', '목소리가 섹시하다' 등의 내레이션 칭찬 댓글을 받기 시작했다. 수백 개의 영상을 녹음하고, 수차례 듣고, 시청자들의 댓글 피드백을 받으면서 이런 저런 시도를한 끝에 같은 조건에서 최대한 좋은 목소리를 내기 위해 점검해야 할 사항 네 가지를알아냈기 때문이다. 내레이션 잘 하기 위해 체크해야 할 포인트 4가지는 다음과 같다.

01 자세

처음 애플 사의 맥북 2015년형 고급형 제품으로 녹음 작업을 시작했다. 고가의노트북 한 대를 산 것도 큰 결심이었기에 마이크를 구매할 여유까진 없었다. 다행히 대부분의 노트북에는 화상통화를 위한 마이크가 내장되어 있고 그걸 내레이션용도로 사용하기로 했다. 그렇게 1년이 넘는 기간 동안 맥북 스피커 안쪽에 달려 있는 내장 마이크에 거북이 목처럼 목을 쭉 빼고 고개를 처박고 녹음을 했다. 그런데아무리 목소리가 저음인 사람도 목을 'ㄱ'자로 숙여서 목소리를 내면 평상시 보다 목소리 톤이 격앙되어서, 자신의 원래 톤보다 고음의 목소리가 나오게 된다. 노래방에서 고음이 잘 안 나오면 몸을 앞으로 자연스레 숙이며 부르는 모습을 상상하면 된다. 물론 노래에서 쓰는 고음도 아니고 편안하게 읽어야할 내레이션에서 고음은 중요하지 않다.

결과적으로 고개를 숙이고 있기 때문에 폐가 눌려 호흡이 불안정해져서 자연스러운 발성이 어렵게 된다. 바람이 빠지고 있는 풍선을 손으로 꽉 접어서 쥐어짜면 공기가 빠르게 빠지면서 고음의 삐-익 소리가 나는데, 몸을 숙이는 것도 폐를 쥐어짜는 듯한 압력을 주기 때문이다. 자세를 좋게 하는 것도 중요하지만, 안 좋은 자세를 하지 않는 것이 더 중요하다. 편안한 자세는 사람마다 다를 수 있지만, 안 좋은 자세는 공통적으로 이렇게 폐를 구기는 모습이다.

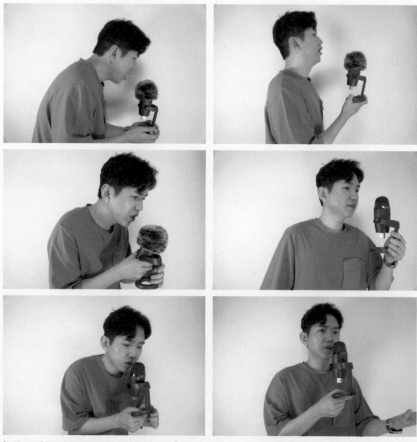

[그림 5-14] 왼쪽과 같이 몸을 움츠리는 자세 보다 오른쪽에서와 같이 자세를 바르게 한 사진이 더 좋은 목소리를 낼 수 있다.

앉아서 읽기, 서서 읽기에 따라 다른 목소리가 나기도 한다. 필자는 그윽하고 편안한 음성을 추구하기 때문에 앉아서 내레이션을 한다. 서서 읽게 되면 자연스레 힘이 더 들어가고 우렁찬 목소리가 나오게 되기 때문이다. 평소에 목소리에 힘이 없고 발성이 좋지 못하다면 서서 발성하는 것이 좋고 마이크의 높이를 입보다 위에 위치시키고 녹음하는 것이 더 우렁찬 목소리를 나오게 한다. 마이크와 입의 거리는 마이크의 기능과 목소리의 성향에 따라서 달라진다.

마이크가 다이나믹 마이크 같이 감도가 약한 대신에 주변 소음 차단이 잘되는 마이크라면 마이크와 입의 거리는 10cm~30cm 사이가 적절하다. 감도가 뛰어난 콘덴서 마이크를 사용한다면 10센티 이내로 마이크와 입의 위치를 가까이 대는 게 좋다. 감도가 좋은 마이크는 주변의 소음까지 잘 빨아들이는 경향이 있기 때문에 입과 마이크가 멀어질수록 예상치 못한 백색 소음이 함께 녹음되어 있는 것을 볼 수 있다. 사람의 귀에는 들리지 않아도, 콘덴서 마이크로 녹음하고 나면 소음을 들을 수 있다. 이때 입과 마이크의 위치를 아주 가까이서 녹음하면 주변의 소음 대신에 목소리가 아주 높은 감도로 녹음이 되어 목소리의 풍부한 면을 녹음하고 소음유입을 줄일 수 있다. 물론 감도가 예민하기 때문에 팝필터를 끼지 않으면 내 입에서 나오는 호흡에 따라 듣기 싫은 소리가 녹음되기도 하니 유의해야 한다.

만약 일어서서 몸을 뒤로 젖힌 상태와 같이 자신만의 자세로 녹음하고 싶은데 마이크의 위치 조정이 힘들다면 샷건 마이크를 사용하는 것이 좋다. 자신이 원하는 자세를 취한 후, 샷건 마이크의 지향성 방향에 입의 위치를 맞춰주면 마이크의 스탠드 제한에 상관없이 자신만의 자세로 녹음을 할 수 있다.

[그림 5-15] 몸을 수그리거나 폐가 구겨지는 자세를 피하면서, 몸이 활짝펴지는 자세라면 어떤 자세라도 자신만의 녹음 자세가 될 수 있다.

2016년에 제작한 유튜브 초반 영상에 내레이션을 들어보면 지금에 비해 모기 목소리처럼 조여 있는 듯한 발성과 쫓기는 듯 헐떡이는 내레이션이 들린다. 그때는 목소리 좋다는 댓글을 거의 보지 못했다. 오히려 내레이션이 뚝뚝 끊긴다는 글부터 발음이 안 좋다는 글도 많았다. 그러나 자세를 바꾸고 부터는 호흡의 문제가 개선되고 듣기 좋은 목소리를 낼 수 있었다. 정자세에 가까운 편안한 자세로 목소리를 높여서 발성을 하니 모기 목소리로 나오는 발성도 해결할 수 있었다. 여유는 발음을 더 정확하고 또박또박 나오게 했다. 결론적으로 어떤 녹음이든 절대 몸을 수그리지 않고, 자신만의 편안한 자세와 적절한 템포로 녹음을 한다면 갖고 태어난 목소리 중 가장 좋은 목소리를 이끌어낼 수 있을 것이다.

👍02 마이크

필자의 목소리는 중음이다. 그런데 영상을 제작한 초반의 영상을 보면 중음보다는 살짝 높은 음으로 들린다. 결론부터 말하면 마이크 탓이 컸다. 좋은 성능의 마이크일수록 저음의 수음 성능이 더욱 높아진다. 내가 내레이션을 녹음하던 노트북 내장 마이크의 수음 장치의 크기는 고작해야 얼굴의 점 만하다. 그런 작은 마이크로 목소리의 저음 영역을 받아들이기엔 마이크의 성능이 부족할 수 밖에 없었다. 내 영상들의 경우 정확히 마이크를 바꾸고 난 뒤부터 녹음 결과의 차이가 생겼다. 기존에 내장 마이크로 녹음한 내레이션에서는 들을 수 없었던 깊고 중후한 저음의 목소리가 더해진 것이다. 다양한 마이크를 사용해 보았지만 'ZOOM H6'이라는 일명 'ASMR 마이크'로 바꾸고부터 더욱 더 깊고 매력적인 목소리를 담아낼 수 있었다.

[그림 5-16] ZOOM H6 - 콘덴서 마이크부터 스테레오, 샷건 마이크까지 다양하게 변경할 수 있으며, 마이크를 4개까지 연결하여 오디오 인터페이스 용도로 사용할 수 있는 마이크겸 녹음기

주변 크리에이터들 중에서 편리함 때문에 내장 마이크나 이어폰 마이크, 또는 스마트폰 마이크로 녹음을 해결하는 사람들이 종종 있다. 그런데 그런 조악한 마이크를 사용하면 '노이즈'가 상당히 많이 유입된다. 단순히 더 좋은 목소리를 담을 수 없다는 단점을 넘어 이런 다용도 제품들은 마이크의 목적 자체가 간편한 음성의 전달을 위한 제품들이기 때문에 정확히 어떤 지향과 지점에서 소리가 녹음되는지 알 수 없어 녹음의 볼륨이 들쭉날쭉해지고 이로 인해 소리가 작게 녹음된 부분을 키우다 보면 지지직거리는 노이즈가 커지게 된다. 또한 제대로 된 마이크를 사용하지 않으면 의도치 않은 지점에서 마찰이 생겨 잡음이 들어갈 수도 있고 녹음하는 목적과 다르기 때문에 결과적으로 영상과 맞지 않게 목소리가 울리거나 왜곡이 심하게 녹음될 수 있다. 스마트폰 녹음기의 경우 오히려 주변 소리를 줄이려는 '노이즈 캔슬링' 기능이 너무 과도하게 들어가서 목소리 자체의 음역대를 깎아버리는 경우도 있다.

용도에 따라 마이크의 추천은 달라지지만, 오로지 내레이션만을 위한다면 감도가 좋고, 음역대가 넓은 '콘덴서 마이크'를 사용하는 것이 좋다. '다이나믹 마이크'로 내레이션을 녹음하게 되면 소리가 먹먹한 느낌이 들고 둔한 음색으로 녹음되기 때문에 추천하지 않는다. 내레이션을 할 때 '핀 마이크'로 녹음하게 되면 목소리의 스펙트럼이 단조롭게 변해버린다. 결과적으로 내레이션용 콘센서 마이크를 사용해서 적절한 녹음 레벨을 설정하고 사후에 오디오 믹싱을 통해서 조절을 해준다면 가장 양질의 내레이션 녹음본을 얻을 수 있을 것이다.

03 스크립트

스크립트는 대본을 말한다. 내레이션을 할 때 대본이 있고 없고는 큰 차이를 가져온다. 그런데 꼭 둘 중에 하나가 좋다는 뜻은 아니다. 나는 지금도 내레이션을 녹음할 때, 대본이 있을 때도 있고 없을 때도 있다. 초기 영상엔 대본의 내용이 상세하고 길었다. 그런데 완전 대본 위주로 영상을 끌고 가게 되면 대본에 영상을 맞춰야 하기 때문에 영상 소스를 구하기가 어렵고 어렵사리 구해도 말에 맞춘 영상의 속도감이 어색했다. 결과적으로 말을 먼저 녹음하고 거기에 영상을 맞추는 건 작업 효율을 떨어뜨렸다. 영상에 말을 맞추는 작업으로 스크립트 제작 방식을 바꾸자 작업 속도가 빨라졌다. 일단 내가 사용하려는 영상을 먼저 제작한 이후 거기에 맞게 스크립트를 쓰는 방법이다.

그렇게 되면 더 이상 영상 소스를 찾으러 여기저기 배회할 필요도 추가 촬영을 할 필요도 없어진다. 영상에 맞게 내레이션 스크립트를 구성하기 때문에 스크립트의 흐름과 영상의 배열이 자연스러워지는 장점이 있다. 영상에서 누군가 말하는 부분과 나의 내레이션을 겹치지 않게 배치해서 '더블리딩'을 막을 수도 있다. **'더블리딩'은 소리가 중복되어 두 소리 다 알아듣지 못하는 현상을 말한다.** 영화 장면에서 주인공이 대사를 말하고 있을 때 내레이션으로 동시에 설명을 하게 되는 경우이다. 영화 장면이 중요한 영화 리뷰의 경우 이런 상황에서 정말 악플이 많이 달린다. 그도 그럴 것이 주인공 이야기에 집중하고 있는데, 갑자기 설명한답시고 동시에 내레이션을 말하면 둘 다 목소리가 안 들려 버리기 때문에 짜증을 유발할 수밖에 없다. 그렇기에 영상에 맞춰 스크립트를 구성하면 등장인물이 말하거나 배경음이 큰 장면을 피해 오디오가 비어 있는 장면에서 내레이션을 하면 되기 때문에 듣는 이가 편안한 영상을 제작할 수 있다.

스크립트를 읽을 때는 얽매이지 않는 것도 중요하다. 스크립트를 그대로 국어책처럼 읽는 게 아니라 스크립트는 그저 시각적 보조 장치로 생각하고 대화하듯 내레이션을 하란 것이다. 스크립트에 의존하게 되면 구어체가 아닌 문어체로 말하게 되기 때문에 말이 딱딱하고 부자연스러워진다. 나는 한동안 스크립트 없이 내용을 숙지한 후 내레이션을 한 적이 있는데. 대본 없이 자유롭게 녹음하다 보면 드립력이 상승하고 마치 내가 직접 상대에게 말하는 것처럼 자연스럽게 녹음을 할 수 있는 장점이 생겼기 때문이다. 순간순간 생각이 안 나는 단어들로 인해 버벅거림이 발생하고, 내레이션 진행이 개요를 잃고 중구난방이 되어버리기 때문에 산만해지고, 똑같은 말을 여러 번 하게 되어 영상이 지루해지는 결과를 가져오기도 했다.

결국, 내가 찾은 해결책은 반드시 써야할 단어들과 설명들을 글로 표시해 정리해놓고, 이외에 것은 간단하게 개요로 적어 놓는 방법이다. 장면별로 어떤 말을 해야 할지 간략히 메모로 적어놓는 방식의 장점은 완전한 내레이션으로 녹음할 때 보다 자연스러워 시청자가 친근하게 느끼면서도 해야 할 말을 정해놓고 거기에 덧붙이는 방식이기 때문에 일목요연하면서도 재미를 줄 수 있는 포인트들을 순간순간 붙여나갈 수 있다는 점이다. 물론, 이 방법은 영화 리뷰에 특화된 방법이다. 다양한 채널의 특성에 맞게 내레이션 방식의 시도와 실패를 거듭하여 자신만의 내레이션 방법을 찾아내자.

👍 04 읽는 속도

필자는 '혀 뚱뚱이'로 실제 혀가 꽤 두껍다. 혀가 두꺼운 사람들의 특징은 말을 빨리하면 단어가 뭉개진다는 것이다. 초반에는 스크립트가 길어 빠른 내레이션으로 진행했지만 점차적으로 스크립트의 양을 줄여나가면서 내레이션의 속도를 늦춰갔다. 거기에 영상을 먼저 편집하고 스크립트를 짜 넣는 방식을 도입함으로써 쓸데없는 말은 하지 않고 반드시 필요한 말만 하게 되었다. 자연스레 여유롭고 정확하고 천천히 내레이션을 하게 되면서 혀가 두꺼운 단점을 극복할 수 있었다.

내레이션을 읽을 때 시간에 쫓겨서 급하게 읽다 보면 목소리의 발성이 안 좋아지고 호흡이 불안정해지면서 발음도 안 좋아진다. 그럴 바엔 조금 느려도 천천히 '편안하다' 생각되는 마음으로 읽으면, 발음이 정확해지고 읽는 흐름이 자연스러워진다. 그런데 녹음을 할 땐 녹음 버튼을 누르고 마치 경기를 시작하듯 '준비~ 땅' 이후에 녹음을 하기 때문에 자연스레 긴장을 하게 된다. 내가 해결한 방법은 녹음 버튼을 누른 후 바로 녹음을 시작하지 말고 한 5초 정도 여유를 부린 후 호흡을 가다듬은 후 천천히 말하는 것이다. 영상을 쳐다보며 '10초 안에 말을 끝내야 돼!' 이런 마인드로 녹음하게 되면 내레이션이 빨라지면서 발성과 발음, 호흡이 꼬이게 된다. 그래서 나는 녹음할 때 마치 내 앞에 있는 사람들에게 말하듯이 천천히 녹음한다. 가장 듣기 좋은 내레이션은 가장 자연스러운 대화체의 내레이션이기 때문이다. 이렇게 느리게 말을 하게 되면 듣는 사람이 답답할 거란 의견이 있을 수도 있다. 하지만 그건 상황에 따라 다르다. 발음이 부정확하고 톤이 불안정한 사람이 빨리 말하게 되면, 듣는 사람이 불안해지고 불쾌하기까지 하다. 선천적으로 말을 빠르게 하면서도 정확성이 있는 언어능력을 가지지 못했다면, 차라리 조금 느려도 정확하고 여유 있게 발음하는 게 낫다. 일단 천천히 호흡을 가다듬으면서 녹음을 해놓고, 나

중에 편집할 때, 목소리의 파형을 보면서 너무 말의 간격이 긴 곳들을 잘라내주면 결과적으로 아주 훌륭한 내레이션 녹음본이 완성된다.

만약 빠르고 엄청나게 긴 대사가 필요한데 어떻게 해야 할지 고민될 땐 〈김스카이〉란 채널을 추천한다. 이 채널의 운영자 김하늘 군은 7분 정도에 영상에 스크립트를 A4용지 10장 정도를 쓰는 내레이션 괴물이다. 나의 경우 보통 A4용지 4장 정도가 나오는데 10장이면 읽는 속도를 거의 2.5배를 올려야 한다는 것이다. 김하늘 군의 발음이 얼마나 정확하면서도 빠르고 경쾌한지 신들린 그의 내레이션을 들으며 슬쩍 따라해 보면, 나는 어떠한 방향으로 내레이션을 해야 하는 지 결정하는데 도움이 될 것이다. 이외에도 정숙한 톤으로 빨리 말하고 싶다면 〈천재 이승국〉이란 채널을 추천한다. 분명 점잖게 그리고 정확하게 말하는데 그의 혀는 형돈이와 대준이의 '한 번도 안 틀리고 누구도 부르기 어려운 노래'를 '외워서' 불러내는 암기력과 발음의 정확성 그리고 빠르기를 보여준다. 내가 알기로 두 사람의 차이는 노력형 천재와 진짜 천재의 차이에서 기인한다. 앞서 말한 〈김스카이〉의 경우 10장짜리 스크립트를 10시간 넘게 녹음한다고 한다. 〈천재 이승국〉의 경우 타고난 암기력과 순발력으로 거의 NG없이 한 번에 내레이션을 녹음 한다. 어쨌든 천재 딱지가 붙어야 하는 '입이 빠른 크리에이터'가 되고 싶다면 두 채널을 연구해보길 바란다.

〈김스카이〉 채널
이과 과외 무리의 치졸한 문과 헐뜯기 영상

〈천재 이승국〉 채널
형돈이와 대준이를 불러보자! 발음생활 4탄 영상

03 영상 촬영 이것만 기억해라 '육촬 원칙'

　1인 미디어를 하면서 가장 어려운 것은 '편집'이 아니다. 편집은 가장 번거로운 것일 뿐, 1인 미디어가 되어보기 전에는 본 적도 없는 생소함, 그 자체였던 편집이라도, 막상 반복하다보면 금세 노련함이 생긴다. 하지만 진짜 문제는 '촬영'에서 만나게 된다. 촬영이란 것은 우리에게 너무 익숙해서 '별거 아니겠다.' 생각하게 되지만, 막상 촬영된 결과물을 보면 놀라운 저퀄리티 결과물 만나게 된다. '자동(Auto)' 촬영 기능이 얼마나 불안정한 결과물을 가져다주는지 느껴본 당신이라면, 이번 주제에서 촬영을 하는 포인트와 필요한 장비들을 6가지로 나누어 '육촬원칙'으로 소개해본다.

　누가, 언제, 어디서, 무엇,을 어떻게, 왜, 촬영했나?

1 WHO 누가 촬영하나?

　1인 미디어의 촬영은 '혼자' 촬영하느냐, '스텝'과 촬영하느냐에 따라 크게 달라진다. 물론 스텝이라고 하여도 촬영스텝과 크리에이터 두 명이서 하는 경우가 대다수이므로 촬영 전문가들과는 다르게 촬영 시 자주 발생하는 실수들이 있다. 이를 예방하기 위해 1인 미디어 촬영 시 자주 실수하는, 그렇지만 발생했을 때 치명적인 사항들을 체크리스트로 준비해 보았다.

1 화각

　필요 없는 대상이 화면에 들어오는지 피사체가 적절하게 화각에 들어오는지 확인하여야 하며 크리에이터가 렌즈 정면을 바라본다면 머리 위쪽의 공간인 '헤드룸'의 여유 공간을 마련해야 한다. 헤드룸은 영상의 황금비를 적용해서 눈으로 보기에 편안한 사진 구도를 말하며 인물의 머리 가장 윗부분과 화면의 위쪽 가장자리의 거리로 나타낸다. 헤드룸은 너무 좁으면 답답함을 유발하고, 너무 길면 화면이 불균형하게 쳐진 느낌을 받는데, 적당한 헤드룸을 위해선 인물의 두상의 1/2 만큼의 높이를 벌려주는 것이 좋다.

[그림 5-17] 좁은 헤드룸

[그림 5-18] 너무 긴 헤드룸

[그림 5-19] 적당한 헤드룸

헤드룸과 함께 신경 쓰면 좋은 공간 개념에는 노즈룸이 있다. 노즈룸에서 '노즈'는 코를 뜻하는 'nose'이며, 인물이 화면의 중간이 아니라 화면을 3등분 한 위치에 있게 되면 균형감과 화면의 여백의 여유가 동시에 느껴지는 좋은 구도이다. 또 유튜브 영상에서는 이렇게 노즈룸을 만들면 그 부분에 자막을 띄우거나 이미지를 띄울 수 있기도 하고, 썸네일 영상으로 활용할 수 있는 자막 공간이 생성되어 여러모로 유용하다.

[그림 5-20] 3분할 노즈룸

이외에 화각에서 주의할 점은 저작권이나 초상권, *퍼블리시티권을 침해할 만한 요소를 배제해야 한다. 가장 좋은 방법은 크리에이터 이외에 배경을 아웃포커싱으로 흐리게 처리하고, 편집 과정에서 다시 한 번 블러 처리하는 방법이다. 편집에서 많은 시간을 빼앗기지 않기 위해선 애초에 촬영 시에 이런 것들을 배제하는 것이 필요하다.

퍼블리시티권이란 이름, 초상, 서명, 목소리 등의 개인의 인격적인 요소가 파생하는 일련의 재산적 가치를 권리자가 독점적으로 지배하고 허락 없이 상업적으로 이용하지 못하도록 통제할 수 있는 권리를 의미한다.

② 수평

영상을 촬영할 때 수평이 맞지 않으면 편집 시에 곤란을 겪게 된다. 전체 화면의 각도를 일일이 변경해야 하고, 편집 중 컷 화면 전환 시 화면의 구도 변경이 자연스럽게 이루어지지 않고 부자연스럽기 때문이다. 따라서 촬영 시에는 보통 캠코더, DSLR, 스마트폰 카메라까지 대부분 기능이 내장된 수평계 기능을 사용해서 현재 촬영 중인 화면이 수평이 맞는지 확인하는 것이 좋다. 또 수평이 맞지 않는 이유는 대부분이 삼각대가 잘 펴져 있지 않거나 볼헤드, 비디오헤드가 기울어져 있기 때문에 이 부분을 체크하면 된다. 바닥의 노면이 고르지 않아서 지면 자체가 기울어진 경우에는 수평계를 수시로 체크하면서 촬영에 임해야 한다.

[그림 5-21] 수평계가 정확히 지면과 수평을 가리키고 있다.

[그림 5-22] 카메라를 기울이면 수평이 맞지 않음을 표시해 준다.

③ 초점

촬영 피사체에 움직임이 있거나, 야외 촬영, 이동식 촬영이라면 반드시 자동 초점기능 AF(Auto Focus)로 촬영해야 한다. 그 어떤 장비를 사용하더라도 초점이 맞지 않으면 모든 촬영물을 쓸 수 없게 되기 때문이다. AF는 순간적으로 초점의 기준이 바뀌면 초점 거리가 달라져서 화면이 흐릿해졌다가 다시 초점이 잡히는 게 반복되며, 시청자로 하여금 산만함을 느끼게 할 수 있다. 원하는 촬영 대상이 아닌 다른 곳에 초점이 가 있는 경우도 있어 고퀄리티 영상에는 적합하지 않다. 사물을 리뷰하거나, 고정된 자리에서 촬영을 한다면 정해진 피사체에 초점을 맞추고 이외의 초점을 무시하는 수동 초점 MF(Manual Focus)를 사용하는 것이 적합하다. 수동 초점 기능을 사용하고, 렌즈의 피사계 심도인 DOF(Depth of Field)가 얕은 렌즈를 사용하면 일명 아웃포커싱(Bokeh) 영상을 촬영할 수 있는데, 이는 피사체만 뚜렷하게 나오고 주변은 초점을 날려서 흐리게 보이는 기법을 말한다. 주로 드라마나 제품 리뷰에서 피사체를 강조할 때 쓰인다. 이 기법을 더 강하게 쓰기 위해선 렌즈의 밝기 값인 f값의 숫자가 2 이하로 낮은 렌즈를 선택하는 것이 좋고, 망원렌즈에 가까운 렌즈일수록, 렌즈와 피사체는 가까운데, 피사체와 배경은 멀리 떨어져있을수록 더 확연한 초점의 대비를 만들어 낼 수 있다.

[그림 5-23] 수동 초점으로 뒤쪽에 어린아이에게 초점을 고정시켰다.

[그림 5-24] 자동 초점AF로 인해 앞쪽에 식물에 초점이 잘못 맞춰진 모습.

PART 05

[그림 5-25] 피사체에게 초점을 고정하고 뒤쪽에 초점을 날리는 아웃포커싱 기법은 피사체의 집중도를 높이고 영상에 감성적인 톤을 만들어 준다.

④ 메모리카드 삽입 및 메모리 잔량 확인(가장 중요)

몇 시간 동안 촬영한 후에 메모리카드가 카메라에 삽입되지 않아서 엄청난 헛수고를 했던 경험이 있다. 또 분명 메모리카드를 체크했지만 4K 촬영으로 생각보다 용량이 빨리 차서 촬영 중간부터 녹화가 되지 않았던 경험도 있다. 물론 다행히 혼자서 집에서 촬영한 작업이라서 재촬영이 가능했지만 만약 섭외된 장소, 섭외된 출연자와 함께 재촬영하기 힘든 상황을 담아내야 하는 경우에 이런 일이 발생하면 모두의 시간과 자본을 낭비하는 꼴이 된다. 그렇기에 반드시 메모리카드 삽입 여부를 체크하는 습관을 들이고 촬영에 사용될 용량보다 2배 이상 분량의 여유 메모리를 항상 보유하는 습관을 들여야 한다.

⑤ 음향 레벨

소리가 수음되는 정도를 말한다. 음향 레벨은 높아도 문제고 낮아도 문제다. 높을 경우는 녹음되는 대부분의 소리가 마이크의 수음 한계를 넘어서 듣기 싫은 괴음으로 녹음 된다. 낮을 경우는 소리가 너무 작게 녹음되어서 나중에 편집 시에 볼륨을 억지로 키울 경우 원치 않았던 주변의 소음까지 같이 커지기 때문에 저음질의 녹음본을 얻게 된다. 따라서 촬영 시에 등장인물의 목소리를 테스트로 체크해서 LCD 창에 표시된 사운드 파라미터로 보았을 때, 크게 말하는 소리가 미터기의 70% 정도의 높이까지 솟을 정도로 수음 레벨을 체크하는 것이 좋다. 등장인물이 여러 명일 경우 가장 목소리가 큰 사람을 기점으로 80% 정도까지 수음 레벨이 닿는 기준으로 체크하면 좋다. 인간의 목소리 크기는 참 다양하다. 등장인물이 여럿일 경우 각자 핀마이크 등을 사용하는 것이 현명하다.

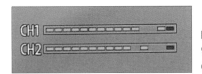

[그림 5-26] ch1,ch2는 음향 레벨을 나타낸다. 우측의 붉은 점에 닿을 경우 지나치게 녹음 레벨이 높은 것이므로 낮춰주거나, 음원에서 마이크 거리를 떨어뜨려야 한다.

⑥ 주변 소음

에어컨, 선풍기 같이 평소 의식하지 못하는 소음원이 주변에 있으면 촬영 시 마이크에 큰 소음을 유발하게 된다. 또 지하철이나 버스에서 나오는 방송음도 촬영시에 더 거슬리게 녹음되기 때문에 주의해야 한다. 또 의식하지 못하지만 마이크에 옷이나 물체가 마찰되는 소리 역시 주의해야 한다.

⑦ 음원

유튜브에서는 어떠한 저작권이 있는 음원도 귀신같이 찾아내는 컨텐츠아이디 시스템(CID)이 존재한다. 백화점이나 길거리, 카페, 옆사람이 틀어놓은 음악, 차에서 나오는 라디오 등에 흘러나오는 노래를 무의식적으로 신경쓰지 않고 넘어가는 경향이 있는데, 그런 영상을 사용할 경우 유튜브 영상에서 수익 창출을 할 수 없으며, 수익을 창출하고 싶은 경우 해당 장면의 배경음을 제거해야 한다. 또는 배경음을 제거한 후에 다른 음악을 입혀서 스케치 영상으로 사용해야 한다. 촬영 시에는 반드시 촬영의 주인공이 되는 소리 이외의 것들에 대해 경계해야 한다.

세부정보			
콘텐츠	신고자	정책	
PHIR MOHABBAT 음악 작품 6:46 - 7:32 일치 부분 재생	LatinAutor TSeries Publishing	저작권 소유자가 수익을 창출함	이의 제기 ⓘ
수백만 곡의 저작권 정책 찾아보기			

[그림 5-27] 유튜브 컨텐츠 아이디로 등록된 음원을 사용하면 자동으로 저작권 소유자가 수익을 가져가거나 수익을 공유할 수 있다.

PART 05

⑧ 마이크가 꽂혀 있는지

무선 마이크, 샷건 마이크, 다이나믹 마이크 등을 애써 구입하여 설치해놓고 마이크와 카메라의 선을 연결하지 않아 카메라 내장 마이크로 녹음되는 상황이 종종 발생한다. 실내 녹음이면 그나마 다행이지만 야외 녹음일 경우 거의 촬영본을 사용하지 못하는 결과가 되기 때문에 반드시 마이크 선이 카메라와 잘 꽂혀있는지 확인하고 또 촬영 전에 반드시 테스트 촬영을 진행하고 해당 영상을 카메라 밖에 노트북 등으로 확인하여 복합적인 문제 발생을 사전에 방지하는 프로세스를 마련해야 한다.

⑨ 배터리(여분)

배터리는 크리에이터들에게 인기 제품인 소니 사의 미러리스 제품인 a6500 모델 기준으로 배터리 하나당 동영상 연속 촬영이 1시간 30분 정도 가능하다. 따라서 여분의 배터리를 반드시 보유해야 하며, 외부 촬영 시간을 상회하는 여유분을 충전하여 소지해야 한다. 실내 촬영의 경우에는 유선으로 전원을 연결하여 배터리에 구애받지 않고 사용가능하나 특정 마이크 제품과 병행할 경우 전압으로 인해 유선으로 사용하면 마이크의 수음에 문제가 생기는 경우도 있어서 되도록 배터리만으로 충전해서 사용하는 것을 추천한다. 캠코더의 경우 동영상에 특화된 제품으로 연속 영상 촬영 시간이 보통 5시간에서 7시간도 가능한 제품이 있어서 추가 배터리 1개 정도만 갖고 있어도 하루 종일 촬영하는데 문제가 없다. 또 전원을 연결해서 촬영해도 음향에 크게 문제가 생기지 않는다. 장기간 야외 촬영이 필요하다면 캠코더를 사용하는 것이 배터리 걱정을 하지 않는 좋은 방법이다.

⑩ 녹화가 반대로 되고 있는지

녹화와 녹화 정지를 반대로 진행하여 폭망하는 경우가 종종 있다. 촬영해야 할 때는 녹화가 안 되고 있고, 촬영을 쉬는 동안에는 녹화가 되고 있는 경우가 종종 생긴다. 단 한 번 **REC** 버튼을 실수로 못 누르게 되면 그 다음부터 계속해서 꼬이는 경우이다. 촬영에 들어갈 땐 반드시 빨강색 **REC** 표시를 확인하고 촬영해야 하고, 촬영 종료시에는 배터리 보존을 위해서라도 카메라를 꺼놓는 것이 좋다.

⑪ 촬영 결과물 실시간 피드백

실시간 모니터링이 불가하므로 촬영 퀄리티에 문제가 생길 가능성이 크다. 따라서 카메라의 자동 촬영 기능을 사용하는 것이 좋다. 촬영 초기에는 위에 제시한 체크리스트를 꼼꼼히 체크해야 하며, 촬영 중간 중간 촬영을 끊고 녹음 상태와 촬영 상태를 체크해줘야 한다. 촬영물을 실시간으로 모니터링할 수 있는 방법으로는 프리뷰 모니터를 추천한다.

⑫ 프리뷰 모니터

크기가 작은 디스플레이 모니터, *스위블(swivel) 액정 같은 셀카 기능이 없는 카메라 등으로 인해서 사용하기도 하고, 프로의 세계에선 초점, 밝기, 화각 맞추기가 쉽지 않을 때 실제 결과물에 가까운 이미지를 확인하기 위해서 사용하는 장비이기도 하다. **프리뷰 모니터는 일명 '필드 모니터'로 카메라의 작은 디스플레이 LCD를 보완하여 카메라의 앵글 그대로를 모니터로 보여주는 장비이다.** 특히 소니 제품군의 경우 자신의 얼굴을 볼 수 있는 틸트 액정이 거의 없기 때문에 이 장비가 유용하다. 셀카 용으로도 사용가능한 프리뷰 모니터는 크리에이터가 촬영한 영상을 실시간 모니터링 하는데 필수적인 장비이다. 가격대별로 성능은 천차만별이다. 현재 내가 사용하는 제품군은 SmallHD FOCUS 제품 5인치 모니터, 해외직구를 통해 b&h에서 구입 가능하며 약 500달러에 구매했다. 국내 구매 시 해외통관에 따른 관세와 배송비 환율을 고려해 70만 원대의 가격이 형성되어 있다. 주로 5인치에서 7인치 프리뷰 모니터를 많이 쓰는데 7인치의 경우가 경량과 이동성이 중요한 모니터의 마지노선 사이즈이기 때문이다. SmallHD 제품과 비슷한 급으론 블랙매직 모니터가 있는데 색감에서 좋은 점수를 받지 못한다.

상위 제품으로 필드 전문가들이 많이 쓰는 인페르노 닌자, 인페르노 쇼군이라는 제품은 100만 원을 호가하며 포커스와 색감 반응 속도 SDI 등이 적용되는 고급제품으로 영화 촬영 시 모니터링용으로 사용 가능하다. 물론 대부분의 1인 미디어의 장비 구매는 가성비가 중요하므로 20만 원 가격대의 릴리풋, 베스트뷰s7을 추천한다.

스위블 액정은 360도 회전이 가능하여 셀카 촬영이 가능하다. 또 셀프 촬영에도 편리하다.

② When 언제 촬영하나?

When에서는 조명에 대해 이야기하려 한다. 언제 촬영하는가, 시간이 몇 시냐에 따라서 자연광은 수시로 변화한다. 이에 따라 조명의 설치, 카메라의 조도 설정도 바뀐다. 야외 뿐만 아니라 실내 촬영에서도 시간에 따른 촬영장의 광량은 수시로 달라진다. 흔히 '조명빨'이란 이야기를 들어봤을 것이다. 자연광 아래에서는 얼굴을 비추는 반사판 하나만으로도 사람의 얼굴을 본판보다 더욱 화사하게 만들 수 있다. 하지만 실내에서는 기본적으로 천장의 형광등 1개만 설치된 상황이 대부분이다. 빛의 모자람뿐만 아니라 영상에 줄무늬가 흘러내리는 플리커(Flicker) 현상이 생기기도 한다. 자연광이 제대로 유입되지 않는 상황에서의 촬영을 위해선 최소한 인공 조명이 1개 이상은 있어야 인물 또는 피사체를 목적에 맞게 담아낼 수 있다. 물론 조명의 중요성을 알아도, 1인 미디어는 전문 조명 팀을 고용할 수 있는 여력이 없다. 따라서 간단한 원리로 그럴싸한 조명 결과를 만들어내는 조명 이론의 기본 중의 기본 '3점 조명'의 개념을 알아보도록 하자. 2~3개의 조명만으로 가성비 최대의 퀄리티를 내는 스튜디오를 만들 수 있는 방법인 3점 조명은 무엇일까?

3점 조명은 키라이트, 필라이트, 백라이트로 구성된다. 3개의 조명은 각각 다른 위치에서 다른 목적으로 설치된다. 각 조명의 위치나 빛의 밝기나 색 온도 등은 절대적이지 않으며, 촬영의 목적에 따라 세팅이 달라지므로 기본적인 개념을 잡은 후, 자신의 눈으로 더 좋은 결과물을 찾아가는 지침으로 삼는 정도가 좋다. 그런데, 왜 3점 조명을 알아야 할까? 인물을 기준으로 3점 조명을 설치한 후 촬영하게 되면 더욱 화사하고 입체적이며 목적에 맞게 연출할 수 있다는 점 때문이다.

[그림 5-28] 삼점 조명 설명

1 키라이트(Key Light) _ 피사체를 정면을 비춰주는 기본 조명

피사체의 전방에 설치하며 인물을 기준으로 광대 부분에 빛이 반사될 정도로 설치해주면 적당하다. 보통 정면을 기준으로 측면으로 10도에서 45도 사이에 설치하는데, 이중에서 특히 전방 45도, 상위 45도 각도, 즉 정면에서 약간 측면 상단에서 빛을 쏠 경우 빛을 쏘는 방향의 반대쪽 광대 부분에 삼각형의 모양이 생기는 '램브란트 라이트'를 많이 쓴다. 네덜란드 화가이자 빛의 마술사라고 불린 램브란트의 이름에서 딴 기법으로, 키라이트의 방향을 잡지 못하겠다면 인물 촬영 기준으로 한쪽 광대에 역삼각형이 반사되는지 확인하면 된다. 다른 조명이 약한 상태로 키라이트의 램브란트 라이트 기법을 사용하면 콘트라스트가 강해져 음영 표현이 명확해지고, 배경을 지우고, 피사체를 강조하게 된다. 인물의 경우 코와 광대가 도드라지기 때문에 카리스마 있는 분위기를 낼 때 유용하다.

[그림 5-29] 램프란트의 그림 〈Studio of Rembrandt van Rijn〉 (Leiden 1606 – 1669 Amsterdam)

배경을 어둡게 하고, 다른 조명 없이 키라이트만 사용할 경우 인물에게 분위기가 집중되는 몰입도 있는 분위기를 연출할 수 있다. 유튜브 〈딕헌터〉 채널의 '욕망의 먹방' 시리즈가 이러한 키라이트를 강조하고, 배경을 크로마키로 어둡게 해서 완벽하게 정적이고 집중된 분위기를 잘 연출하고 있다.

주의할 점은 키라이트가 인물의 완전 정면에서 비추는 것이 아니라 정면을 기준으로 45도 이내의 약간 측면에서 비춰야 한다는 것이다. 그렇지 않게 되면 정면에서 비춰지는 빛이 그대로 렌즈에 흡수되어 얼굴의 하이라이트 부분이 하얗게 날아가는 현상을 겪을 수 있다.

② 필라이트(Fill Light) _ 키라이트가 만드는 그림자를 채워주는 조명

키라이트를 먼저 설치하고, 이후에 그림자를 채워가는 위치에 설치하면 된다. 보통 정면보다는 측면에 배치한다. 거리를 조절하거나 빛의 세기를 조절해서 그림자를 조절하면 된다. 그림자가 채워지면 그림자로 인해 생기는 윤곽선이 부드러워지고 그로 인해 피사체의 선이 부드러워진다. 보통 키라이트보다 약한 밝기를 사용한다. 주의할 점은 그림자를 없애려고만 하면 안 된다는 점이다. 그림자를 연하게 만들어서 부드러운 톤을 만들려는 의도이다. 그림자를 완전하게 지울 정도로 강한 빛을 사용하게 되면 오히려 화면의 암부가 지나치게 밝아져 피사체의 입체감을 지워버릴 수 있기 때문이다. 또한 필라이트는 피부 톤의 어두운 면을 밝게 해줌으로써 화사한 느낌을 증가시키는 역할도 하지만 반대로 그림자를 지우기 때문에 굴곡을 지워서 밋밋한 느낌을 줄 수도 있다. 예를 들어 코가 높아 보이고 싶은 인물 조명에는 오히려 필라이트를 약하게 비추면, 코 옆에 그림자가 생겨 코가 높아 보이는 효과가 있다. 이렇게 상황에 따라 빛의 각도나 강도를 조절하여서 피사체를 달라보이게 하는 주요 역할을 하는 것이 필라이트다. 밝은 분위기의 채널이 아니라 시사, 정치, 뉴스 같은 진지한 톤의 채널을 운영 중이라면 필라이트를 약하게 주고 키라이트와 백라이트만으로 고풍스러운 조명을 연출할 수 있다. 반대로 명랑하고 코믹한 분위기를 연출하려면 필라이트를 강하게 줌으로써 화면의 암부가 없는 부드러운 조명 세팅을 하는 것이 적절하다.

③ 백라이트(Back light)_키라이트의 반대편에서 피사체의 뒷부분을 비추는 조명

피사체의 뒷부분과 앞부분이 분리되는 느낌을 준다. 배경과 피사체를 나누기 위해서 정면으로 바라보는 물체의 테두리에 선을 그려주는 조명이다. 쉽게 말해 피사체의 측후방에서 쏟아지는 역광이다. 피사체의 테두리 부분이 후광처럼 선이 생기는 실루엣(Rim Light)을 만들어주어 입체감을 강화한다. 쉽게 말해 초승달을 떠올리면 된다. 초승달은 달의 가장자리의 아주 얇은 부분이 태양 빛에 반사되는 현상인데, 이로 인해 달의 테두리 실루엣이 슬쩍 드러나는 효과를 지니고 달이라는 위성이 우주에 있는 입체감을 만든다. 백라이트가 입혀진 물체는 단면적인 영상보다 생동감이 있어 보이는 역할을 한다. 보통은 키라이트의 반대 방향에 설치하고, 인물의 뒷면과 어깨를 비추는 위치에 설치한다.

만약 심도가 얕은 렌즈를 사용해서 배경을 흐리게 한다면 백라이트를 사용할 필요가 없다. 백라이트의 주요 역할이 배경과 피사체를 분리하는 것인데, 배경을 날려보낸 상황에서 백라이트의 역할이 사라지기 때문이다. 키라이트와 필라이트 없이 백라이트만 쓴다면 인물에 신비로움, 미스테리함을 더할 수 있고, 대상에 대한 기대감을 불러일으킬 수도 있다. 공연이 시작되기 전에 모든 조명이 꺼지고 뒤에서 백라이트가 켜지고 가수가 등장하는 것 같은 상황에서 백라이트를 많이 활용한다. 크리에이터가 영상에서의 드라마틱하게 등장하고 싶다면, 다른 조명없이 백라이트를 활용하는 오프닝이 효과적이다.

이 3가지 조명은 '정확하게 어떤 자리에 놓는다.'는 정답이 없다. 약간의 위치 차이, 빛의 세기의 차이, 3점, 2점, 1점 조명을 사용하더라도, 최고의 정답이란 존재하지 않고, 그 기준은 결국 크리에이터의 눈과 채널의 목적에 맞게 피사체를 비추는 것 그 하나의 목적일 뿐이다.

③ Where 어디서 촬영하나?

촬영 장소는 촬영 장비에 큰 영향을 끼친다. 실내에서 고정된 상황의 촬영을 하는 경우 장비의 조건에 상관없이 세팅만 해놓으면 지속적으로 촬영을 할 수 있기 때문에 장비의 무게가 중요치 않다. 촬영 장비의 경우 무겁고 견고할수록 안정적인 결과물을 만들지만 반대로 이동이 잦은 상황에서는 무게감으로 인해 촬영에 상당한 피로도를 가져온다. 이정도면 들만 하다 싶었던 3kg 대의 삼각대가 장시간 촬영할 경우 어깨를 쓰라리게 만들고, 허리를 쑤시게 만드는 골칫덩이가 된다. 야외 촬영이라도 스텝들이 여럿 있는 방송 촬영 환경에선 최고의 결과물과 최고의 인력을 투입하여 철저한 촬영 세팅을 통해 높은 결과물을 만들어 낼 수 있다. 그러나 1인

미디어의 경우 대부분 혼자 또는 카메라맨과 출연자 2인으로 촬영하는 상황이기에 최대한 가벼우면서도 목적에 적합한 장비를 사용하여 촬영을 보완해야 한다. 이 장에선 '움직임'을 기준으로 적절한 촬영 보조 장비들을 소개하겠다.

① 고정 촬영

① 삼각대

촬영이 기본이 되는 채널의 경우 카메라와 함께 반드시 필요한 것이 삼각대이다. 삼각대는 카메라 활용의 폭을 넓혀주는 촬영의 필수불가결한 요소이다. 삼각대가 없어도 촬영은 가능하다. 사람이 들고 촬영해주거나 셀카를 찍거나 높이가 적당한 곳에 올려놓고 촬영하면 된다. 그런데 익숙치 않은 장소에서 적당한 높이를 찾고 적당한 각도를 신속하게 찾아내긴 쉽지 않다. 그렇기에 삼각대 없이 1인으로 촬영하는 크리에이터라면 셀카나 1인칭 시점의 촬영 위주의 단조로운 영상 촬영만 찍게 될 수밖에 없다. 하지만 이럴 때 삼각대가 있다면 1인 촬영이라도 다양한 구도로 촬영이 가능해진다.

삼각대는 비디오용, 사진용, 다용도로 나눌 수 있다. 비디오용의 경우 캠코더에 주로 사용한다. 고정된 화각의 촬영이 아니라, 앵글을 자주 바꾸거나, 화면을 횡이동하거나, 위아래로 움직이는 영상 촬영 채널에 적합하다. 비디오용 삼각대는 무거운 비디오 장비를 지탱해야하므로 상대적으로 사진용보다 무겁다. 또한 '비디오 헤드'라는 삼각대 위에서 카메라와 삼각대를 연결하는 장치가 견고하고 크며 무겁다.

[그림 5-30] 벤로 비디오 삼각대 KH25

촬영 장소가 고정된 상태로 이러 저리 찍을 수 있어서 자리잡고 촬영해야 되는 상황에서 유리하다. 주로 장소가 고정된 상태에서 등장인물이 약간의 움지인이 있는 관찰 예능 채널, 무대 공연, 강연 채널에서 사용하면 좋다.

만약 브이로그(V-log)와 같이 촬영과 출연을 혼자서 해야 하는 1인 촬영 상황이라면 비디오헤드를 추천하지 않는다. 촬영자가 카메라를 전담하면서 안정적이고 편리하게 카메라의 촬영 방향을 바꾸는 용도인 비디오헤드이기 때문에 어차피 혼자서 카메라를 세팅하고 뛰어가서 영상에 등장까지 해야 하는 1인 미디어라면 기능을 제대로 사용할 수가 없다. 또한 카메라를 수직으로 꺾어서 촬영하는 것이 힘들다. 즉 촬영 각도에 제약이 있다. 결정적인 단점은 무겁다는 것이다.

카메라 방향이 고정된 상태로 촬영하는 경우 '사진용 삼각대'가 유리하다. 사진용 삼각대는 삼각대와 '볼헤드'로 구성되어있다. 삼각대의 다리 부분 자체도 비디오용과 사진용이 덜 견고하고, 무게가 더 가벼우며 같은 삼각대라도 볼헤드냐 비디오헤드냐 일반 헤드냐 따라 활용도와 무게가 달라진다.

[그림 5-31] 비디오 헤드와 볼 헤드

볼헤드는 고정된 앵글에 적합하다. 꼭 수평이 맞지 않아도 자신이 원하는 각도로 고정하여 사용하는 촬영에 유리하다. 어떤 상황에서도 수평을 맞출 수 있기 때문에 야외에서 용이하게 사용할 수 있다. 화면을 움직이며 촬영해야할 경우 적합하지 않지만 무게가 가벼워서 비디오 헤드의 모든 단점을 상쇄한다. 가벼운 제품은 1kg로 미만의 제품도 있다. 비디오용 삼각대는 기본적으로 5kg 이상이 나간다. 이 차이는 이동 간에 상당한 차이를 가져온다. 만약 고정된 실내에서 영상을 촬영할 경우 비디오 헤드가 달린 비디오용 삼각대를 추천하며, 야외에서 촬영일 경우 사진용 삼각대를 추천한다.

[그림 5-32] 볼 헤드가 설치된 사진용 삼각대

② 고정 반＋이동 반 촬영

촬영이 꼭, '고정'과 '이동식'으로 나누어지진 않는다. 갑자기 움직여야 할 상황과 고정해서 찍고 싶은 상황이 혼재할 확률이 높다. 만약 촬영 장소가 평지가 아니고 마땅히 삼각대를 놓을 만한 자리 아니라면, '다용도 삼각대'를 사용하는 것이 좋다. 다용도 삼각대에서 주로 사용하는 제품 유형은 아래와 같다.

① 셀카봉과 삼각대를 동시에 할 수 있는 가볍고 긴 삼각대

셀카봉과 삼각대의 기능을 합쳤다 하여 '하이브리드 삼각대'라고 부르기도 한다. 셀카까지 함께 사용하려면 무거운 DSLR보다는 미러리스나 스마트폰용 하이브리드 삼각대를 사용하는 것이 좋다. FIX 사의 하이브리드 삼각대와 같은 제품은 400g이 안 되는 무게로 1.5kg까지 지탱할 수 있고, 스마트폰, DSLR 모두 병용이 가능하다. 접었을 때는 28cm 폈을 때는 108cm까지 늘어나기 때문에 다용도로 사용 가능하다. 또 가벼운 삼각대가 주로 플라스틱인 것에 비해 알루미늄으로 제작되었기 때문에 가성비 좋고 가볍게 사용할 수 있는 다용도 삼각대이다.

[그림 5-33] FIX 하이브리드 삼각대

② 테이블에 올려놓고 원터치로 접었다 펴는 편리한 삼각대

먹방 크리에이터들에게 유리한 제품으로는 맨프로토 사의 PIXI 미니 삼각대가 있다. 다리가 늘어나지 않아서 높이를 조절할 순 없지만, 200g대로 아주 가볍고, 한 번에 펴고 접을 수 있는 신속함이 있다. 또 부피가 작기 때문에 어디에든 휴대가 가능하고, 삼각대를 들고 다니면 사람들이 쳐다보는 부담에서 벗어날 수도 있다.

[그림 5-34] 맨프로토 PIXI

③ 어디에든 고정시켜 놓을 수 있는 유연한 삼각대

다용도 삼각대 중 기존의 삼각대와 차별되면서 견고하고도 다양한 활용도를 갖고 있는 제품은 조비 사의 고릴라포드다. 무게별로 다양한 제품이 있는데 가장 견고한 5K모델의 경우 아마존구매 기준 10만 원 초반대의 가격으로 구매 가능하다. 무게별로 3K 모델과 그것보다 가벼운 모델도 존재한다. 이 제품의 장점은 강한 관

PART 05

절들이 문어발처럼 구부러지기 때문에 극단적인 상황에서 어디에라도 카메라를 고정시킬 수 있다. 예를 들면 나무가지 위에 카메라를 메달아 놓을 수도 있고, 담벼락이나 난간에 묶어놓을 수도 있다. 또 평상시에는 삼각대 모양으로 세워두기도 하고, 손으로 들고 셀카봉처럼 쓸 수도 있다. 오래 쓰면 관절의 고정력이 약해진다는 단점이 있다.

[그림 5-35] 조비 고릴라 포드

③ 이동 촬영

① 짐벌

짐벌은 역동적인 촬영의 화면 흔들림을 완화하는 장비이다. 촬영 시에 짐벌을 사용하고 촬영 후 결과물을 보면 달리면서 촬영한 영상조차 거의 흔들림이 없이 마치 레일 위를 미끄러지듯 움직인 것처럼 보인다. 이외에도 좌우(패닝) 위아래(틸트) 움직임이 있는 촬영 시에도 내장된 버튼을 통해 흔들림 없이 촬영가능하며, 특정 기능을 통해 포커스 타깃팅을 하면 카메라가 어디로 움직이더라도 목표 대상을 고정적으로 촬영한다. 역동적인 촬영에서 짐벌을 사용하면 영화, 뮤직비디오를 촬영한 듯 부드러운 영상을 얻을 수 있다. 카메라용 짐벌의 경우 높은 무게를 감당해야하므로 100만 원 이상을 호가한다. 중저가형 제품도 30만 원 이상의 가격이다. 스마트폰용 짐벌은 10만 원대의 저가부터 다양한 가격대의 제품이 있다.

크리에이터용 짐벌의 양대산맥으로 DJI와 지윤을 꼽을 수 있다. 딱히 "이것이 최고의 짐벌이다" 라고 추천할 제품이 있기 보단 사용하는 장비의 종류와 무게, 가용자금에 따라 선택하는 것이 좋다.

[그림 5-36] 짐벌의 양대 산맥 DJI와 지윤의 카메라 일체형 제품 사진

스무스Q2 사용법

　필자의 경우 DJI 오스모 모바일이라는 스마트폰용 짐벌과 최근 출시한 지윤 (ZHIYUN)의 스무스Q2, 카메라 일체형 오스모 포켓을 사용 중이다. 스마트폰을 사용하는 스무스Q2의 사용법은 오른쪽 QR코드를 통해 간단하게 볼 수 있다. 스무스Q2는 최근에 출시된 스마트폰 짐벌로 17시간이라는 배터리 성능과 5가지의 촬영 모드를 가지고 있어 영화처럼 떨림없이 다양한 촬영이 가능하다. 무엇보다 편리한 건 별도의 앱 없이도 사용할 수 있는 블루투스 자동 연결과 녹화 기능이다. 스마트폰 짐벌의 경우 규격보다 무거운 제품을 사용하게 되면 모터가 '드득' 소리를 내며 버티지 못하는 모양새를 보이고, 짐벌이 움직일 때 가동 범위보다 카메라 크기가 커서 걸리는 일도 생긴다. 짐벌을 사용하는 이유는 길거리를 걸으면서 촬영하거나 이동하는 씬을 찍을 때 화면 흔들림이 거의 없어져서 결과물의 퀄리티가 아주 높아지기 때문이다.

　아무리 좋은 장비와 세팅으로 촬영을 하여도 화면이 흔들리면 시청자에게 멀미와 산만함을 유발하는 영상일 뿐이다. 짐벌을 사용하는 또 다른 이유는 짐벌의 추적 기능 때문이다. 혼자서 촬영하는 경우 카메라의 화각 밖으로 이동하게 되면 다시 촬영을 멈추고 카메라의 방향을 옮기고 다시 촬영하는 식으로 진행하게 되는데 짐벌을 사용하면 나의 얼굴을 인식시키고 짐벌 또는 짐벌용 카메라가 내 얼굴을 따라오게 하는 '트래킹' 기능을 사용할 수 있다. 이 기능을 사용하면 누가 촬영을 해주는 것처럼 이동하는 나를 따라 화면이 움직이는 영상을 얻을 수 있다. 이외에도 높은 결과물을 요하는 광고 촬영 시에는 짐벌을 사용하게 되면 '느낌 있는' 결과물을

PART 05

얻을 수 있다. 최근에는 흔들림 없이 부드러운 이동을 촬영할 때 드론을 활용하기도 한다. 결과적으로 움직임이 많고, 거친 촬영에서 화면의 흔들림이 고민이라면 짐벌이 최고의 답이다.

[그림 5-37] 지윤의 스무스Q2와 DJI 사의 오스모 포켓

④ What 무엇을 촬영하나?

무엇을 찍는가에 따라 달라지는 것은 카메라다. 스마트폰 카메라부터 미러리스, DSLR, 캠코더, 액션캠, 웹캠, 짐벌캠, 드론캠 등 무엇을 찍을 지에 따라 적절한 카메라를 선택하고 그에 따른 렌즈, 크로마키, 프롬프터 같은 보조 장비를 갖춘다면 이제 당신의 이야기를 보여줄 차례인 것이다. 유튜브 촬영의 가장 주가 되는 피사체는 크리에이터 자신일 것이다. 또는 리뷰처럼 3인칭 시선으로 자신과 피사체를 함께 찍거나, 피사체만을 중심으로 한 채널도 있을 것이며, 크리에이터의 1인칭 시점까지 '무엇을 촬영할지'는 결국 '무엇을 이야기할 것인가'에 달려 있다. 당신의 이야기를 사람들에게 전달하기 위해 가장 중요한 '눈'의 역할, 카메라는 어떤 것을 써야 할까?

① 카메라

1인 크리에이터에게 가장 보편적인 카메라는 DSLR에 비해서 부피가 작고, 가볍기 때문이다. 최근에는 1인 미디어가 부각되면서 사진의 목적보다 동영상에 특화된 목적의 미러리스까지 등장하고 있다. 예산이 충분하다면 가벼우면서도 가성비가 좋은 중급기 이상의 장비를 사는 것이 좋지만 그렇지 않다면 정해진 예산 내에서 목적에 가장 적절한 장비를 선택하는 것이 필요하다. 이 장에서는 어떤 모델이 최근 각광받고 있는지 추천해본다.

① 미러리스 소니 VS 캐논

Canon SONY

[그림 5-38] 캐논과 소니 로고

현재 1인 미디어 영상 촬영용 시장은 소니가 우위를 점하고 있다. 소니의 장점은 영상에서 가장 밝은 곳과 가장 어두운 곳의 범위를 나타내는 '다이나믹 레인지'가 넓어 영상을 디테일하게 구분해서 저장한다는 것이다. 최근 각광받는 픽처 프로파일 기능을 통해서 촬영한 후 보정으로 컬러그레이딩(색보정)을 거치면 세련되고 영화 같은 화면을 뽑아낼 수도 있다. 픽처 프로파일 기능을 쓰지 않고 컬러그레이딩을 하게 되면 원치 않는 부분의 색감을 잃게 되지만, 픽처 프로파일을 통해서 더 많은 정보를 받아들인 후에 색 보정을 하면 내가 원하는 바로 그 느낌을 결과물의 손실 없이 만들 수 있다.

센서의 차이는 감도의 차이도 만드는데 흔히 야간 촬영에서 빛에 대한 감도를 나타내는 ISO를 똑같이 높였을 때 캐논의 센서가 소니보다 노이즈가 많이 발생한다. 또한 소니는 빠른 AF(오토 포커스, 자동초점) 기능으로 비전문가의 움직임 있는 피사체 촬영에도 용이한 점이 있다. 또 풀프레임 모델 대표 주자인 A7M3와 캐논의 EOS R을 비교할 때 소니의 경우 4K 24프레임 촬영에서 풀프레임 화각을 그대로 촬영할 수 있지만 캐논은 화면이 1.7배 크롭이 된다. 크롭이 된다는 것은 화면이 더 좁은 부분을 찍게 된다는 것이다. 여기에는 아주 치명적인 단점이 존재하는데, 대부분의 소니 모델에 액정 스위블 기능이 없어 셀카가 힘들다는 것이다. 이는 브이로그나 1인 촬영이 대다수인 크리에이터들에게는 최악의 단점이기도 하다. 캐논의 장점은 사용자 인터페이스가 쉽게 구성되어서 조작이 쉽고, 터치스크린이 되기 때문에 작동이 소니에 비해 직관적이다. 무엇보다 소니에 비해 색감이 좋다는 점이 부각되었다. 만약 크리에이터의 얼굴을 중심으로 한 채널이라면 캐논 카메라의 색감이 도움이 될 수 있다.

유독 뷰티 크리에이터들이 많이 사용하는 카메라가 캐논임을 감안한다면 인물의 주안점을 준 캐논과 AF 성능, 노이즈 억제력, 손 떨림 방지 기능, 픽처 프로파일 기능에 우월성이 있는 소니의 카메라를 선택할 때 명확한 포인트를 짚을 수 있다.

② 미러리스 풀프레임 VS 크롭바디

최근 각광받는 미러리스에는 두 종류가 있다. 바로 크롭바디 미러리스와 풀프레임 미러리스다. 이는 이미지 센서의 크기 차이에 기인한다. 즉 풀프레임 센서보다 크롭바디의 센서의 크기는 1:1.5 비율로 차이가 난다. 센서 차이에 의해 가장 커지는 차이는 화각이 달라진다는 것이다. 같은 거리에서 같은 렌즈로 촬영했을 때 크롭바디가 더 확대되어 보인다. 풀프레임은 더 넓은 각도로 사진이 찍힌다. 같은 렌즈를 써도 크롭바디는 렌즈에 1.5를 곱한만큼 초점거리가 늘어난다. 즉 크롭바디는 멀리 찍을 때 유리하고, 풀프레임은 더 넓게 찍을 때 유리하다는 것이다. 풀프레임의 장점은 명확하다. 아웃포커싱이 뛰어나다. 넓은 화각을 찍는다는 것은 피사계 심도가 얕다는 것인데, 이로 인해 초점이 맞는 거리가 짧아지고 아웃포커싱이 더 잘 된다. 아웃포커싱이 필요 없는 원거리 풍경사진 등에는 크롭이 더 유리하다. 이외에도 센서의 성능 우월로 인해 풀프레임의 다이나믹 레인지가 넓으며, 야간 노이즈 억제력이 강하다.

크롭바디의 장점은 가볍고, 작고, 싸다는 점이다. 약간의 화각을 위해서 2~3배 이상의 비용을 지불해야 하는 풀프레임에 비해 경제적이고 가성비가 좋다. 물론 렌즈군 역시 풀프레임용 렌즈와, 크롭바디용 렌즈를 구분해서 사용하며, 풀프레임 렌즈가 크롭에 비해 수배 비싼 가격대가 형성되어 있다. 결론적으로 셀카 등을 찍을 일이 많은 크리에이터들에게는 화각이 넓고, 아웃포커싱을 만드는데 유리한 풀프레임이 좋지만, 가격이 비싼 단점을 고려하여 선택해야 한다. 아래는 직접 써보고, 추천하는 크롭바디와 풀프레임 바디 모델이다.

③ 크롭바디 미러리스

소니 a6400은 정확하고 빠른 AF, 4K, 플립액정(셀카 가능), 인기 모델이었던 소니 a6500 후속버전으로 바디 손 떨림 방지 기능을 제외한 업그레이드 버전으로 가장 인기 있는 모델(100만 원대)이다.

[그림 5-39] a6400 vs m50

캐논 m50은 가볍고 작은 크기에 스위블 액정으로 셀카가 가능하며 4K 기능은 사용 가능하나 AF기능이 떨어지기 때문에 가성비를 중요시하는 1인 크리에이터용으로 적당하다(50만 원대).

[그림 5-40] Sony a7m3 VS Canon EOS R

④ 풀프레임 미러리스

소니 a7m3은 정확하고 빠른 AF, 4K, 높은 선예도, 바디자체 손 떨림 방지 기능, 고가이지만 고가의 능력을 모두 충족하는 최고 추천 기종(200만 원대)이다.

캐논 EOS RP은 플립 액정, 터치스크린 기능이 있으며 색감이 뛰어나다. 인물 표현이 우월(피부 좋아 보임)하다. 소니에 비해 다양하고 저렴한 렌즈군을 갖추고 있으며 24프레임 촬영이 안 된다는 단점(140만 원대)이 있다.

⑤ 콤팩트 카메라(렌즈 비교환식 '똑딱이' 카메라)

여기서 추천하는 콤팩트 카메라는 미러리스의 기능을 대부분 갖고 있으면서도 미러리스보다 더 작고 가벼운 휴대용 카메라이다. 여행과 브이로그에서 무게와 부피는 매우 중요하다. 뛰어난 기능에도 휴대성까지 보유한 장비를 가졌고 렌즈를 교환할 필요가 없을 정도로 넓은 범위의 화각을 지닌 렌즈를 내장했다. 3.5mm 단자가 없어서 외장 마이크 장착이 불가능한 점이 가장 크다. 하지만 최근 발표된 RX100 M7 모델에선 3.5mm 단자가 추가되어서 이 문제가 극복되었다. 추천 기기는 다음과 같다.

소니 RX100 mark6 – 손바닥 반 만한 사이즈, 경량, 24–200mm 광각부터 표준 줌 망원까지 커버되는 렌즈 범위에 4K, 뛰어난 AF 기능이 있으며 S–LOG3(120만 원대)를 갖추고 있다.

[그림 5–41] SONY rx100 m6

⑥ 렌즈 추천군

소니 E마운트 추천 렌즈

시그마 30mm F1.4 – 일명 '삼식이' 렌즈, 가격 30만 원대로 가성비가 훌륭하다. 휴대성도 좋고 아웃포커싱이 매우 뛰어나고 초점 거리가 짧아 실내 촬영이 용이하다.

[그림 5–42] SIGMA 30mm 렌즈

SEL 50mm F1.8 OSS은 야외에서의 아웃포커싱을 쓰고 싶다면 추천한다. 20만 원에 손 떨림 방지 기능도 있어서 야외 이동 촬영에도 유리하다.

[그림 5-43] SEL 50mm f1 렌즈

SEL PZ 18-105mm F4 G OSS는 다용도 줌렌즈로 근거리의 접사부터 원거리의 망원 기능까지 모두 가능하여 다용도로 사용할 만한 렌즈이다. 전동으로 줌을 조절하는 파워줌이 내장되어 있어서 확대와 축소 시에 화면 흔들림의 영향을 받지 않는다.

[그림 5-44] SEL pz 18-105mm f4 g oss 렌즈

캐논 EF-M마운트

[그림 5-45] EF-M 22mm F2-브이로그용 셀카 렌즈 추천 제품

EF-M 11-22mm F4-5.6은 광각 줌렌즈이며, 넓은 화각으로 손에 들고도 넓은 배경까지 한번에 비출 수 있다.

EF-M 32mm F1.4은 인물 아웃포커싱으로 멋진 영상 연출이 가능하다.

② 캠코더

야외에서 장시간 촬영이 필요한 촬영 포맷이라면 캠코더를 사용하는 것이 배터리 관리에 스트레스 받지 않는 방법이다. 한 개의 배터리 기준으로 소니 a6500과 캠코더인 소니 Z90의 연속 촬영 시간은 최소 3배 이상 차이난다. 동영상에 특화된 미러리스임에도 연속 촬영으로 한 시간 반 정도에 배터리가 바닥나는데 캠코더의 경우 거의 여분의 배터리 1개만 더 있다면 거의 하루 종일 야외에서도 촬영이 가능한 것이다. 또한 복잡한 설정을 할 여력이 없는 상황에서 틸트 액정을 펼치면 바로 전원이 들어오면서 버튼 한 번으로 녹화가 시작되는 방식이기 때문에 정신없는 촬영을 해야 하는 크리에이터라면 캠코더를 추천한다.

예를 들어 〈와썹맨〉 채널 영상을 보면 거의 캠코더로 촬영하는 것을 알 수 있다. 다큐멘터리의 느낌을 원한다면 이렇듯 캠코더를 사용하는 것이 도움이 된다. 빠른 줌인, 줌아웃이 가능하고 심도가 깊기 때문에 초점이 흐려지는 경우가 적어서 급박한 상황에서도 안정적으로 영상을 건져낼 수 있다. 기계적인 손떨림 방지 기능이 뛰어나서 뛰어다니면서 촬영을 해도 화면의 어지러운 감이 적다. 또한 야외 촬영에도 ND필터를 통해 너무 밝은 태양광에 기민하게 대응할 수 있고 적외선 촬영으로 초록색 화면 톤의 야간 촬영을 해낼 수 있다. 또 듀얼 SD카드 슬롯으로 SD카드가 2개 삽입되는 모델을 사용하면 용량의 한계까지 확장할 수 있어서 연속으로 파일의 저장이 되도록 설정하거나 중요한 영상일 경우 한 개의 촬영 영상을 2개에 SD카드에 동시에 저장하는 기능도 있다. 캠코더는 자체적으로 스위블 액정이 달려있기 때문에 셀카부터, 측면 촬영까지 다양한 각에서 촬영을 진행할 수도 있는 점도 있다.

만약 인터뷰 형식으로 무선 마이크 2대를 사용해야 한다면, 고급형 캠코더를 말하는 '프로캠' 급의 캠코더에 설치된 2ch 오디오 인풋 단자에 XLR 케이블로 된 음향장비 연결이 가능하기 때문에 두 개의 무선 마이크를 동시에 녹음 가능하다. 대부분의 미러리스나 DSLR에는 3.5mm 단자로 연결 가능한 마이크만 사용가능하기 때문에 음향 쪽에 제약이 있다. 만약 미러리스 등에서 이렇게 2개의 무선마이크를 동시에 녹음하려면 따로 오디오 인터페이스 장치를 사용해서 소리를 합치는 오디오 믹싱 과정이 필요하기 때문이다.

캠코더의 단점은 같은 가격의 미러리스에 비해 영상 촬영본의 결과가 단조롭다는 것이다. 미러리스는 '렌즈'를 변경할 때 마나 완전 다른 기기를 사용한 것 같은 결과물의 변화를 가져온다. 그러나 영화 촬영급의 캠코더가 아니면 캠코더의 대부분이 렌즈 고정식이기 때문에 기본 장착된 렌즈만을 사용할 수 있다. 비슷한 가격대의 미러리스보다 이미지 센서의 크기가 작아 영상 퀄리티 자체에서는 미러리스보다 떨어지는 감이 있다. 그렇기에 촬영 시간이 1시간 이내이고 실내 촬영을 위주로 한다면 캠코더를 사용할 필요는 없다. 실내에서는 미러리스의 배터리 사용 단점이 커버되고, 촬영 세팅을 할 상황이 되기 때문에 DSLR이나 미러리스가 유리하며 야외에서 움직임이 많은 촬영, 흐름이 끊기지 않고 진행되는 다큐멘터리식의 촬영, 배터리가 우려되는 상황이라면 캠코더를 고려해보길 바란다. PXW-Z90은 직접 사용해보고 추천하는 캠코더 모델이다.

[그림 5-46] PXW-Z90

소니 PXW-Z90-4K는 60프레임 촬영이 가능한 프로캠이다. '스테디샷' 기능으로 움직임에 더욱 뛰어나다. 최대 960fps의 슈퍼 슬로우 모션 촬영이 가능하고, 광학 18배 줌, 실시간 라이브 송출이 가능한 장비, 상단에 손잡이가 포함되어 있어 다양한 앵글 촬영에 편리하다. 지향성 마이크가 달려있어 정면 소리 수음에 유리하며 상단에 XLR핸들에 2ch input 단자가 있어서 무선 마이크, 샷건 마이크, 다이나믹 마이크 등 다각적으로 사용할 수 있으며 음향컨트롤 믹서가 포함되어 있기에 사운드가 중요한 촬영에 적합하다. 소니 제품답게 S-LOG2, S-LOG3, HLG 기능이 지원되며 픽처 프로파일 기능이 내장되어 있어 다이나믹 레인지가 넓은 영상을 촬영할 수 있다. 또한 ND 필터 기능, 장면별 촬영 기능이 내장되어 있다. AF/MF 변경 버튼이 원터치이기에 수동 초점으로 촬영할 때 유리하다. 무엇보다 장시간 촬영하여도 발열이 심하지 않다(300만 원대).

소니 FDR-AX700은 앞서 설명한 소니 Z90 모델의 하위 호환 기종으로, 4K, 960fps 슬로우&퀵 모션 등의 기능을 갖췄다. 상위 기종과 차이라면 XLR 핸들이 없어서 음향 부분의 다운그레이드와 4K는 가능하지만 60프레임이 아닌 30프레임이며 실시간 라이브 송출이 불가한 점이다. Z90에 비용적 압박이 있다면 경제적으로 가성비 좋은 제품이다. 특히 4K 60프레임은 용량의 압박으로 실제로는 많이 사용하지 않는 기능이며 실시간 라이브 역시 캠코더를 이용하기 보단 모바일 기기나 컴퓨터를 경유한 웹캠으로 하는 것이 편하기 때문이다(200만 원대).

[그림 5-47] FDR-AX700

소니 FDR-AXP55는 더욱 저렴한 버전의 캠코더이지만 필요한 기능을 모두 갖춘 가성비 버전이다. 4K, 뛰어난 손떨림 방지 기능, 30배줌, 퀵&슬로우 모션, 빔프로젝트 기능으로 벽만 있으면 프로젝터를 쏴서 볼 수 있으며 5.1ch 마이크 기능으로 녹음 기능도 뛰어나다(120만 원대).

[그림 5-48] FDR-AXP55

웹캠

웹캠으로는 로지텍 Brio 4K, C920 두 종류를 추천한다. 로지텍 C920의 경우 나음 버전엔 C922가 있지만, 신버전의 화질이 선명해서 얼굴이 오히려 더 잘 안 나온다. 라이브 스트리밍을 하는 크리에이터들은 C920을 더 많이 사용한고 한다. 또 구버전인 C920이 붉은 계열이 살짝 강해서 얼굴이 더 예쁘게 나온다. 즉 C922는 쿨톤 C920은 웜톤이라고 보면 된다. C922는 조금 더 화사해 보인다. 인물의 외모 중심이 아니라 배경의 선예도와 화질이 중요하다면 로지텍 사의 Brio 4K 제품을 추천한다.

[그림 5-49] 로지텍 Brio 4K

액션캠

액션캠은 뛰어난 손떨림 방지 기능으로 야외 활동, 스포츠 등에 사용되는 카메라이다. 스노우보드를 타거나 스카이다이빙, 자전거, 자동차 실내, 몸에 부착하여 1인칭으로 촬영하는 용도 등으로 사용되곤 한다. 또 방수, 방진 기능으로 견고하며 작은 크기로 어디에든 들고 다닐 수 있다는 장점까지 있기 때문에 여행 유튜버부터 브이로그 유튜버까지 다양한 채널에서 사용 중이다. 액션캠은 현재 고프로, 소니, 오즈모의 삼파전이다. 셋 중 하나의 액션캠을 추천하기에는 세 제품의 장단점이 나뉘기 때문에 특성별로 자신에게 맞는 액션캠을 선택하길 바란다.

- **고프로 히어로 블랙7**
  낮에 밝은 부분촬영 시 디테일이 좋다. 액세서리 군이 가장 풍부하다. 다방면으로 무난한 기능을 보인다(50만 원대).

- 오즈모 액션

  세 기종 중 손떨림 방지 기능이 가장 좋다. 후면 스크린, 셀피 스크린, 피부톤이 밝게 촬영된다. 음질이 가장 떨어지고, 아직 보완 액세서리가 없다. 움직임이 과한 상황에서 필요하다면 오즈모를 선택하는 것이 좋다(45만 원대).

- 소니 X3000R

  음질이 가장 좋다. 감도가 좋아서 어두울 때 밝게 찍힌다. 액션캠을 통해서 말을 자주 해야 할 경우 음질 왜곡이 없으면서도 가장 음질 감도가 좋은 소니 액션캠을 사용하는 것이 유리하다.

[그림 5-50] DJI 액션

[그림 5-51] 고프로7 히어로 블랙

[그림 5-52] X3000

③ 크로마키(Chromakey)

크로마키는 영상에서 특정색을 분리하여 투명하게 하는 기술이다. 초록 또는 파란색 배경지 앞에서 사물을 촬영하여 편집 프로그램의 keying 편집을 이용하면, 배경지의 초록색(또는 파란색)이 모두 투명해지고 그 앞에 서 있는 피사체의 영상만 추출해낼 수 있는 기술이다. 기상 캐스터들이 일기예보를 할 때 자주 쓰이고 할리우드 배우들이 초록색 배경지 앞에서 아무 것도 보이지 않는 곳을 향해 연기를 하고 있는 모습을 종종 볼 수 있는데 이것이 크로마키 촬영 방식이다. 크로마키를 활용하면 전혀 다른 영상의 합성이 가능해서 영상의 퀄리티가 비약적으로 발전한다. 예를 들면 크로마키에서 고몽이 뛰는 모습을 찍고 그 영상에 화성을 겹쳐놓으면 '고몽이 화성에서 뛰는' 모습으로 합성가능하다. 내가 촬영해 놓은 실제 영상의 예를 들면, 크로마키 앞에서 전자기기를 얇은 실에 묶어 빙빙 돌린 후 크로마키로 물건만 추출해 낸 후 이후에 그 장소에서 내가 그쪽 방향을 쳐다보고 있는 영상을 재촬영한 뒤에 두 영상을 합치면 내가 쳐다보는 허공에서 전자제품이 빙빙 돌고 있는 영상이 만들어진다.

[그림 5-53] 위 사진의 전자기기는 합성이다. 영상에선 전자기기가 공중에서 돌고 있지만, 실제로 허공에는 아무 것도 없다. 두 가지 영상을 편집으로 합친 것이다.

크로마키는 전혀 어려운 기술이 아니며 내가 쓰는 파이널컷의 경우 크로마키 배경에서 촬영한 환경에 Effect 창의 Keying 이펙트를 뒤집어씌우면 끝이다. 크로마키는 배경지 구매와 배경지를 걸어놓을 스탠드만 구매하면 된다. 두 개를 합해서 15만 원 정도에 구매가 가능하다. 물론 이 두 가지를 합쳐놓고 배경지를 접었다 펼수 있는 제품이 네이버 최저가로 7만 원에 구매 가능하다.

[그림 5-54] 좌측 상단의 사진처럼, 파란색 배경에, 파란색 티셔츠, 파란색 모자를 입고 크로마키를 사용하면, 검정색의 우주 배경을 합성할 수도 있고, 스페인의 사그라다 파밀리아 앞에 서있을 수도 있고, 광활한 산등성이를 배경으로 합성할 수도 있다. 옷과 모자도 파란색을 썼기 때문에 배경과 함께 사라진다.

PART 05

④ 프롬프터

프롬프터는 대통령 연설문에서나 쓰는 고가의 제품이 아닐까 싶다. 하지만 그만큼 영상 촬영을 자주 하는 유튜브 크리에이터가 하나쯤 장만한다면 도움이 되는 장비이기도 하다. 특히 나처럼 장문의 대사를 외우지 못하는 크리에이터들에게 추천하는 제품이다. 말해야 할 대사가 길 때 스크립트를 카메라 옆에 놓고 일어나면 눈동자가 옆으로 가 있기 때문에 굉장히 '읽는 티'가 난다. 속된 말로 눈알 굴러가는 소리가 들릴 정도로 눈동자가 왔다 갔다 한다. 프롬프터는 카메라를 정면으로 응시하고 그곳에 한 방향으로만 투명한 거울 안쪽에서 카메라를 놓고 촬영하기 때문에 눈동자가 카메라 정면을 응시하면서 미리 써놓은 대본을 읽을 수 있다. 즉 나는 분명히 카메라 렌즈를 쳐다보지만 동시에 프롬프터의 거울에 반사된 스크립트를 읽을 수 있고, 카메라 렌즈는 투명한 거울을 통해 나를 또렷하게 찍고 있다는 것이다. 작동 방법은 태블릿 PC에 어플을 통해 자동으로 대본 페이지를 넘기게 하고 넘어가는 속도를 조절하면 내가 읽는 속도에 따라 움직이는 프롬프터가 완성된다.

그렇다면 시중에서 좀처럼 보기 힘든 프롬프터는 어떻게 구입해야 할까? 프롬프터를 지식쇼핑에 검색하면 가격이 100만 원부터 시작해서 300만 원을 호가하는 전자식 프롬프터가 즐비하여 부담스럽다. 물론 우린에게는 해외직구가 있다. 아마존, 이베이, 알리익스프레스에서 영어로 'PROMPTER'를 검색하면 약 270달러대의 반사식 프롬프터인 글라이드 기어(Glide Gear) TMP100 제품을 만날 수 있다. 아이패드 같은 태블릿을 올려두고 'BIGU' 같은 어플을 설치하면 천천히 올라가는 스크립트를 읽으며 자연스럽게 긴 대사를 읊을 수 있다.

[그림 5-55] 글라이더 기어(Glide gear) 사의
저렴한 반사식 프롬프터 TMP 100

⑤ How 어떻게 촬영하나?

어떻게 촬영해야 할까? 를 고민하기 전에 내 촬영의 목적은 무엇인가를 고민해야 한다. '나는 왜 촬영을 하는가? 내 유튜브 채널은 어떤 성격인가? 나는 어떤 포지션을 갖고 있는가? 난 무엇을 빛나게 하고 싶은가?'를 먼저 정한다면 촬영 방법은 자연스레 결정된다. 영상 촬영은 사진 촬영과 다르다. 사진 촬영에 비해 영상 촬영은 화면에서 변하는 요소들이 너무 많다. 비전문가는 그 변수를 다 고려하기도 힘들만큼 화면에 들어오는 빛의 양, 초점거리, 피사체의 움직임, 노이즈 등의 요소가 수시로 변한다. 그렇기에 동영상 촬영은 되도록 자동촬영(AUTO) 기능을 사용하지 않길 권한다. 가장 성가신 AF만 하더라도 사람에게 초점을 맞췄다가 앞에 있는 물병에 초점이 잡혔다가 지나가는 파리한테 잡혔다가 하는 식의 참사를 겪을 수 있기 때문이다. 심지어 밝은 대낮엔 지나가는 자동차 창문에 반사된 빛이 렌즈로 들어와 화면이 잠깐 어두워졌다 밝아지기도 한다. 노출값이 변한 것에 대해 카메라가 자동으로 세팅을 변경했기 때문이다. 이러한 실수를 막기 위해 수동 촬영을 해야하는 데, 이때 간단하게 알아둬야 할 영상 촬영 기초 지식 5가지가 있다.

① 초당 프레임 수(FPS, Frame Per Second) _ 24프레임 30프레임 60프레임

프레임은 fps로 표현하며, '1초당 몇장의 사진을 찍느냐'로 생각하면 된다. 즉 내가 찍는 10분짜리 동영상이 24프레임이면 1초당 24장씩 600초(10분) 동안 촬영되는 개념이라고 보면 된다. 10분 동안 24프레임으로 촬영하면 24×600 = 14,400장의 사진으로 동영상이 완성된다는 의미이다. 프레임이 많거나 적거나해서 뭐가 좋거나 나쁘거나 할 것은 없다. **영화 산업에선 주로 24프레임으로 촬영한다.** 많은 프레임으로 찍어야 더 자세히 나오지 않나? 싶지만 같은 용량으로 더 적은 프레임을 촬영한다는 건 같은 용량을 더 적게 나눈다는 것이고 한 장의 프레임에 더 많은 용량을 쓸 수 있다는 뜻이다. 즉 같은 촬영 시 정보 값을 나타내는 비트레이트가 같은 상황에서 24프레임으로 촬영하게 되면, 60프레임으로 촬영한 것 보다 프레임 한 장, 한 장이 더 높은 정보값을 저장할 수 있기 때문에 영상미가 중요한 영화에서 24프레임을 사용하는 것이다. TV 방송은 보통 29.97프레임, 즉 30프레임을 사용한다. **보통 얼굴이 등장하는 유튜버들이 사용하는 프레임도 30프레임이다.** 가장 무난하고 일반적인 프레임 레이트이다. 60프레임부터는 영상의 초당 프레임수가 많아지기 때문에 부드럽고 화려한 연출을 하고 싶을 때 쓴다. 가장 적절한 예시는 게임 채널이다. 게임의 움직임은 생동감 있고 부드러울수록 몰입감과 눈의 피로도 가 더 떨어진다. 따라서 높은 프레임으로 영상을 촬영하고 저장하게 되면 시청자들에게 더 자연스러운 게임 영상을 전달할 수 있다. 움직임이 많은 채널도 마찬가지이다. 여기저기 뛰어다니고, 빠른 액션을 보여주는 채널의 경우는 프레임수가 낮으면 움직임이 뚝뚝 끊겨 보일 수 있다. 이때 60프레임 또는 더 높은 120프레임으로 촬영을 하게 되면 움직임이 실제 눈으로 보는 것처럼 부드럽게 느껴지기 때문에 자신의 스타일에 맞는 프레임수를 결정하면 된다.

만약 특별한 순간을 촬영하거나 화면 간의 이동을 뜻하는 트랜지션을 삽입하거나 영상을 천천히 재생해야 한다면 최신 기종의 카메라에 있는 120프레임부터 960프레임까지 고프레임으로 촬영한 후, 이를 슬로우 모션으로 편집하면 된다. 만약 프레임을 30프레임 정도로 촬영한 뒤에 재생 속도를 10분의 1로 해서 슬로우 모션을 하게 된다면 1초에 30장의 사진을 보여 주던 것을 1초에 3장의 사진만 보여주게 되므로 움직임이 뚝뚝 끊기게 된다. 이럴 때 만약 960프레임으로 촬영했다면 10분의 1로 재생 속도를 줄여도 초당 96프레임이나 되기 때문에 슬로우 모션이 자연스러운 결과를 가져온다.

② 셔터 스피드

움직임이 있는 영상에 모션블러(잔상)를 결정한다. 셔터 스피드를 낮추게 되면 영상이 밝아지고 모션블러가 많아진다. 셔터 스피드를 올리게 되면 영상이 어둡게 찍히고 움직임이 선명하게 포착된다. 셔터 스피드가 어느 정도가 적당한가? 고민된다면 자신이 현재 촬영하는 프레임에 곱하기 2를 하면 된다. 예를 들어 초당 30프레임으로 촬영을 원한다면 곱하기 2인 1/60초 속도로 셔터 스피드를 하고, 초당 60프레임으로 촬영을 하고 있다면 1/120초 속도로 셔터 스피드를 조절하면 적당하다. 이외에 눈으로 화면의 밝기의 적정성을 고려하며 조정하고 대상의 움직임을 체크하면서 움직임이 너무 끊기는지 부자연스러운지를 체크하면 된다.

완전하게 똑같은 실내 조명에서 손바닥을 최대한 빨리 흔들었을 때

1/100초의 셔터 스피드로 촬영한 동영상에선 아래와 같이 움직임의 잔상이 어느 정도 표현되며 적당한 밝기를 보였다.

[그림 5-56] 1/100초 셔터 스피드로 촬영한 영상

셔터 스피드를 1/1,000초로 빠르게 하자, 아주 빠르게 움직이는 손의 움직임도 정지되어 있는 것처럼 녹화되었으나 셔터가 빛을 받아들이는 시간이 너무 짧아 아래와 같이 어둡게 촬영되었다.

[그림 5-57] 1/1,000초 셔터 스피드 영상

셔터 스피드를 1초의 속도로 아주 느리게 촬영하니 아래와 같이 손이 움직였던 궤도대로 잔상이 심하게 남아 형체를 알아볼 수 없었다. 영상의 밝기와 잔상을 고려하여 자신만의 적절한 셔터 스피드를 찾아보자.

[그림 5-58] 1초 셔터 스피드로 촬영한 영상

PART 05

③ ISO

예전에 필름 카메라를 찍던 시절, 필름에는 ISO100, ISO200과 같은 표기를 심심치 않게 볼 수 있었다. 필름은 감광제 입자의 크기로 빛에 대한 민감도를 결정했다. 하지만 디지털카메라가 보편화된 지금의 시대에는 필름이 없어지고 카메라 자체적으로 이 ISO를 조절할 수 있게 되었다. ISO는 빛에 대한 민감도, 빛에 감응하는 속도의 비율을 말한다. ISO가 100보다 높으면 고감도, 낮으면 저감도라 부른다. 보통은 맑은 날 야외에서 ISO를 100으로 사용한다. ISO가 낮으면 영상이 부드러워지고 어두워진다. ISO가 높아질수록 화면이 밝아지고 그와 함께 노이즈가 많아진다. 보통 영상 촬영에서는 A모드, 즉 조리개 우선 모드를 사용하면 ISO는 자동으로 조리개에 맞게 변경되기 때문에 크게 신경쓸 필요는 없으나 야간 촬영의 경우 ISO 값이 낮으면 영상에 피사체가 보이지 않는 경우도 있어 이럴 경우 신경써야 한다. 단 ISO를 너무 높이면 화면에 자글자글한 노이즈가 끼게 되는데 고가의 카메라의 경우 센서의 성능이 좋아 이러한 노이즈를 억제해주기도 한다. 전문·비전문을 막론하고 야간 촬영은 아무나 하는 게 아니다. 되도록 야간 촬영은 피하는 게 상책이며 ISO값 역시 높이지 않고 촬영하는 것이 사후 노이즈로 인한 스트레스를 피할 수 있는 방법이다.

[그림 5-59] ISO 51200으로 촬영한 사진. 방의 불을 끄고 찍었는데도 밝게 나오지만 그만큼 엄청난 노이즈가 형성되어 있다.

④ 조리개

f값으로 표현하며, 높으면 높을수록 심도가 깊어지고 어두워지고, 낮을수록 심도가 얕아지고 밝아진다. 인물 영상의 경우 낮은 f값으로 찍으면 주변이 아웃포커싱되어서 인물에 대한 집중도가 높아진다. 보통 렌즈에 f1.4, f1.8, f2.0, 이렇게 표기된 렌즈가 조리개 값이 낮은 렌즈인데 이 조리개 값이 고정되어서 어떤 초점거리에서 찍어도 조리개 값이 변하지 않는 '고정조리개 렌즈'는 상당히 고가이다. 보통은 가격 때문에 가변조리개를 사용하게 된다.

렌즈의 모델명을 보면 보통 SEL 16-50, f3.5-5.0과 같은 표기를 볼 수 있는데, 이는 초점거리 16mm에서 f값이 3.5이고 초점거리를 50mm로 멀게 할수록 f값이 5.0으로 변한다는 말이다. 즉 f5.0으로 조리개 값이 높아질수록 피사계 심도가 깊어지고 초점거리가 길어져서 전체적으로 흐린 부분이 없어지는 대신 화면이 어두워진다는 의미이다. 풍경 사진의 경우 높은 f값으로 찍으면 심도가 깊어져서 화면에 흐린 부분 없이 먼 곳 가까운 곳이 모두 초점이 잡힌다. 이를 '팬포커싱'이라고 하는데 '아웃포커싱'과 다르게 넓은 포커스를 잡는다는 표현이다.

[그림 5-60] 조리개 수치를 f4.0 정도로 하면 아웃포커싱이 약하게 들어간다.

PART 05

[그림 5-61] 조리개 수치를 f.1.8로 낮게 하면 인물 주변이 강하게 아웃포커싱 된다.

조리개와 f값을 간단히 이해하기 위해선 사람의 눈을 떠올리면 된다. 우리가 넓게 보기 위해선 눈을 크게 뜨는데 멀리 보기 위해서는 눈을 실눈으로 뜬다. 눈꺼풀을 조리개라고 봤을 때 눈을 가늘게 뜬다는 건 눈꺼풀이 눈을 더 많이 덮어 조리개가 넓어진다는 것이다. 즉 눈으로 들어오는 빛이 적어진다는 것이고 이는 멀리 보기 위함이며 눈의 심도가 깊어진다는 의미이다. 눈을 크게 뜬다는 것은 눈꺼풀을 활짝 연 상태로 조리개가 좁아지면서 렌즈가 시원하게 개방된다는 의미이다. 넓게 보면 멀리 볼 수 없듯이 내 주변부의 많은 빛을 받아들이고 그 외의 먼 거리에 사물들을 흐리게 보는 것으로 이해하면 된다.

⑤ S-log

쿨하고 힙(hip)하고 트렌디한 영상을 만들고 싶다면 소니 카메라군에 있는 기능인 S-log를 이용하는 것을 추천한다. 사진을 촬영해본 사람이라면 'RAW 파일'을 알 것이다. RAW는 흔히 사진 파일의 압축 방식인 JPG에 비해 파일의 다이나믹 레인지가 넓어서 더 고화질의 파일을 저장할 수 있는 사진 원본 파일이라고 할 수 있다. 그런데 동영상에도 이러한 RAW 파일에 맞먹는 기능이 있으니 바로 LOG 프로파일 방식이며, 소니 카메라에서 S-LOG라는 이름으로 제공된다. 소니 카메라의 '픽처 프로파일(PP)'이라는 기능을 살펴보면 1번부터 10번까지 다양한 톤의 화면으로 촬영이 가능한데, 이 기능은 단순히 화면의 톤을 바꿔주는 필터 따위가 아니라 영상을 촬영할 때 아주 밝은 곳을 자세하게 기록하고 아주 어두운 곳도 세밀하게 잡아내는 넓은 폭의 밝기를 담아내는 기능이다. 사람의 눈은 아주 뛰어난 광학 기술을 갖고 있어서 하늘의 태양과 그림자 안의 디테일을 동시에 구분해 낼 수 있지만 인간이 개발한 영상 장치는 그렇지 못하다. 사진기로 밝은 곳을 찍으면 빛이 많아서 주변이 어두워지고, 어두운 곳을 찍으면 주변의 하얀 곳이 너무 밝아져 디테일이 날아가는 현상을 겪는데, 이 현상은 바로 다이나믹 레인지가 좁기 때문이다.

S-LOG 기능을 이용하면 이러한 카메라의 좁은 다이나믹 레인지를 넓게 저장할 수 있어서 더 화려하고 더 실제 같고 색감이 풍부하면서도 디테일이 살아있는 고급스런 영상을 촬영할 수 있다. S-LOG 촬영을 하게 되면 화면이 물 빠진 것처럼 회백색 톤을 입게 되는데, 이는 넓은 범위의 빛과 색의 정보를 가진 파일을 있는 그대로 저장하지 않고 색의 표현을 압축해서 저장하기 때문이다. S-LOG 파일을 촬영한 그대로 사용하는 것이 아닌, 편집과정에서 컬러코렉션, 컬러그레이딩 두 가지 작업을 통해서 밝기와 대비의 색 수정을 거치고 원하는 색감을 선별적으로 살려주며 톤을 부각하는 작업이 필요하다. S-LOG로 촬영하게 되면 후보정 시간이 필요하기 때문에, 이를 감당할 수 없다면 소니 같은 제조사에서 제공한 LUT 파일을 다운받아서 그대로 영상에 적용시키면 자동으로 색 보정을 완료할 수 있다. 최근에는 주로 사용되는 S-LOG2나 S-LOG3에서 필요한 후보정 절차를 줄여주면서 다이나믹 레인지까지 확보하는 HLG(하이브리드 로그 감마) 기능까지 제공되고 있기도 하다.

S-LOG 촬영은 기본적으로 화면이 실제 눈으로 보는 것보다 살짝 어둡게 찍힌다. 그래서 밝은 곳에서 촬영할 때 유리하다. 그렇게 밝지 않은 공간이라면 촬영의 밝기를 2단계 정도 높여 촬영하는 것을 추천한다. 또 빛의 밝고 어두운 차이가 크다고 생각하는 장면이라면 더욱 추천한다. 예를 들면 공연 같은 경우 주변부는 어둡고 무대만 아주 밝은데 이럴 때 일반 촬영으로는 화면을 그대로 담아낼 수 없다. 이때 S-LOG 촬영을 하게 되면 암부와 명부가 더 확실하게 표현되는 결과물을 얻을 수 있다. 물론 어두운 곳에 노이즈가 더 심해진다는 단점도 있으나, 이는 보정을 통해서 제거할 수 있다. S-LOG와 픽처 프로파일 등 촬영 기법에 관해선 이 책에서

모두 설명할 순 없다. 해당 검색어로 유튜브를 검색하면 촬영 전문 크리에이터들의 상세한 영상들이 즐비하다. 고급스러운 촬영을 위해서 해당 키워드로 검색과 공부를 추천한다.

[그림 5-62] s-log로 촬영하게 되면 물이 빠진 듯한 색감으로 촬영된다.

[그림 5-63] s-log로 촬영 후 컬러코렉션과 컬러그레이딩을 거치면 일반 촬영보다 훨씬 다채로운 색감을 뽑아낼 수 있다.

special **06**

상황별 촬영 팁

- **01** 전문가적 포지션을 강조하고 싶다면
- **02** 예쁘고 멋진 주인공이 되고 싶다면
- **03** 영화 같은 화면을 만들고 싶다면
- **04** 생동감 있는 움직임을 표현하고 싶다면
- **05** 먹음직스러운 음식, 탐나는 물건을 보여주고 싶다면

01 전문가적 포지션을 강조하고 싶다면

전문가적 포지션을 강조하고 싶다면 세련된 조명 세팅으로 미장센을 만들고, 두 개 이상의 카메라로 화면의 구도를 변경해줘서 편집의 속도를 만들어 주면 좋다. 쉽게 말하면 편집의 재미와 촬영 구도를 지루하지 않게 변경해주는 촬영 방식이 필요하다. 1인 미디어가 쉽게 할 수 있는 촬영 세팅에는 조명이 있는데, 단순히 3점 조명으로 끝내는 것이 아니라 색 조명을 통해서 분위기를 만드는 것이다. 유명 유튜버들이 많이 사용하는 기법으로 파란색 LED와 붉은색 LED를 양쪽에 설치한 후 화면을 보라색 톤으로 만드는 조명 기법을 사용하게 되면 화면이 세련되어 보이면서도 다채로운 느낌을 준다. 또 지루하지 않게 집중되는 느낌을 주기 때문에 조명으로 자신만의 분위기를 내는 것을 추천한다.

02 예쁘고 멋진 주인공이 되고 싶다면

예쁘고 멋진 주인공이 되고 싶다면 아웃포커싱을 사용하면 좋다. 최근 웹드라마에서 많이 볼 수 있는 기법으로 주인공 외에 주변이 흐려지는 촬영법을 아웃포커싱이라고 한다. 아웃포커싱을 하기 위해선 조리개 값인 f값이 2.0 이하로 낮은 수치의 렌즈가 필요하다. 또 크롭바디 보다는 풀프레임 미러리스나 DSLR을 사용하면 아웃포커싱을 더 극명하게 줄 수 있다. 또 망원렌즈를 사용하고 카메라와 피사체(주인공)는 가깝게 주인공과 배경은 멀리 있을수록 아웃포커싱이 강해진다. 여기에 주인공의 얼굴이 화사하게 나올 수 있도록 조명을 설치하고, 밝은 렌즈를 사용하면

[그림 5-64] 영화처럼 편집

좋은데, 얼굴이 잘나온다고 붙여진 이름인 일명 '여친렌즈'군을 사용하면 좋다. 대표적인 렌즈로는 캐논의 EF 85mm f1.4 렌즈나 소니의 SEL 85mm f1.4GM 렌즈, 캐논의 50mm f1.4 렌즈, 소니의 SEL 50mm f1.8 렌즈 같은 f값이 낮은 렌즈를 쓰면 좋다.

03 영화 같은 화면을 만들고 싶다면

영화 같은 화면을 만들고 싶다면 24프레임으로 촬영하면 좋다. 실제 영화 촬영을 24프레임으로 하기 때문에 최대한 비슷한 화면의 느낌을 만들 수 있다. 여기에 S-log2와 같은 촬영 설정을 통해서 촬영한 후 보정을 통해 색감을 옅은 색으로 바꾼 후 파란색 계열의 색을 입혀주면 영화의 톤이 나온다. 마지막으로 촬영된 영상의 위아래에 레터박스를 입혀주고, 영화적인 글씨체와 BGM을 넣어주면 영화 맛 영상이 탄생한다.

04 생동감 있는 움직임을 표현하고 싶다면

생동감 있는 움직임을 표현하고 싶다면 60프레임 이상의 고프레임 촬영을 추천한다. 예전에는 외국 유튜버들의 채널에서만 볼 수 있었지만 최근 우리나라에도 고퀄리티의 편집 기술을 보여주는 촬영 전문 크리에이터들이 생기고 있다. 대표적으로 '금손남친' 영상으로 유명한 〈Kyung6Film〉 같은 채널들의 영상을 보면 화면의 다채로운 속도 조절, 화면의 톤, 짐벌의 사용, 트랜지션의 기막힌 타이밍, 영상이 연결되는 장면들을 계산한 후 촬영하는 방법 등으로 누가 봐도 멋진 영상을 만들어 낸다. 이런 수준의 영상을 촬영하기 위해선 편집에서만 가능한 것이 아니라 이미 촬영 단계에서 계산된 장면들에 높은 프레임 촬영이 필요하다. 해당 장면을 슬로우 모션으로 깔고 음악의 비트에 맞게 컷 편집과 영상 속도를 조절하기 위해선, 미리 프레임 수를 높게 촬영해야 한다. 낮은 프레임으로 슬로우 모션을 하면 아무리 느낌 있는 편집기법을 하려고 해도 뚝뚝 끊기는 부자연스러운 모습이 연출되기 때문이다.

〈Kyung6Film〉
http://bitly.kr/WXlfi

[그림 5-65] 〈Kyung6Film〉 채널

📖 05 먹음직스러운 음식, 탐나는 물건을 보여주고 싶다면

먹음직스러운 음식, 탐나는 물건을 보여주고 싶다면 접사 촬영을 해야 한다. 접사 촬영을 위해선 렌즈의 '최단 촬영 거리'가 짧은 '마크로 렌즈'라고 하는 접사렌즈를 사용해야 한다. 접사 시 주의할 점은 초점을 수동으로 설정해야 한다는 것이다. 초점을 자동으로 하면 초점이 산만하게 이리저리 바뀌기 때문이다. 대부분의 접사렌즈들이 AF 기능이 부족해서 초점이 느리게 잡히니 이는 꼭 유의해야 한다. 접사에서 중요한 것이 또 있다. 바로 자연광이다. 보통 인공조명을 통해서 조명을 설치하지만 먹방의 경우 3점 조명 보다는 측광, 역광과 같은 자연 조명 하에서 촬영을 하게 되면 마치 우리 집의 주방에서 누군가 요리를 하는 것 같은 매력적인 화면이 연출된다. 해가 강하다면 커튼을 쳐서 빛을 부드럽게 해주는 디퓨저 효과를 주면 되고, 실내에 들어오는 자연광이 부족하다면 조명을 직접 투사하는 것보다는 벽이나 천장에 반사시켜 은은하게 비춰주는 것이 더 먹음직스러운 장면을 만들어 준다.

최근 쿡방 촬영의 교과서라고 하면 〈꿀키〉 채널을 추천하고 싶다. 이 채널의 특징은 완벽한 ASMR에 가까운 조리음과 함께 촬영의 구도를 풀 샷으로 찍지 않고 음식이나 조리기구가 일부분만 촬영될 정도의 구도로 촬영한다는 것이다. 무조건 다 보여주기보다는 일부분을 보여줌으로써 〈꿀키〉 채널만의 참신한 구도가 완성된다.

〈꿀키〉 채널_QR
http://bitly.kr/l3cF1

[그림 5-66] 최근 쿡방 촬영의 교과서 〈꿀키〉 채널

제품 리뷰 촬영에 있어서는 〈박재모〉 채널을 추천한다. 이 채널은 삼점 조명은 물론, 자연광 그리고 배경에 소품으로 설치된 조명까지 촬영전문가답게 뛰어난 촬영 배경을 구성하고 제품을 설명할 땐 배경을 단색으로 바꾸고, 제품만 누끼따기(크로마키처럼 배경색을 없애고 사물만 표현)를 통해서 애니메이션으로 설명하기 때문에 제품 외에 다른 것에 집중을 빼앗기지 않고 몰입도 있는 영상을 감상할 수 있게 해준다.

〈박재모〉 채널

[그림 5-67] 제품 리뷰 촬영에 추천할 만한 〈박재모〉 채널

6 why 왜 촬영하나?

'당신은 왜 촬영을 하는가?'라는 질문은 '왜 크리에이터가 되려는 것인가'에 대한 근본적인 사색으로까지 이어진다. 이 책을 읽는 여러분과 필자가 크리에이터가 되려는 이유는 결국 '잘 먹고 행복하게 살기 위해서' 아닌가? 크리에이터란 직업이 가져다주는 돈, 유명세, 사람들의 인정, 다양한 가능성, 막연한 기회 같은 것 말이다. 그리고 그걸 이뤄낼 수 있는 가능성이 현존하는 직업 중에선 가장 높은 직업이 바로 크리에이터이기 때문이다. 물론 채널을 키우는 과정이 지옥 같은 고행길이 아니라 내가 좋아하는 것을 콘텐츠로 삼아서 그것을 영상으로 만드는 것이기에 즐기면서 할 수 있는, 현실적으로 가장 가성비가 좋은 선택지이기 때문이다. 취미도 될 수 있고 직업도 될 수 있고 더 나아가 인생을 업그레이드시켜 줄 수도 있는 가능성을 가진 것이 바로 크리에이터라는 직업이다. 그래서 우린 촬영을 해야 한다. 촬영은 정말 어려운 것이다. 하지만 촬영은 배우고 연구하고 실력을 늘려나가면 된다.

촬영보다 더 어려운 것이 있다. 바로 카메라 앞에 서는 것이다. 크리에이터가 된 당신이라면 어찌되었든 대중 앞에 또는 카메라 앞에 서야할 순간이 온다. 1인 촬영일 수도 있고, TV출연의 기회일 수도 있고, 사람들이 많은 무대 위일 수도 있다. 그 과정은 애초에 크리에이터인 당신이 궁극적으로 원하는 것을 가지기 위해서 극복해야할 통과의례와 같다. 대부분의 연예인적 기질이 없는 사람들은 카메라 앞에 서는 것을 두려워한다. 나의 경우에도 방송출연이나 소수의 스텝으로 촬영하는 유튜브 촬영 시에도 너무 부담이 되어서 '다 때려치우고 평범한 직업을 가질 걸'이라는 혼란을 느끼기도 했다. 하지만 현재는 1년 이상 지상파 프로그램에 출연중이고, 수백 명 앞에서 강연도 의연하게 해냈으며, 라디오나 소규모 촬영에서는 전혀 떨림 없이 촬영을 해내고 있다. 내가 어떤 과정을 겪었고, 또 카메라 앞에 서는 떨림을 극복하기 위해 어떤 방법을 썼는지 여러분과 공유하겠다.

① 카메라 앞에서 긴장될 때는 어떻게 해야 할까?

카메라 앞에서 긴장하지 않으려면 세 가지 방법이 있다.

첫째, 긴장하지 않는 기질의 몸으로 다시 태어나거나

둘째, 촬영을 많이 해서 부녀지거니

셋째, 긴장하더라도 들키지 않는 것이다.

필자는 원래 심각한 무대공포증이 있었다. 정식 용어로 '울렁증'이라고 하는데 이놈의 무대공포증은 기질적으로 타고났으며, 그 심한 정도가 1~10단계로 표현했을 때, '10' 단계의 상태라고 할 수 있다. 예를 들면 초등학교 때 수련회를 가기 몇 주 전부터 '만약에 무대에 나를 올라오라고 하면 어떻게 하지?' 라는 무대공포를 상상하며 잠을 못잘 정도였고, 대학교 때는 여장을 해야 하는 무대에 나가기 직전 떨려서 현기증에 비틀거린 적도 있다. 또 아무리 연습을 해도 결과적으로 무대에서는 어떤 결과로든 잠재력을 상실하는 게 나의 모습이었다. 무대라는 건 그것을 두려워하는 사람에게 처형대와 맞먹는 두려움을 준다. 매주 지상파 방송에 출연하는 지금도, 혹시라도 심계항진이 과도하게 올까 하여 방송 전에는 절대 커피를 먹지 않는다. 이렇게 무대가 떨리는 건 나만의 일은 아닐 것이다. 방송인으로 타고난 사람들은 따로 있다. 어렸을 적부터 사람들 앞에서 주목받길 좋아하고 주목 받으면 더욱 신나도록 타고난 사람들이다. 물론 나 역시 무대공포증과 상관없이 주목 받길 좋아하는데, 주목 받으면 얼굴이 빨개지고 떨릴 뿐이다. 요즘엔 나 같은 사람들을 '내적 관종'이라는 표현으로 부르기도 한다. 마음은 스타가 되고 싶은데 현실에선 그게 부담스러운 양가 감정을 지닌 유형들 말이다. 어쨌든 이렇게 심각한 울렁증을 갖고 있는 사람도 결국에는 카메라 앞에서도 잘 해낼 수 있다는 희망을 주려 한다.

희망의 시작은 바로 여러분과 내가 '1인' 미디어라는 점이다. 카메라로 자신의 동영상을 찍어본 적이 있는가? 처음에는 혼자 촬영하는 것도 어색하다. 괜히 눈치 보고 아무도 없는데 괜히 민망하다. 촬영된 내 모습을 다시 보면 못볼 것 같은 불편함이 느껴진다. 그런데 NG를 여러 번 내다보면 슬슬 짜증이 나기 시작한다. 내 스스로에게 '왜 못해?, 왜 틀려?, 왜 떨어?' 라는 반문을 하게 된다. 짜증은 분노로 바뀌기 시작하고 열이 뻗치면 그때부터 두려움이 좀 사라진다. 극심한 두려움은 다른 감정으로 대체할 필요가 있다. 우리가 열 받으면 살짝 겁이 없어지는 상태가 오는데, 여러 번 카메라 앞에서 작아지는 자신을 경험하다가 그것의 임계치를 넘을 정도로 반복하면, 내 안의 분노가 생기기 시작하며 '짜증'이 '떨림'을 살짝 밀어주기 시작한다. 덜 싫은 감정으로 더 싫은 감정을 밀어 내는 것이다.

　1인 미디어의 촬영은 카메라를 세워놓고 촬영해 줄 사람도 없는 휑한 상태에서 진행되기 때문에 울렁증 환자들이 카메라 앞에 서기 매우 좋은 연습 공간이 마련된다. 아무리 NG가 많이 나도 눈치가 안보이기 때문에 잘 안된다면 수백 번 찍으면 된다. 게다가 편집도 스스로 한다. 편집에서 자신의 못난 모습들을 다 잘라버리고 자신감 있어 보이는 장면만 멋들어지게 편집하면 나의 울렁증은 어디론가 사라진다. 일단 아무도 없는 혼자의 공간에서 많이 시도하고 실수하면 다시 찍고, 편집으로 고치는 수밖에 없다. 이렇게 혼자 카메라 앞에서 많은 촬영을 하다보면 다른 사람들과의 촬영에도 익숙해지기 시작한다. 필자의 경우 스탭들과 격주로 촬영을 하는 '오늘밤엔 이 영화' 코너를 시작함으로써 점점 제작진이 촬영해주는 카메라와 무대에서의 떨림을 이겨낼 수 있었다. 하지만 이도 잠시. MBC 교양프로그램 〈탐나는 TV〉에서 첫 촬영을 한 당시, 카메라에 익숙해졌던 것과 상관없이 8대 정도의 카메라와 수십 명의 제작진 앞에서 촬영한다는 부담감에 온몸이 다시 굳어버렸고 그 긴장감에 제작진들이 긴장 풀라며 어깨를 풀어줄 정도로 다시 두려움이 몰려왔다. 하지만 이 역시 1년 정도 매주 출연을 한 지금에는 거의 떨림을 느끼지 않게 되었다. 촬영을 4회차 정도 한 직후에서야 슬슬 긴장이 사라지기 시작했는데, 제작진들이 익숙해지고 촬영 환경이 반복되었으며 포맷이 익숙해지자 머릿속이 하얘지던 증상들이 적어졌다. 이처럼 같은 무대를 여러 번 반복하는 것은 무대공포증 극복에 굉장한 도움을 준다.

　제일 위험한건 무대를 앞두고 오랜 기간 두려움 속에서 사는 것이다. 두려움의 기간을 짧게 하여 내 마음 속의 두려움의 크기를 너무 키우지 않는 것이 중요하다. 그러기 위해선 준비 기간을 너무 길게 잡기 보다는 짧은 시간 압축해서 무대를 준비하는 것을 추천한다. 방송 초반의 경우 거의 대본을 받는 4일 전부터 매일 대본을 여러 번 반복해서 외우고 토씨 하나 틀리면 다시 외우고를 반복해서 목이 쉬는 경우가 많았다. 하지만 그렇게 여러 번 수차례 보아도, 결국 방송에서는 말을 더듬거리며 절게 되었는데, 나는 이 대본 연습 기간을 짧게 하고, 대본 보다는 내가 말할 거리들의 키워드를 머릿속에서 정리하는 식으로 준비 방식을 변경하고부터는 짧은 기간 연습한 것에 비해 덜 떨리고 더 잘 이야기를 할 수 있게 되었다. 크리에이터로서 무대에 강해지고 자연스러워지는 방법은 대본을 외워서 말하는 것이 아니라 내 생각으로 바꾸고 그것을 '발표'하는 게 아니라 누군가에게 '이야기'하는 상황으로 끊임없이 자신에게 되뇌는 것이다.

지상파 방송을 6개월 정도 한 이후에 라디오에 고정 출연을 하게 되었는데, 이때는 이미 방송이라는 환경에서 자유롭게 떠들고 나의 잠재력이 손실당하지 않으면서도 전혀 떨리지 않는 자신감을 경험했다. TV방송 스튜디오라는 큰 무대에서 있다가 라디오 부스라는 얼굴이 노출되지 않는 환경으로 바뀌니 부담이 덜어졌다는 인식이 생기면서 부담감이 확 덜해진 것이다. 즉 작은 무대 경험에서 큰 무대로 나아가는 건 계속해서 떨림을 경험할 수 있으므로, 큰 무대를 한 번에 경험해보고 작은 무대로 내려오는 것도 좋은 방법이라고 할 수 있다.

② 완벽하려 하지 말라

보통 내가 누군가에게 이야기할 때 나는 내 머리 속에 있는 생각들의 파편을 던져 놓고 그것을 이어서 말을 만들어 나간다. 그런데 카메라나 무대에서는 그게 잘 되지 않는다. 왜냐하면 완벽한 말을 머릿속에서 만들어서 나오려고 하기 때문이다. 하지만 말은 뇌에서만 만드는 게 아니다 뇌와 입이 함께 만들어 가는 것이다. 일단 내 생각의 파편을 뱉는다. 주변에 있는 것들을 신경 쓰지 않고 내가 하는 말과 내 머릿속의 생각들을 하나의 이미지로 눈 앞에 떠올리면서 정신을 나에게로 향하면 떨림의 수치가 낮아진다. 즉 나를 보는 사람들을 신경 쓰는 게 아니라 내가 무슨 말을 하고 있는지에 신경 쓰는 방법이다. 시선을 어느 쪽으로 바라봐야 한다는 정답은 없다. 눈동자는 뭔가 보는 것 같은데 사실 흐리멍덩하게 내 생각을 가장 효율적으로 꺼낼 수 있도록 흘러 다니게 하면 된다. '멀리 있는 사람을 봐', '가까이 있는 사람을 봐' 이런 것보다는 이야기의 흐름이 산만해지지 않도록 시선을 내 생각 속으로 집중시켜야 한다.

무엇보다 내가 떠는 게 생각보다 카메라에서는 잘 드러나지 않는다는 것을 인지하자. 본인이 카메라 앞에서 긴장한 모습을 촬영해 보고, 그 장면을 주변인에게 보여줘 보면 내가 생각한 것 보다 나의 긴장 반응을 다른 사람들이 잘 알아채지 못할 때가 많다. 즉 내 모습 안에서 내가 얼마나 떨렸는지 기억하는 나 이외에는 사실 겉

PART 05

으로 보기에는 그렇게 떨려 보이지 않는다는 것이다. 심지어 떨리더라도 그 모습이 비호감으로 보이진 않는다. 그냥 살짝 떨면 어떤가? 오히려 그 모습이 사람들에게 호감을 사며, 같은 편이 되게 해주는 긍정 감정을 일으킬 수도 있다.

📖 긴장 줄이는 Tip ❶

- 떨리는 것을 부끄러워하지 말라.
- 분노로 떨림을 잊어라.
- 준비 기간은 짧게, 준비는 철저하게 하라.
- 반복적으로 그 떨리는 상황에 노출되어서, 무대의 특별함을 무디게 하라.
- 대본을 외워서 '발표' 하기보다 '대화' 하듯 말하라.
- 말할 내용을 너무 많이 준비하지 말고, 개요로 준비하라. 머리는 개요만 기억하고, 말은 입이 하게 해라.
- 떨고 있는 게 생각보다 티가 안 난다는 것을 기억하라.
- 큰 무대를 경험해 보라.
- 천천히, 숨을 고르고, 생각하고 말하라. 긴장하면 말이 빨라진다.
- 주변을 차단하고, 내 안의 생각과 할 말, 대화에 정신의 초점을 맞춰라.
- 떨려도 된다. 자연스럽고 천연덕스럽게 내가 할 멘트를 이어나가라.
- 완벽하려 하지 마라.

이런 시도들로 여러분도 카메라 앞에서 떨리지 않고 의연하게 촬영할 수 있는 날이 다가올 것이다. 초등학교 시절 수련회부터 대학교 시절 MT 시간까지 장기자랑 시간을 떠올리고 한 달 전부터 떨려 하던 겁쟁이도 할 수 있었다. 여러분도 할 수 있다.

남들은 겨우 몇 시간 전에 준비하고 진행하는 무대를 나는 한 달 전부터 걱정하고 준비해도 떨리고 실수가 가득했다. 하지만 편한 마음으로 '뭐 까짓 별일 없겠지. 어떻게든 되겠지.' 라는 편한 마음이 결국에는 더 좋은 결과로 이어졌다. 100번의 준비가 가져다주는 성공보다 한 번의 초긴장이 더 큰 실패를 가져올 수 있다. 어차피 긴장할 거라면 긴장의 수치를 낮추려는 마인드 컨트롤이 필요하다. 긴장인은 어쩔 수 없다. 용기 없이 타고난 운명이니까 떨려서 틀리는 나 자신에 대한 분노로 떨림을 지우고, 반복되는 경험으로 용기 대신 의연함으로 채우고, 대본을 완벽하게 외우는 철저함 보다는 틀려도 된다는 여유로 타고난 용기의 부재를 채우는 수밖에 없다. 떨리던 안 떨리던 당신은 카메라 앞에 서게 된다. 좀 못하면 어떤가, 좀 떨면 어떤가. 할 수 있다.

🔲 긴장 줄이는 Tip ❷

- 촬영 전 유산소 운동을 한다(운동은 긴장을 풀어주고, 신체를 이완시키며 운동을 하고 나면 심박이 급격히 빨라지는 걸 줄일 수 있다).
- 커피를 먹지 않는다(카페인류 섭취는 몸을 긴장하게 한다).
- 충분한 잠을 잔다(잠이 모자라면, 다음날 심장이 빨리 뛴다).
- 배가 조이는 바지를 입지 않는다(배가 조이면 호흡이 불편해지고, 긴장을 유발하게 된다).
- 주변을 익숙하게 만든다(촬영 장소 무대에 시간보다 일찍 가서 익숙해지면 낯선 장소보다 긴장이 덜하다).
- 함께 출연하는 사람들과 대화를 하라(대화를 하면서 긴장을 잊는 효과도 있고, 촬영 중에 서로 도움을 주고받으면 긴장 완화에 도움이 된다).
- 촬영 전 운전을 피하라(운전 자체가 긴장 상태를 유지하게 한다. 또한 운전 중에 급작스럽게 놀라게 되는 경우가 많은데, 그렇게 심장박동이 한 번 크게 뛰고 나면 더 쉽게 떨리기 때문이다. 택시나 대중교통을 이용하는 것을 추천한다).
- 가슴을 펴고 원더우먼 자세를 취한다(심리학자 에이미 커디는 자신의 저서 『프레젠스』(알에이치코리아)에서 자신감 있는 자세를 취했을 때, 신체의 호르몬 수치가 변화한다는 결과를 발표했다. 이렇듯 나를 숨기려는 움츠러드는 태도보다 떳떳하고 당당한 자세가 자신감을 가져온다).
- 잠깐의 짧은 잠을 잔다(긴장을 인위적으로 풀어주는 가장 좋은 방법은 명상을 하는 것이라고 한다. 하지만 명상은 훈련이 필요하다. 낮잠 역시 명상을 했을 때와 비슷한 호르몬과 신체 반응을 만들어낸다고 한다. 중요한 촬영을 앞두고 전전긍긍하며 피로도를 쌓기보다 잠시 긴장감을 모두 내려놓고 눈을 붙이면 정신이 맑아지고 약간 멍해지면서 긴장감이 덜해진다).
- 심호흡을 한다(심호흡의 원리는 과호흡의 반대와 같다. 숨을 얕고 빨리 쉬게 되는 과호흡 증세는 사람이 극도로 긴장했을 때와 비슷한 호흡을 만드는데 이를 인위적으로 천천히, 깊게 쉬어주는 방법이다. 긴장했을 때 호흡은 천천히 들이마시고, 더 천천히 내쉬게 되면 심박이 이완되고, 긴장감이 덜해진다. 중요한 멘트를 하기 직전에 심호흡을 해주면 좋다).

마지막으로 모든 유튜브 크리에이터에게 이 한권의 책이 큰 도움이 되길 바란다.

Epilogue   고몽과의 인터뷰

메가 인플루언서 고몽의 인사말

Q1. 110만 유튜버가 되신 걸 축하드립니다! 먼저 110만 구독자와 『고몽의 유튜브 이야기』 독자들께 인사말을 부탁드립니다.

유튜브 이야기의 독자 여러분! 소중한 도서 구매의 기회를 이 책에 내주셔서 감사합니다. 그 마음에 보답하고자 인사말을 남깁니다.

2018년 여름 즈음 고몽 유튜브 채널의 구독자가 50만 명 정도일 때 출판에 도전해 보기로 마음먹었습니다. 일 년간 디스크 조각모음 하듯이 아이디어와 분석 이미지, 유튜브에 관한 통찰들을 야금야금 모아 구독자 90만에는 조금 못미치던 2019년 11월 즈음 드디어 이 책이 출간되었습니다.

책이 출간된 뒤 저는 이 책에 쓰여 있는 경험담들이 독자들에게 얼마나 도움이 될까? 되지 않을까? 늘 노심초사하는 마음으로 지냈습니다. 그 마음은 내가 누군가에게 노하우를 전해준다며 책을 썼놨으면서 정작 스스로는 나아가지 못하고 제자리에 머물러선 안 된다는 또 하나의 압박감으로 이어졌습니다. 책의 서두에도 언급했던, 소위 가짜 지식을 파는 장사꾼이 되기 싫었습니다. 이 책이 판매를 위한 상품보다는 저의 명예로운 경험담으로 남길 바랬습니다. 남을 가르치면서 스스로는 못하는 저자가 되지 않기 위해 멈추지 않고 채널을 성장을 위해 매번 새로워지는 유튜브 알고리즘의 흐름을 파악하고 적용하며 지내왔습니다. 그러다 보니 어느덧 110만이라는 구독자가 모인 매머드급 유튜브 채널이 되었습니다. 책에 대한 좋은 반응을 주시는 독자들의 관심이 저한테는 자극제가 되었습니다. 앞으로 200만 구독자를 향해 또 먼 길을 떠나는 여정에서 얻은 경험들을 공유하며 여러분의 응원에 보답하겠습니다. 감사합니다.

영상 분야 유튜브 골드 버튼, 출판 분야 2020 세종도서 교양 분야 수상의 쾌거!

Q2. 올해 유튜브에서 100만이 되면 수상하는 골드 버튼을 받으셨습니다. 또한 이 책이 2020 세종도서 교양 분야(구 문화체육관광부 우수교양도서)에 선정되었습니다. 이 두 가지에 대한 소감을 남기신다면?

모 100만 유튜버가 몇 년 전 100만 구독자를 이루고 나니 오히려 허탈함 공허함 같은 것이 심하게 온다는 경험담을 들려준 적이 있습니다. 설마 그럴까 싶었지만 저 역시도 100만 구독자를 달성하고 골드 플레이 버튼을 이루고 나니 뭔가 큰 것을 이룬 것처럼 기뻤고 커다란 기쁨 뒤에 찾아오는 공허함도 찾아왔습니다. 그러다 보니 점점 영상 업로드에 나태해지는 자신을 발견하게 되었습니다. 결과적으로 한동안 제 영상의 노출수가 줄어들고 클릭률도 떨어지면서 조회 수나 구독자수 상승이 더뎌지게 된 경험을 했습니다. 100만 구독자를 가져도

결국 매번 콘텐츠에 최선을 다하지 않으면 구독자의 수는 허상에 불가하단 것을 질실히 느끼며 요새 다시 유튜브에 몰입하여 푹 빠져 지내고 있습니다. 유튜브는 크리에이터의 오만함이나 나태함을 용납하지 않습니다. 요즘 저는 다시 구독자 10만 명이 된 것처럼 초심으로 돌아가 유튜브 콘텐츠를 제작하고 있습니다.

또, 우수 도서의 인증 마크나 다름 없는 2020 세종도서 교양 부문에 선정되어 크나큰 기쁨을 느꼈습니다. 조회수나 수익 구독자 등의 수치로만 평가받는 유튜버란 직업이다 보니 언제나 수치에 민감하고 양적인 기록을 중요시합니다. 반면 저명한 위원들의 선정으로 추천 도서가 된 것은 일시적인 수치나 기록보다 오래 남는 명예로운 일인 것 같습니다. 공공 분야의 추천을 받아 제 책이 유튜브에 관한 도움이 필요하신 분께 전달될 수 있다는 점은 이 책을 발간하며 느꼈던 가장 큰 뿌듯함인 것 같습니다.

첫 책에 대한 반응과 달라진 점, 추가하고 싶은 내용들

Q3. 첫 책에 대한 주위의 반응과 책을 출간하고 나서 달라진 게 어느 정도 있는지, 지면에 부족한 게 있다면 어떤 것들이 있는지, 추가하고 싶은 내용이 있다면 무엇인지요?

책에 대한 주변 크리에이터들의 반응은 일관되게 '이 책처럼 제대로 경험담을 담은 책은 없었다'였습니다. 유튜버들이 이런 의견을 내는 것에는 사실 책을 직접 쓴 분량과 관련이 있을 것 같습니다. 최고로 바쁜 유튜버들이 책을 쓸때 편집자의 대필에 의존하는 분량이 크다고 합니다. 제가 자신 있게 말씀드릴 수 있는 점은 이 책의 교정 교열 이미지 편집 작업 표지 작업 등 전문 도서 작업을 제외한 분량의 99%를 제가 직접 제 노트에서 뽑아서 한 자 한 자 적었다는 것 입니다. 책으로 남길 것은 제 스스로 인생의 전성기라는 고몽의 기록입니다. 그렇기에 이 책은 누군가의 시간을 빼앗고 돈을 버는 용도가 아닌 읽은 누군가가 고몽의 경험담을 통해 고몽이란 사람과 채널에 가치를 인정받기 위해 썼고 최선을 다해 솔직하고 과감하고 도움이 되도록 담았습니다. 그래서 유독 다른 유튜브 서적을 읽어보신 분들에게서 반응이 좋았고 유튜브 크리에이터들로부터도 호평받았던 것이 아닐까 합니다.

부족한 내용은 제가 책을 발간한 이후에도 한참이나 업데이트가 이뤄져서 너무 많습니다. 기본적으로 크리에이터 스튜디오가 완전히 업데이트되어 이미지 사진부터 변경이 필요합니다. 이밖에 가장 큰 변화는 이제 크리에이터 스튜디오 어플에서 기본적인 영상의 데이터 분석을 해준다는 점입니다. 영상이 왜 조회수가 낮은지 또는 얼마나 높은지 동등한 업로드 시간에서 다른 영상에 비해 얼마나 조회수가 나왔는지 등 단순 수치가 아닌 말로 풀어서 해석해줍니다. 다행인 것은 그런 해석들이 이 책에서 말씀드린 시청 시간의 중요성, 썸네일과 제목으로 클릭률을 높이는 것과 같은 노하우와 일치하기 때문에 지금 내용 그대로도 충분한 참고가 된다는 점입니다. ▶

Foreign Copyright:
Joonwon Lee   Mobile: 82-10-4624-6629
Address: 3F, 127, Yanghwa-ro, Mapo-gu, Seoul, Republic of Korea
              3rd Floor
Telephone: 82-2-3142-4151
E-mail: jwlee@cyber.co.kr

내래이션 최강 영화 유튜버 고몽의

유튜브 이야기

2019. 10.   4. 1판 1쇄 발행
2024.   1. 10. 1판 6쇄 발행

저자와의
협의하에
검인생략

지은이 │ (고몽) 김웅현
펴낸이 │ 이종춘
펴낸곳 │ **BM** ㈜도서출판 **성안당**
주소 │ 04032 서울시 마포구 양화로 127 첨단빌딩 3층(출판기획 R&D 센터)
        10881 경기도 파주시 문발로 112 파주 출판 문화도시(제작 및 물류)
전화 │ 02) 3142-0036
        031) 950-6300
팩스 │ 031) 955-0510
등록 │ 1973. 2. 1. 제406-2005-000046호
출판사 홈페이지 │ **www.cyber.co.kr**
ISBN │ 978-89-315-5614-8 (13320)
정가 │ 27,000원

이 책을 만든 사람들
책임 │ 최옥현
진행 │ 조혜란
기획·진행 │ 아홉번째서재
본문·표지 디자인 │ 김희정
홍보 │ 김계향, 유미나, 정단비, 김주승
국제부 │ 이선민, 조혜란
마케팅 │ 구본철, 차정욱, 오영일, 나진호, 강호묵
마케팅 지원 │ 장상범
제작 │ 김유석

■ 도서 A/S 안내

성안당에서 발행하는 모든 도서는 저자와 출판사, 그리고 독자가 함께 만들어 나갑니다.
좋은 책을 펴내기 위해 많은 노력을 기울이고 있습니다. 혹시라도 내용상의 오류나 오탈자 등이
발견되면 **"좋은 책은 나라의 보배"**로서 우리 모두가 함께 만들어 간다는 마음으로 연락주시기
바랍니다. 수정 보완하여 더 나은 책이 되도록 최선을 다하겠습니다.
성안당은 늘 독자 여러분들의 소중한 의견을 기다리고 있습니다. 좋은 의견을 보내주시는 분께는
성안당 쇼핑몰의 포인트(3,000포인트)를 적립해 드립니다.
잘못 만들어진 책이나 부록 등이 파손된 경우에는 교환해 드립니다.